FONTAINES 1984

RELATIONS
ET
MÉMOIRES INÉDITS

POUR SERVIR

A L'HISTOIRE DE LA FRANCE DANS LES PAYS D'OUTRE-MER

TIRÉS DES ARCHIVES DU MINISTÈRE DE LA MARINE ET DES COLONIES

PAR

PIERRE MARGRY

> Mais y a-t-il lieu de faire encore du neuf en ce genre? Le fond de l'histoire n'est-il pas trouvé depuis longtemps? Non, sans doute.
> AUGUSTIN THIERRY. *Lettres sur l'Histoire de France.*

PARIS

CHALLAMEL AÎNÉ, ÉDITEUR

Rue des Boulangers, 30, et rue de Bellechasse, 27.

1867

RELATIONS

ET MÉMOIRES INÉDITS

POUR SERVIR

A L'HISTOIRE DE LA FRANCE DANS LES PAYS D'OUTRE-MER

PARIS. — IMPRIMERIE PAUL DUPONT,
Rue de Grenelle-Saint-Honoré, 45.

RELATIONS
ET
MÉMOIRES INÉDITS

POUR SERVIR

A L'HISTOIRE DE LA FRANCE DANS LES PAYS D'OUTRE-MER

TIRÉS DES ARCHIVES DU MINISTÈRE DE LA MARINE ET DES COLONIES

PAR

PIERRE MARGRY

> Mais y a-t-il lieu de faire encore du neuf en ce genre? Le fond de l'histoire n'est-il pas trouvé depuis longtemps? Non, sans doute.
> AUGUSTIN THIERRY. *Lettres sur l'Histoire de France.*

PARIS

CHALLAMEL AÎNÉ, ÉDITEUR

Rue des Boulangers, 30, et rue de Bellechasse, 27.

1867

PRÉFACE.

Une des raisons pour lesquelles l'histoire de la France, dans ses rapports avec les autres peuples, et même avec ses colonies, est demeurée si inconnue, c'est que les bons livres sur cette matière font presque entièrement défaut. Les nations étrangères, qui nous disputent le peu qu'il y a d'anciens mémoires sur ce sujet, les rendent de plus en plus rares, et à en bien regarder les meilleurs, ils auraient encore besoin d'être complétés et souvent corrigés.

Cette observation m'a frappé dès le mois de mai 1842, époque à laquelle je conçus, par la comparaison des documents originaux avec les histoires les plus renommées de nos colonies, le désir de rendre à nos annales tout un côté de notre action, qui me semble encore n'avoir pas été étudié comme il le mérite. En conséquence, instruit comme je l'étais du peu de valeur des livres, je me fis un devoir, en vue du tableau que je me suis dès lors proposé de retracer, de chercher mes éléments d'information dans les archives des divers départements de l'État, dans nos bibliothèques publiques, dans les greffes et dans les dépôts des papiers des chambres de notaires, tant à Paris que dans les provinces.

Mon but d'abord n'était que de m'en servir pour ma propre instruction; mais en 1844 un critique distingué, M. H. Rolle, m'ayant mis en rapport avec le directeur de la division des lettres, au ministère de l'instruction publique, M. D. Nisard, aujourd'hui de l'Académie française, crut qu'en dehors des papiers, utiles seulement pour des renseignements, il y en avait, parmi ceux que je lui soumettais, un certain nombre dignes d'être tirés non-seulement de la poussière des archives, mais encore des cartons des érudits, comme des monuments propres à faire connaître, même par leur style, des hommes considérables et des actes qui honorent au plus haut point la France dans les deux mondes.

Non content de me montrer la publication de ces documents principaux comme un second service que l'histoire pouvait attendre de mon zèle, M. Nisard voulut y concourir en proposant au département de l'instruction publique et en faisant proposer au ministère de la marine de me donner les moyens de préparer, pour la collection des documents inédits de l'histoire de France, un recueil de papiers relatifs aux origines françaises de l'Amérique du Nord.

Accueilli avec bienveillance par M. Villemain, approuvé par le Comité historique que présidait alors M. Mignet, commandé enfin par M. de Salvandy, ce recueil est aujourd'hui sur le point d'être publié. Mais, quoiqu'une décision de M. Duruy en ait élargi le cadre, en y comprenant nos établissements des Antilles et de l'Amérique du Sud, ce recueil, qui doit former cinq volumes in-4º, ne répond encore qu'à une partie de ma pensée.

Une fois que j'ai été décidé à partager avec tous ceux qui s'occupent de notre histoire les éléments les plus intéressants de mes propres études, j'ai formé un autre recueil composé surtout de relations offrant, non plus seulement l'action française dans un continent, mais, comme mon histoire même, la marche de la France à travers le monde par ses découvreurs, ses pionniers, ses conquérants ou par ceux qui prenaient l'initiative de nos relations commerciales. Il y a deux ans que j'ai terminé ce travail.

Avant de publier mes récits et de présenter, si cela est possible, les collections qui en fourniront pour ainsi dire les pièces justificatives, j'ai songé à en donner une idée aux hommes d'étude qui voudront bien me faire l'honneur de me suivre dans cette voie.

A cet effet, entre les divers moyens que j'ai jugés propres à éveiller l'attention, j'ai demandé tout d'abord à M. le ministre de la marine et des colonies d'insérer dans la *Revue maritime et coloniale* quelques documents annotés que je pourrais réunir ensuite, afin de montrer la nécessité de porter sur l'histoire de nos relations extérieures et sur celle de nos colonies la réforme appliquée jusqu'ici seulement à l'histoire de la France intérieure. M. le ministre de la marine et des colonies, sur la proposition de M. Delarbre, directeur des archives, a bien voulu acquiescer à ma demande.

Aujourd'hui que ces documents forment déjà un ensemble intéressant, j'ai cru devoir les reproduire.

La réunion de ces premières publications donnera peut-être lieu d'en désirer la continuation sur une plus vaste échelle. C'est là, je l'avoue, ce que je souhaiterais vivement. Peut-être verrai-je mes souhaits accomplis si l'on veut bien comparer ces premiers et simples documents avec les livres connus sur les mêmes matières. J'ai fait moi-même ailleurs, pour aider à cette conclusion, une étude critique sur les navigations françaises du XIVe au XVIe siècle. Cette étude, qui paraît en même temps que ce volume, justifiera comme lui, je n'en doute pas, pour notre histoire extérieure, l'application de la pensée d'Augustin Thierry, qui me sert d'épigraphe.

PIERRE MARGRY.

INDEX DES DOCUMENTS

CONTENUS DANS CE VOLUME.

I. Mémoire de Henri de Tonty sur la découverte du Mississipi, par Robert Cavelier, sieur de la Salle............................... 1
II. Mémoire d'Antoine de Bougainville sur l'État de la Nouvelle-France à l'époque de la Guerre de Sept ans..................... 37
III. Journal d'une ambassade des Français en Russie, sous Louis XIII, par M. de Brisacier, secrétaire de Deshayes de Courmenin......... 85
IV. L'Inde et les nations Européennes en Asie au commencement du XVIII° siècle, par François Martin, fondateur de la ville de Pondichéry... 115
V. Les Relations de la France avec le royaume de Siam avant les ambassades de 1684 et 1685, par Deslandes Boureau, fondateur de la ville de Chandernagor.. 149
VI. Les Flottes de l'Espagne et le commerce européen aux Indes occidentales à la fin du XVII° siècle................................... 185
VII. Mémoire de François Robert, intendant des îles françaises de l'Amérique, sur l'établissement de la Martinique................. 228
VIII. Les Flibustiers et la Colonie de Saint-Domingue, par Gabriel Ducasse, gouverneur des îles Sous-le-Vent........................ 281
IX. Mémoire de Mahé de la Bourdonnais sur les îles de France et de Bourbon pendant son gouvernement................................ 305
X. Le Sénégal et les îles orientales d'Afrique sous le gouvernement de Pierre David... 355

MÉMOIRE

envoyé en 1693

SUR LA DÉCOUVERTE DU MISSISSIPI

ET DES NATIONS VOISINES,

PAR LE SIEUR DE LA SALLE, EN 1678, ET DEPUIS SA MORT
PAR LE SIEUR DE TONTY.

Au moment où le nord et le sud des États-Unis tendent à se séparer, il ne paraîtra pas vraisemblablement sans intérêt de reporter ses regards sur l'époque à laquelle une partie des États du sud et de l'ouest commençaient leurs destinées sous les auspices de la France.

Nous avons choisi tout d'abord, pour donner une idée de ces débuts, l'original d'un mémoire devenu méconnaissable dans la publication qui en a été faite en 1697 et reproduite plus tard en 1720 sous le titre suivant : « Dernières découver- « tes dans l'Amérique septentrionale de Cavelier de La Salle « et aventures du chevalier Tonty, gentilhomme italien, com- « pagnon de M. de La Salle depuis 1678 jusqu'en 1690. »

L'histoire, qui veut aller au fond des choses, rencontre presque toujours ces différents obstacles : ou les documents lui font entièrement défaut, ou ils sont incomplets ; ils sont mensongers ou les vérités qu'ils contiennent sont tellement altérées que l'esprit, en y reconnaissant le mélange évident d'erreurs, reste dans le doute et ne sait plus ce qu'il faut croire, ce qu'il faut rejeter.

C'est de cette dernière espèce qu'est la relation travestie que nous nous proposons de présenter dégagée de toutes les compilations parasites sous lesquelles disparaissent les faits dont le chevalier de Tonty peut être le garant.

On ne s'étonnera donc pas que comme dit le père de Charlevoix, le chevalier ait désavoué cette relation qui ne lui aurait fait honneur par aucun endroit. Nous trouvons ce désaveu consigné dans un mémoire de d'Iberville, qui le mentionne comme venant de la bouche même de Henri de Tonty. « M. de Tonty désavoue fort, écrit-il, d'avoir jamais fait de relation de ce pays-là et dit que c'est un aventurier de

Paris qui l'a faite sur de faux mémoires, le tout pour gagner de l'argent. » (D'Iberville, *Lettre datée des Bayagoulas*, du 26 *fév.* 1700.)

Le fidèle compagnon de Cavelier de La Salle et, après la mort de celui-ci, de son frère l'abbé Jean Cavelier, Henri Joutel, ignorant la vérité sur l'auteur de cette relation, après avoir réfuté son livre sur la demande du grand géographe Delisle, terminait ses nombreuses critiques par ces mots :

« Ce voyage doit être supposé et avoir été fait par M. de Tonty, au coin de la cheminée, en fumant sa pipe, aux Illinois; s'il s'y est souvenu de quelques-unes des choses que nous lui avons dites pendant que nous sommes restés avec lui, il se les est mal rappelées, ou a voulu s'en mal expliquer, croyant qu'il ne se trouverait personne pour rendre témoignage qu'il cite trop de choses fabuleuses. Je suis surpris qu'il ait voulu souffrir que son nom fût inséré comme celui de l'auteur de l'ouvrage, se devant contenter d'en avoir donné des mémoires. »

C'est là, en effet, tout ce qu'a fait Henri de Tonty, et les accusations du genre de celles qui sont ici dirigées contre lui ne lui sont que trop communes avec d'autres hommes éminents dont quelques arrangeurs ont compromis le crédit dû à leur témoignage. Il était donc important de rendre à celui de cet officier la valeur qui lui appartient, en faisant connaître les mémoires tels qu'il les a écrits. J'ai retrouvé deux de ces mémoires, l'un en 1842, l'autre en 1849 : l'un embrassant dans le plus grand détail l'expédition de 1678 à 1684, dans laquelle Cavelier de La Salle descendit jusqu'à l'embouchure du Mississipi ; l'autre donnant un ensemble des entreprises du découvreur et des campagnes de Tonty.

Le premier de ces deux mémoires ayant sa place dans les documents inédits que le Ministère de l'instruction publique doit publier sur l'histoire des origines françaises de l'Amérique du Nord, nous avons cru être agréable en donnant par le second une esquisse de la découverte de la vallée du Mississipi et des actes du premier gouverneur des Illinois.

Cette relation de Henri de Tonty est sans doute bien loin de présenter toutes les péripéties de la grande entreprise de Cavelier de La Salle depuis 1678. Elle n'en révèle pas non plus les tristes mystères. Elle est trop souvent sèche par un excès de concision. On y remarque des erreurs de dates, mais ces défauts sont ceux d'un écrit dont l'auteur est réduit à se souvenir par la perte de ses mémoires, comme il nous le dit lui-même. La concision, regrettable en beaucoup de cas, prête du reste dans d'autres plus de vigueur à ce récit et une certaine éloquence à l'expression des sentiments. Il va bien à des hommes qui ont accompli de si grands travaux d'en parler si simplement.

Ainsi qu'elle est, cette relation porte à rechercher et à aimer la vie de celui que Tonty nous représente comme un esprit admirable et comme l'un des plus grands hommes d'un siècle qui en a produit de si grands. Elle honore également celui qu'il a jugé digne d'être son lieutenant.

Cette relation, en effet, donne une haute idée de l'énergie, du dévouement de ce dernier et ajoute à l'illustration d'un nom qui s'était fait connaître dans les finances par l'invention du système des tontines.

Henri de Tonty était un des fils du Napolitain Laurent Tonty, auteur de ce système. Quelques mots achèveront, avec ce mémoire, de faire connaître l'auteur de cette relation.

Il avait commencé en 1668 et 1669 à porter le mousquet, en qualité de cadet dans les troupes. Il avait servi en qualité garde de la marine pendant quatre ans à Marseille et à Toulon; il avait fait alors sept campagnes, dont quatre sur les vaisseaux et trois sur les galères. A Messine, il avait été nommé capitaine-lieutenant de la mestre de camp de Vintimille. Ce fut là qu'il avait eu la main emportée par l'éclat d'une grenade. Les ennemis ayant attaqué le poste de Libisso, l'avaient fait prisonnier et conduit à Melazzo, où il avait été détenu pendant six mois; puis, ayant été échangé contre le fils du gouverneur de cette place, il était repassé en France, d'où il était retourné continuer ses services en Sicile comme volontaire sur les galères.

La réforme des troupes ayant eu lieu après cette campagne, il s'en était allé à la cour solliciter de l'emploi. La paix générale qui se concluait alors ne lui laissant pas les moyens d'en trouver, il avait pris le parti de suivre Cavelier de La Salle.

La relation qui suit nous dira ce qu'il fit en compagnie de ce grand homme.

Malgré tous les services qu'il rendit alors comme capitaine en pied du détachement de la marine et de gouverneur du fort Saint-Louis des Illinois, quoique à ses autres titres militaires, il eût ajouté en 1687 l'honneur d'avoir forcé l'embuscade des Sonnontouans à la tête d'une compagnie de Canadiens, il se trouvait encore en 1692 presque sans ressources par suite de la mauvaise organisation de l'armée à cette époque. Sept compagnies de la colonie avaient été réformées, et la sienne avait été comprise dans cette suppression.

C'est à cette occasion qu'Henri de Tonty crut devoir rappeler ses titres à un meilleur sort. Il adressa à M. de Pontchartrain un résumé de ses campagnes et de ses voyages dans la Louisiane. Ce résumé se trouve joint à une lettre de lui, datée du 12 septembre 1693. Par conséquent l'on ne saurait douter de l'authenticité de ce document

Vers ce même temps, le comte de Frontenac renvoyait Tonty commander au fort Saint-Louis des Illinois, dont la propriété lui était accordée en commun avec le sieur de La Forest, pour les indemniser de ce que Cavelier de La Salle leur devait. Tonty n'avait pas touché depuis sept ans un sou de ses appointements de capitaine.

Placé ainsi entre le Canada et la Louisiane, il eut l'occasion de coopérer sept ans après, avec d'Iberville, à la fondation de cette dernière colonie. Au moment où d'Iberville venait de prendre possession de l'entrée du Mississipi par un établissement pour que ce ne fût pas aux Anglais un prétexte de s'y fixer en n'y en voyant aucun, l'ancien lieutenant de M. de La Salle, le 16 janvier 1700, arrivait aux Bayagoulas dans un canot avec deux hommes à lui, suivi de dix-neuf autres Canadiens. Le découvreur songeait aussitôt à tirer parti de la connaissance qu'avait Tonty des langues des diverses nations situées sur le fleuve, et allait avec lui visiter la rivière de la Sablonnière.

En février 1702, Tonty était envoyé avec huit hommes au travers des terres à plus de cent vingt lieues du Biloxy, où une lettre du 4 août 1701 signalait sa présence. Sa mission était de maintenir l'union parmi les nations de toute cette étendue de pays et à quitter le commerce avec les Anglais. Tonty était de retour le 25 mars avec cinq chefs chicachas, des chefs Chactas, Tomés et Mobiliens, nations toutes en guerre les unes avec les autres et qui se promirent la paix en présence de d'Iberville.

Tonty mourut, vers la fin de 1704, au fort Louis *de la Louisiane*. Il venait d'exécuter avec Lemoyne de Bienville, frère de d'Iberville, une entreprise sur les Alibamons qui avaient tué quelques Français, quand la peste, apportée de la Havane par le vaisseau *le Pélican*, attaqua près des deux tiers de la garnison. Bienville en donnait avis en ces mots : « Depuis le 6 septembre, date de cette lettre, il est mort deux officiers au fort Louis, à savoir M. Levasseur, officier canadien, et Tonty, lieutenant d'infanterie. »

En 1717 un frère de Henri, Alphonse de Tonty, était, après Lamotte de Cadillac, commandant du détroit Pontchartrain des deux lacs. Pierre MARGRY.

I

Après huit années de service en France sur terre et sur mer, ayant eu la main emportée d'une grenade, en Sicile, je résolus de retourner en France pour solliciter de l'employ.

Il se présenta pour lors à la cour feu M. Cavelier de La Salle, homme de grand esprit et de mérite, qui sollicitoit pour obtenir de la Cour les découvertes du golfe du Mexique, au travers des terres de l'Amérique septentrionale ; et ayant obtenu du roi ce qu'il souhaitoit, par la protection de feu M. Colbert et M. de Seignelay, feu Mgr le prince de Conti, qu'il connoissoit et qui m'honoroit de sa protection, m'adressa à luy pour le suivre dans ses voyages de long cours, ce qu'il luy accorda avec beaucoup de plaisir.

Nous partismes de la Rochelle le 14 juillet 1678, et arrivasmes à Québec le 15 septembre suivant.

On s'y rafraischit quelques jours, et après avoir pris congé de M. le comte de Frontenac, gouverneur général du pays, nous montasmes le fleuve Saint-Laurent jusqu'au fort de Frontenac, qui est à cent vingt lieues de Québec, situé sur le bord du lac de Frontenac[1], qui a environ trois cents lieues de tour, et, après y avoir séjourné quatre jours, nous nous embarquasmes dans une barque de quarante tonneaux pour traverser ce lac, et le jour de Noël nous nous trouvasmes vis-à-vis d'un village nommé Tsonnontouan, où M. de La Salle envoya quelques canots chercher du bled d'Inde pour nostre subsistance. De là nous fismes voile du costé de Niagara pour chercher un lieu propre, au-dessus du sault, pour y construire une barque ; les vents étoient tellement contraires que

---

1. Lac Ontario.

nous ne pûmes en approcher que de neuf lieues, ce qui nous détermina à y aller par terre.

Nous y trouvasmes quelques cabanes d'Iroquois qui nous receurent bien. Nous y couchasmes, et le lendemain nous fusmes à trois lieues plus haut pour y chercher un lieu propre à bastir la barque.

Nous y plantasmes le picquet, et celle qui nous avoit conduits périt à la coste par l'opiniastreté du pilote à qui M. de La Salle avoit ordonné de relascher.

On sauva ce qu'il y avoit dedans, et l'équipage de M. de La Salle prit le party de s'en retourner au fort de Frontenac, sur les glaces, et je restay commandant à Niagara avec un père Récollet et trente hommes.

La barque fut parfaite le printems. M. de La Salle nous y vint joindre avec deux autres pères Récollets et plusieurs hommes, afin d'aider à monter ce bastiment, à cause des rapides que je n'avois pu surmonter par la foiblesse de mon équipage.

Il m'ordonna de l'aller attendre au bout du lac Érié, dans un lieu surnommé le Détroit, à cent vingt lieues de Niagara, pour y joindre quelques François qu'il avoit fait partir dès l'automne. Je m'embarquay dans un canot d'écorce, et, lorsque nous fusmes auprès du Détroit, la barque parut; nous nous mismes dedans et continuasmes notre chemin jusqu'à Missilimakinak, où nous arrivasmes à la fin d'aoust, après avoir traversé deux lacs plus grands que le lac de Frontenac[1].

Nous y restasmes quelques jours pour nous y rafraischir, et M. de La Salle ayant dessein de continuer jusqu'aux Islinois, il me fit aller au Sault Sainte-Marie, qui est la décharge du lac Supérieur dans le lac Huron, pour y chercher de ses gens qui avoient déserté, et luy fit voile dans le lac des Islinois. Estant arrivez à Poutouatamis, village islinois, on lui chanta un calumet qui est une cérémonie entre eux dans laquelle ils donnent et reçoivent de grands présents, et où il y a un poteau planté au milieu de l'assemblée, où ceux qui veulent faire connoistre les belles actions qu'ils ont faites en guerre viennent frapper et déclarer ce qu'ils ont fait. Cette cérémonie se fait ordinairement à ceux avec qui on veut faire amitié, et le calumet est parmy les sauvages le symbole de la paix.

---

1. Pour bien déterminer l'époque des divers événements, il est bon de remarquer cette date qui cadre mal avec quelques-unes des suivantes. On a, du reste, copié ici le texte littéralement.

M. de La Salle fit relascher sa barque pour aller à Niagara chercher les choses qui luy estoient nécessaires, s'embarqua dans des canots et continua sa route jusqu'à la rivière des Miamis.

On commença à y bastir une maison.

Pendant ce temps-là je joignis les déserteurs et je continuay ma route jusqu'à trente lieues de la rivière des Miamis, où je fus obligé de laisser mes gens pour chasser, faute de vivres, et je pris le devant pour joindre M. de La Salle.

A mon arrivée il me témoigna qu'il auroit souhaité que tout le monde fust venu avec moy pour aller aux Islinois; je retournay sur mes pas pour les chercher.

Mais le vent s'étant renforcé, nous fusmes contraints de gagner terre. Mais les vagues estoient si grosses que nostre canot tourna; nous le sauvasmes néantmoins. Cependant tout l'équipage fut perdu, et faute de vivres nous vécusmes de glands pendant trois jours.

Je donnay avis de cela à M. de La Salle. Il m'ordonna de l'aller trouver; j'y fus avec mon petit canot. Dès que j'y fus arrivé nous montasmes vingt-cinq lieues jusqu'au portage, où les gens que j'avois laissez derrière joignirent.

Nous fismes le portage, qui a environ deux lieues, et arrivasmes à la source de la rivière des Islinois, et, nous y estant embarquez, nous descendismes cette rivière pendant cent lieues.

Nous arrivasmes au village des sauvages. Ils estoient alors en chasse, et comme les vivres nous manquoient, nous levasmes quelques caches de bled d'Inde.

Pendant cette route une partie des François, fatiguez, avoient pris résolution de nous abandonner; mais il fit un si grand froid cette nuit-là, que cela rompit leur dessein; nous continuasmes nostre route pour tascher de joindre les sauvages, et nous les trouvasmes à trente lieues au-dessous du village.

Quand ils nous virent, ils crurent que nous estions des Iroquois, c'est pourquoy ils se mirent en défense et firent sauver leurs femmes dans le bois; mais, nous ayant reconnus, ils les firent revenir avec leurs enfants et dansèrent le calumet à M. de La Salle et à moy, afin de nous marquer qu'ils vouloient vivre en paix avec nous. Nous leur donnasmes quelques marchandises pour le bled que nous leur avions pris dans leur village.

C'estoit le 3 janvier 1679[1]. Il fallut songer à se fortifier pour hiverner. C'est à quoy l'on s'appliqua, et nous fismes un fort qui fut nommé Crèvecœur. Une partie de nos gens déserta et même ils mirent du poison dans nostre marmite. M. de La Salle en fut empoisonné[2], mais on le tira d'affaire avec du contre-poison qu'un de ses amis luy avoit donné en France. La désertion de ces gens-là nous causa moins de chagrin que l'effet que cela fit parmi les sauvages, car les ennemis de M. de La Salle avoient fait courir le bruit chez les Islinois que nous estions les amis des Iroquois, qui sont leurs ennemis capitaux. Vous verrez ensuite l'effet que cela produisit.

M. de La Salle fit mettre une barque en chantier pour descendre la rivière. Il envoya un père Récollet[3] avec le sieur Acau pour découvrir la nation des Sioux, à quatre cents lieues des Islinois, du côté du nord, sur le grand fleuve du Mississipy, rivière qui n'a pas moins de huit cents lieues, jusqu'à la mer, sans rapides, et ayant pris résolution de s'en aller au fort de Frontenac par terre, parce qu'il n'avoit aucune nouvelle de sa barque qu'il avoit fait relascher à Niagara, il me laissa pour commander dans ce lieu-là et partit le 22 mars, lui, sixiesme.

Il rencontra en chemin deux hommes qu'il avoit envoyez l'automne à Missilimakinak pour aller chercher des nouvelles de sa barque. Ils l'assurèrent qu'elle n'avoit pas passé, ce qui le détermina à continuer sa route. Il me renvoya ces deux hommes avec ordre d'aller à l'ancien village pour y visiter un rocher afin d'y construire un fort solide.

Pendant que je fus absent, tout le monde déserta. Ils emportèrent tout le plus beau et le meilleur et me laissèrent avec deux Récollets et trois François nouveaux venus de France, dénuez de toutes choses et à la merci des sauvages. Tout ce que je pus faire fut d'en dresser des procez-verbaux que j'envoyay à M. de La Salle. Il les guetta dans le lac Frontenac, en prit une partie et tua l'autre. Ensuite il retourna vers les Islinois. Mais, à l'égard de sa barque, on n'en a jamais eu depuis aucune nouvelle.

---

1. Il y a ici une erreur de date en se reportant aux précédentes.
2. Il faut se rappeler que c'est l'époque de la Brinvilliers. La même année, le 11 janvier 1680, il y a une déclaration contre les empoisonneurs et les devins. La Voisin est brûlée le 22 février en place de Grève.
3. C'était le P. Louis Hennepin.

Dans ce tems-là les Islinois virent un party de six cents Iroquois, ce qui les alarma extrêmement.

C'estoit vers le mois de septembre. La désertion de nos gens, le voyage de M. de La Salle au fort de Frontenac donna soupçon aux sauvages que nous les trahissions. Ils me formèrent de grandes plaintes sur l'arrivée des ennemis.

Comme j'estois nouveau venu de France, et que je ne connaissois pas leurs manières, cela m'embarrassa et me fit prendre la résolution d'aller aux ennemis avec des colliers, pour leur monstrer que j'estois surpris de ce qu'ils estoient venus pour faire la guerre à une nation dépendant du gouverneur de la Nouvelle-France, et que M. de La Salle, qu'il estimoit, gouvernoit ces peuples.

Un Islinois m'accompagna et nous nous détachasmes du corps des Islinois, qui estoient au nombre de quatre cents, et mesme déjà aux prises avec les ennemis.

Comme je fus arrivé à la portée du fusil, les ennemis firent une grande décharge sur nous, ce qui m'obligea de dire à l'Islinois de se retirer ; il le fit.

Estant arrivé à eux, ces misérables me saisirent et me prirent le collier que j'avois à la main, un autre au travers de la foule me plongea un coup de couteau dans le sein et me coupa une coste à costé du cœur ; néansmoins, m'ayant reconnu, ils me menèrent au milieu de leur camp et me demandèrent le sujet de ma venue. Je leur fis connoistre que les Islinois étoient sous la protection du roi de France et du gouverneur du pays, que j'estois surpris qu'ils voulussent rompre avec les François et qu'ils voulussent *attendre* (sic) à une paix.

Dans ce temps ils ne laissoient pas d'escarmoucher de part et d'autre, et mesme un guerrier vint avertir le chef que leur aisle gauche plioit et qu'ils avoient reconnu quelques François parmi les Islinois qui tiroient sur eux, ce qui les chagrina beaucoup contre moy, et ils tinrent conseil entre eux de ce qu'ils feroient de moy. Il y en avoit un derrière moy qui tenoit un couteau dans sa main et qui, de tems en tems, me levoit les cheveux. Ils estoient de divers sentiments. Tegancouti, chef du parti Tsonnontouan, vouloit absolument que je fusse brûlé, et Agonstot, chef du party des Onontagués, comme ami de M. de La Salle, vouloit ma délivrance. Il l'emporta sur l'autre, et ils conclurent ensemble que, pour mieux trahir les Islinois, il falloit me donner un collier de porcelaine pour leur marquer qu'ils estoient enfants du gouverneur aussy bien qu'eux, qu'il falloit s'unir et faire une bonne paix.

Ils me laissèrent aller pour porter leur parole aux Islinois. J'eus beaucoup de peine à les joindre à cause de la grande quantité de sang que j'avois perdu, tant par ma plaie que par ma bouche.

Je rencontray en chemin les pères Gabriel de La Ribourde et Zénoble Membré, qui cherchoient de mes nouvelles. Ils me témoignèrent leur joye de ce que ces barbares ne m'avoient pas fait mourir.

Nous allasmes ensemble aux Islinois, à qui je rapportay le sentiment des Iroquois, ajoutant néantmoins qu'il ne falloit s'y fier que de bonne sorte.

Ils se retirèrent dans leur village; mais, voyant que les Iroquois venoient toujours en corps de bataille, cela les obligea d'aller joindre leurs femmes et leurs enfants qu'ils avoient fait retirer à trois lieues de là.

Ils nous quittèrent là, à savoir : les deux pères Récollets, trois François et moy.

Les ennemis firent un fort dans le village et nous laissèrent dans une cabane assez éloignée de leur fort: au bout de deux jours, les Islinois ayant paru sur les costeaux des Iroquois, les Iroquois crurent que nous avions eu quelque pourparler ensemble. Cela les obligea à nous faire entrer dans le fort. Ils m'invitèrent à aller trouver les Islinois pour les porter à venir traiter de paix. Ils me donnèrent un de leurs gens pour servir d'otage. J'y fus avec le père Zénobe. L'Iroquois resta avec les Islinois et un Islinois vint avec moy.

Quand nous fusmes arrivez au fort, au lieu d'accommoder les affaires il les gasta toutes, disant aux ennemis qu'ils n'estoient en tout que quatre cents hommes et que le reste de leurs jeunes gens estoit en guerre; que, s'ils vouloient véritablement faire la paix avec eux, ils leur donneroient une quantité de castors et quelques esclaves qu'ils avoient.

Les ennemis me firent appeler, et, après m'avoir fait mille reproches, ils me dirent que j'estois un menteur de leur avoir fait les Islinois nombreux de douze cents combattants et de plusieurs nations alliées qui leur avoient donné du secours et où estoient les soixante François que je leur avois dit qui estoient au village. J'eus beaucoup de peine à me tirer d'affaire.

Le soir mesme, ils renvoyèrent l'Islinois pour dire à sa nation de se trouver à demi-lieue du fort le lendemain, et que là ils concluroient la paix, ce qui fut fait le lendemain à midy.

Les Islinois s'estant trouvez au rendez-vous, les Iroquois leur firent présent de colliers et de marchandises. Le premier collier portoit que le gouverneur de la Nouvelle-France ne fust pas fasché de ce qu'ils estoient venus troubler leurs frères ; le second s'adressoit à M. de La Salle pour la même chose, et par le troisiesme, accompagné de marchandises, ils leur juroient une entière alliance et qu'ils vouloient dorésnavant vivre comme frères.

On se sépara de part et d'autre, et les Islinois avoient cru par ces présents que la paix estoit véritablement faite, ce qui les porta à venir plusieurs fois dans le fort des ennemis, où quelques chefs des Islinois m'ayant demandé ce que je pensois des Iroquois, je leur dis qu'ils avoient tout à craindre et qu'il n'y avoit point de foi parmi ces barbares, et que j'avois appris qu'ils faisoient des canots d'écorce d'orme et que, par conséquent, ils avoient envie de les poursuivre, qu'ils eussent à profiter du temps et à se retirer chez quelque nation éloignée, car assurément ils seraient trahis.

Le huitième jour de leur arrivée, 10 septembre, ils m'appelèrent avec le père Zénoble au conseil, et, nous ayant fait asseoir, ils firent mettre six paquets de castors devant nous et, m'adressant la parole, ils me dirent que les deux premiers paquets estoient pour dire à M. le comte de Frontenac, leur père, qu'ils ne prétendoient pas manger de ses enfants, et qu'il ne fust pas fasché de la démarche qu'ils avoient faite ; le troisiesme estoit pour servir d'emplastre à ma playe ; le quatriesme estoit de l'huile pour frotter les jambes au père Récollet et à moy, à cause des voyages que nous avions faits ; le cinquiesme, que le soleil estoit beau, et le sixiesme, que nous eussions à partir le lendemain pour les habitations françoises. Je leur demanday quand est-ce qu'ils partiroient pour s'en aller. Il s'éleva quelque murmure entre eux. Il y en eut qui me répondirent qu'ils vouloient manger des Islinois avant de se retirer : sur quoy je repoussay leurs présents avec le pied, leur témoignant que, puisqu'ils avoient dessein de manger les enfants du gouverneur, il n'estoit pas besoin de me faire ces présents et que je n'en voulois pas. Un Abénakis qui estoit avec eux et qui parloit françois me dit que les hommes estoient faschez, et les chefs s'étant levez me chassèrent de leur conseil.

Nous nous en fusmes à notre cabane, où nous passasmes la nuit sur nos gardes, estant résolus d'en tuer quelqu'un avant qu'ils nous tuassent, car nous crusmes que nous ne passerions pas la nuit.

Néantmoins, au point du jour, ils nous ordonnèrent de partir, ce que nous fismes.

Après cinq lieues de marche en canot, nous mismes à terre pour sécher quelques pelleteries qui avoient mouillé. Pendant que nous raccommodions notre canot, le père Gabriel me dit qu'il alloit dire son office; je luy recommanday de ne se pas écarter, à cause que nous estions environnez d'ennemis. Il s'éloigna d'environ mille pas et fut pris par quarante sauvages de la nation appelée Kikapous, qui l'emmenèrent et luy cassèrent la tête; voyant qu'il ne revenoit point, je le fus chercher avec un de mes gens. Ayant trouvé sa piste, je la trouvay coupée de plusieurs autres qui aboutissoient ensuite à une et ne faisoient plus qu'un chemin.

Je rapportay au père Zénoble cette triste nouvelle, qui luy causa beaucoup de chagrin; sur le soir nous fismes un grand feu, espérant qu'il pourroit revenir, et nous fusmes, de l'autre costé de la rivière, vis-à-vis nostre feu, où nous faisions bonne garde. Vers minuit, nous vismes paroistre un homme et ensuite quantité d'autres; le lendemain nous retraversasmes chercher nostre équipage, et, après avoir attendu jusqu'à midy, nous nous embarquasmes et gagnasmes le lac des Islinois à petites journées, espérant toujours rencontrer ce bon père.

Après avoir navigué dans ce lac jusqu'à la Toussaint, que nous fismes naufrage à vingt lieues du village de Poutouatamis, les vivres nous manquant, je laissay un homme à garder nostre équipage et nous prismes la route de terre; mais, comme j'avois une fièvre continue et les jambes enflées, nous n'arrivasmes au village de Poutouatamis que le jour de Saint-Martin; pendant ce temps-là nous ne vescusmes que d'ail sauvage, qu'il falloit gratter sous la neige. Quand nous y arrivasmes nous ne trouvasmes point de sauvages; ils estoient allez à leur hivernement, de sorte qu'il nous fallut aller à leurs déserts où à peine trouvions-nous deux jointées de bled d'Inde par jour, et quelques citrouilles gelées dont nous fismes un amas dans une cabane au bord de l'eau; et, comme nous glanions dans les déserts, un François que nous avions laissé à la cache vint dans la cabane où nous avions nostre petit amas de vivres ; il crut que nous les avions mis là pour luy, c'est pourquoy il ne les espargna pas. Nous fusmes fort surpris, comme nous allions partir pour Missilimakinak, de le trouver dans la cabane : il y avoit trois jours qu'il y estoit arrivé. Nous eusmes beaucoup de joye de le voir, et beaucoup de chagrin de voir nos vivres consommés en partye.

Nous ne laissasmes pas de nous embarquer, et, après deux lieues de navigation, le vent du large s'estant levé, je fis mettre à terre ; nous découvrismes des pistes fraisches que j'envoyay descouvrir. C'estoit le village des Poutoualamis qui avoient fait portage dans la baye des Puans. Le lendemain nous portasmes, tout foibles que nous estions, nostre petit canot et nostre équipage dans cette baye, où il y a une lieue de portage.

Nous nous embarquasmes dans une anse appelée l'Anse à l'Esturgeon, et nous prismes à tout hazard la main droite sans savoir où aller.

Après avoir navigué une lieue, nous trouvasmes le mesme nombre des cabanes, ce qui nous fit espérer de trouver bientost les sauvages.

A cinq lieues de là nous fusmes arrestez par le vent l'espace de huit jours, ce qui nous fit consommer le peu de vivres que nous avions amassez, et nous nous trouvasmes avec rien. Enfin nous tinsmes conseil pour voir ce que nous ferions, et, désespérant de pouvoir joindre les sauvages, chacun demanda à retourner au village à cause qu'il y avoit du bois pour y mourir chaudement.

Le vent estant calme, nous nous embarquasmes et relaschasmes ; comme nous entrions dans l'Anse à l'Esturgeon, nous aperceumes du feu, nous y fusmes : c'estoient des sauvages qui en venoient de partir. Nous crusmes qu'ils estoient allez à leur village ; nous résolusmes d'y aller, mais l'anse ayant glacé la nuit, nous n'y pusmes aller en canot. Nous fismes des souliers du manteau du feu père Gabriel, faute de cuir. Nous devions partir du matin. Un de mes gens se trouvant beaucoup incommodé d'un morceau de pareflesche que nous avions mangé le soir, comme je le pressois pour partir, il arriva à nous deux sauvages Outawas qui nous menèrent où estoient les Poutouatamis ; nous y trouvasmes des François qui nous receurent humainement. J'hyvernay avec eux, et le père Zénoble fut hyverner avec les pères jésuites dans le fond de la baye. J'en partis au printems pour Missilimakinak, et à peine estions-nous refaits de tant de misères que nous avions souffertes durant trente-quatre jours, tant de la faim que du froid.

Nous arrivasmes à Missilimakinak vers la feste de Dieu, en 1680.

M. de La Salle y arriva quelque temps après, lequel vint nous chercher, avec M. de La Forest, aux Islinois. Il eut beaucoup de joye de nous voir, et, malgré toutes les traverses, nous prismes de nouvelles mesures pour faire la descouverte qu'il avoit entreprise. C'est pourquoy je m'embarquay avec luy pour aller au fort de Frontenac prendre les choses nécessaires pour cette expédition. Le père Zénoble nous y accompagna, et, estant arrivez dans le lac Frontenac, M. de La Salle prit le devant et j'attendis sa barque au village de Teyagon[1]. Quand elle y fut arrivée je m'embarquay pour les Islinois.

Estant arrivé à la rivière des Miamis, je rassemblay quelques François et sauvages pour la descouverte, et M. de La Salle nous vint joindre dans le mois de decembre. Nous nous rendismes en canot à la rivière Chicaou, où il y a un portage qui tombe dans celle des Islinois.

Les rivières estant prises, nous fismes des traisneaux et traisnasmes notre bagage jusqu'à trente lieues au-dessous du village des Islinois, où, ayant trouvé la navigation, nous arrivasmes à la fin de janvier au fleuve de Mississipy. L'on y compte de Chicaou cent quarante lieues.

Nous descendismes ce fleuve, et trouvasmes à six lieues au-dessous, sur la droite, une grande rivière qui vient du costé de l'ouest. Il y a quantité de nations dessus[2]. Nous couchasmes à l'embouchure ; le lendemain nous passasmes au village des Tamaroas, à six lieues sur la gauche.

Il n'y avoit personne, tout le monde estant à l'hyvernement dans les bois.

Nous y fismes nos marques pour faire connoistre aux sauvages que nous y avions passé, et continuasmes notre route jusqu'à la rivière de Ouabache, qui est à quatre-vingts lieues de la rivière des Islinois. Elle vient de l'est et a plus de cinq cents lieues de long. C'est par où les Iroquois viennent en guerre contre les nations du sud, et, continuant nostre route, nous arrivasmes à soixante lieues de là, à un lieu qui fut

---

1. L'erreur des dates se poursuit, ainsi qu'on le voit.
2. Missouri.

nommé le fort à Prud'homme, parce qu'un de nos gens de ce nom s'y perdit en allant à la chasse et fut neuf jours dans le bois sans manger. Comme on estoit à le chercher, on prit deux sauvages, Chicachas de nation, dont le village est à trois journées de là dans les terres du bord de Mississipy. Ils sont nombreux de deux mille combattants dont la plupart ont la teste plate, ce qui est une beauté parmi eux, les femmes ayant soin d'aplatir ainsy la teste à leurs enfants par le moyen d'un coussin qu'elles leur mettent sur le front et qu'elles sanglent avec une bande sur les berceaux, ce qui leur fait prendre cette figure, et quand ils sont gras ils ont la face aussi grande qu'une grande assiette creuse. Toutes les nations du bord de la mer en usent de mesme.

M. de La Salle en renvoya un avec des présens pour porter à son village, afin que, s'ils avoient pris Prud'homme, ils le renvoyassent.

Mais nous le trouvasmes le dixiesme jour, et, comme les Chicachas ne venoient pas, nous continuasmes notre route jusqu'au village de Capa, à cinquante lieues de là.

Nous y arrivasmes par un temps de brume, et, comme nous entendismes battre le tambour, nous traversasmes à l'autre bord où nous fismes un fort en moins d'une demy-heure. Ces sauvages, ayant été avertis que nous devions descendre, vinrent à la descouverte en canot. On les fit aborder et on envoya deux François en otages à leur village. Le chef nous vint chercher avec le calumet et nous fusmes chez eux. Ils nous régalèrent pendant cinq jours de ce qu'ils avoient de meilleur, et, après avoir dansé le calumet à M. de La Salle, ils nous conduisirent au village de Tongengan, de leur nation, à huit lieues de Capa.

Ils nous receurent de mesme, et de là nous conduisirent au village de Toriman, à deux lieues de là, qui firent la mesme chose.

Il faut remarquer que ces villages, avec un autre appelé Osotouoy qui est à six lieues sur la droite en descendant, s'appellent communément Arkansas.

Les trois premiers villages sont situez sur le grand fleuve. M. de La Salle y fit arborer les armes du roy [1].

Ils ont des cabanes d'escorce de cèdre, n'ont aucun culte, adorant toutes sortes d'animaux.

---

1. Le procès-verbal de la prise du pays des Arkansas est du 14 mars.

Leur pays est fort beau; il y croist quantité de peschers, pruniers et pommiers; les vignes y sont abondantes; le bœuf, le cerf, l'ours, le chevreuil, les poules d'Inde y sont en grande quantité; ils ont mesme des poules domestiques, et voient fort peu de neige en hyver, et de la glace environ l'espaisseur d'un escu.

Ils nous donnèrent des guides pour nous mener chez leurs alliez, les Taensas, à soixante lieues de chez eux. La première journée, nous commençasmes à voir et à tuer des crocodiles, qui y sont fréquents et longs de 15 à 20 pieds, et estant arrivez vis-à-vis des Taensas, M. de La Salle m'ordonna d'aller au village pour avertir le chef de son arrivée. J'y fus avec nos guides; il nous fallut porter un canot d'escorce environ dix arpents pour tomber dans un petit lac sur lequel est leur village. Je fus surpris d'y voir leurs cabanes faites de bousillage et couvertes de nattes de cannes. La cabane du chef a 40 pieds en carré; la muraille a environ 10 pieds de haut et 1 pied d'épais, et le comble, qui est fait en manière de rotonde, en a bien 15. Je ne fus pas moins surpris, en y entrant, de voir le chef assis sur un lit de camp avec trois de ses femmes à ses costez, environnées de plus de soixante vieillards, couverts avec de grandes couvertes blanches que les femmes font d'escorce de meurier assez bien travaillée. Les femmes sont couvertes de mesme, et chaque fois que le chef leur parle, avant de lui respondre, elles font plusieurs heurlemens, en criant plusieurs fois oh! oh! oh!... pour marque du respect qu'elles lui portent, car ils sont aussi considérez que nos roys.

Personne ne boit dans la tasse du chef ni ne mange dans ses plats. On ne passe pas devant lui; quand il marche on nettoye la place où il passe, et quand il meurt on sacrifie sa première femme, son premier maistre d'hostel et cent hommes de la nation pour l'accompagner en l'autre monde.

Ils ont un culte et adorent le soleil. Ils ont un temple vis-à-vis de la maison du chef, semblable à sa cabane, excepté trois aigles qui sont plantez sur ce temple et qui regardent le soleil levant. Le temple est enfermé d'un fort de bousillage où il y a des picques plantées sur la muraille, sur lesquelles ils mettent les testes de leurs ennemis qu'ils sacrifient au soleil. A la porte du temple il y a un billot de bois sur lequel il y a un gros vignot qui est entouré d'une tresse de cheveux de leurs ennemis, grosse comme le bras, longue d'environ vingt toises.

Le temple par dedans est nud. Il y a un autel au milieu, et au pied de cet autel sont trois busches bout à bout, où le feu est entretenu jour et nuit par deux vieux jongleurs qui sont les maistres de leur culte. Ces vieillards me montrèrent un petit cabinet au milieu de la muraille fait de nattes de cannes, et, comme je voulus voir ce qu'il y avoit dedans, les vieillards m'en empeschèrent, me faisant connoistre que c'estoit où estoit leur dieu ; mais j'ay appris depuis que c'est l'endroit où ils mettent toutes leurs richesses, comme perles fines qu'ils peschent aux environs et marchandises européennes.

A tous les déclins de la lune, toutes les cabanes sacrifient un plat plein de mets de ce qu'ils ont de meilleur qu'ils posent à la porte du temple, que les vieillards ont soin d'enlever pour en faire faire bonne chère à leurs familles.

Tous les printems ils font un désert qu'ils nomment le Champ de l'Esprit, où tous les hommes piochent au son du tambour, et l'automne, le bled d'Inde de ce champ se recueille avec cérémonie et est gardé dans des mannes jusqu'à la lune de Juin de l'année suivante, où tout le village s'assemble et convie mesme leurs voisins à cette feste pour manger ce bled. Ils ne partent pas du champ qu'ils n'en soient venus à bout, faisant pendant ce tems grandes resjouissances.

Voilà tout ce que j'ay appris de cette nation.

Les trois villages qui sont plus bas ont les mesmes mœurs.

Revenons au chef. Estant dans sa cabane, il me tesmoigna avec un visage riant la joie qu'il avoit de la venue des François. J'aperçus qu'une de ses femmes avoit un collier de perles au col. Je lui fis présent de dix brasses de rassade bleue pour l'avoir. Elle fit quelque difficulté, mais le chef lui ayant dit de me le donner, elle me le donna. Je l'apportay à M. de La Salle, lui faisant rapport de tout ce que j'avois vu, et que le chef devoit venir le voir le lendemain, ce qu'il fit. Il ne l'auroit pas fait si c'eût esté des sauvages, mais l'espérance d'avoir des marchandises luy fit prendre ce party. Il arriva le lendemain à nos cabanes au son de leur tambour et de la musique des femmes qui estoient embarquées dans des pyrogues de bois, les sauvages de la rivière ne se servant pas d'autres bastiments.

M. de La Salle le receut avec beaucoup d'honnesteté et luy fit quelques présens. Ils nous donnèrent en revanche beaucoup de vivres et quelques-unes de leurs robes. Le chef s'en re-

2

tourna fort content. Nous restasmes là toute la journée, qui estoit le 21 de mars.

Nous prismes hauteur et nous nous trouvasmes par 31°. Nous partismes le 22, et fusmes coucher dans une isle à dix lieues de là. Le lendemain nous aperçusmes une pyrogue. M. de La Salle m'ordonna de luy donner la chasse, ce que je fis, et, comme j'estois près de la prendre, plus de cent hommes parurent sur le bord de l'eau, l'arc bandé pour desfendre leurs gens. M. de La Salle me cria de me retirer, ce que je fis, et nous fusmes camper vis-à-vis d'eux. Ensuite, M. de La Salle m'ayant tesmoigné qu'il souhaitoit les aborder en paix, je m'offris de leur porter le calumet.

Je m'embarquay et traversay à l'autre bord. D'abord ils joignirent leurs mains pour marquer qu'ils vouloient estre nos amis; moy, qui n'avois qu'une main, je dis à nos gens de faire la même chose qu'eux; je fis traverser les plus considérables où estoit M. de La Salle, qui fut coucher avec eux à leur village, à trois lieues dans les terres, avec une partie de son monde.

Le lendemain il revint avec le chef du village où il avoit couché, qui estoit frère du grand chef des Naché (Natchez), qui nous mena au village de son frère qui est situé sur une coste au bord de l'eau, à six lieues de là. Nous y fusmes très-bien receus. Cette nation est nombreuse de plus de trois mille combattants. Ce sont les hommes qui travaillent tant à la terre qu'à la chasse, et à la pesche aussi bien que les Taensa, et ils ont les mesmes mœurs que ces nations.

Nous en partismes le Vendredy saint, et, après vingt lieues de navigation, nous cabanasmes à l'embouchure d'une grande rivière qui vient de l'ouest. Nous continuasmes notre route et trouvasmes un grand canal qui alloit à la mer du costé de la droite. A trente lieues de là nous aperçusmes des pescheurs sur le bord de l'eau. On envoya à la descouverte : c'estoit le village de Quinipissa, qui tirèrent des flesches sur nos descouvreurs qui se retirèrent suivant l'ordre qu'ils en avoient. On e envoya d'autres qui ne furent pas mieux receus et se retirè rent aussi.

Comme M. de La Salle ne vouloit combattre aucune nation il nous fit embarquer à douze lieues de ce village; nous y trou vasmes celuy des Tangibao sur la gauche. Il n'y avoit pas hui jours que ce village avoit esté entièrement défait. Les corp morts estoient les uns sur les autres, et les cabanes bruslées

Nous continuasmes nostre route, et, après quarante lieues de chemin, nous arrivasmes le 7 d'avril au bord de la mer.

M. de La Salle expédia des canots pour visiter les chenaux, partie furent dans le chenal de la droite, partie dans celuy de la gauche, et M. de La Salle choisit celuy du milieu.

Le soir chacun fit son rapport, sçavoir que les chenaux estoient très-beaux, larges et profonds. On cabana à la terre de la droite où l'on arbora les armes du roy, et l'on retourna encore plusieurs fois visiter les chenaux. Ce même rapport fut fait.

Ce fleuve a près de huit cents lieues, sans rapides, sçavoir quatre cents depuis les Sioux et quatre cents depuis l'embouchure de la rivière des Islinois jusqu'à la mer. Les bordages de cette rivière sont presque inhabitables à cause des inondations du printems.

Ce sont tous bois de tremble, pays de cannes, de ronces et de bois renversez; mais environ une lieue ou deux, c'est le plus beau pays du monde comme prairies, des bois francs remplis de meuriers, de vignobles, et d'autres fruits que nous ne connoissons pas.

Les sauvages y cueillent du bled deux fois l'année. Dans le bas de la rivière où l'on pourroit habiter, ce seroit où la rivière va son rumb de vent nord et sud; car, à ces endroits-là, elle y joint les costeaux de tems en tems à droite et à gauche en plusieurs endroits.

Les navires ne pourroient monter que jusqu'au village de Nadesche, à cause qu'au-dessus la rivière tourne trop; mais cela n'empescheroit pas qu'on ne commençast dans les pays d'en haut avec des pyrogues et bateaux plats depuis la rivière Ouabache jusqu'à la mer. Il y a peu de castors; mais, en récompense, il y a quantité de bœufs ou sibolas, d'ours et loups cerviers, de cerfs, biches et chevreuils en abondance; quelques mines de plomb dont il n'y a pas un tiers de déchet, et, comme ces sauvages sont sédentaires et qu'ils ont quelque subordination parmi eux, on pourroit les obliger, pour avoir leurs nécessitez, à faire de la soye, leur portant la semence de ver à soye de France, veu que toutes les forêts sont pleines de meuriers, ce qui est d'un riche commerce.

Pour ce qui est du pays des Islinois, la rivière a cent lieues depuis le fort Saint-Louis jusqu'à l'embouchure du fleuve de Mississipy. On peut dire que ce sont les plus belles terres qu'on puisse voir; même climat que Paris, quoiqu'elles soient situées par 40°. Les sauvages y sont prompts, agiles et braves, mais extresmement paresseux, à l'exception de la guerre, où ils ne se font pas de peine d'aller chercher des hommes à cinq et six cents lieues de leur pays, ce qu'ils font voir tous les jours dans le pays des Iroquois, où ils sont continuellement à les harceler à ma sollicitation. Il ne se passe pas d'année qu'ils n'amènent quantité de prisonniers et de chevelures.

Il se trouve dans la rivière des Islinois quelques morceaux de cuivre pur, dont nous n'avons pas encore cherché la source.

La polygamie règne parmi cette nation ; c'est une des grandes difficultez pour le christianisme, avec ce qu'ils n'ont point de culte. Les nations du bas seroient plus aisées à convertir, à cause qu'elles adorent le soleil qui est leur seule divinité. Voilà tout ce que je puis vous dire de ces quartiers-là.

Retournons au bord de la mer où les vivres nous manquèrent, ce qui nous obligea d'en partir plus tost que nous n'aurions voulu pour en aller chercher dans les villages voisins. Nous ne savions comment en tirer du village Quinipissa qui nous avoit mal receus en descendant ; nous vescusmes de pommes de terre jusqu'à six lieues de leur village où nous aperçusmes de la fumée. M. de La Salle envoya à la descouverte la nuit ; nos gens rapportèrent qu'ils avoient vu quelques femmes. Nous y fusmes au point du jour et en prismes quatre et fusmes cabaner à l'autre bord vis-à-vis de leur village. On en renvoya une avec des marchandises, pour témoigner à cette nation que nous n'avions aucun mauvais dessein sur eux et que nous souhaitions leur alliance et des vivres. Elle fit son rapport. Il vint aussytost quelqu'un nous chercher pour nous faire cabaner de l'autre costé, ce que nous fismes, et renvoyasmes les trois autres femmes, nous tenant toujours sur nos gardes. Ils nous apportèrent quelques vivres le soir et le lendemain. Ces canailles nous attaquèrent au point du jour. Nous les repoussasmes vigoureusement, et sur les dix heures nous fusmes briser leurs pyrogues, et, sans la munition qui nous auroit pu manquer à l'avenir, nous aurions esté attaquer leur village.

Nous partismes sur le soir pour gagner le village des Nachés où nous avions laissé quantité de grains en descendant, et, quand nous y arrivasmes, le chef vint au-devant de nous. M. de La Salle leur fit présent des chevelures que nous avions apportées de Quinipissa ; ils en sçavoient déjà la nouvelle, car ils avoient pris la résolution de nous trahir et massacrer. Nous montasmes à leur village armés, et, comme nous n'y vismes point de femmes, nous ne doutasmes point qu'ils n'eussent quelque mauvais dessein, et, dans un instant, nous fusmes environnez de plus de quinze cents hommes. Ils nous apportèrent à manger, et nous mangeasmes toujours le fusil à la main. Comme ils craignent les armes à feu, ils n'osèrent nous attaquer, et le chef de la nation pria M. de La Salle de s'en aller, parce que les jeunes gens n'avoient pas d'esprit, ce que nous fismes volontiers. La partie n'estant pas égale, n'estant pas plus de cinquante hommes tant François que sauvages, nous passasmes aux Taença et ensuite aux Akansas où nous fusmes très-bien receus. De là nous arrivasmes au fort à Prud'homme où M. de La Salle tomba malade d'une maladie mortelle, ce qui l'obligea à me faire prendre le devant, moi sixiesme, pour aller mettre ordre à ses affaires à Missilimakinak.

En passant vers Ouabache, je trouvay quatre Iroquois qui nous dirent qu'il y avoit cent hommes de leurs gens qui venoient derrière eux ; cela nous donna de l'appréhension, car il n'y a point de plaisir de trouver des guerriers quand on est sur une route, surtout quand ils n'ont pas fait coup. Je les quittay à environ vingt lieues des Tamaroas. Nous aperceumes de la fumée ; j'ordonnay à nos gens d'accommoder leurs armes, et nous résolusmes d'aller à eux, croyant que c'étoient les Iroquois. Quand nous fusmes près de cette fumée, nous aperceumes des pyrogues, ce qui me fit croire que ce ne pouvoit estre que des Islinois ou des Tamaroas. C'estoit effectivement de ces derniers.

Dès qu'ils nous aperceurent, ils sortirent du bois en grand nombre pour nous attaquer, nous prenant pour des Iroquois. Je leur présentay d'abord le calumet ; ils mirent bas les armes et nous menerent à leur village sans nous faire aucun mal.

Les chefs tinrent conseil, et, nous prenant pour des Iroquois, ils avoient déjà résolu de nous faire brusler, et, sans quelques Islinois qui se trouvoient parmi eux, nous aurions mal passé nostre tems. Ils nous laissèrent partir ; nous arrivasmes vers la fin de juin à la rivière de Chicacou, et à la my-juillet à Missilimakinak.

M. de La Salle, ayant réchappé, nous y joignist en septembre où il prist la résolution d'aller en France, et m'ordonna d'aller rassembler les François dans la rivière des Miamis pour faire le fort de Saint-Louis aux Islinois.

Je partis dans ce dessein, et, quand j'y fus arrivé, M. de La Salle, qui avoit changé de sentiment, vint m'y joindre. On se mit à faire le fort, et il fut achevé le mois de mars 1683. Pendant l'hyver je fus avertir toutes les nations de ce que nous avions fait pour les défendre des Iroquois contre lesquels ils avoient perdu sept cents personnes les années dernières. Ils approuvèrent notre bonne volonté et se rangèrent au nombre de trois cents cabanes au fort, tant Islinois, Miamis que Chaouanons.

II

M. de La Salle partit pour France dans le mois de septembre, et me laissa pour commander à ce fort. Il trouva en chemin le chevalier de Bogis[1] que M. de La Barre avoit envoyé avec des lettres de sa part, par lesquelles il ordonnoit à M. de La Salle de se rendre à Québec. Il n'eut pas beaucoup de peine à l'obliger à faire ce voyage, puisqu'il le trouva en chemin. M. de La Salle m'escrivit de bien recevoir le sieur de Bogis, ce que je fis.

L'hyver se passa, et, le 20 de mars 1684, ayant eu avis que les Iroquois venoient nous attaquer, nous nous disposasmes à les bien recevoir, et despeschasmes un canot à M. de La Durantaye, gouverneur de Missilimakinak, pour lui demander secours en cas que les ennemis tinssent longtems.

Ils parurent le 21. Nous les repoussasmes avec perte de leurs gens, et, après six jours qu'ils nous tinrent assiégez, ils se retirèrent avec quelques esclaves qu'ils avoient faits aux environs, qui se sauvèrent et se rendirent au fort.

M. de La Durantaye et le père Daloy[2], jésuite, arrivèrent au fort avec environ soixante François qu'ils amenoient à nostre secours, ou plutôt pour me signifier les ordres qu'ils avoient de M. de La Barre de quitter le lieu et que le chevalier de Bogis jouist d'un lieu qui appartenoit à M. de La Salle. J'obéis aux ordres et me rendis à Montréal et de là à Québec, où M. de La Forest, qui avoit accompagné M. de La Salle en France, revint par ordre de mondit sieur de La Salle avec une lettre de cachet, par laquelle il estoit ordonné à M. de La

---

1. Il faut lire *Baugis*. — 2. Il faut lire *Allouez*.

Barre de lui remettre entre les mains les terres qui appartenoient à M. de La Salle, dont d'autres jouissoient à son préjudice. Comme il m'apporta la nouvelle que M. de La Salle passoit par les isles pour trouver l'embouchure du Mississipy et qu'il avoit obtenu de la cour une compagnie pour moy, et qu'il m'envoyoit ordre d'aller commander au fort Saint-Louis en qualité de capitaine en pied et de gouverneur, nous prismes nos mesures ensemble et fismes un équipage de vingt mille livres pour l'entretien dudit fort.

M. de La Forest partit l'automne pour aller au fort de Frontenac, et je me mis en chemin pour les Islinois; mais, les glaces m'ayant arresté, je fus obligé de relascher à Montréal où je passay l'hyver. Le printems, M. de La Forest y arriva; nous prismes de nouvelles mesures, ensuite il s'embarqua pour le fort de Frontenac et moy pour les Islinois où j'arrivay en juin, et M. le chevalier de Bogis se retira, suivant les ordres que je lui portay de M. de La Barre.

Les Miamis ayant fait un coup considérable sur les Islinois, il nous en cousta pour 1000 écus de présents pour accommoder ces deux nations, dont je vins à bout avec beaucoup de peine.

L'automne, je m'embarquay pour Missilimakinak, afin d'y apprendre des nouvelles de M. de La Salle. J'y appris que M. le marquis de Denonville avoit relevé M. de La Barre, et, par une lettre qu'il me faisoit l'honneur de m'écrire, il me tesmoignoit qu'il désiroit me voir pour prendre des mesures pour la guerre des Iroquois, et que M. de La Salle estoit à chercher l'embouchure du fleuve de Mississipy dans le golfe du Mexique, ce qui me fit prendre la résolution de l'aller chercher afin de le soulager par le moyen d'un nombre de Canadiens que je lui mènerois, et, dès que je l'aurois trouvé, revenir sur mes pas pour satisfaire aux ordres de M. de Denonville. C'est pourquoy je m'embarquay pour les Islinois le jour de la Saint-André, et, les glaces m'ayant pris, je fus obligé d'abandonner mon canot et de prendre le chemin de terre, et, après avoir fait cent vingt lieues, j'arrivay au fort de Chicacou où M. de La Durantaye commandoit, et de là au fort de Saint-Louis où j'arrivay à la my-janvier 1685. J'en partis le 16 février avec trente François, cinq Islinois et Chaouanons pour la mer où j'arrivay la semaine sainte, après avoir passé les nations ci-dessus nommées desquelles je fus bien receu.

J'envoyay un canot du costé du Mexique et un autre du costé de la Caroline pour voir s'ils ne descouvriroient rien. Ils firent chacun environ trente lieues de chaque costé, et furent obligez de relascher faute d'eau douce ; ils me rapportèrent que les terres commençoient à s'eslever où ils avoient esté. Ils m'apportèrent un marsouin et des huistres à l'escaille. Je proposay à mon monde que, puisqu'il nous falloit cinq mois pour nous rendre aux habitations françoises, s'ils vouloient me croire, nous suivrions la coste jusqu'à la Menade[1], et que par ce moyen nous arriverions en bref à Montréal ; que nous ne perdrions pas notre tems, parce que nous pourrions descouvrir quelque beau pays et même faire quelque prise en chemin. Une partie estoit de cet avis, et l'autre du contraire, ce qui me fit prendre la résolution de retourner sur mes pas ; la marée ne monte pas plus de deux pieds à pic au bord de la mer ; les terres sont fort basses à l'entrée de la rivière.

Nous cabanasmes où M. de La Salle avoit fait arborer les armes du roy, et, comme elles avoient esté renversées par les grandes eaux, je remontay cinq lieues plus haut et je les fis arborer dans un lieu plus eslevé, et je mis un escu blanc dans le trou d'un arbre pour servir de marque en tems et lieu. Nous en partismes le lundi après Pasques.

Estant arrivés vis-à-vis du village de Quinipissa, les chefs m'apportèrent le calumet et me tesmoignèrent le chagrin qu'ils avoient de la trahison qu'ils nous avoient faite à nostre premier voyage. Je fis alliance avec eux, et à quarante lieues au-dessus sur la droite nous découvrismes un village dans les terres avec lequel nous fismes aussi alliance. Ce sont les Ouma, les plus vaillants sauvages de la Rivière.

Quand nous fusmes aux Akansas, dix des François qui m'accompagnoient me demandèrent des habitations sur la rivière des Akansas, seigneurie que M. de La Salle m'avoit donnée dans notre premier voyage. J'en accorday à une partie. Ils restèrent là pour y faire une maison entourée de pieux, l'autre partie m'accompagna jusqu'aux Islinois, pour aller chercher leurs nécessitez, où j'arrivay à la Saint-Jean.

Je fis embarquer deux chefs des Islinois dans mon canot, pour aller recevoir les ordres de M. de Denonville et nous arrivasmes à Montréal dans la fin de juillet, et je partis au commencement de septembre pour aller aux Islinois. J'y arrivay en décembre, et aussytost j'envoyay des François vers nos sauvages pour leur annoncer la guerre à l'Iroquois, et qu'ils

---

1. La Menade pour la Manhatte ou New-York.

eussent à se rendre au fort de bonne heure, ce qu'ils firent dans le mois d'avril 1686.

Le sieur de La Forest estoit déjà party avec trente François en canot, et il devoit m'attendre au Détroit[1] jusqu'à la fin de mai. Je fis festin de chien à nos sauvages, et, après leur avoir annoncé la volonté de Sa Majesté et du gouverneur de la Nouvelle-France, je partis le 17 d'avril avec seize François et mon guide, Miami de nation, et fusmes nous camper à demy-lieue du fort pour y attendre les sauvages qui voudroient nous suivre. Je laissay vingt François au fort, et le sieur de Bellefontaine pour commander en mon absence. Cinquante Chaouanons, quatre Loups et sept Miamis vinrent me joindre de nuit, et le lendemain plus de trois cents Islinois qui s'en retournèrent, à l'exception de cent quarante-neuf. Cela ne m'empescha pas de continuer ma route, et, après deux cents lieues de marche par terre, nous arrivasmes le 19 mai au fort du Détroit. Nous y fismes des canots d'orme. J'en envoyay un au fort Saint-Joseph, qui estoit au havre du Détroit à trente lieues d'où nous estions, pour donner avis au sieur Dulud, commandant de ce fort, de mon arrivée.

Le sieur de Beauvais de Tilly, son lieutenant, me vint joindre, et ensuite le sieur de La Forest et les sieurs de La Durantaye et Dulud. Je fis border la haye aux François et aux sauvages, et, après que le sieur de La Durantaye nous eut saluez, nous luy rendismes le salut. Ils avoient avec eux trois cents Anglois qu'ils avoient pris dans le lac Huron, qui venoient en traite ; c'étoit le sieur de La Durantaye qui commandoit le party qui les prit.

Nous continuasmes à faire des canots et costoyasmes le lac Érié jusqu'à Niagara, où nous fismes un fort au bas du portage pour y attendre des nouvelles, et en chemin nous prismes encore trente autres Anglois qui alloient à Missilimakinak, commandez par le sieur Major Grégoire qui ramenoit des esclaves hurons et outawas qui avoient été pris par les Iroquois, et sans ces deux coups-là nos affaires auroient été mal, vu que nous avions la guerre contre les Iroquois, et que, par la grande quantité d'eau-de-vie et de marchandises qu'ils portoient, ils auroient gagné nos alliez et nous aurions eu ainsy tous les sauvages et les Anglois à dos.

---

1. Poste qui venait d'être établi entre les Deux-Lacs, mais non à la place où fut plus tard le Détroit Pontchartrain des Deux-Lacs.

J'envoiay le sieur de La Forest pour donner avis de toutes choses à M. le marquis de Denonville, qui estoit au fort de Frontenac et qui nous joignit au fort des Sables. La barque estant venue nous apporter des vivres, M. le marquis nous manda par elle que, le 10 juillet, il espéroit arriver au Marais qui est à sept lieues des Sonnontouans.

Les Poutouatamis, Hurons et Outawas nous y joignirent; ils firent des canots. Il y avoit entre eux un Iroquois esclave avec les Hurons, à cause de quelque sottise qu'il avoit dite des François. Je proposay de le faire mourir : on ne fit pas cas de ma proposition et, à douze lieues de nostre marche, il s'en fut et donna avis de notre marche aux ennemis et des marques que portoient nos sauvages, ce qui fit un grand tort dans l'embuscade, comme on verra.

Le 10, nous arrivasmes au marais du fort des Sables, et l'armée d'en bas y arrivoit en mesme tems. Je reçus ordre de me saisir d'un poste, ce que je fis avec ma compagnie et mes sauvages ; on travailla à faire un fort.

Le 11, je fus reconnaistre le chemin jusqu'à trois lieues du camp avec cinquante hommes.

Le 12, il fut achevé et nous partismes pour aller au village.

Le 13, à une demy-lieue des déserts, nous trouvasmes une embuscade. Ma compagnie, qui était à l'avant-garde, les força. On y perdit sept hommes dont mon lieutenant estoit un, et deux de mes gens. Pendant sept jours on fut occupé à couper les bleds de quatre villages et l'on s'en retourna au fort des Sables où ensuite on s'embarqua, et l'on fut faire un fort à Niagara.

De là je remontay au fort Saint-Louis avec mon cousin, le sieur Dulud, qui retournoit en son poste avec dix-huit soldats et quelques sauvages. Ayant fait la moitié du portage qui a deux lieues de long, comme nous estions après à faire le reste, des Hurons qui venoient derrière virent des Iroquois. Ils vinrent nous avertir. Nous n'estions que quarante et nous croyions les ennemis forts.

Nous convinsmes de nous retirer avec nos munitions vers le fort pour y prendre de l'escorte. Nous marchasmes toute la nuit, et, comme le sieur Dulud ne pouvoit quitter son détachement, il me pria d'aller trouver M. le marquis, et s'embusqua dans un lieu fort avantageux. Je m'embarquay, et, estant arrivé au fort, M. le marquis fit difficulté de me donner du monde, d'autant que la milice étoit partie et qu'il ne lui restoit que quelque infanterie pour l'escorter. Néansmoins, il envoya un capitaine nommé Clément de Valrenne et cinquante hommes pour nous soutenir. Il resta au portage pendant que nous le faisions. Nous nous embarquasmes, et, quand nous fusmes au large, nous vismes les Iroquois sur le bord à terre. Nous passasmes le lac Érié et je quittay le sieur Dulud à son poste du Détroit, et de là je fus de compagnie à Missilimakinak avec le révérend père Gravier et ensuite au fort Saint-Louis.

J'y trouvay M. Cavelier, prestre, M. son neveu, le révérend père Anastase Récollet, et deux hommes avec eux. Ils me cachèrent l'assassinat commis en la personne de M. de La Salle, et, sur ce qu'ils m'assuroient qu'il était resté au golfe de Mexique en bonne santé, je les reçus comme si ç'avoit esté lui-mesme et lui prestay plus de 700 francs. M. Cavelier, frère de M. de La Salle, partit le printems (1687)[1], pour aller rendre compte de son voyage en cour. M. de La Forest arriva ici l'automne et partit le printems ensuite.

Le 7 septembre, un nommé Couture amena ici deux Akansas, qui me dansèrent le calumet et m'apprirent la mort de M. de La Salle et toutes les circonstances qu'ils avoient sues de la bouche de M. Cavelier, qui avoit trouvé par bonheur une maison que j'avois fait bastir aux Akansas, où estoit resté ledit Couture avec trois François. Le premier me dit que la crainte qu'il avoit eue de n'avoir pas de moy ce qu'il souhaiteroit lui avoit foit cacher la mort de M. son frère qu'il leur avoit déclarée, ce qu'il fit. Comme M. Cavelier m'avoit dit qu'un jour les Cadodaquis lui avoient proposé que, s'il vouloit aller en guerre contre les Espagnols, ils l'accompagneroient, et qu'il leur avoit répondu qu'ils n'estoient que quatorze François, ils répliquèrent que leur nation étoit nombreuse et qu'ils ne souhaiteroient qu'un petit nombre de fusiliers ; que ces gens-là avoient beaucoup d'argent, qu'ils en seroient les maistres ; que pour eux ils ne souhaitoient que les femmes et les enfants pour esclaves. Ensuite Couture me dit qu'un jeune garçon que M. Cavelier avoit laissé aux Akansas l'avoit assuré que cela estoit vray.

Ne voulant rien entreprendre sans le consentement du gouverneur de Canada, j'envoyay ledit Couture vers les François qui estoient restez au Nicondiché (sic), pour s'informer de toutes choses. Il partit et fit naufrage à cent lieues du fort, et,

---

1. D'après le mémoire de Joutel, Tonty était de retour aux Illinois à la fin d'octobre 1687 ; et l'abbé Jean Cavelier en partait le 20 mars 1688.

comme il perdit tout ce qu'il avoit, il revint. Dans cet entre-tems, M. de Denonville m'écrivit de laisser agir les sauvages à leur fantaisie, qu'il ne m'ordonnoit rien contre les Iroquois et que la guerre estoit déclarée contre les Espagnols. Cela me fit prendre la résolution d'aller aux Naodiches pour exécuter ce que M. Cavelier n'avait osé entreprendre et retirer les gens de M. de La Salle qui estoient restez au bord de la mer, sans savoir l'accident qui estoit arrivé.

Je partis le 3 décembre, joignis mon cousin qui avoit pris le devant et qui devoit m'accompagner dans l'espérance qu'il avoit que M. de La Forest viendroit commander en mon absence; mais, comme il ne vint pas, je renvoyay mon cousin commander au fort.

J'achetay une pyrogue plus grande que la mienne. Nous nous mismes dedans, cinq François, un Chaouanon et deux esclaves. Nous arrivasmes le 17 à un village des Islinois, à l'embouchure de leur rivière. Ils revenoient de guerre des Osages où ils avoient perdu treize hommes, et en ramenoient cent trente prisonniers; nous arrivasmes, le 16 janvier, au village de Kapa, où nous fusmes receus avec beaucoup de joye, et pendant quatre jours ce ne fut que festins, que danses et mascarades à leur manière. Ils me dansèrent le dernier calumet qui confirma la dernière alliance.

Le 20, j'arrivay au Tongenga ; ils voulurent faire de mesme que les Kapa, mais, estant pressé, je les remis à une autre fois et j'en fis de mesme aux Torimans où j'arrivay le 22, et, ayant laissé mon esquipage, j'en partis le lendemain pour aller aux Ossotoué, où est ma maison de commerce. Les sauvages ne m'avoient pas encore veu, estant situés sur une branche qui tombe dans le fleuve et qui vient de l'ouest; ils firent de leur mieux, et, m'ayant accordé deux femmes qui estoient Cadodaquis, où je devois aller, je retournay aux Torimans le 26 et j'achetay deux pyrogues. Nous partismes le 27.

Le 29, ayant trouvé un de mes gens endormy en sentinelle, je le réprimanday et il me quitta. J'envoyay deux de mes gens aux Coroa pour aller chercher des François et leur donner rendez-vous au-dessous de leur rivière, pour m'épargner la peine d'y traisner notre esquipage six lieues dans les terres et le François que j'avois querellé faisant avec eux le troisiesme.

Nous couchasmes vis-à-vis des rivières : des Taença qui venoient des Akansas nous y trouvèrent. Le deuxiesme étant arrivez au rendez-vous, mon Chaouanon alla à la chasse de l'autre bord; où il fut attaqué par trois Chachouma, il en tua un et fut blessé légèrement d'une flesche à la mamelle gauche, le quatriesme nous dérivasmes, nos gens estant arrivez. Le cinquiesme, estant vis-à-vis des Taença, les hommes que j'avois envoyez aux Coroa ne m'ayant rapporté aucune nouvelle des deux François dont j'estois en peine, je les envoyay aux Naché. Ils s'aperceurent que cette nation avait tué nos deux François. Ils se retirèrent le mieux qu'ils purent, faisant accroire aux sauvages que nous estions nombreux.

Ils arrivèrent le 8 février. Nous en partismes le 12 avec trente Taença, et, après douze lieues de navigation au nord-ouest, nous quittasmes notre pyrogue, fismes vingt lieues de portage et, le 17 février 1690[1], nous arrivasmes au village des Nachicoche, on nous fit asseoir dans la place qui est au milieu des trois villages nommés Nachicoche, Ouasita et Capiche, et tous les chefs des trois nations s'assemblèrent, et avant d'entrer en pourparler, les trente Taença qui estoient avec moy se levèrent et, quittant leurs armes, furent au temple pour faire connoistre aux nations la sincérité avec laquelle ils vouloient faire une bonne paix, et, après avoir pris leur dieu à tesmoin, ils demandèrent leur amitié. Je fis quelques présents pour eux, et, la paix étant conclue, ils restèrent au village quelques jours pour trafiquer du sel que ces nations tirent de quelque lac salé qui est aux environs.

Après leur départ, ils me donnèrent des guides pour aller aux Yataché, et, après avoir monté la rivière toujours au nord-ouest environ trente lieues, nous trouvasmes quinze cabanes des Naché qui nous receurent assez bien.

Nous arrivasmes le 16 mars aux Yataché, à environ quarante lieues de là. Ils sont trois villages joints ensemble, savoir les Yataché, Nadao et Choyé. Comme ils sceurent notre arrivée, ils vinrent trois lieues au-devant de moy avec des rafraischissements.

Après qu'ils m'eurent joint, nous allasmes de compagnie à leur village; les chefs nous firent plusieurs festins; je leur donnay ensuite quelques présents et leur demanday des guides pour nous conduire aux Cadodaquis. Ils eurent bien de la

---

1. Autre erreur. Un placet de Tonty à M. de Pontchartrain dit qu'il partit des Ilinois en 1689 pour aller chercher les débris des gens de M. de La Salle; mais que n'ayant pu exécuter son dessein par l'abandon de ses gens, il fut obligé de relascher à sept journées des Espagnols, après dix mois de route d'aller et revenir. »

peine à nous en accorder, à cause qu'il n'y avoit pas trois jours qu'ils avoient massacré trois ambassadeurs qui venoient chez eux pour faire la paix.

Cependant, à force de prières et de les assurer qu'il n'arriveroit aucun mal à leurs gens, ils m'accordèrent cinq hommes et nous arrivasmes proche des Cadodaquis le 28. Nous descouvrismes, à l'endroit où nous estions cabanés, des pistes d'hommes et de chevaux ; le lendemain il vint quelques cavaliers nous reconnoistre, et, ayant parlé à la femme du chef de leur nation que je ramenois, ils en furent porter la nouvelle à leur nation, et, le lendemain, une femme qui gouvernoit cette nation vint me trouver avec les principaux du village ; elle pleura sur moy pour me demander vengeance de la mort de son mary et de celuy de la femme, que je ramenois, qui avoient esté tuez par les Osages. Comme on se sert de tout, je leur promis que leur mort seroit vengée.

Nous allasmes ensemble à leur temple. Après que les ministres eurent invoqué leur dieu pendant un quart d'heure, ils me menèrent à la cabane de leur chef ; devant que d'y entrer, ils me lavèrent le visage avec de l'eau, qui est une cérémonie parmi eux ; pendant le temps que j'y fus, j'appris d'eux qu'à quatre-vingts lieues de là, il y avoit les sept François que M. Cavelier y avoit laissez. J'espérois d'estre au bout de mes peines en les pouvant rejoindre, mais les François qui m'accompagnoient, fatiguez du voyage, ne voulant pas passer outre, me le tesmoignèrent. Comme c'estoient des gens insupportables et dont je ne pouvois jouir dans un pays si éloigné, il fallut céder, et tout ce que je pus faire fut de gagner un François et un sauvage qui m'accompagnoient, pour aller avec moy au village des Naouadiche où j'espérois trouver les François, et je dis à ceux qui m'abandonnèrent que, pour oster connoissance aux sauvages qu'ils m'abandonnoient, il falloit leur dire que je les renvoyois pour porter les nouvelles de mon arrivée, afin que les sauvages ne connussent pas notre désunion.

Les Cadodaquis sont joints avec deux autres villages nommez Natchitoches et Nasoni. Ils sont situez sur la rivière Rouge.

Toutes les nations de cette rivière parlent une mesme langue ; leurs cabanes sont couvertes de paille, et ils ne sont pas assemblez par villages, mais par habitations assez éloignéez les unes des autres. Leurs terres sont fort belles. Ils ont la pesche et la chasse en abondance ; fort peu de bœufs. Ils se font une guerre cruelle, c'est pourquoy les villages ne sont pas peuplez. Je n'ay pas reconnu qu'ils fissent aucun ouvrage, excepté de beaux arcs dont ils trafiquent aux nations éloignées.

Les Cadodaquis possèdent environ trente chevaux, qu'ils appellent *cavalis*. Les hommes et les femmes sont picquez au visage et par tout le corps.

L'on appelle la rivière rivière Rouge parce qu'effectivement elle jette un sable qui la rend rouge comme du sang.

Je ne sçais pas leurs mœurs, n'ayant fait que passer.

J'en partis le 6 avril, tenant notre route au sud, avec un François, un Chaouanon et un petit esclave qui m'appartenoit, et cinq de leurs sauvages qu'ils me donnèrent pour me servir de guides pour aller aux Naouadiche. En partant, je laissay entre les mains de la femme du chef une cassette où j'avois mis quelques munitions. En chemin faisant, nous trouvasmes quelques sauvages Naouadichés en chasse, qui m'assurèrent qu'ils avoient laissé les François chez eux, ce qui me réjouit, espérant venir à bout de mon dessein si je les trouvois. Le 19, mon François se perdit; je le fis chercher par les sauvages qui estoient avec moy, il revint le 21. Il me dit qu'ayant perdu nos pistes et cherchant le chemin, il s'estoit pensé noyer en traversant une petite rivière sur un bois; que son sac s'estant coulé bas, toute notre poudre s'était perdue, ce qui nous causa un grand chagrin, étant réduits à soixante coups de munition.

Le 23, nous couchasmes à demy-lieue du village, où les chefs nous vinrent trouver la nuit. Je leur demanday des nouvelles des François; ils me dirent d'abord qu'ils estoient à leur village. Quand je fus arrivé le lendemain et que je n'en vis aucun, comme ils me vouloient donner le calumet, je le refusay, à moins que je visse les François. Voyant que je m'opiniastrois, ils me dirent que les François avoient accompagné leur chef chez les Espagnols à sept journées de leur village, et que les Espagnols, les ayant aperceus, les avoient environnez avec leur cavalerie, que leur chef ayant parlé en leur faveur, les Espagnols leur avoient donné des chevaux et des armes; d'autres me dirent que la nation des Quanouatino en avoit tué trois, et que les quatre autres étoient allez chercher des fers de flesches. Je ne doutay plus qu'ils ne les eussent massacrez. C'est pourquoy je leur dis qu'ils avoient tué les François. Dans l'instant toutes les femmes se mirent à pleurer, et je vis que ce que je leur avois dit estoit véritable.

C'est pourquoy je ne voulus point de calumet. Je dis au chef que je souhaitois quatre chevaux pour m'en retourner, et, lui ayant donné sept haches et une brasse de grosse rassade, ils m'amenèrent le lendemain quatre chevaux espagnols dont deux estoient marquez à la cuisse à un R avec une couronne fermée au-dessus, et l'autre à un N. Ils sont fort communs parmi eux. Il n'y a point de cabane qui n'en ait quatre ou cinq. Comme cette nation est tantost en paix et tantost en guerre avec les Espagnols leurs voisins, ils profitent du temps de guerre pour leur enlever des chevaux.

Nous harnachasmes les nostres de notre mieux et nous partismes le 29 avec bien du chagrin de ne pouvoir continuer notre route jusqu'au camp de M. de La Salle, n'ayant pu obtenir de cette nation des guides pour nous y conduire, quoiqu'il n'y eust pas plus de quatre-vingts lieues de là, et d'ailleurs nous manquions de munitions par l'accident que j'ai dit.

C'est à trois journées au delà que M. de La Salle fut assassiné. Je diray un mot en passant de ce que j'ay appris de son malheur.

M. de La Salle ayant abordé au-dessus du Mississipy, du costé du Mexique, à environ quatre-vingts lieues de son embouchure, et ayant perdu ses vaisseaux à la coste, sauva une partie de ce qu'il y avoit dedans, se mit en marche le long du bord de la mer pour trouver Mississipy; mais, ayant esté plusieurs fois empesché de venir à bout de son dessein à cause des mauvais chemins, il prit résolution de venir aux Islinois par terre; c'est pourquoy il chargea plusieurs chevaux pour transporter les choses nécessaires. Le père Anastase Récollet, M. Cavelier prestre, son frère, M. Cavelier son neveu, M. de Morangé son parent, MM. du Haut et Lanquetot et plusieurs François l'accompagnèrent avec un sauvage Chaouanon. Comme ils feurent à trois journées des Naouadiche, se trouvant courts de vivres, il envoya M. de Morangé, son laquais et le Chaouanon pour chasser dans un bouquet de bois, avec ordre de revenir le soir. Comme ils eurent tué quelques bœufs, ils se mirent après pour sécher la viande. M. de La Salle estoit inquiet; c'est pourquoy il demanda aux François qui estoient ceux qui voulaient les aller chercher.

Du Haut et Lanquetot qui projetoient depuis longtems de tuer M. de La Salle, parce qu'au voyage que fit M. de La Salle le long de la mer, il obligea le frère de Lanquetot, qui ne pouvoit suivre, de retourner au camp, et que comme il s'en retournoit seul, il fut massacré par les sauvages, ce qui fit jurer à Lanquetot qu'il ne pardonneroit jamais la mort de son frère, et comme dans les voyages de long cours il se trouve toujours beaucoup de mécontents dans une troupe, il trouva aisément des partisans ; c'est pourquoi il s'offrit avec les siens d'aller chercher M. de Morangé, afin de faire leur coup. Il arriva donc à eux et leur dit que M. de La Salle estoit en peine d'eux ; mais, comme les autres leur remontrèrent qu'ils ne pouvoient partir que le lendemain, ils convinrent ensemble de coucher là. Après souper, ils conclurent pour la faction que M. de Morangé commenceroit, ensuite le laquais de M. de La Salle et après le Chaouanon. Quand ils eurent fait leur faction et qu'ils furent endormis, les autres les massacrèrent comme les gens attachez à M. de La Salle. Vers le jour ils entendirent quelques coups de pistolet que M. de La Salle, qui venoit avec le père Récollet, tira pour descouvrir où ils estoient. Ces misérables, se doutant que c'estoit luy, se mirent sur le chemin en embuscade en postant devant eux le laquais de du Haut. Comme M. de La Salle fut arrivé à luy, il lui demanda où estoit M. de Morangé : ce valet luy répondit le chapeau sur la teste qu'il estoit à la dérive. Comme M. de La Salle se voulut approcher de luy pour le faire rentrer à son devoir, il receut trois balles dans la teste, dont il tomba mort (19 mars 1687).

Je ne sçais si le père Récollet en put tirer quelque chose, mais il est constant qu'il eut l'alarme et, croyant passer le pas, il se jeta à genoux devant les meurtriers pour leur demander un quart d'heure pour mettre ordre à sa conscience; ils luy répondirent qu'ils estoient contents, que pour luy, il avoit la vie sauve ; ils s'en furent, de compagnie, où estoit M. Cavelier, et à leur arrivée ils crièrent : « Bas les armes ! » M. Cavelier s'avança au bruit, et, ayant appris la mort de son frère, il se jeta aussi à genoux devant les meurtriers pour leur demander la mesme chose que le père Récollet ; ils luy accordèrent la vie. Il leur demanda d'aller donner la sépulture au défunt, ce qu'ils ne voulurent pas luy accorder.

Voilà la destinée d'un des plus grands hommes de ce siècle, d'un esprit admirable, capable d'entreprendre toutes sortes de descouvertes.

Ce meurtre donna du chagrin à trois Naouadiche que M. de La Salle avait trouvez en chasse et qui l'accompagnoient au village.

Après que les meurtriers eurent commis cet assassinat, ils se saisirent de tout l'équipage du défunt, et le reste des François continua sa route jusqu'au village des Naouadiche où ils trouvèrent deux François habituez parmi les sauvages et qui avoient déserté du temps de M. de La Salle, il y avoit deux ans.

Après avoir esté quelques jours dans ce village, les sauvages leur proposèrent d'aller en guerre contre les Quanouatino, ce que les François acceptèrent, de peur que les sauvages ne les maltraitassent. Comme ils estoient prêts à partir pour aller à la guerre, un flibustier anglois[1] que M. de La Salle avoit toujours aimé dit aux meurtriers que les sauvages alloient bientost partir en guerre et qu'ils les prioient de luy donner, et à ses camarades, quelques chemises. Ils les refusèrent tout plat, ce qui donna du chagrin à l'Anglois; il ne put s'empescher de le tesmoigner à ses camarades, ils convinrent ensemble de leur faire une seconde demande et, s'ils ne l'accordoient pas, de venger la mort de M. de La Salle, ce qu'ils firent quelques jours après.

L'Anglois ayant pris deux pistolets à sa ceinture, accompagné d'un François avec un fusil, ils furent de dessein prémédité à la cabane des meurtriers qu'ils trouvèrent dehors tirant de la flesche.

Lanquetot leur donna le bonjour et leur demanda comment ils se portoient, ils leur répondirent qu'ils se portoient assez bien et que pour eux il ne falloit pas leur demander comment ils se portoient, puisqu'ils mangeoient toujours de bons poulets d'Inde et de bons chevreuils.

Ensuite l'Anglois leur demanda s'ils ne vouloient pas leur donner quelques munitions et quelques chemises, puisqu'ils s'estoient saisis de toutes choses. Ils répondirent que M. de La Salle leur devoit et que ce qu'ils avoient pris leur appartenoit. « Vous ne voulez donc pas ? » dit l'Anglois. Ils répondirent que non. Sur quoy l'Anglois dit : « Tu es un misérable, tu as tué mon maistre ; » et luy lascha un coup de pistolet qui le tua tout roide.

Du Hault voulut gagner sa cabane, mais l'autre François luy lascha son coup de pistolet dans les reins. Estant renversé par terre, M. Cavelier et le père Anastase coururent pour luy donner secours. Du Haut à peine se confessa, car le père Anastase ne luy eut pas sitost donné l'absolution qu'il fut

---

1. Joutel dit qu'il se nommait Hiens et était Allemand. Le meurtre de du Haut eut lieu le 7 mai 1687.

achevé d'un coup de pistolet, à la sollicitation des sauvages qui ne pouvoient souffrir qu'il vescust après avoir tué leur chef.

L'Anglois resta maistre de tout et en donna une partie à M. Cavelier qui, ayant trouvé ma maison des Akansas, se retira aux Islinois, et l'Anglois resta lui, septième, aux Naouadiche.

Nous arrivasmes le 10 mai aux Cadodaquis. Nous y séjournasmes pour y faire reposer nos chevaux, et nous en partismes le 17 avec un guide qui devoit nous conduire au village des Coroas. Il nous quitta à quatre journées par un accident qui nous arriva en traversant un marais. Comme nous menions nos chevaux par la bride, il crut estre poursuivi par un crocodile, ce qui l'obligea à vouloir monter dans un arbre qui estoit au milieu de ce petit marais, tellement qu'embarrassant le licol de mon cheval, il le noya, ce qui l'obligea de prendre congé de nous sans rien nous dire, de crainte que nous ne vengeassions sa mort sur lui, ce qui nous mit dans un fort grand embarras pour la route qu'il fallait tenir.

J'ay omis de dire que les sauvages qui ont des chevaux s'en servent tant pour la guerre que pour la chasse ; ils font des selles à picquer, des estriers de bois, des corselets de plusieurs cuirs l'un sur l'autre à l'épreuve de la flesche, et arment en guerre le devant de leurs chevaux de mesme étoffe, marque qu'ils ne sont pas loin des Espagnols.

Comme notre guide nous avoit quittez, je dis à nostre Chaouanon de guider ; il me fit réponse qu'estant avec moy, c'estoit mon affaire, et, ne pouvant rien gagner sur luy, je fus obligé de guider ; je pris la route au sud-est, et, après environ quarante lieues de marche et avoir traversé sept rivières, nous trouvasmes celle des Coroas. Nous fismes un cayeux pour aller descouvrir de l'autre bord ; mais, n'ayant point trouvé de terres, nous fusmes obligez de revenir dans la résolution de quitter nos chevaux, estant impossible de les pouvoir conduire à cause de la grande inondation.

Le soir, comme nous nous apprestions à partir, nous aperceumes des sauvages ; nous les appelasmes en vain, car ils fuirent d'abord, en sorte que nous ne pusmes jamais les attraper. Deux de leurs chiens se rendirent à nous ; nous les embarquasmes le lendemain sur nostre cayeux avec les deux nostres et quittasmes là nos chevaux.

Nous traversasmes cinquante lieues de pays noyé, où le moins d'eau venoit à my-jambe, et nous ne trouvasmes qu'un petit islot de terre, pendant cet espace, où nous tuasmes un ours que nous fismes sécher.

Il seroit difficile de concevoir la peine que nous eusmes à nous retirer de ce meschant pays, ayant la pluie sur nous nuit et jour.

Il falloit dormir sur deux gros arbres que nous joignions; faire du feu sur lesdits arbres; des cayeux à chaque bout de champ; manger nos chiens; porter notre paquet au travers de grands pays de cannes. Enfin je n'ai jamais tant souffert de ma vie que dans cette traverse jusqu'au Mississipy, où nous arrivasmes le 11 juillet.

Nous estant reconnus et voyant que nous n'estions qu'à trente lieues des Coroas, nous prismes la résolution d'y aller, quoique nous n'eussions jamais mis le pied dans ce village. Nous y arrivasmes le 14 au soir. Il y avoit trois jours que nous n'avions mangé, ne pouvant trouver aucune beste à cause de la grande inondation. Je trouvay dans ce village deux François de ceux qui m'avaient abandonné.

Les sauvages me receurent très-bien et prirent part aux peines que nous avions eues, car pendant huit jours ils ne cessèrent de nous faire faire bonne chère, en envoyant tous les jours à la chasse et à la pesche, n'espargnant pas leurs poulets et poules d'Inde.

J'en partis le 20, et j'arrivay le 31 aux Akansas où la fièvre me prit, ce qui m'obligea de séjourner jusqu'au 11 d'aoust que j'en partis, et elle me continua jusqu'aux Islinois où j'arrivay au mois de septembre.

Je ne saurois exprimer la beauté de tous les pays dont j'ay fait mention, et, si je les avois pratiquez, je dirois à quoy ils pourroient être utiles.

Pour ce qui est de Mississipy, il pourroit produire tous les ans pour 2000 escus de pelleterie, quantité de plomb, des bois pour les navires. On pourroit y établir un commerce de soye, un port pour retirer les navires et faire le cours dans le golfe du Mexique. On trouvera des perles, et quand mesme le froment ne pourroit venir en bas, le haut de la rivière en fourniroit, et l'on pourroit fournir les isles de ce qu'elles auroient besoin, comme planches, légumes, grains et bœufs salez.

Si je n'avois pas été pressé de faire cette relation, j'y aurois mis plusieurs particularitez qui auroient fait plaisir au lecteur, mais la perte que j'ay faite de mes mémoires dans mes voyages fait que cette relation n'est pas accomplie comme je le souhaiterois. HENRY DE TONTY.

MÉMOIRE DE BOUGAINVILLE
SUR L'ÉTAT DE LA NOUVELLE FRANCE

A L'ÉPOQUE DE LA GUERRE DE SEPT ANS.

(1757.)

Il n'est personne qui ne connaisse Louis-Antoine de Bougainville, chef d'escadre en 1780, puis vice-amiral en 1790.
Son voyage autour du monde, qui passe pour être la première entreprise de circumnavigation des Français, a fait de lui un de nos marins les plus populaires. Mais, comme il arrive souvent dans les réputations, l'acte le plus éclatant de son existence paraît seul aux yeux des masses. — Aux nôtres, d'autres faits recommandent cette vie bien remplie, et si c'est un spectacle en effet très-remarquable que celui de ce jeune colonel, improvisé capitaine de vaisseau par assimilation de rang et commençant sa nouvelle carrière par la colonisation des îles Malouines, puis presque aussitôt par d'heureuses découvertes sur le grand Océan, nous ne croyons pas surtout qu'on doive oublier les débuts si brillants et si divers dans lesquels Bougainville a semblé chercher la voie où il devait s'illustrer.
Parmi ses premiers titres à l'attention, il faut rappeler sa conduite au Canada où, de vingt-sept à trente-deux ans, sous les ordres du marquis de Montcalm, il se montra, suivant les occasions, tour à tour infatigable dans le travail, intrépide dans le danger et toujours plein de feu.
La part qu'il prit au combat de Carillon, dans lequel il fut gravement blessé et mérita la croix de Saint-Louis, sans avoir les dix années de service prescrites; les combats à la Pointe-aux-Trembles, où avec 350 hommes, il parvint par deux fois dans la même journée à repousser 1500 Anglais; ses efforts heureux pendant deux mois pour défendre, contre une escadre et des forces bien supérieures, la communication de Québec avec Montréal, ainsi qu'avec les vaisseaux d'où l'on tirait les vivres; la manière dont il évacua l'île aux Noix en traversant l'armée ennemie; ces différentes circonstances

justifièrent ce que le marquis de Montcalm écrivait en 1759 au marquis de Paulmy, sur le jeune fils de l'ancien échevin de Paris : — « Il ne vous aura pas échappé qu'il a de l'esprit « et du talent, je puis vous assurer que sa tête est bien mili- « taire, et qu'en joignant à de la théorie de l'expérience qu'il « a déjà, cela sera un sujet de distinction. »

Bougainville ne se distingua pas seulement par sa valeur et ses faits d'armes dans cette guerre d'un genre tout nouveau pour des Européens. On retrouve en lui, à côté de l'ancien aide de camp de Chevert, l'ancien secrétaire d'ambassade du duc de Mirepoix, l'avocat, le savant auteur du *Traité de calcul intégral ;* enfin le frère d'un académicien, érudit et écrivain lui-même.

Il se repose de ses travaux et de la guerre en lisant Montaigne, Montesquieu, Virgile, Horace, Tacite ; puis lorsqu'il le peut, le jeune homme qui mûrit et qui, pour me servir de ses expressions, « se donne les airs de réfléchir, » observe, approfondit ce qui se passe autour de lui. — Il prend des notes et rassemble tout ce qu'il croit propre à composer un journal, ne négligeant aucune occasion de s'instruire et d'être utile, pour revenir en France, dit-il, plus agréable à ceux qu'il aime. C'est sans doute pour connaître plus à fond les mœurs des sauvages et leur langue qu'il se fit adopter par les Iroquois du sault Saint-Louis, dans la bande de la Tortue, où il se nommait Garoniatsigoa, le Grand Ciel en courroux.

Dans les mémoires qu'a laissés Bougainville, — au milieu de projets tels que celui qu'exécuta La Pérouse, d'aller enlever les établissements anglais de la baie d'Hudson, — il s'en trouve plusieurs d'un intérêt tout politique. — Un sur la question des limites, un autre sur la possibilité de faire passer les Canadiens dans la Louisiane, dans le cas où le Canada serait perdu ; d'autres encore montrent son zèle, son intelligence et son activité. Mais le mémoire que j'ai lu avec le plus d'intérêt, comme nous présentant le tableau du Canada et nous indiquant ce que nous en avions fait au moment où il allait être perdu pour nous, c'est celui que Bougainville annonce en ces termes dans une lettre du 30 juin 1757 à Mme Hérault de Séchelles, sa protectrice et celle de sa famille :

« Je me suis instruit depuis que je suis dans cette colonie, de sa situation, de ce qui concerne son commerce, son gouvernement. Je vous envoie différentes réflexions relatives à ces objets.... Si vous les jugez à propos, ce mémoire passera, par votre moyen, au ministre, sinon vous le supprimerez. »

Les idées de ce mémoire ayant paru au marquis de Montcalm bien conçues, et les faits étant garantis exacts par ce général, il convient de classer cette pièce parmi les éléments utiles à l'histoire. — Malheureusement on regrette d'y trouver parfois des fautes de copie, que Bougainville se plaignait de n'avoir pas le temps de corriger.

P. MARGRY.

Le Canada est un pays extrêmement froid, les neiges y sont abondantes ; dans certains hivers il y en a jusqu'à neuf pieds, dans un hiver ordinaire six ; le froid monte jusqu'à trente degrés, année commune vingt-quatre et vingt-six. L'hiver dure ordinairement six mois ; la neige commence à rester sur la terre depuis la my-novembre jusques aux premiers jours de may. Cette longueur de mauvais temps fait que les habitans ne peuvent élever d'animaux qu'autant qu'ils auront du fourrage pour les nourrir pendant tout ce temps qu'ils sont obligés de les tenir dans les étables. De là vient que ce pays ne sçauroit jamais être abondant en viande de boucherie, surtout quand il y a consommation extraordinaire. Cependant si le roy vouloit, il y auroit un remède à cet inconvénient, et le peuple seroit plus heureux. Il faut remarquer qu'il n'y a point d'habitans qui n'ayent plusieurs chevaux, chaque garçon qui a la force de manier un fouet a le sien, c'est ce qui empêche l'habitant d'élever autant de bœufs qu'il le feroit. Au lieu de trois ou quatre chevaux, il auroit dix à douze bêtes à cornes, et outre cela il pourroit élever plus de cochons, parce qu'il n'est point de garçon d'habitans qui ne vole son père pour donner de l'avoine ou d'autres grains à son cheval, afin qu'il soit gras et vif. Outre cela, les habitans ne labourent presque plus qu'avec des chevaux, préférant le fouet à l'éguillon, ce qui est un malheur pour cette colonie, auquel il n'y a point de remède, à moins que le roy ne rende une ordonnance qui défende à chaque habitant d'avoir plus d'un cheval, à moins que ce ne soit un habitant riche et qui ait beaucoup de terre : lorsque les chevaux auront dix ans, ils pourront avoir un poulin pour renouveler leurs chevaux ; les habitans qui auront des juments pourront avoir leur poulin, et à même qu'ils trouveront à le vendre ils le feront, afin d'en élever un autre pour fournir aux besoins des villes et des campagnes. Les seigneurs pourront avoir des juments pour faire des petits harats, afin d'avoir des beaux poulins au moyen d'étalons choisis. Il ne faudroit cependant pas dès à présent faire tuer les chévaux pour en venir au point dont j'ay parlé, car la colonie est diminuée de bœufs, et les habitants, s'ils manquoient de chevaux, ne pourroient plus labourer leurs terres, mais dans quatre ou six années on pourroit les amener au point dont il s'agist, en chargeant des hommes sages et sans partialité de tenir la main à l'exécution d'un arrangement qui seroit le bien de cette colonie, contre lequel on pourroit d'abord crier, mais dont on remercieroit dans la suite.

Il paroît combien le roy a cette colonie à cœur par les grandes dépenses qu'il fait pour sa défense. Il est donc question de trouver le moyen propre pour que le Canada se soutienne de lui-même. Le véritable est de permettre à tous les soldats de se marier, et de donner à chacun une terre sur laquelle il y auroit quatre arpents de déserts faits aux dépens du roy, et une petite maison de quinze pieds en carré; le prix de ces travaux seroit estimé par les seigneurs et capitaines des côtes, et payé par Sa Majesté aux habitans qui les auroient faits. Cette dépense pourroit être pour chaque terre d'environ quatre cents francs. Si le roy ne veut pas donner cette somme, la terre sera l'hypothèque de l'argent avancé, et l'habitant le remboursera sitost qu'il sera en état. Il faut aussi donner aux nouveaux mariés une vache, une brebis, une hache, une pioche, son pret et solde pendant deux ans, et de quoy semer la première année[1].

Si on ne fait pas d'avance à ce soldat, comment veut-on qu'il s'établisse et qu'il fasse des deserts; à peine son travail suffiroit-il pour les nourrir, car le défrichement des terres est icy très-difficile à cause des gros arbres dont les forêts sont remplies; il conviendroit aussi de ne point laisser des troupes dans les villes, ou du moins seulement ce qu'il faut pour monter une garde, et d'envoyer le reste par compagnie avec leurs officiers dans les différentes paroisses où il y a des bonnes terres à défricher, pour y faire travailler en payant les soldats, comme le roy fait pour les travaux. Ils forme-

---

1. Bougainville rappelle ici, comme plus loin, des usages tombés en désuétude et qui avaient contribué à l'accroissement du pays.

roient des inclinations avec des filles d'habitans, se marieroient, s'accoutumeroient à travailler à la terre, et dans peu de temps deviendroient de bons laboureurs, au lieu que ceux qui se marient dans les villes épousent des filles de moyennes vertus, et qui n'aiment point la campagne. Ces mêmes terres que les soldats feroient aux dépens du roy seroient estimées comme je l'ay déjà dit, et données aux mêmes conditions.

Il seroit aussi bien nécessaire que le roy prist dans les différentes grandes villes les gens sans aveu pour les envoyer icy, en obligeant par proportion les bâtimens venant de France, de les amener à raison de quatre hommes par cent tonneaux, en donnant les vivres pour la traversée; aussitôt leur arrivée on les établiroit dans les terres, de la même façon que les soldats.

Si le roy adopte ce projet, il faudra toujours avoir quarante à cinquante terres prêtes à recevoir ceux qui arriveroient, afin que d'abord après leur débarquement ils fussent placés et en état de travailler avec deffense de dessus leurs terres; il faut pour cela placer cet établissement dans l'intérieur de la colonie, comme la rivière de Sainte-Anne et celle de Batiscan, Machiche, du Loup et Masquinonge dans le gouvernement des Trois Rivières. Dans toutes ces rivières, il y a de quoy placer trois mille habitans; les terres y sont bonnes, fertiles et point difficiles à défricher; les rivières montent du côté du nord, ce qui est à préférer au côté du sud, surtout dans le lac Champlain, où il convient de laisser autant de bois que l'on pourra entre nos voisins et nous. Il ne faudroit seulement permettre qu'à un certain nombre d'habitans de s'établir à Saint-Frédéric, pour fournir à ce fort quelques rafraîchissemens et non davantage, ainsi qu'aux forts de Frontenac et de Niagara.

Détroit. — Le Détroit[1] est un poste digne d'attention, c'est l'entrepôt des forts du sud qui communique aux Illinois; les terres y sont fertiles et aisées à défricher, le ciel beau et serein, un climat magnifique, presque point d'hiver, très-peu de neige; les animaux hivernent dans les champs et s'y nourrissent; il y a desjà deux cents habitations, ou environ, qui sont pleines de vivres et de bestiaux, qui fournissent des farines à différens postes des pays d'en haut. Ce fort est sur le bord du fleuve qui sépare le lac Érié du lac Huron, où il

---

1. Détroit Pontchartrain des Deux-Lacs, établi par Antoine de Lamotte-Cadillac, de Toulouse.

n'y a d'une pente douce qui forme un petit courant. A vingt lieues du lac Huron et à six lieues du lac Érié, la rivière du détroit a douze à quinze arpens de large, toutes les eaux des lacs supérieurs, Michigan et du lac Huron, y passent et vont se décharger dans le lac Érié.

Il est donc question de favoriser cet établissement, qui est un lieu important à cause de toutes les nations qui l'environnent et du chemin pour la communication aux Illinois. Pour y parvenir, il faut le mettre en gouvernement, avec un état-major, cinq ou six compagnies complètes d'officiers et soldats, et donner à chaque capitaine, et même aux officiers subalternes, une seigneurie de quatre-vingt-dix arpens de profondeur sur une lieue de front, et obliger chaque soldat de prendre une terre sur la seigneurie de son capitaine ou officier qui auront chacun un domaine ou fief, et afin d'établir et de défricher ces terres plus promptement, il faudroit diviser les compagnies par douze soldats, et un sergent qui les conduiroit et les feroit travailler ensemble une semaine sur chaque terre d'un arpent et demy sur trente de profondeur, afin qu'ils fussent près les uns des autres. Par ce moyen les paresseux seroient obligés de s'occuper comme les autres, puisqu'ils travailleroient en commun, et telle estoit autrefois la méthode de la fameuse République de Sparte. Les officiers des compagnies seroient intéressés à suivre de près leurs soldats, afin qu'ils ne perdissent pas de temps de même que pour leur faire faire de petits logemens, et lorsque chaque soldat se mariera, lui donner une vache et une brebis, une paire de bœufs à deux avec la charrue et autres outils nécessaires pour les travaux, et des marmites. Les bœufs ne leur seroient que prêtés ; ils les rendroient au roy dès qu'ils auroient pu en élever d'autres, et ils ne seroient que plus propres à la boucherie. Pour cet effet, il faut que ces compagnies soient stables ; car si elles changent, les soldats ne s'attacheront à rien. Il faut aussi remplacer les soldats qui se marieroient, afin que les compagnies soient complètes, et autant que faire se peut, avoir des gens de bonne volonté, en les choisissant dans les autres compagnies.

Il faut remarquer que les habitans, dans cet endroit, peuvent élever autant d'animaux qu'ils veulent, par l'abondance des pâturages et la beauté du climat. Ainsi, en suivant l'établissement du Détroit avec attention, l'on peut tirer des grands avantages. Ce gouvernement seroit dans peu en état de fournir les postes de Niagara, Frontenac, la Présentation et autres du côté de la Belle Rivière, de viande et farine, ce qui soulageroit beaucoup la capitale, tant par la consommation des vivres que pour les hommes qui sont occupés à les transporter de Mont-réal au fort Frontenac, ce qui est un trajet de soixante-dix lieues, avec des rapides affreux à monter, et qui détruisent les meilleurs hommes, qu'ils détournent de l'agriculture, ainsi que les transports pour fournir les différens postes du sud. Le poste du Détroit étant établi, rien ne seroit si aisé que de faire descendre tous les secours nécessaires en vivres et en bestiaux pour fournir les postes dont nous avons parlé, et cela par le moyen des gabarres à fond plat, ou barques que l'on feroit de soixante à soixante-dix tonneaux, et qui porteroient, en traversant le lac Érié, le produit du gouvernement du Détroit à la pointe à Binot, où l'on feroit un petit fort qui serviroit d'entrepôt, tant pour les effets venant de Mont-réal pour les postes du sud, que pour ceux venant du Détroit pour les postes que ce gouvernement fourniroit des vivres, et pour les effets du commerce ; ce qui diminueroit beaucoup le nombre des engagés pour les voyageurs. Et les gabarres allant et venant à la pointe à Binot, seroient chargées de différents effets. Il y auroit un va et vient de bateaux du petit fort de Niagara à la pointe à Binot, où il y a neuf lieues ; les gabarres ne pouvant y aller, elles iroient au fort de la presqu'île, qui est l'entrepost des effets que l'on envoye aux différens postes de la Belle Rivière.

Frontenac, Niagara. — Les voyageurs feroient seulement monter leurs marchandises au fort Frontenac, où elles embarqueroient sur les barques qui y sont pour venir à Niagara, en traversant le lac Ontario ; trajet de soixante-dix lieues, et là le portage se feroit avec des chevaux, comme des autres effets, et on règleroit combien les voyageurs payeroient par cent pesant d'effets et marchandises, du fort Frontenac au Détroit, ce qui seroit au-dessous de ce qui leur en coûteroit avec des canots d'écorce et des engagés comme je vais le démontrer.

Un canot de maître coûte.........................	500 fr.
6 engagés à 250 fr...............................	1 500
100 livres de biscuits par homme à 20 fr.........	120
25 livres de lard par homme à 60 c..............	90
Pour ustensiles du canot........................	50
Total......................	2 260 fr.

Il faut remarquer qu'un canot d'écorce porte environ quatre mille pesant. Ainsi, tous les effets que les voyageurs montent dans les Pays d'en Haut pour le commerce coûtent plus de dix sols la livre de transport. Il est vray qu'ils descendent une partie de leur retour avec ces mêmes hommes et canot. Ainsi que le roy pourroit prendre vingt francs par cent pesant pour rendre les marchandises du fort de Frontenac au Détroit, et douze francs par paquet pour descendre du détroit au fort Frontenac, les voyageurs qui suivroient leurs paquets se chargeroient de les faire descendre à Montréal ; le roy leur prêteroit seulement des canots ou bateaux.

Ces mêmes gabarres pourroient dans la suite communiquer dans le lac Huron, et aller à Michilimakinac, qui est l'entrepost des postes du nord, et même aller dans le lac Michigan jusqu'à la Baye qui est éloignée de Michilimakinac de cent lieues, et plus de même qu'à Saint-Joseph.

Michilimakinac. — Michilimakinac est éloigné de Montréal, en passant par la grande rivière, de trois cents lieues, du Détroit de cent lieues et plus. Ce poste est situé entre le lac Michigan et le lac Huron ; quand les navigateurs auront acquis de l'expérience sur ces lacs, en connoissant les différens abris et mouillages et les relâches en cas de mauvais temps, on pourroit se servir de ces voitures pour transporter tous les effets qu'il faudroit pour tous les postes du nord. Le Détroit, devenant considérable, seroit en état de fournir des marchandises à tous ces différens endroits. Par ce moyen, on empêcheroit les voyageurs de monter des canots d'écorce par la grande rivière, qui est très-pénible par la quantité de rapides et de portages que les engagés font. Il monte ordinairement chaque année quatre-vingts canots d'écorce, ou environ de six à sept hommes pour la partie dont je viens de parler, et par ce moyen il n'en faudroit point; ce qui conserveroit les hommes en Canada et augmenteroit le nombre des laboureurs, ce qui est la base de l'État.

Dans la suite du temps, les particuliers du Détroit feront des bâtimens propres pour ces transports, et le commerce se fera avec beaucoup plus de facilité dans les Pays d'en Haut, car les barques du lac Érié iront dans les lacs Huron et Michigan, et un bâtiment de quarante tonneaux portera vingt canotées, et il faudra pour cette voiture cinq à six hommes, au lieu que dans vingt canots il faut cent vingt à cent quarante hommes.

Le gouverneur général fait ordinairement payer aux voyageurs cinq cens francs pour chaque canotée, tant pour les gratifications aux officiers que pour les pauvres familles; pour lors, il feroit payer cinq cens francs par quatre mille pesant que les voyageurs monteroient dans les Pays d'en Haut, et l'un reviendroit à l'autre.

En suivant exactement ce qui est stipulé en peu de mots, on remédiera à une partie des abus qui sont contraires à l'avantage du Canada, et dans peu l'on verra les terres se défricher, les habitans augmenter, le commerce fleurir, et le peuple devenir plus heureux, ce que je souhaite, ne pouvant faire davantage et ayant dit la vérité.

Détroit entrepost des postes du sud. — Le Détroit entrepost des postes du sud, Grosbourg, situé entre le lac Érié et le lac Sainte-Claire, de l'entrée du lac Érié au Détroit il y a six lieues, du Détroit au lac Sainte-Claire il y en a deux, de la sortie de ce lac, qui en a sept, au lac Huron on compte onze lieues.

La situation de cet établissement est des plus belles, le climat en est charmant, l'air très-sain, la terre excellente et propre à toutes sortes de productions, la chasse y est abondante. Un homme en quinze jours peut rapporter trois cens pièces de gibier différens excellens à manger. Le gibier passe depuis février jusqu'en mai et depuis septembre jusqu'à Noël.

Au nord il y a trois lieues de terre habitées par des Français à trois arpens par habitant, au sud il y en a deux lieues et demye; la rivière partant du lac Érié pour aller au Détroit court est nord-est; à une lieue et demye au-dessus du bourg, est une isle qui sert de commune, elle a cinquante arpens de long et vingt de large; on l'appelle l'*Isle au Cochon;* à un quart de lieue au-dessus à l'entrée du lac Sainte-Claire est une isle nommée l'*Isle du Large* de vingt arpens de long sur sept à huit de large.

Les habitants recueillent année commune deux mille cinq cens minots de bled froment, beaucoup d'avoine et de bled d'Inde; ils semoient autrefois du bled d'automne, mais souvent il ne produisoit que du seigle. Un habitant du lieu m'a assuré avoir semé douze minots de très-beau froment et n'avoir recueilli que du très-beau seigle. On sème en février et mars et l'on recueille en juillet, le produit pour le froment est ordinairement de vingt pour un.

A une journée en deçà de la grande pointe du lac Huron

il y a de la pierre propre à faire des moulanges, ce qui manque au détroit; il seroit nécessaire d'encourager les habitans du Détroit à la culture en leur assurant le débouché de leurs denrées, chose facile en les faisant consommer par les garnisons des forts de la Presqu'isle-Marchant, de la Rivière au Bœuf et Duquesne. Ces vivres coûteroient moins cher au roy que ceux qu'on envoye de Mont-réal; les frais de transport en sont immenses et la difficulté de ces transports rend incertaine la subsistance des garnisons.

Il faudroit aussi que les commerçans du Détroit ou autres qui voudroient aller s'y établir, en la ditte qualité, eussent la liberté de reporter au Détroit, sans payer de congés, les retours de paquets, lettres de change, ou certificats qu'ils apportent à Mont-réal; tant que cette franchise ne sera pas accordée l'établissement du Détroit languira.

Il y a dans ce poste un commandant, un major et sous leurs ordres............. officiers subalternes, la garnison est de........... hommes fournis par les compagnies détachées de la marine. Le poste est exploité par congés dont le prix est ordinairement de cinq cens francs payables comptant et dont le nombre n'est pas fixé; les charges supportées par les congés sont : au commandant, trois mille francs; au commandant en deuxième, mille francs; aux subalternes, cinq cens francs; au subdelégué, six cens francs; à l'interprète, cinq cens francs; à l'aumônier, cinq cens francs; au chirurgien, trois cens francs; chaque canot de voyageur est obligé de porter quatre cens livres pezant de marchandises pour les officiers et autres employés audit poste, par conséquent ces officiers font la traite, elle n'est donc plus libre, abus à corriger.

Les sauvages qui viennent ordinairement faire la traite au Détroit sont les Hurons de la même famille que ceux de Lorette, nation perfide, fourbe, contre laquelle il faut sans cesse être sur ses gardes. Les Outawas, les Saulteux et les Pouteouatamis, ces derniers sont de tous les sauvages les plus attachés à nos intérêts, jamais ils n'ont trempé leurs mains dans le sang d'aucun Français, ils nous ont même avertis des complots formés contre nous par les autres nations. Il sort de ce poste entre huit cens à mille paquets de pelleteries.

Poste des Miamis. — Les Miamis (Bellestre lieutenant) poste situé sur la rive droite de la rivière de ce nom avec un fort de pieux de bout, c'est à ce fort que commence le portage pour aller gagner les eaux tombant au sud-ouest. — Ce poste est affermé au commandant pour trois ans et le prix de la ferme est de douze cens francs par année. Il fait la traite exclusivement, le roy ne donne ny certificats ny présens aux sauvages; le fermier est chargé de ces dépenses ainsi que de celles des gages de l'interprète; il n'a point de gratification. La solde de la garnison se donne en poudre et en plomb que le fermier prend au Détroit ; les sauvages qui y viennent traiter le plus communément sont les Miamis et les Tepicomeaux [1].

Ils peuvent fournir cent cinquante guerriers.

Année commune il sort de ce poste deux cent cinquante à trois cens paquets, voilà donc un poste enlevé au commerce.

Ouyatanons. — Les Ouyatanons (Camet Bayeul, enseigne), poste situé sur la rive droite de la rivière Ouabache ou Saint-Jérôme, fort de pieux de bout. Ce poste est sur le même pied que celui des Miamis, le commandant en est le fermier, et le prix de la ferme est de douze cens francs par an.

Les sauvages qui viennent y faire la traite sont les *Ouyatanons*, les *Kikapous*, les *Maskoutins*, les *Peanguichias*, ils peuvent fournir trois cent soixante guerriers.

Il sort année commune, de ce poste et de ceux qui en dépendent, quatre cens à quatre cent cinquante paquets.

Vincennes. — Poste de Vincennes, joli bourg dépendant de la Nouvelle-Orléans qui y envoye un commandant, trois moulins à chevaux. Il y a soixante-quinze habitans qui labourent et recueillent du bled.

Les Peanguichias y traitent; ils peuvent s'y faire quatre-vingts paquets.

Poste des Illinois. — Les Illinois, poste dont le principal entrepost est le fort de Chartres, situé sur le Mississipi; il y a pour tous ces postes six compagnies de garnison fournies par la Nouvelle-Orléans ainsi que le commandant. Ce poste est exploité par congés dont le prix est de six cens francs par canot, les voyageurs trois cens francs pesant dans leurs canots pour les gratifications ordinaires; et comme on n'est tenu qu'au port des provisions des missionnaires des *Tamarous*, le surplus du port est pour Michilimakinac si l'on passe par le nord, ou pour le Détroit si l'on passe par le sud; la gratifi-

---

1. Je ne connais pas ce nom.

cation du commandant est payée par la Louisiane sur ses fonds ; ce commandant est envoyé de la Nouvelle-Orléans.

Voicy les divisions des Illinois : les Cahos[1] sur le bord du Mississipi, à la gauche les Metchi, à six lieues des Kas, petite ville habitée par les Français ; les *Cahos* et les *Metchi* ne sont plus qu'un village d'environ quatre cens guerriers. Il y a environ quatre cens guerriers au *Kas*. Ces trois nations sont comprises sous le nom d'Illinois et fournissent année commune cent paquets en castors, chevreuils, chats, pichoux, renards, loutres, cerfs et daims.

Il y a un autre poste sur la rivière des Illinois où réside un commandant dans un fort nommé *Pimiteoui*; les nations qui y traitent sont les *Peorias;* sept cens hommes fournissent deux cent cinquante paquets, même qualité de pelleteries, moins de castors et plus de chats qu'au poste précédent.

Missouri. — Dans le Missouri à quatre-vingts lieues de son embouchure dans le Mississipi, sont les *Osages* et les *Missouri*, nations voisines l'une de l'autre ; la traite que nous y avons peut, année commune, monter à quatre-vingts paquets de chevreuils et ours, peu d'autres pelleteries.

Kansés Pimiteoui. — En remontant ce fleuve encore quatre-vingts lieues on trouve le village des *Kansés;* nous y avons une garnison avec un commandant fourny, ainsy que ceux de *Pimiteoui* et du fort de Chartres, par la Nouvelle-Orléans. Il sort de ce poste cent paquets, beaucoup de castors, mais mal travaillés, les autres pelleteries sont les mêmes qu'au poste précédent ; à cinquante lieues au-dessus on trouve les *Otoks* et les *Ayoués*[2]; deux cens hommes fournissant quatre-vingts paquets, les mêmes pelleteries que chez les Kanses.

Fort Duquesne. — Le fort Duquesne situé sur la rive gauche de la Belle Rivière au confluent de *Malangueulé*[3]. Ce fort est en bois, petit, mal entendu et dominé par deux endroits, à la portée du fusil, insoutenable en un mot s'il était attaqué dans l'état présent; il peut contenir au plus cent cinquante hommes de garnison qu'il est fort difficile de faire subsister ; les Illinois ont été cette année leur ressource.

Le commandant a trois mille francs de gratification. Cet établissement est nécessaire pour empêcher que les Anglais

---

1. Noms abrégés pour Caokias et Kaskaskias.
2. Ceux dont les Américains écrivent le nom Iowas.
3. Nom canadien de la Monongahela.

ne s'emparent de cette partie; mais il faudrait un fort plus respectable et qui pût, en temps de guerre, contenir cinq ou six cents hommes de garnison; le pays y est bon, la terre fertile, l'air sain, des habitants y seroient bien.

Ce poste s'exploite par congés qu'on donne gratis pour encourager les négociants à y envoyer; on ne sçauroit donner trop de soin à ce que les marchandises soient à bas prix, afin que les sauvages trouvant à y faire la traite à bon compte, n'aillent pas chez les Anglois, objet important pour le commerce et plus encore pour la politique.

Les sauvages qui viennent au fort Duquesne sont les Loups, les Chaouanons et les Iroquois, rénégats de toutes les nations des Cinq-Nations.

Il en sort, année commune, de deux cents à deux cent cinquante paquets.

Fort de la rivière au Bœuf. — Le fort de la rivière au Bœuf, fort quarré de pieux débout, situé à trente lieues du fort Machault, sur la rivière dont il porte le nom. Cette rivière est très-navigable le printemps, l'automne et souvent même l'hiver; l'été, l'eau y est très-basse, il faut y traîner dans beaucoup d'endroits.

Ce poste est un entrepost necessaire pour le fort Duquesne, mais il faudroit le refaire et le mettre à l'abry d'un coup de main. Le commandant y a mille francs, la garnison plus ou moins forte; ce poste n'est pas un endroit de commerce, d'autant plus que l'établissement est nouveau.

Fort Machault. — Le fort Machault, situé à la décharge de la rivière au Bœuf, dans l'Ohyo; c'est le dernier entrepost pour le fort Duquesne; il faudroit le mettre à l'abry d'un coup de main; ce poste n'est pas un endroit de commerce. Le commandant y a mille francs de gratification.

Fort de la Presqu'Isle. — La Presqu'Isle, fort quarré de pièces équarries, à sept lieues du fort de la rivière au Bœuf et du Niagara, situé sur le lac Erié, à l'entrée presque d'une grande baye d'environ une lieue et demye de profondeur sur une demi-lieue de large; il y a un commandant qui a mille francs de gratification et cinquante ou soixante hommes de garnison.

Ce poste est pour la traite comme les deux précédents; son utilité est d'être un entrepost nécessaire, et le premier de Niagara à la Belle-Rivière. Le portage de ce fort à celui de la rivière au Bœuf est de sept lieues. Pendant les hivers qui sont doux, pluvieux, peu sujets à la neige, les transports y sont presqu'impraticables; le printemps et l'automne sont dans le même cas, l'été est donc la seule saison sur laquelle on puisse compter pour faire passer les vivres et autres effets necessaires à la Belle-Rivière, je parle pour les charrettes; les chevaux de selle vont en tous tems; les sauvages en ont beaucoup, et leur secours est presque toujours necessaire par la précipitation avec laquelle on est forcé de faire le portage afin de profiter des eaux de la rivière au Bœuf; à la vérité, si les chemins étoient accommodés, il seroit facile de se passer des sauvages.

Mais la politique exige qu'on s'en serve, surtout en temps de guerre. Quand ils sont chargés du portage, ils empêchent les nations qui pourroient être mal intentionnées de troubler nos transports, d'ailleurs ce qu'ils gagnent par cela et les présens qu'on leur fait les met en état de s'habiller et de se fournir des choses qui leur sont nécessaires; sans cette ressource ils s'adresseroient aux Anglois qui les traitent beaucoup mieux que nous, et il est essentiel qu'ils ne s'aperçoivent pas de cette différence.

Il seroit facile d'attirer auprès de ce fort des sauvages pour s'y établir et y former des villages; le terrein y est bon, la chasse et la pêche y sont abondantes.

Les Mississagués qui sont errants dans le lac Erié s'y fixeroient d'autant plus volontiers, qu'ils seroient assurés de trouver auprès du fort des ressources qui leur manquent quand ils en sont éloignés.

Les Iroquois qui ont un village à *Kanouagon*, distance de la Presqu'Isle de trente lieues, s'en rapprocheroient aussi; souvent, ils ont été obligés d'avoir recours à nous pour vivre. Mais pour réussir à former cet établissement il faudroit :

1° Un magasin à la Presqu'Isle abondant en vivres et en marchandises de traite à l'usage des sauvages;

2° Leur abandonner le portage. On paye six francs le portage d'un sac aux sauvages, trois francs aux François; mais cette différence disparoîtroit bientôt par le tarif des marchandises et des vivres et par l'avantage d'un commerce qui bientôt deviendroit considérable.

Le chef des Mississagués se nomme *Maccouainité* et celui des Iroquois *Cocité*; l'un et l'autre sont fort affectionnés aux François, et ils en ont donné des preuves.

Niagara. — Niagara peut être regardé maintenant comme

une place forte, elle est située à la tête du lac Ontario au sud, au confluent de la rivière de Niagara. Ce poste est la clef des pays d'en haut. Comme le terrain y est excellent, le climat tempéré, la chasse et la pêche abondantes, il faudroit tâcher d'y établir une ville ou au moins des habitations en village. Cet établissement et celui du Détroit dirigés, l'un et l'autre, par de bonnes loix, seroient le grenier des Pays d'en Haut. On épargneroit par là des sommes et des difficultés considérables pour les transports, et le Canada seroit en état de faire une exportation plus forte.

Le roy fait le commerce de ce poste et conséquemment paye les gratifications aux commandans et autres employés; mais le commerce y est mal régi, la traite s'y fait d'une façon onéreuse pour les sauvages et peu lucrative pour le roy.

Il seroit bon de l'y rendre libre, la concurrence entre les négociants y rendroit les marchandises moins chères; si le tarif n'en baisse tôt ou tard, les sauvages, qui n'ont plus Chouéguen, iront à Orange porter leurs pelleteries, et l'on ne doit jamais perdre de vue cette réflexion, qu'en cela l'intérêt du commerce est encore le moins essentiel, la conservation de la colonie en dépend, nous ne nous soutenons que par la faveur des sauvages ; c'est le contre-poids qui fait pencher la balance de notre côté, et les sauvages accepteront la hache de ceux avec lesquels ils feront un commerce avantageux.

Les nations qui viennent en traite à Niagara sont les Cinq-Nations et les Mississagués.

Il en sort, année commune, deux cent cinquante à trois cents paquets.

Le portage à Niagara à...... est de..... lieues; mêmes réflexions pour ce portage que pour celui de la Presqu'Isle; il est essentiel de se servir de ces sauvages pour le faire.

Toronto, situé au nord du lac Ontario, vis-à-vis de Niagara, établi pour empêcher les sauvages du nord d'aller commercer à Chouéguen; Chouéguen n'existant plus, ce poste devient inutile.

Le roy en fait le commerce, les effets y montent des bateaux conduits par des miliciens commandés pour cela; les sauvages qui y traitent sont les Mississagués et les Saulteux. Il en peut sortir cent cinquante paquets de pelleteries.

Frontenac ou *Katarakoui*, mauvais fort à l'entrée du lac Ontario ; si Chouéguen n'eût pas été détruit, il eût fallu le rendre respectable; il y a un commandant, plusieurs officiers sous ses ordres et..... hommes de garnison.

Ce poste est exploité par le roy qui conséquemment en supporte les charges; il faudroit que le commerce y fût libre.

Les sauvages qui y viennent en traite sont les Cinq-Nations et les Mississagués.

Il en peut sortir année commune vingt à trente paquets.

La Présentation, mission pour les sauvages des Cinq-Nations établie par M. l'abbé Piquet, sur la rive droite du fleuve Saint-Laurent, à..... lieue de Mont-réal. Il peut y avoir maintenant cent sauvages des Cinq-Nations rassemblés par ses soins. Ils y ont des terres qu'ils cultivent, des volailles et bestiaux en propriété.

Il y a un mauvais fort de pieux debout, un commandant et une petite garnison.

Ce poste s'exploite par le roy; on n'y donne point d'eau-de-vie. Il en peut sortir année commune trente ou quarante paquets.

Le sault Saint-Louis, mission des jésuites pour les Iroquois. Il peut y avoir trois cent cinquante sauvages qui ont terres, bestiaux, volailles. Le commerce s'y fait par les jésuites qui afferment à Monsieur de Muceaux huit cents francs.

Lac des deux montagnes, mission établie sur le lac de ce nom qui est formé par la rivière des Outawais, à douze lieues de Mont-réal, et desservie par les Sulpiciens. Il peut y avoir deux cent cinquante sauvages Nepissings, Algonkins et Iroquois; il n'y a ni commandant français ni garnison; le commerce est affermé par les prêtres pour neuf ans, deux mille francs; il en sort année commune cent cinquante paquets.

Michilimakinac, fort de pieux debout situé dans le détroit de communication du lac Michigan avec le lac Huron; c'est l'entrepost des postes du nord; il est sur le même pied que le Détroit, entrepost des postes du sud; il s'exploite par congés qui sont de six cents francs par canot; chaque canot est obligé de porter cinq cents livres pesant pour les officiers ou le nécessaire de la garnison; on la réduit à mille francs de présents par an pour les sauvages sans certificats; le commandant y a trois mille francs, le commandant en second mille francs, l'interprète six cents francs.

Les sauvages qui viennent en traite à ce poste sont les Saulteux et les Outawais; il en peut sortir, année commune, six à sept cents paquets....

Baye des Puants (Monsieur de Rigaud), poste établi. Il est affermé neuf mille francs ; on en a supprimé toute dépense pour le compte du roy ; il n'y a ni présens, ni certificats, ni gages d'interprètes, tous ces frais sont aux dépens du fermier.

Le commandant (Coutrol, lieutenant) est un officier interressé dans la ferme et qui fait valoir pour son compte et celui de ses associés ; il a deux mille francs de gratification. Ce poste comprend aussi les Sioux.

Les sauvages qui y viennent en traite sont les Folles-Avoines *Sakis, Outagamis* ou *Renards, Puants, Maskoutens, Kikapous, Sioux-des-Prairies, Sioux-des-Lacs.* Il en sort, année commune, cinq à six cents paquets.

La Rivière Saint-Joseph (Monsieur le Verrier), fort situé sur la droite de la rivière de ce nom, à vingt lieues de son embouchure, dans le lac Michigan. Ce poste est sur le même pied que la Baye ; le commandant en est le fermier en tout ou en partie, à la volonté du gouverneur général, il en supporte les frais, il a deux mille francs de gratification et l'interprète cinq cents francs ; le prix de la ferme est de......

Les sauvages qui y vont en traite sont les Poutéwatamis, quatre cents hommes environ et quelques Myamis. Il en peut sortir quatre cents paquets en peaux de chats, ours, pichoux, loutres, chevreuils, cerfs.

La Mer d'Ouest, poste qui comprend les forts Saint-Pierre, Saint-Charles, Bourbon, de la Reine, Dauphin, Poskoia et des Prairies, tous, forts de pieux debout, respectables seulement pour les sauvages.

Le fort Saint-Pierre est situé sur la rive gauche du lac de *Tekamamiouen* ou lac de la Pluie, à cinq cents lieues de *Michilimakinak* et trois cents de *Kamanistigoyia* ou les Trois-Rivières au nord-ouest du lac Supérieur.

Le fort Saint-Charles est à soixante lieues de celui de Saint-Pierre, situé sur une presqu'isle fort avancée dans le lac des Bois.

Le fort Bourbon est à cent cinquante lieues du précédent, situé à l'entrée du lac Ouimpeg.

Le fort la Reine est sur la rive droite de la rivière des *Assiniboels*, à soixante-dix lieues du fort Bourbon. Ces contrées offrent partout de vastes prairies ; c'est la route pour aller dans le haut du Missouri.

Le fort Dauphin, à quatre-vingts lieues du précédent, est situé sur la rivière *Minanghenachequeké* ou de l'*Eau trouble*.

Le fort Poskoia est sur la rivière de ce nom à cent quatre-vingts lieues du précédent ; de ce fort on va en dix jours à la rivière de *Nelson*. Le fort des Prairies est à quatre-vingts lieues du fort Poskoia dans le haut de la rivière de ce nom. Ce poste a été affermé huit mille francs ; le commandant en est le fermier et il a le quart dans le poste. Les sauvages qui y viennent traiter sont les Cristinaux et les Assiniboels ; ces deux nations forment chacune douze villages de deux cent cinquante hommes l'un portant l'autre ; année commune il se fait dans ce poste de trois à quatre cents paquets en castors, pékans, martres, loutres, loups-cerviers, carcajoux, fouines, renards ; il faut compter de plus cinquante à soixante esclaves rouges ou panis de *Jatihilinine*, nation située sur le Missouri, et qui joue, dans l'Amérique, le rôle des nègres en Europe. Il n'y a que dans ce poste que l'on fasse ce commerce.

Le poste de la mer d'Ouest mérite une attention particulière pour deux raisons, la première en ce qu'il est de tous le plus voisin des établissemens des Anglois à la baye d'Hudson, et que c'est de là qu'il faut veiller à leurs démarches ; la seconde, c'est que c'est de ce poste qu'on pourra découvrir la mer de l'Ouest ; mais pour faire cette découverte il faudroit que les voyageurs quittassent les vues d'intérêt.

Voyage de la Véranderie. — Celui qui a le plus avancé cette découverte est le sieur de la Véranderie[1] ; il alla du fort de la Reine gagner le Missouri, il rencontra d'abord sur cette rivière les *Mandannes* ou *Blancs Barbus* au nombre de sept villages entourés de forts de pieux terrassés avec un fossé, ensuite les *Kinongewiniris* ou *les Brochets* au nombre de trois villages ; dans le haut de la rivière, il trouva *les Mahantas* faisant aussi trois villages, et le long du Missouri, en le descendant jusqu'à la décharge de la rivière *Wabiek* ou à la Coquille, vingt-trois villages de *Panis*.

Au sud-ouest de cette rivière et sur les deux rives Ouonaradeba ou *à la Graisse* sont les Hactannes ou gens du serpent. Ils s'étendent jusqu'au pied d'une chaîne de montagnes fort élevées[2], qui courent nord, est, sud, et au sud de laquelle est la rivière *Karoskiou* ou *Cerise pelée*, que l'on suppose se rendre à la Californie.

---

1. Gautier de Varennes, sieur de la Véranderie, second fils du gouverneur des Trois-Rivières. J'ai raconté son entreprise.
2. Les Montagnes Rocheuses.

Il continua sa route et trouva dans ces pays immenses, qu'arrose le Missouri, vis-à-vis et à environ quarante lieues des *Mahantas*, les *Owilinioek* ou beaux hommes, quatre villages, vis-à-vis des *Brochets*, les *Macateoualasites ou Pieds-Noirs*, trois villages de cent cabanes environ chacun vis-à-vis des Mandannes sont les *Ospekakaerenousques* ou gens du plat côté, quatre villages; vis-à-vis des *Panis* sont les gens de l'arc *Atchapcivinioques* en Cristinaux et *Utasibaoutchactas* en *Assiniboels*, trois villages; on trouve ensuite les Makesch ou Petits-Renards, deux villages; les *Piwassa* ou Grands-Parleurs, trois villages; les *Kakakoschena* ou gens de la Pie, cinq villages, les *Kiskipisounouinini* ou gens de la Jarretière, sept villages.

Il ne put aller plus loin à cause de la guerre qui étoit alors entre les gens de la Jarretière et la nation suivante. Au reste c'est improprement que je me suis servi du nom de village pour toutes ces nations qui habitent les prairies, elles forment, comme des Tartares, des hordes errantes, elles suivent les bêtes dont la chasse les fait vivre, leurs demeures sont des cabanes de peaux.

Les Népigons, poste établi au nord du lac Supérieur; le commandant en est le fermier et le prix de la ferme est d'environ quatre mille francs; il comprend le lac à la *Carpe* situé.......

Les sauvages qui y traitent sont les Saulteux; cette nation, une des plus nombreuses de ces contrées, est errante, ne sème rien, ne vit que de chasse et de pêche. Il en sort communément chaque année quatre-vingts à cent paquets en.....

Pointe de Chagoamigon (Monsieur de Beaubassin), située..... Ce poste est affermé huit mille cent francs au sieur de Saint-Luc; jusqu'en 1758 il n'y a eu ny présents, ny certificats, seulement l'interprète à payer. Le commandant y a trois mille francs de gratification.

Les sauvages qui y viennent traiter sont les Saulteux. Il en sort annuellement environ deux cent cinquante paquets.

Kamanistigoya (Monsieur de Repentigny) ou les Trois-Rivières, situé....... Ce poste a été affermé, à feu Monsieur Cugnet, quatre mille francs; comme il l'a sous-affermé au sieur Toussaint Portier, la cour lui en a accordé l'excédant pour le dédommager de l'exploitation des congés de Saint-Maurice.

Le roy n'a plus rien à payer que deux mille livres de gratification au commandant, il n'y a ny présents ny certificats; la ferme de ce poste finira en 1758. Les sauvages qui y viennent en traite sont les Saulteux. Il en sort annuellement soixante à soixante-dix paquets en.....

Michipicoton, poste situé au nord-est du lac Supérieur, comme celuy de Kamanistigwia l'est au nord-ouest. Les Saulteux y viennent en traite. Il en sort de cinquante à soixante paquets.

Sault de Sainte-Marie, fort de pieux, situé dans le détroit de communication du lac Supérieur avec le lac Huron établi en 1750.

La traite en fut accordée gratis au commandant pour faciliter l'établissement. Le roy donne cinq cents francs de gratification pris sur Michilimakinac, dont ce poste dépend. Les sauvages qui y font la traite sont les Saulteux. Il en sort annuellement cent paquets. Le sieur Debonne, le sieur de Repentigny l'ont par concession, comme seigneurie héréditaire.

Temiscanimgue, poste situé sur le bord d'un lac de ce nom, affermé sept mille francs; les sauvages appellent l'endroit où est le poste *Aubatswenanek*. Les nations qui y traitent sont les *Têtes de Boules* ou gens des terres et les *Namcosakio* qui viennent du côté de la baye d'Hudson.

Tabitibi est un poste dépendant de *Temiscaming*, à cent vingt lieues de l'établissement précédent, du côté de la baye d'Hudson; il peut y avoir cent hommes dans les deux postes; ils vivent de pêche et de chasse; ne sèment rien et n'ont aucun village; tout ce pays est montagneux et peu fertile. Il en sort environ cent vingt paquets en castors, loups-cerviers, martres, loutres, pekans, carcajoux, cariboux.

Le long Sault, poste situé sur la rive du sud de la grande rivière ou des Outaouas, comme Carillon l'est sur la rive nord, au pied du même sault, à six lieues du lac des deux montagnes.

Ces deux petits postes ont été établis pour traiter au passage des sauvages, qui sont les Népisings, Algonkins et Iroquois. Il s'y fait environ cent cinquante paquets, les mêmes pelleteries qu'à Themiscamingue, quelques ours et quelques chats de plus.

M. le marquis de Vaudreuil, commandant du Long Sault, en retire 800 fr. de rente, et en temps de paix 4000.

Carillon à M. d'Aillebout de Cuisy.

Les pelleteries qui sortent du lac des deux montagnes sont de la même espèce que celles de Themiscamingue.

Chambly, Sainte-Thérèze, Saint-Jean.
Les sauvages Abenakis établis à Missiskouy, Saint-Frédéric, Carillon.

Villages des sauvages domiciliés.

Lorette, Hurons;
Bekancourt, Abenakis, 5 ou 600 hommes;
Missiskouy, Abenakis, 100 à 150 hommes;
Saint-François, Abenakis;
Sault Saint-Louis, Iroquois;
Lac des deux montagnes;
La Présentation, 5 nations;
Hurons du Détroit;
Miratmitchi (Micmaks).

Récapitulation des forts et des postes. — Cap Charles, Baye-des-Châteaux, Saint-Modet, la Baye-Rouge, l'Anse-au-Loup, la Forteau, Baye Phelipeaux, Chichateka, rivière Saint-Augustin, Méchatina, Nontagnaniou, Maingan, les Sept-Isles, les Islets de Jérémie, Tadoussac, Chueretimi, Québec, Lorette, les Trois-Rivières, Bekancourt, Saint-François, Chambly, Saint-Jean, Saint-Frédéric, Carillon, Mont-réal, lac des deux Montagnes, Carillon, le long Sault, Themiscamingue, Abitibis, Michipicotton, Nepigon, Kamanistigouia, la Mer-d'Ouest, Chagouamigon, la Baye-des-Illinois, les Ouyatanons, les Miamis, la rivière Saint-Joseph, le Détroit, la Presqu'Isle, la rivière au Bœuf, le fort Machault, le fort Duquesne, Niagara, Toronto, Catarrakoui, la Présentation, Saint-Regis, le Sault-Saint-Louis.

OBSERVATIONS.

Villes. — Québec, grande ville, mal fortifiée;
Trois-Rivières, ville entourée de quelques mauvaises palissades;
Mont-réal, mal fortifiée avec un mur crénelé.
Forts. — 1° *Route de Mont-réal à Carillon :*
La Prairie, fort de pieux abandonné; Saint-Jean, fort de pieux, avec quatre bastions, des entrepôts et hangars; fort Saint-Frédéric, en pierres; fort de Carillon, de pièce sur pièce;
2° *Route de Mont-réal par Chambly :*
Sorel, fort de pieux, abandonné; Chambly, fort en pierres;

Sainte-Thérèze, ancien fort de pieux, abandonné, des magasins et des hangards ;

3° *Route de Mont-réal au fort Duquesne :*

La Chine, hangards et magasins du roy où l'on conduit les effets du roy destinés aux Pays d'en Haut; Sault Saint-Louis, fort en pieux, contre les Agniers ; les Cèdres, fort en pieux ; Saint-Régis, fort en pieux, nouvelle mission des Jésuites pour les Iroquois; la Présentation ou la Galette, fort en pieux, nouvelle mission des Sulpiciens pour attirer les Cinq-Nations; Frontenac ou Katarakoui, mauvais fort sur le lac Ontario, avec une rade ; on y avoit commencé en 1755 et 1756 une espèce de camp retranché, abandonné après la prise de Chouèguen ; Toronto ou Saint-Victor, petit fort de pieux sur le lac Ontario, pour vendre de l'eau-de-vie aux sauvages afin de contre-balancer le commerce qui se faisoit à Choueguen; Niagara, fort en terre qu'il faut revêtir de pierre, construit en 1755 et 1756 par les troupes françoises, sous la direction de Monsieur Pouchot, capitaine au régiment de Béarn; petit fort de Niagara pour entrepôt; fort de la Presqu'Isle pour entrepôt; fort de la rivière au Bœuf ou fort Roial pour entrepôt; fort Machault pour entrepôt, en pieux; fort Duquesne à portée de l'Oyo. Il y a encore un fort au Détroit.

Traite et congés. — Dans presque tous les postes, la maison où loge l'officier qui commande, étant entourée de pieux, est honorée du nom de fort. On appelle fort, en Canada, des espèces de comptoirs où l'on fait le commerce des pelleteries avec les sauvages, qui les donnent en retour des marchandises dont ils ont besoin, autrefois on les mettoit tous aux enchères, les commerçants pouvoient y prétendre ; on donnoit un produit au roy et l'on payoit l'officier qui y commandoit. Aujourd'huy le gouverneur général en dispose pour ses créatures, avec l'approbation de la cour. Les plus considérables sont : la mer d'Ouest, le poste de la Baye, Saint-Joseph, les Nepigons et Michilimakinac, si l'on n'y donnoit pas beaucoup de congés. Le poste du Détroit n'est jamais donné ; on donne des congés.

Il y a des postes où la traite se fait pour le compte du roy; tels que, Toronto, Frontenac, Niagara, le petit Portage, la Presqu'Isle, la rivière au Bœuf, le fort Machault, le fort Duquesne. Le commerce qui s'y fait est toujours très-onéreux au roy, qui y perd, et ne le fait que pour conserver l'affection des sauvages; mais les gardes magasins et les commandans ont grand soin de s'y enrichir.

Le poste de la Baye a valu en trois ans à Messieurs Rigaud et Marin, trois cent douze mille livres, et du temps de Monsieur Marin père, qui l'avoit de société avec Messieurs de la Jonquière et Bigot, il produisoit plus de cent cinquante mille livres par an quitte. Il y a là du sçavoir faire, du bonheur et la paix vaut mieux que la guerre.

Le poste de la mer d'Ouest est aussi considérable.

On appelle congé, les permissions que le gouverneur général accorde pour un canot chargé de six mille livres de marchandises que l'on va vendre dans un des postes indiqués; on paye cette permission cinquante pistoles et le gouverneur général, maître d'en donner plus ou moins, affecte ces fonds pour entretenir les pauvres familles d'officiers. On ne rend compte au roy que de vingt-deux congés; le gouverneur en donne souvent jusqu'à quarante, la moitié des cinquante pistoles fait fonds à la recette du roy et l'autre moitié est à la disposition du gouverneur pour gratifications.

Michilimakinac est l'entrepôt de tous les postes de la côte du nord et le Détroit de ceux de la côte du sud.

Le Détroit, beau pays à portée de toutes les Nations d'en Haut, climat tempéré où la vigne produiroit.

Le castor commerce exclusif fait par la compagnie des Indes; il lui coûte quatre francs, dont trois francs seize sous pour celui qui le vend, et quatre sous partagés au gouverneur général, au gouverneur de Mont-réal, à l'intendant général, au commissaire ordonnateur et à l'agent de la compagnie, sçavoir : deux pour cent au gouverneur général, un et demy à l'intendant, un demy au gouverneur de Mont-réal, un quart au commissaire ordonnateur, les trois quarts pour cent pour les frais de régie ; le gouverneur et l'intendant ayant aussi en présents une balle de café et quatre livres de thé; la compagnie achette aussi les rats musqués dont elle n'a pas le commerce exclusif, elle les payoit autrefois quinze sous pièce, elle les achette actuellement cinq sous ; le rat musqué a un poil court et propre à entrer dans la composition des chapeaux; ses rognons se vendent pour en tirer le musc.

Les appointemens du gouverneur général consistent en cinq mille deux cents francs, mille écus pour la moitié de la cantine, environ deux mille francs pour son droit sur le castor et avec quelques autres petits émolumens, cela va à près de onze mille francs.

Le gouverneur des Trois-Rivières a un fort joly logement; celui de Mont-réal n'en a point; ses appointemens sont de cinq mille deux cents francs, mais il n'a d'autres émolumens que sa cantine, objet de cinq à six cents francs.

Toutes les lieutenances du roy n'ont que mille huit cents francs d'appointemens; la lieutenance de roy de Québec est la meilleure à cause de la cantine.

Les majorités sont aux appointemens de mille deux cents francs.

Milice. — Tous les habitans en état de porter les armes, depuis quinze ans jusqu'à soixante, sont inscrits et obligés de servir toutes les fois que le gouverneur général les commande. Ils ont des officiers dans chaque paroisse; les capitaines y ont des grandes considérations; un banc à l'église avant celui des co-seigneurs; c'est à eux que tous les ordres s'adressent, quand ils servent; ainsi que leurs miliciens, ils ne reçoivent aucune solde, mais la subsistance et un équipement; ils n'ont aucun rang avec les troupes réglées et seroient même commandés par les sergens et les cadets à l'aiguillette, cependant on a envie de faire un règlement à cette occasion, pour que les officiers de ces milices puissent commander les sergens des troupes réglées. Monsieur le marquis de Vaudreuil pense proposer pour capitaines de milices ceux qui se distingueront et de leur faire venir des commissions du roy; et alors ils auront rang avec les officiers des troupes réglées, comme lieutenans du jour de cette nouvelle commission; lorsqu'ils sont blessés ou estropiés au service, le gouverneur général leur procure une petite gratification annuelle.

Les distinctions que le gouverneur général accorde aux sauvages qui se distinguent à la guerre ou qui ont de la considération dans leur cabane, sont le hausse col, qu'ils se font grand honneur de porter, et la grande distinction ce sont des médailles où il y a l'effigie du roy.

On appelle cadets à l'éguillette, les cadets des troupes de la marine ainsi nommés, parce qu'ils portent une éguillette à leur uniforme; ils n'ont de fait rang qu'après les sergens et caporaux, et on les détache à la guerre comme officiers et on leur fait faire le service d'officiers majors.

L'hiver en Canada. — L'hiver est toujours très-rude en Canada, le froid y est cependant toujours beau et fort sec, pourvu qu'il n'y ait pas du vent nord-est, qui produit toujours de la neige l'hiver et de la pluye le printems. Il est aisé de juger de la rigueur de la saison quand on songe que le fleuve Saint-Laurent prend tous les hivers, à pouvoir le traverser en voiture, et la navigation qui cesse d'être libre à la fin de novembre, ne recommence, pour l'ordinaire, que vers le 20 avril ; une année même la rivière étoit encore prise, vis-à-vis de Québec, au 3 mai. Cet hiver a été un des plus rudes. Le thermomètre a été jusqu'à 26 degrés et demy, et pendant le mois de décembre, janvier et février presque toujours de 12 à 20 ; on ne peut ensemencer les terres qu'à la fonte des neiges, dans le mois de may ; ce pendant la récolte, qui pour l'ordinaire est abondante, se fait à la fin d'aoust.

Fertilité du Canada. — Le Canada est très-abondant en toutes sortes de bestiaux, de bœufs, cochons, veaux, comme en France, le mouton, en général, moins bon, les perdrix admirables et en quantité, les lapins, on n'en voit point, les lièvres mauvais, le poil leur blanchit en hiver et devient roux l'été, la volaille admirable, beaucoup de canards, de bécassines, d'outardes, fort au-dessus de celles de France, les bécasses médiocres, petites, l'ours bon à manger, la patte d'ours fait un morceau délicieux et recherché, l'orignal, espèce d'élan, et le caribou, espèce de cerf, fort bons surtout en pâté, le mufle est au-dessus de tout ce qu'on peut manger ; on a aussi des pigeons et une quantité étonnante de toute espèce de manne pour le pays et dans l'arrière saison des petits oiseaux appelés culs blancs, aussi bons et aussi délicats que les rouges-gorges de Verdun. Presque tous les légumes et herbages, comme en France y viennent bien, les pois verts pour faire de la purée y sont d'une qualité admirable, on n'y connoît pas les petits pois de Paris, on fait dans l'arrière saison ses provisions d'herbages et de légumes pour tout l'hiver et ses provisions de viandes qui, étant gelées, se gardent trois ou quatre mois, elles perdent à la vérité un peu de saveur, et lorsqu'il arrive des dégels inattendus on est exposé de perdre ses provisions pour beaucoup d'argent.

Le Canada ne produit presque aucun fruit, que des pommes admirables de toute espèce, principalement renettes, calvilles et api ; le plus beau fruit est à Mont-réal dans les vergers de Messieurs de Saint-Sulpice ; des poires, beaucoup de fraizes, framboises et cerises, des melons, très-mauvaises noix qui viennent du côté du Niagara, des châtaignes médiocres, et un petit fruit sauvage appelé otoka dont on fait des confitures qui seroient trouvées délicieuses en France.

Le fleuve Saint-Laurent, les rivières et les lacs produisent abondamment du poisson dont beaucoup sont d'une grosseur énorme; le saumon y abonde; les truites fort rares; presque point d'écrevisses; beaucoup d'anguilles très-bonnes; beaucoup de carpes et de brochets, inférieurs à ceux qu'on mange en France; beaucoup de poissons très-vantés en Canada, mais qui n'approchent pas, suivant moy, de notre marée, quoiqu'on vante beaucoup les achégans, les poissons dorés et les maskinongés; on n'y trouve aucun coquillage : vers Gaspé, de mauvaises huîtres, et vers les Trois-Rivières on prend un petit poisson qui est très-bon en friture, que l'on appelle petite morue; on le dit de même espèce que les grandes morues; je ne le crois pas. J'ay de même ouy disputer que les saumonneaux, que l'on mange à Basle et à Strasbourg, sont d'une espèce différente que les saumons. Le castor, animal amphibie, ayant été décidé maigre est d'une grande utilité, les Canadiens l'aiment beaucoup; il ressemble assez à du mouton gras de Beauvais; un goût un peu fade; il faut le relever avec une sauce piquante; la queue est un des trois morceaux qui font les délices des Canadiens, et qu'on donne comme tout ce qu'il y a de plus rare avec le mufle d'orignal et la patte d'ours.

Bois. — On trouve beaucoup de bois propre à la construction et à la charpente et à faire du merrain; cependant les bâtiments construits à Québec ne sont pas en général de durée; l'arbre le plus particulier du Canada est l'érable; on lui fait des incisions dans le mois de mars, on en tire une eau dont on fait une espèce de sirop très-rafraîchissant et fort sain; on en fait un sucre ou cassonade dont se servent quasi tous les habitans après l'avoir raffiné; on en fait des tablettes qu'on envoye en France; elles sont bonnes pour la poitrine.

Plantes. — Il y a beaucoup de plantes rares dont les sauvages connoissent fort bien les propriétés, il seroit à souhaiter qu'on eût quelques habiles botanistes qui les étudiassent avec eux; le capillaire est fort au-dessus de celui qu'on recueille en Europe; on attribue beaucoup de propriété au cassis; le Gin-Seng est une plante dont on fait grand cas aux Indes; la

Compagnie des Indes en fait le commerce exclusif et n'en fait pas venir depuis quelques années, en ayant trop envoyé ; on prend une infusion des feuilles comme du thé ; c'est un stomachique. On croit que cette plante pourroit aider les faibles *in actu veneris*.

Animaux. — On est fort incommodé en Canada d'une espèce de mouche plus grosse et plus venimeuse que celles du Rhin ; on les appelle Maringouins.

On y trouve aussi le fameux serpent sonnette dont la queue est divisée par nœuds qui marquent les années et qui font du bruit en marchant ; il paroît plutôt craindre l'homme que le chercher ; mais si on marche dessus sans s'en apercevoir, il mord, et sa blessure seroit mortelle si on n'y apportoit le remède, qui est de déchirer la playe jusqu'à ce qu'elle saigne et y mettre du sel, dont les sauvages portent toujours un petit paquet au col par cette raison.

On ne trouve en Canada aucuns oiseaux rares ; ce n'est qu'à la Louisiane et dans les Pays d'en Haut où l'on voit le pape, les cardinaux et les évêques, oiseaux ainsi nommés à cause de leur plumage rouge et violet, et d'une espèce de thiare qu'ont ceux appelés papes.

Commerce. — Le commerce en Canada consiste en l'exploitation des denrées du pays et à faire venir de France celles qui sont nécessaires.

Importation de France. — On tire de France toutes les boissons (et il se consomme extrêmement de l'eau-de-vie), les huiles, les épiceries, une partie des lards et des jambons, toutes les étoffes, les toiles, la bougie, une grande partie de la chandelle ; on en tire aussi le sel qui y est marchandise et les cartes à jouer qui ne payent aucun impôt en France ; on tire aussy les ouvrages d'orfèvrerie et de bijouterie, n'ayant point de matière d'argent dans le pays ; il s'y trouve cependant trois ou quatre orfèvres qui ont de la peine à vivre ; ils travaillent les parfitures et quelques piastres que le commerce illicite avec les Anglois introduit.

Depuis l'arrivée des troupes de France, comme elles sont payées en espèces, cela en a introduit dans la colonie où il n'y en avoit presque point auparavant.

Les habitans se sont munis en couverts, écuelles et gobelets d'argent en faisant fondre des écus ; on tire aussi de France le papier.

Exportation pour la France. — *Pelleteries.* — **Les marchan-**

dises que l'on porte du Canada en France consistent dans les fourrures et pelleteries.

Le castor est la plus abondante et celle dont on fait le plus grand commerce; la Compagnie des Indes l'a exclusivement.

Les martres sont fort inférieures à celles du nord; et en Canada on fait une différence entre celles qui sont prises du côté du nord et celles qui le sont du côté du sud.

Les pecans, espèce de renard d'une pelleterie inférieure et que les fourreurs mettent souvent avec les martres.

Les renards, surtout les noirs, fourrure très-estimée et fort rare.

Les loups-cerviers en assez grande quantité.

Les chats sauvages.

Les ours, on en envoit beaucoup en France malgré la quantité de peaux qui se consomme dans le pays.

Il en est de même des peaux de chevreuil qui s'y consomment toutes en temps de guerre; les sauvages et les Canadiens ne se servent quasi pas d'autres chaussures.

Rats musqués.

Productions. — Le Canada fournit du tabac médiocre; assez pour la consommation du pays; il en est de même du fer. Le roy a fait établir depuis quelques années des foyers qui sont administrés pour son compte; on les a placés auprès des Trois-Rivières; le pays ne produit presque aucun chanvre, article sur lequel on pourroit encourager l'industrie de l'habitant.

Constructions navales. — Il faudroit renoncer à construire des bâtiments de guerre en Canada, mais y construire des bâtiments marchands qui dureroient moins et qui se donneroient à meilleur marché.

Pêcheries. — Un des commerces du Canada qui seroit le plus utile seroit celui des pêches que l'on pourroit établir au-dessous de Québec.

On fait la pêche de la morue vers Gaspé; les Bayonnais ont quelquefois fait la pêche de la baleine vers Kamouraska.

La pêche des loups-marins et des marsouins produit beaucoup d'huile, et il se fait un grand commerce de peaux de loups-marins.

Farines et boissons. — Le Canada est obligé, dans les mauvaises années et en temps de guerre, de tirer des farines de France; dans les années abondantes il en fournit quelquefois aux îles de Saint-Domingue et de la Martinique, avec laquelle le Canada a un commerce, et tire de ces îles de la cassonnade, de la mélasse, des confitures sèches et des liqueurs ; car le sucre royal se tire de France : la mélasse dont il se fait une grande consommation en Canada est la casse du sucre, elle est nécessaire pour faire la boisson du pays, que l'on appelle sapinette ; elle se fait avec les feuilles d'un arbre appelé l'épinette ; on y met par barrique de cent dix pots, deux pots de mélasse ; la mélasse qui a une douceur fade est fort estimée des sauvages qui l'étendent sur leur pain, et c'est une espèce de confiture chez eux ; le houblon viendroit en Canada ; les Récolects de Québec sont les seuls qui ont une houblonnière, dont ils font de la bonne bière ; celle du pays appelée sapinette est très-rafraîchissante et très-saine, mais a un goût douceâtre mêlé d'amertume auquel on s'accoutume difficilement. On pourroit élever en Canada plus de bestiaux qu'on n'y fait, et en ce cas on pourroit y faire un commerce de bœuf salé ; mais il faudroit pour cela faire un réglement pour diminuer le trop grand nombre de chevaux.

Chevaux et voitures. — Tous les habitans, c'est ainsi qu'on nomme les paysans en France, ont beaucoup de chevaux et vont toujours en voiture. L'été on se sert toujours de voitures appelées calèches, ressemblant aux cambiatières d'Italie, et l'hiver des voitures appelées carioles, espèces de traineaux pour aller sur la glace et sur la neige ; un seul cheval mène aisément deux personnes dans ces sortes de voitures ; le transport des marchandises se fait l'été en barques ou canot et l'hiver en traineaux.

Mœurs et caractères des Canadiens. — Les simples habitans seroient scandalisés d'être appelés paysans. En effet, ils sont d'une meilleure étoffe, ont plus d'esprit, plus d'éducation que ceux de France. Cela vient de ce qu'ils ne payent aucun impôt, de ce qu'ils ont droit d'aller à la chasse, à la pêche, et de ce qu'ils vivent dans une espèce d'indépendance. Ils sont braves, leur genre de courage, ainsi que les sauvages, est de s'exposer peu, de faire des embuscades ; ils sont fort bons dans le bois, adroits à tirer ; ils se battent en s'éparpillant et se couvrant de gros arbres ; c'est ainsi qu'à la Belle-Rivière ils ont défait le général Bradock. Il faut convenir que les sauvages leur sont supérieurs dans ce genre de combattre, et c'est l'affection qu'ils nous portent qui jusqu'à présent a conservé le Canada. Le Canadien est *haut, glorieux, menteur,* obligeant, affable, honnête, infatigable pour la chasse, les courses, les voyages qu'ils font dans les Pays d'en Haut, paresseux pour la culture des terres. Parmi ces mêmes Canadiens, on met une grande différence pour la guerre et les voyages d'en Haut entre ceux du gouvernement de Québec et ceux du gouvernement des Trois-Rivières et de Mont-Réal, qui l'emportent sur les premiers, et ceux de Québec valent mieux pour la navigation; parmy ces habitans, ceux qui voyagent dans les Pays d'en Haut sont réputés les plus braves.

Les manufactures de Carcassonne devroient travailler à faire des draps rouges et bleus pour s'attirer cette branche de commerce que l'on fait en Canada, en fournissant des couvertes aux sauvages.

GOUVERNEMENT DU CANADA.

Administration militaire. — Un gouverneur général qui a l'autorité sur la Louisiane et l'Isle royale, où il n'y a que des gouverneurs particuliers, qui cependant rendent compte à la cour et en reçoivent des ordres.

Deux gouverneurs particuliers à Mont-Réal et aux Trois-Rivières; le plus ancien commande dans le pays à défaut du gouverneur général. C'est pour l'ordinaire celui de Mont-Réal par l'ordonnance qui a réglé le service à l'arrivée des troupes de France; on leur a donné rang de colonel. Il n'y a point de gouverneur particulier à Québec, les appointemens en sont réunis à ceux du gouverneur général.

Trois lieutenans de roy, sçavoir à Mont-Réal, Québec et les Trois-Rivières. Ils ont rang de lieutenans colonels par la même ordonnance.

Quatre majors à Québec, Mont-Réal et les Trois-Rivières, et un major commandant au Détroit; trois aides majors à Québec, Mont-Réal et les Trois-Rivières; un capitaine de port à Mont-Réal.

Trente compagnies de soixante-cinq hommes, chacune composée d'un capitaine, d'un lieutenant, d'un enseigne en premier, d'un enseigne en second, un cadet à l'aiguillette, et trois sergens.

Une compagnie de soixante canonniers ou bombardiers, composée d'un capitaine, d'un lieutenant et d'un cadet.

Deux ingénieurs de la marine.

Les milices du pays.

Le gouverneur général a aussi une compagnie de gardes

qui lui est payée; sa résidence et celle de l'intendant sont à Québec, leur séjour ordinaire. Ils sont cependant logés l'un et l'autre à Mont-Réal.

Le gouverneur général s'y tient quasi toujours en temps de guerre, et il y monte toujours en temps de paix, ainsi que l'intendant, pour y recevoir les députations des sauvages, et régler leurs affaires.

Administration civile. — L'intendant, chargé de la grande police, de l'administration des finances et de tout ce qui concerne la marine; ses appointemens sont.....

Un commissaire ordonnateur, résidant à Mont-Réal; ses appointemens sont.....

Un contrôleur; ses appointemens sont.....

Administration de la justice. — Il y a un conseil souverain qui juge en dernier ressort les appels des juges inférieurs. Ce conseil est composé du gouverneur général et de l'évêque qui ont les premières places, de l'intendant qui fait les fonctions de premier président, et qui a la troisième place, treize conseillers, dont un clerc, un procureur général, un greffier et quelques huissiers; la place de greffier est bonne; c'est le seul qui ait, outre six cents francs d'appointemens, des émoluments.

Les appointemens de chaque conseiller sont de quatre cent cinquante francs, les trois premiers ont six cents francs, le doyen onze cents francs.

Ceux du procureur général mille cinq cents francs, six cents francs pour montrer le droit; celui-ci a neuf cents francs de pension.

Les séances se tiennent dans la maison de l'intendant appelée le Palais, tous les lundis. Les juges inférieurs ressortissant à ce tribunal sont le lieutenant général de Québec, celui de Mont-Réal et des Trois-Rivières; le juge de l'amirauté de Québec, et le grand voyer. Le commissaire ordonnateur de la marine, résidant à Mont-Réal, a aussi une séance honoraire à ce conseil, lorsqu'il se trouve à Québec.

La coutume de Paris est admise dans le Canada. Les loys du royaume y sont suivies, excepté sur le fait des mariages, où les enfants des simples habitans sont autorisés à se marier sans le consentement de leur père, les garçons à l'âge de seize ans.

Toutes les causes se jugent à l'audience ou sur rapport. Il n'y a ni avocats, ni procureurs, les notaires en servent; les parties sont admises à plaider elles-mêmes leurs affaires; les audiences se tiennent à huis clos. Il y a des justices dans toutes les paroisses ; il y a un grand voyer, un grand prévôt, mais qu'on peut dire sans maréchaussée, n'ayant que quelques archers mal entretenus.

Gouvernement ecclésiastique. — L'évêque, suffragant immédiat du saint-siége, gouverne le Canada, la Louisiane et l'Isle royale; ses revenus sont.....

Le chapitre est composé de......., ; ses revenus sont de neuf mille francs sur les avènements, cent pistoles sur l'hôtel de ville de Paris. Souvent le clergé de France lui accorde une pension. M. de Pontbriand a deux mille francs de pension.

Les cures sont au nombre d'environ cent, depuis Kamouraska, qui est la première en montant à Québec, jusqu'à Château-Gay, qui est au-dessus de Mont-Réal ; leur revenu consiste en casuel et en dîme, sur le pied ordinaire de vingt-six pour un. On ne la prend que sur les grains et les légumes, que les habitans sont obligés de rendre net, réglé par un arrêt du conseil. Le revenu des moindres cures est d'environ mille à douze cents francs, et le revenu des plus considérables est de quatre mille francs; mais comme il y en a qui ne valent rien, dan les nouveaux établisssemens, par le peu de défrichement, l'évêque a la disposition d'un fonds de vingt mille francs, que le roy fait pour supplément de ses cures et bâtisses des églises.

Les ordres religieux qui sont en Canada sont les Jésuites, qui ont une belle maison à Québec et un hospice à Mont-Réal; leur revenu est de.....

Ils ont les missions de.....

Ils sont actuellement..... et jésuites, censés de la province de Paris.

Les prêtres du séminaire de Saint-Sulpice sont seigneurs temporels de Mont-Réal et de son Isle ; ils jouissent en revenu d'environ quarante mille francs de rente, non compris les revenus des cures, qui servent à nourrir les prêtres qui les desservent. Ils desservent onze cures ; ils gouvernent les missions des Iroquois, des Nepissings et des Algonkins du lac, ainsi que celle de la Présentation. Ils sont actuellement trente-six prêtres, et dépendent du supérieur de Paris. Le roy donnoit six mille livres par an pour lever leurs missions ; il les leur a ôtées en 1755, pour les donner à l'évêque jusqu'à ce qu'il eût une abbaye.

Les prêtres des Missions étrangères ont le séminaire de Québec ; ils desservent..... cures ; ils gouvernent les missions, leur revenu est de.....; ils sont actuellement..... prêtres.....

Les religieuses Ursulines ont deux couvents, l'un à Québec et l'autre aux Trois-Rivières ; leur église est très-belle à Québec, riche en ornemens ; on y élève des demoiselles ; on y tient des écoles externes, et on y travaille beaucoup en broderie, ainsi que quantité des ouvrages faits dans le goût des sauvages, et que l'on envoye comme s'ils les avoient faits. Celles des Trois-Rivières ont encore plus de réputation pour ce genre d'ouvrages. Les Ursulines sont au nombre de..... et ont de revenu.....

Hôpitaux. — Les hôpitaux sont au nombre de cinq en Canada, tous bien administrés par des dames religieuses ; le plus ancien est l'Hôtel-Dieu de Québec, fondé par une duchesse d'Aiguillon ; le plus considérable est l'hôpital général de Québec ; on n'y a guere que des filles de condition qui se consacrent à servir les malades. Ces religieuses suivent la règle de saint Augustin.

L'hôpital des Trois-Rivières est composé de..... et servi par les Ursulines, qui en même temps tiennent les écoles.

L'hôpital pour les malades à Mont-Réal est servi par des dames qui suivent la règle de saint Augustin, mais qui sont du même ordre que les dames qui sont en France.

Il y a aussi un cinquième hôpital gouverné par des séculiers, à qui l'évêque a permis de vivre en communauté sous la direction de MM. de Saint-Sulpice ; c'est dans cette maison que l'on enferme les filles de mauvaise vie, et que l'on a établi l'hôpital des vénériens, et pour les pauvres hors d'état de travailler. Toutes ces maisons sont mal rentées et auroient de la peine à vivre, si le roy ne les soutenoit, ainsi que les charités des fidèles.

Il y a aussi à Québec et à Mont-Réal deux congrégations appelées, dans quelques provinces de France, Sœurs-Noires ; elles tiennent des écoles pour apprendre à lire, écrire et travailler. Il y en a de répandues dans presque toutes les paroisses. Mgr l'évêque, par un zèle louable, voudroit qu'elles apprissent aussi la pharmacie, pour être utiles aux habitans qui sont assez dénués de secours.

Le roy entretient pour l'ordinaire un médecin à Québec, avec deux chirurgiens, un à Mont-Réal et un autre aux Trois-Rivières.

Instruction publique. — On est peu occupé de l'éducation de la jeunessse, qui ne songe qu'à s'adonner de bonne heure à la chasse et à la guerre; cependant outre des écoles particulières, les jeunes gens vont apprendre un peu de latin aux Jésuites de Québec. Messieurs du séminaire de Québec, tenu par des prêtres des missions étrangères, ont un pensionnat avec des répétiteurs, et les jeunes gens vont au collége des Jésuites.

Messieurs du séminaire de Saint-Sulpice, qui sont à Mont-Réal, ont aussi un prêtre occupé à montrer le latin à quelques jeunes gens.

Il faut convenir que, malgré ce défaut d'éducation, les Canadiens ont de l'esprit naturellement; ils parlent avec aisance, ils ne sçavent pas écrire, leur accent est aussi bon qu'à Paris, leur diction est remplie de phrases vicieuses empruntées de la langue des sauvages, ou des termes de marine, appliquées dans le style ordinaire; quoiqu'il n'y ait point de maîtres à danser dans le Canada, les femmes qui ont bonne grâce et de l'oreille dansent assez bien.

Le roy entretient un professeur d'hydrographie à Québec; c'est le père....., jésuite, qui remplit cette place aux appointemens de.......... et le sieur Pellegrin, capitaine en second du port est chargé de former des pilotes pratiques du fleuve Saint-Laurent en les exerçant pendant l'été.

En......... il se forma une société littéraire par les soins de Messieurs de.........

DOMAINE DU ROY.

Impôts et revenus. — Le roy ne lève d'autre impôt en Canada que quelques droits d'entrée établis seulement depuis M. Hocquart, intendant, et une taxe sur les habitans de Québec pour l'entretien des cazernes.

Le revenu du roy en Canada peut être d'environ cent mille écus. Le revenu du roy varie, dépendant du droit d'entrée et, par conséquent, du plus ou moins de marchandises que l'on fait venir de France, ce qui varie beaucoup en temps de guerre. En 1755, les droits d'entrée ont été à quatre cent mille francs; en 1756, à cent vingt mille francs.

Le roy a dépensé, année commune, depuis l'établissement de la Belle-Rivière jusqu'en 1755 : en 1755....., en 1756....

Outre que le roy est toujours volé, et qu'on ne s'occupe

pour l'ordinaire qu'à enrichir des particuliers, rien ne se fait en Canada par corvée, et l'habitant est payé de ses travaux, soit pour voitures, voyages, transports, charrois, exprès envoyés pour porter des ordres; on paye les frais de voyage à un homme qui a l'air de voyager pour le service du roy.

Le roy, outre la consommation de la poudre pour son service, est obligé d'en faire vendre aux sauvages et aux habitans; la compagnie des Indes en vend aussi, les particuliers peuvent aussi en vendre. En général, le commerce en gros et en détail est exercé par tout le monde; c'est ce qui est cause qu'il y a moins de distinction d'état, et on y regarde comme nobles toutes les familles d'officiers.

Principales familles. — Celles qui ont le plus de relief dans le pays, sont les plus anciennes, ou celles qui viennent du régiment de Carignan qui passa dans la colonie en 1665..... La plus distinguée, quoiqu'elle ne soit pas la plus ancienne, est les *Longueil*, même famille que M. de Bienville, gouverneur de la Louisiane, et M. d'Iberville, capitaine de vaisseau; leur nom est le même, et ils viennent d'un *marchand de Rouen*[1].

Les Hertel, Beaubassin, Rouville, familles du même nom, braves gens sans être nobles.

Les Repentigny, Montesson, Courte-Manche, etc.[2], dont le nom est Legardeur, sont originaires de Normandie; les Noyan[3], dont le nom est Charvoix; les Villers, dont le nom est Coulon; les Bois-Hebert[4], sont tous originaires de Normandie; les Lacorne, dont le nom est Chapt, originaires d'Auvergne; les Sabrevoix sont originaires du Maine; les Contrecœur viennent d'un officier du régiment de Carignan, ainsi que les Lanaudière, les Deschaillons, Saint-Ours; ces derniers sont des bons gentilshommes du Dauphiné, ce sont les meilleures

---

1. Erreur — de Dieppe : — « Registre des mariages de Villemarie 28 mai 1654. Charles Le Moyne de la paroisse de Saint-Jacques de Dieppe, diocèse de Rouen, épouse Catherine Primot de la paroisse de Gonnerville, diocèse de Rouen. » (Communiqué par M. l'abbé Faillon. — Charles Le Moyne fut anobli en 1668.

2. Pierre Legardeur, écuyer, sieur de Repentigny, venu en 1636 dans la colonie, descendait de Jean Legardeur, sieur de Croisilles, anobli en 1510.

3. 1694. Pierre Payen de Noyan, de la ville d'Avranches, épouse Jeanne Le Moyne de Longueil.

4. Nobles de 1534. Élection de Montivilliers. Généralité de Rouen.

familles du pays. Celle de Péan est la plus riche famille bourgeoise de Paris [1].

Presque toutes ces familles sont liées de parenté ; les mariages se font quasi toujours entre parents, et l'évêque rend dispenses volontiers, et cela sans avoir recours à Rome, à moins que ce ne soit entre germains et de l'oncle à la nièce.

Monnoye de cartes. — La monnoye du pays est de deux espèces. Avant que les dépenses augmentassent, on se servoit de monnoye de cartes; la forme dont elles sont coupées indique la valeur numéraire de cette monnoye; il y a des pièces de sept sols six deniers, de quinze sols, de trente sols, de trois francs, de six francs, de douze francs, de vingt-quatre francs.

Elles ont une marque, et elles sont signées par le gouverneur général, l'intendant et le contrôleur. Il y en a dans le pays pour un million.

Monnoye de papier. — Les dépenses du roy ayant augmenté, on a imaginé de faire la monnoye de papier, qui est imprimé à l'imprimerie royale à Paris, et signé par l'intendant. Il y a des billets de vingt sols, de trente sols, de trois francs, de six francs, de douze francs, de vingt-quatre francs, de quarante-huit francs, de cinquante francs, de cent francs, et l'on a fait cette année-cy des billets de quatre-vingt-seize francs.

Lettres de change. — Tous ceux qui ont de l'argent à faire passer en France ou des payemens, rapportent leur papier au Trésor, dans les premiers jours d'octobre, et l'on leur donne des lettres de change sur le Trésor royal, payables en trois termes, de sorte que dans quinze jours presque tout le papier se rapporte. Cette monnoye a la commodité d'être portative et le désagrément d'être périssable par beaucoup d'accidens. Il y en a toujours une partie qui n'est pas rapportée, qui est celle que les particuliers gardent pour leurs dépenses courantes, et celle qu'ils ne sçauroient rapporter, les ayant perdues par accident. Ce dernier objet fait un profit au roy qu'on croit pouvoir évaluer, année commune, à.....

---

1. Il y avait en effet un Réné Péan de Mesnac à Paris où il était notaire comme le père de Bougainville. Mais les Péan sont de l'Orléanais et de la Touraine. En 1725, ils prétendaient à la noblesse par actes faits depuis plus de cent ans, dans lesquels la qualification de noble-homme était donnée à leurs ancêtres, soit à Orléans, soit à Tours où il y avait eu des échevins de leur famille.

Depuis l'établissement de ce papier, on compte qu'il en a été fait....., et on compte qu'au mois d'octobre dernier il en restoit dans le pays qui n'a pas été rapporté la somme de.....

Toutes les dépenses du roy sont payées avec cette monnoye de papier; il n'y a que les seules troupes de terre qui le soient en espèces d'or ou d'argent, que l'on fait passer en cette occasion en Canada.

Il en a été employé jusqu'au 1er janvier 1757...; on estime que ce qui en est resté dans le pays peut être environ.........

Il sera fort aisé au gouvernement de faire rentrer ces espèces au Trésor en donnant des lettres de change au premier terme à ceux qui en rapporteront.

Poudrerie. — On appelle poudrerie en Canada des terres où il fait un vent considérable, pour élever des nuages de neiges, qui, quelquefois, obligent les voyageurs de s'arrêter. Cela n'approche pas des temps qu'il fait dans les montagnes du Dauphiné et de Savoye, où il y a des avalanches qui enterrent les voyageurs et quelquefois des hameaux.

Industrie. — Nous n'avons encore établi en Canada aucune espèce de manufactures, et il y a bien loin de notre industrie à celles des colonies anglaises, et leur attention pour la population de ces mêmes colonies.

ÉTAT DES POSTES OU L'ON FAIT LA TRAITE.

Postes du Nord. — 1. Thémiskaming (on n'y met point de commandant); 2. Michilimakinac, 3. à la Baye, 4. la Mer-d'Ouest, 5. le Sault-Sainte-Marie accorde la seigneurie et le commerce exclusif au sieur Debonne à perpétuité, à lui et aux siens, 6. Chaouamigon, 7. Kamanistigouya, 8. Nepigon, 9. Michipicoton (on n'y met point de commandant), 10. Saint-Joseph, 11. la rivière des Illinois (on n'y a point mis jusqu'à présent de commandant). Le général vend des congés aux commerçans pour y aller commercer avec les sauvages.

Postes du Sud. — La Présentation, Frontenac, Toronto, Niagara, le petit fort de Niagara; la traite s'y fait pour le compte du roy; le Détroit. On y vend des congés aux commerçans. Les Miamis, à soixante lieues au-dessus du Détroit; les Ouyatanons, à soixante lieues au-dessus des Miamis, sur la rivière de Ouabache; la Presqu'Isle, la rivière au Bœuf, le fort Duquesne, le fort Machaut; le roy y fait la traite. Au-dessous de Québec il y a les postes de Tadoussac et de Saguenay qui sont au compte du roy; le Mingan engagé au sieur Volant sa vie durant; Labrador au sieur Brouague; Anticosty, M. Hocquart y a une concession depuis l'année dernière; on tire aussy du castor, de l'Acadie, et M. de Bois-Hebert en a envoyé quelques paquets (on appelle paquet de pelleterie quatre-vingt-cinq francs), et le commerce se fait par paquet de castors, chevreuils, peaux d'ours, en payant à tant la livre et en prenant bonne, mauvaise, médiocre; les autres pelleteries s'achètent à la pièce.

Commerce avec les sauvages. — La compagnie des Indes donne aux sauvages des couvertes pour eux, pour leurs femmes, et des machicottés en draps rouges et bleus avec des bandes noires; elle est obligée de les prendre dans les manufactures d'Angleterre; elle a voulu essayer de les prendre dans celles de Carcassonne, mais les sauvages n'en ont pas voulu. Ce n'est pas que les draps n'en fussent meilleurs et n'en fussent aussi beaux pour les couleurs, mais on n'a pu encore y faire les bandes d'un beau noir; en général nos marchandises valent mieux pour la qualité que celles des Anglois, mais les sauvages préfèrent les leurs : ils attrapent mieux leurs goûts. Ils aiment mieux nos fusils appelés Tulle[1].

Les postes valent moins en temps de guerre qu'en temps de paix; les marchandises de France sont à un prix trop excessif, et les sauvages qui sont employés à la guerre et qui sont équipés par le gouverneur général chassent moins.

Moyens de communication. — Il y a des postes établis de Québec à Mont-Réal; on paye les voitures à une seule place sur le pied d'un cheval, à deux sur le pied de deux chevaux, et on les paye à raison de vingt sols par lieue pour un cheval, et on porte les hardes avec des petites charrettes, on traîne pendant les glaces, qui vont avec un cheval en relais. Ces voitures portent de trois à quatre cents, presque tout le monde voyage en poste, et personne ne la court à franc-étrier.

Un canot de voyageur porte........ pesant; il faut pour le conduire......... homme. Un bateau porte......... pesant; il faut pour le conduire......... hommes, et il peut avoir......... passagers.

Toutes les seigneuries, ayant été concédées également, sont de deux lieues de long, et toutes les habitations concé-

---

1. De la fabrique d'armes à feu de Tulle (Corrèze).

dées dans ces seigneuries, de trois arpens de large sur trente de profondeur.

Mesures de lieues; habitations éparses. — La mesure des lieues en Canada est, comme la lieue commune de France, de deux mille quatre cents toises. Toutes les habitations sont éparses; il n'y a que deux ou trois villages où elles soient rassemblées. L'habitant a plus songé à sa commodité qu'à se défendre contre l'ennemi en se rassemblant. Il y a eu souvent des ordres et des projets de la cour pour rassembler des villages; cela a toujours souffert des contradictions. M. de la Galissonnière est un des gouverneurs généraux qui a eu le plus à cœur ce projet, sur lequel il y auroit, je crois, un party mitoyen à prendre fort sage, qui seroit de ne l'exiger que dans de nouvelles concessions, ou dans les villages absolument sur la frontière.

Abus sur les bois. — Quoique les bois soient bien communs en Canada, il faudroit faire des règlemens pour l'exploitation et consommation de ceux qui sont à portée des villes, autrement le bois y sera bientôt rare, et on aura de la peine à le tirer; il faudra le faire venir de loin.

Hospitalité. — Il n'y a nul cabaret sur la route de Mont-Réal à Québec, la seule qui soit beaucoup pratiquée en Canada; mais l'on trouve des maisons de bons habitans qui exercent noblement l'hospitalité, et on les paye encore plus noblement et arbitrairement. Quand on va dans les Pays d'en Haut ou du côté du fort Saint-Frédéric, on campe avec des petites tentes de toiles ou des prélats, et souvent les voyageurs ne se servent que de leurs canots.

Justice. — Le procureur général est pour l'ordinaire un avocat du parlement de Paris à qui on donne cette place. Outre ses appointemens ordinaires, il a 600 fr. pour montrer aux conseillers le droit par forme de conférence.

Maisons de fous. — Il y a un établissement à Québec pour enfermer les fols; il n'y a des hôpitaux en Canada que pour les malades. Il n'y en a point pour les pauvres. Il en pourroit être de même partout; les hôpitaux des pauvres ne servent qu'à autoriser la fainéantise; et il n'y a en effet presque point de pauvres et on ne demande ni dans les rues ni dans les églises, mais ceux qui sont dans le vrai besoin demandent avec des permissions du curé.

Agents de la compagnie des Indes. — La compagnie des Indes entretient deux agents, un à Québec et l'autre à Mont-Réal; un contrôleur et un visiteur, ce dernier a 1000 fr. d'appointemens. On envoye en France les peaux de castors par ballots, chaque ballot du poids de 120 livres. Chaque année on envoye 1200 ballots qui, à 4 fr. la livre, font de 5 à 6 mille francs, à la vérité il faut être en temps de paix, cette année cy il n'y a pas eu plus de cent mille livres en poids pesant de castor et encore la prise de Choueguen y a contribué.

Montant du commerce du Canada. — Le commerce du Canada en marchandises d'exportation peut aller en temps de paix à environ deux millions. Celui d'importation à environ trois millions. Il est aisé de le déterminer par les droits d'entrée établis à Québec; droits qui valent 100 mille écus par an au roy.

Richesse de la colonie. — La guerre enrichit le Canada, avant la guerre de 1741 le Canada devoit trois ou quatre cent mille francs à la France et à la fin de la guerre la France lui devoit plus d'un million. Cette guerre cy peut affaiblir le Canada par la destruction des hommes, les soldats qu'on y laissera mariés les remplaceront et il y aura dans la colonie une richesse immense et elle seroit encore plus grande si les grandes fortunes n'étoient pas exclusivement entre les mains de trois ou quatre particuliers qui se trouvant trop riches pour le Canada, les emporteront en France.

Impositions. — Il n'y a d'autres impositions en Canada que les droits d'entrée et une très-modique taxe que l'on paye à Québec pour l'entretien des casernes, aussi le roy paye dans cette ville le logement de ses officiers. Monsieur l'intendant l'a réglée à dix écus par mois par officier cette taxe-là.

Fortifications. — A Mont-Réal il y a 6500 fr. affectés pour l'entretien des fortifications, de cette taxe messieurs du séminaire en payent 2000 francs; quoique messieurs du séminaire soient seigneurs de Mont-Réal ils n'ont que les droits utiles. Ils ont même les droits d'échange pour les lois, mais la justice s'y rend au nom du roy.

Bailliages. — Dans les trois baillages il n'y a qu'un lieutenant général, et un procureur du roy et on prend les notaires pour assesseurs.

Concessions. — Toutes les terres que le roy possède sont réunies à son domaine et peuvent être concédées à d'autre, si dans l'an et jour on n'y a placé des habitans faisant feu. Le roy se réserve toujours d'y prendre les bois de chêne, qu'il juge à propos. Il paye les autres sur un pied reglé, messieurs du séminaire de Saint-Sulpice prétendent avoir une exemption pour les leurs.

Les gouverneurs généraux ont paru jusqu'à présent plus occupés d'asservir cette colonie que de la rendre florissante.

Pavé. — Québec et Montréal devroient avoir déjà des hôtels de ville, aussi il y a peu de police et nulle occupation pour leur agrandissement et embellissement. M. Bigot a fait commencer à Québec à paver quelques endroits.

Incendies fréquents. — Les incendies sont fréquens dans ces deux villes et on n'y a fait encore aucun règlement pour y remédier, que celui de défendre de bâtir et de réparer dans les villes les maisons en bois. Il est encore nécessaire de permettre qu'on en construise des mêmes à la campagne, la colonie n'étant pas assez riche ny assez bien fondée et la pierre n'y étant pas également commune, on pourroit y établir des pompes.

Postes de la mer de l'Ouest. — Le poste de la Mer d'Ouest est le plus avancé du côté du nord, nous y sommes au milieu avec beaucoup de nations sauvages avec lesquelles nous commerçons, ils ne laissent pas que de commercer aussi avec les Anglois du côté de la baye d'Hudson, nous y avons sept forts de pieux, établissemens confiés pour l'ordinaire à la garde d'un ou deux officiers, sept à huit soldats et quatre-vingts Canadiens engagés. On peut pousser encore plus loin les découvertes que nous y avons faites et se communiquer jusqu'à la Californie.

Le pays est très-abondant en toutes sortes d'animaux et de gibiers. On y trouve des cerfs, beaucoup de cignes dont on assure que la chair est bonne à manger. Le gros commerce du pays est en peaux de castors et martres, en peaux d'orignal dont on fait des buffles et le poil sert aux différens ouvrages des sauvages en espèce de broderie. L'orignal passe communément pour être le même animal que l'élan. On y trouve aussi des peaux de caribous, animal qui passe pour être le même que le renne de Moscovie; on en fait des souliers, il en vient beaucoup plus du côté de Nepigon que partout ailleurs; on en rapporte aussi quelques peaux de bœufs illinois, animal de même espèce et de même goût que nos bœufs, mais qui a une bosse sur le dos et une laine frisée comme les cheveux des nègres. Ces peaux valent encore mieux que celles d'ours pour faire des sacs; les sauvages d'en Haut se servent de ces peaux dont ils font des robes, c'est ce qu'on appelle le castor gras, plus estimé que l'autre parce qu'il est plus facile à travailler et employer pour les manufactures de chapeaux. Un des commerces de ce poste est en Panis ; c'est une nation sauvage que l'on estime au nombre de 12 000 hommes ; les autres nations lui font la guerre et nous vendent leurs esclaves, c'est la seule nation sauvage que nous croyons pouvoir traiter de même.

Sauvages. — Aouapou, terme sauvage employé par l'usage en Canada dans la langue françoise pour exprimer l'habillement complet que l'on est obligé de donner à un sauvage, il consiste dans la couverte, la chemise, les mitaines, les souliers et le brayet ; quand on y joint le capot, c'est présent.

L'équipement est comme pour les femmes à l'exception qu'au lieu d'un brayet on leur donne un jupon court appelé machicotté, et si un jeune homme manquoit de courage on lui défendroit d'aller à la guerre, et on lui imposeroit par ignominie de porter le machicotté ; les Cinq-Nations ayant jadis vaincu les Loups, les adoptèrent, leur défendirent d'aller à la guerre et leur ordonnèrent de porter le machicotté. Ces mêmes Loups attaqués par les Anglois il y a quelques années et s'étant bien battus on leur a ôté le machicotté et on leur a rendu le brayet.

Apichimon, terme sauvage usité dans la langue françoise parmi les Canadiens pour exprimer l'équipement d'hiver, où il y a de plus une peau d'ours ; une peau de loup marin, des raquettes, une traine, un collier de portage, des mitaines, etc.

Courses à pied. — Il se fait au Détroit des courses à pied de sauvages et de Canadiens, aussi célèbres que celles des chevaux en Angleterre, elles se font dans le printemps, communément il y a cinq cents sauvages, quelquefois jusqu'à quinze cents ; la course est d'une demi-lieue aller et revenir du Détroit au village des Poutéouatamis, le chemin est beau et large. Il y a des poteaux plantés aux deux extrémités, les paris sont très-considérables et consistent en des paquets de pelleteries contre des marchandises de France et à l'usage des sauvages.

Le plus célèbre Canadien qui ait couru et qui gagnoit les sauvages est le nommé Campo ; sa supériorité est si reconnue qu'il n'est plus admis aux courses.

On trouve dans les mœurs des sauvages des traces des anciens usages des Grecs, principalement je crois toujours voir dans leurs mœurs et coutumes guerrières celles des héros de *l'Illiade* et de *l'Odyssée*, quelques-uns d'eux ont la coutume comme les Hébreux de séparer les femmes dans des cabannes distinctes des leurs et de ne pas habiter avec elles lorsqu'elles ont leurs règles. La séparation de maison est peut-être trop forte, mais de ne pas habiter est dans les principes de la saine physique et de l'amour de l'humanité pour ne pas procréer une malheureuse postérité destinée à vivre avec des infirmités.

Le roy donne beaucoup de présens aux sauvages des Pays d'en Haut, cela coûte année commune 150 000 francs; on leur fournit leurs besoins en échange de pelleteries, ce qui s'appelle faire la traite, coutume qui enrichit les particuliers à qui il est donné de la faire dans les postes; dans quelques-uns le roy s'est réservé lui-même le commerce, et comme il la fait désavantageusement par la seule raison qu'il est roy, le commerce lui revient par an à 100 000 écus de perte. Ces dépenses sont encore fort au-dessous de celles que l'on fait en temps de guerre pour équiper, armer, nourrir, gratifier, donner des colliers tant à nos sauvages domiciliés, qu'à ceux du Pays d'en Haut quand nous voulons les faire descendre.

1° *Route de Montréal à Frontenac.* — Cet itinéraire est fait la marche de M. le marquis de Montcalm.

Le 21, à la Chine gros bourg à trois lieues de Mont-Réal où sont les hangards, magasins du roy pour y embarquer tout ce qui va dans les Pays d'en Haut, la rivière n'est pas navigable depuis Mont-Réal; on propose depuis longtemps de faire un canal qui épargneroit beaucoup d'argent au roy obligé de tout faire transporter par terre, de Montréal à la Chine et ôteroit aux plumistes écrivains et commis, le moyen d'avoir des équipages aux dépens du roy.

Le 22, journée de huit lieues pour venir à la pointe Coulonge après avoir passé :

Vis-à-vis l'isle d'Orval à deux lieues de la Chine;
La traverse de Château-Gay;
L'isle Perot qui a une lieue de long;
La traverse des Cascades;
Les Buissons, rapides; forte course; l'on porte par-dessus le coteau les canots et les bagages.

Dans toute cette route, la navigation est fort difficile, mais on trouve les plus beaux points de vue du monde. La rivière est remplie d'isles bien boisées, mais le lit en est embarrassé par des roches presque à fleur d'eau, retrécy d'ailleurs par ces isles. Il y a pendant près de quarante lieues des cascades et rapides presque continuels ; aux cascades, la rivière se partage en deux branches, celle du sud se nomme la grande Rivière ou rivière des Outaouas, on va à Michilimakinak en la suivant ; l'autre branche conduit à Frontenac et aux Ilinois par des lacs, la terre qui sépare ces deux rivières est une presqu'isle qui a trois cents lieues de long et va jusqu'au Détroit ; cette terre dans sa plus grande largeur peut avoir vingt-cinq lieues.

A commencer aux Cascades, il y a une paroisse nommée Saint-Joseph, dont messieurs de Longueil sont seigneurs. Elle a douze lieues de long et s'étend jusqu'à la pointe au Baudet. Les terres en sont excellentes à la côte du sud, à prendre aussi aux Cascades est une seigneurie appartenant à M. de Vaudreuil, sans paroisse ; les habitans vont à celle du lac des Deux-Montagnes, la traversée est d'une lieue.

Le 23, parti de la pointe Coulonge.

Le coteau des Cèdres, rapide long de demy-lieue ; on y traîne les voitures avec beaucoup de dangers et de peine. Il y a portage au-dessus d'un petit fort de pieux presque abandonné et qu'il faudroit réparer contre les courses des Agniers ; le coteau du Lac a trois lieues, rapide moins long que celui des Cèdres, portage, on entre dans le lac Saint-François qui est à sept lieues des Cascades et il y a sept lieues de long au fond du lac, sur la gauche il y a une rivière qui conduit après quinze lieues à une mine qu'on croit d'argent. Passé aux arbres Matachés, à l'anse aux Bateaux.

La pointe aux Foins où les habitans des Cèdres viennent les faire et les vont chercher l'hiver sur les glaces.

La rivière au Baudet, l'anse au Baudet, journée de huit lieues depuis le lac Saint-François jusques à la Chine ; la rivière ne prend pas, tout au plus les bords, le lac prend toujours, et la rivière jusqu'au pied du Long Sault.

Le 24, passé à la pointe à Lamorandière ; l'isle aux Raisins ; entré dans les chenaux à trois lieues de l'extrémité du lac. On aperçoit le fort Saint-Régis, qui est sur la rivière à la Mine ; le fort est de pieux, établi en 1751. Les jésuites y ont une mission pour y établir quelques Iroquois ; beau canton de chasse ; on trouve dans les chenaux le rapide, appelé *le Chenail écarté*, le moulinet très-dangereux. La pointe Maline ; la pointe au May ; la rivière de......; l'isle à la Savate ; les Mille-Roches, au-dessus desquelles on campe : journée de dix lieues.

Le 25, le rapide du Moulinet ; l'isle aux Têtes, ainsi nommée d'une exécution que M. de Frontenac y a fait faire ; le petit chenail du Long Sault ; le Rigolet ; le rapide du Long Sault où portage de demi-lieue ; le Grand Campement ; la pointe au Fer à Cheval ; le Grand Remou ; le Courant ; la pointe Sainte-Marie ; l'isle au Chat ; la Grosse Roche ; le Rapide plat, au-dessus duquel on campe ; marche de neuf lieues.

Le 26, la pointe à Colas ; la pointe au Borgne ; le courant de Sainte-Marie ; la pointe aux Iroquois ; la Presqu'isle ; la pointe à Cardinal ; les Galots où un rapide facile ; l'anse aux Perches, ainsi nommée à cause que, n'y ayant plus de rapide, les Canadiens jettent les perches pour se servir des rames ; la pointe à l'Ivrogne, l'isle aux Galots ; la pointe à la Galette ; le fort de la Présentation.

La cour avoit défendu tout établissement françois au delà du Long Sault. L'abbé Piquet a obtenu une concession de 12 arpens ; il y a fait construire un fort de pieux carrés flanqué de quatre petits bastions, palissade en dehors et où M. l'abbé Piquet avait commencé un retranchement extérieur avec un fossé plein d'eau ; à côté du fort est un village sauvage habité par cent feux ou cabanes iroquoises et des Cinq-Nations que l'on y a attirées et baptisées. Le marquis de Montcalm y trouva des prétendus ambassadeurs des Cinq-Nations avec qui il tint un conseil et qu'il envoya à Mont-Réal en écrivant à M. le marquis de Vaudreuil de les considérer plus comme des espions que comme des ambassadeurs de l'Anglois.

Le 27 les sauvages de la Présentation chantèrent la guerre ; on leur accorda une vache et un baril de vin pour faire le festin de guerre. Au départ du marquis de Montcalm, ces Iroquois se mirent en haye, sous les armes ; un d'eux battant aux champs, les chefs saluant de l'esponton, et ils firent trois décharges de mousqueterie après avoir passé la pointe au Baril, à trois lieues du fort. On vint camper cinq lieues plus loin.

Le 28, après avoir passé la Presqu'isle, à Tonniata, le Petit Détroit ; la pointe au Baptême, ainsi nommée parce qu'on y baptise ceux qui n'y ont jamais passé, comme sur le Grand Banc ; les Mille Isles ; à l'anse aux Corbeaux ; à l'isle aux Citrons ; campés à l'isle au Cauchois.

Le 29, après avoir passé le Petit Rocher, l'isle au Cerf ; l'isle aux Cèdres ; la pointe de Mont-Réal, nous sommes entrés dans la baye de Katarakoui, et arrivés sur les dix heures du matin au fort de Frontenac.

Depuis le lac Saint-François jusques à Frontenac le pays abonde en poissons achigans, poissons dorés, carpes et barbues, l'ours et le chevreuil y sont très communs. On trouve beaucoup de marais où l'on tue outardes, cignes, grues, canards noirs, canards dits de France, canards gris, branchus, la sarcelle à ailes bleues et vertes. Aux environs de l'isle de Toniata, les sauvages font une pêche abondante d'anguilles.

Le lac Ontario, a cinquante lieues de traverse, trente dans sa plus grande largeur, et deux cents de tour.

De Frontenac à Choueguen. — De Frontenac à l'isle de la Forest, on traverse de l'isle de la Forest à l'isle au Chevreuil; de l'isle au Chevreuil à l'isle aux Galops; de l'isle aux Galops à la Terre du Sud, ou à la baye de Niouré; de la baye de Niouré on côtoie le sud pendant dix-sept lieues jusqu'au Choueguen et l'on trouve plusieurs rivières qui se jettent dans le lac, dont la première s'appelle la rivière à Monsieur le Comte, ensuite la rivière au Sable, qui est si abondante en saumons qu'au mois de juin et de septembre on les tue à coups de bâtons. La troisième rivière qu'on trouve s'appelle la rivière à la Planche. On trouve ensuite la rivière à la Grosse Écorce à cinq lieues de Choueguen, et à trois lieues de Choueguen, l'anse aux Cabanes, où l'armée a campé, allant au siège de Choueguen, et à une petite demi-lieue la petite anse où l'armée a campé pour investir cette place.

La rivière de Choueguen est appelée aussi la rivière des Onnontagués.

On voit plusieurs oiseaux de proie sur le lac Ontario, beaucoup d'aigles, et, suivant M. de Noyan, un oiseau qui a le plumage du corbeau, la grosseur et la figure du dinde. C'est l'oiseau qui vole le plus haut et le plus vite; il se fait sentir d'un quart de lieue et il l'appelle l'oiseau picquant.

Communication entre l'Europe et l'Amérique par terre. — La cour de Suède envoya, du temps que M. de La Galissonnière était gouverneur général, le sieur Kalm, de l'académie des curieux d'Upsal, faire des observations astronomiques et physiques. Ce savant était persuadé qu'il devait y avoir une communication entre l'Europe et l'Amérique et que les sauvages avaient une origine commune avec les Tartares. Il se fondait sur ce qu'il assurait que beaucoup de mots d'un usage commun, tels que ceux de couteau, feu, etc, étaient les mêmes en langue abenaquise qu'en langue tartare.

LOUISIANE.

Cette colonie est encore plus dans l'enfance, pour ainsi dire, que le Canada, dans un beau climat, riche par ses productions. Il y a deux villes sans fortifications, la Nouvelle-Orléans, belle, des rues bien alignées, une grande, belle place, avec deux corps de caserne. On devrait y faire une enceinte, ne serait-ce qu'un fossé palissadé. La Mobile, petite ville comme les Trois-Rivières du Canada, quatre bourgs : les Illinois, les Alibamons, Natchitoches, la Pointe Coupée. L'indigo, les meuriers, la cire, les bois, sont les richesses du pays, qui produit de tout en abondance ; le tabac meilleur que la Virginie. Un commerce avec le Mexique, le pays difficile à conquérir par l'Anglois ; les bâtimens ont peine à y aborder ; pays aquatique. Des digues, comme en Hollande, en submergent une partie en cas de besoin. Il peut y avoir trois à quatre mille blancs, quatre mille nègres, quarante compagnies détachées de la marine, faisant deux mille hommes, trois cents Suisses du régiment Dalville. On trouve aux Illinois d'abondantes mines de plomb, la place de gouverneur vaut treize mille livres, celle de commissaire ordonnateur, moins. Mais le talent supplée et quelquefois va trop loin. Il n'y a d'autres ecclésiastiques que des capucins et des jésuites. Le roi y entretient deux cents nègres ouvriers pour les divers ouvrages ; l'ordonnateur les emploie communément à son utilité, et il en coûte encore cher au roi pour les nourrir. M. Le Normant, aujourd'hui adjoint au ministère de la marine, est le seul qui les ait véritablement employés au service du roi.

CONVERSATION AVEC LE SIEUR BLONDEAU.

Médecine. — Les sauvages ont une médecine naturelle et des médecins. Ils vivent aussi longtemps que nous. Ils ont moins de maladies. Ils les guérissent quasi toutes hors la petite vérole, qui fait toujours de funestes ravages chez eux, maladie qui leur était inconnue avant notre commerce.

La vérole et toutes les maladies vénériennes leur sont connues. Ils les traitent avec des tisannes composées de quelques simples qu'il n'y a qu'eux ou quelques voyageurs des pays d'en haut qui les connaissent. Je croirais cependant leurs remèdes plus palliatifs que curatifs.

Leurs grands principes pour la guérison de toutes les maladies sont: la diète rigoureuse, faire suer le malade, employer les vomitifs, des purgatifs et des lavemens. Ils ne connaissent ny la casse, ny la manne, ny le séné, ny la rhubarbe ny les quinquinas, mais ils produisent les mêmes effets que ces drogues avec des plantes qu'ils connoissent, dont ils font des infusions. Ils ont des remèdes particuliers pour guérir les tumeurs scrofuleuses ou écrouelles. Ils font peu d'usage de la saignée. Ils ne connoissent point celle du pied. Ils font cette opération à l'aide d'un couteau bien pointu ou d'une pierre à fusil. Ils font observer à leurs malades une diète plus rigoureuse que nous. Ils leur font un bouillon fort clair indistinctement de toutes viandes, mais de préférence de poisson, sentiment que M. Héquet auroit bien adopté. Ils n'excluent, pour faire du bouillon à leurs malades, parmi les aliments maigres, que l'anguille, la truite et l'esturgeon, et parmi les alimens gras, le dinde, la biche, l'ours, le cochon et le castor; à juger par leurs succès, ils sont aussi bons médecins que les nôtres. Ils ne connoissent point les remèdes chimiques, ils ne sont que grands botanistes et connoissent parfaitement les simples. Je ne crois pas que les médecins des sauvages soient aussi habiles sur le fait de la chirurgie. Ils remettent les os disloqués. Ils rétablissent les fractures, ils se servent de bandages, mais, moins adroits que nous, on reste quelquefois estropié. Ils ne connoissent point l'art terrible et malheureusement nécessaire des amputations. Ils guérissent les blessures qui ne sont pas considérables, en suant. Ils donnent aussi des tisanes à leurs blessés. Ils ont des tisanes adoucissantes pour les maux de poitrine; aucun usage du lait; leur sagamité, qui est une préparation du blé d'Inde, fait une nourriture légère et rafraîchissante. Ils ont aussi une tisane qu'ils regardent comme un très-bon dissolvant de la pierre et des matières graveleuses.

De Bougainville.

UNE AMBASSADE
DES FRANÇAIS EN RUSSIE

SOUS LOUIS XIII.

(1629.)

EXTRAICT DU JOURNAL DU VOYAGE DE M. DE BRISACIÈR AVEC M. DESHAYES, AMBASSADEUR DE FRANCE EN MOSCOVIE, EN L'ANNÉE 1629, POUR L'ÉTABLISSEMENT DU COMMERCE AVEC LA PERSE PAR LA MER CASPIENNE ET LA BALTIQUE.

En même temps que les Français s'habituaient à fréquenter sur l'Océan la route des Indes ouverte par le cap de Bonne-Espérance et qu'ils s'efforçaient de s'en frayer vers les mêmes contrées une plus directe par le nord-ouest, ils continuaient de se servir de la situation de leur pays sur la Méditerranée et de leur amitié avec le Turc pour faire par les États de celui-ci le commerce des soies, des pierreries, des drogueries, des épiceries et d'autres marchandises des Indes et de la Perse. Les caravanes qui apportaient ces marchandises arrivaient à Alep, en Syrie; là les Français les achetaient et les apportaient dans leurs navires à Marseille. Mais, vers 1629, ce trafic qui pouvait s'évaluer à six millions se trouva troublé par les pirateries des Barbaresques et les difficultés mêmes que le shah opposait au passage des caravanes.

Le shah voyait en effet avec peine les Turcs, ses ennemis, s'enrichir par la douane de ce commerce. Il fit en conséquence conseiller à nos marchands de changer de route et de faire venir les produits de l'Orient par la mer Caspienne jusqu'à la ville d'Astracan en Russie, et de là par le Volga et la Dwina, de les porter ensuite soit à Saint-Michel d'Arkangel, soit à Narva. C'était la route ouverte en 1558 par Anthony Jenkinson, quelque temps après que Richard Chancellor, en cherchant par le nord-est le passage à la Chine, eut abordé en Russie.

Suivant le conseil du shah, des marchands français, afin d'éviter les embarras qu'ils rencontraient du côté de la Méditerranée, formèrent le projet d'établir à Narva une maison et des magasins pour recevoir leurs marchandises jusqu'à ce qu'ils les portassent au Havre-de-Grâce[1]. Ces marchands auraient préféré Saint-Michel d'Arkangel sur la mer Blanche à Narva dans le golfe de Finlande, parce que la situation de cette dernière ville les assujettissait à passer sous le canon d'une forteresse. Mais Richelieu vit dans cette route un moyen d'établir de plus fréquentes relations entre le Danemark et la France. — Narva l'avait donc emporté. Cependant il s'agissait de savoir ce que coûterait cet établissement et si les droits de douane que pourraient prélever le grand-duc de Moscovie, le roi de Suède, qui possédait encore Narva, et le roi de Danemark, maître du passage du Sund à l'entrée de la Baltique, ne dépasseraient pas l'impôt de 8, disent les uns, de 15 pour 100, disent les autres, exigé par le Grand Seigneur. Quant aux frais de voiture des marchandises, le trajet de Moscovie, on le savait, était à peu près aussi coûteux que celui de Turquie.

Ces questions furent l'objet de diverses négociations dont fut chargé Louis Deshayes, seigneur de Courmesnin[2], conseiller du roi, son maître d'hôtel ordinaire et gouverneur de Montargis[3].

Il eut ordre de passer en Danemark, en Suède et enfin en Moscovie, et partit de Dieppe le 1er juin dans la barque le Saint-André du port de 60 tonneaux, commandée par le capitaine Duchesne.

Le 11 juillet l'ambassadeur de France, arrivé à Copenhague, demandait aux conseillers du roi de Danemark quel droit serait

---

1. Déjà, vers 1585, une compagnie de Normandie avait envoyé Melchior Boulay de Moucheron établir ce commerce. L'envoi et le retour de ces marchandises se faisait à Caen et au Havre-de-Grâce. (Voir *Lettres de Henri IV*, publiées par M. Berger de Xivrey, t. III, p. 113.) En 1594, Balthazar de Moucheron, émigré en Hollande, donnait les instructions aux trois navires des États qui devaient aller chercher le passage à la Chine par la mer Glaciale.

2. Le *Mercura françois* dit à tort Courmesmin. La relation publiée du voyage en Danemark, Courmesvin; Louis Deshayes paraît un ascendant du célèbre publiciste, M. De la Haye de Cormenin, ancien député de Montargis, aujourd'hui conseiller d'État.

3. Le père de Louis Deshayes est connu par un voyage à Constantinople, à Moscou et à la Terre-Sainte.

prélevé sur toutes les marchandises allant et venant par le Sund. Il leur représentait « que le roi de France avoit esperé que celui de Dancmark se contenteroit d'un médiocre impost et legère reconnoissance, mettant en consideration la depense extraordinaire que les marchands sont obligez de faire lors de l'établissement d'un nouveau commerce et que cela estant, les marchands y trouveroient leur compte, le chemin estant de deux cents lieues plus court que par dehors. »

Les cinq membres du conseil s'étant retirés pour délibérer, lui demandèrent, à leur rentrée dans la salle, de spécifier les marchandises; et comme le sieur Deshayes leur dit qu'il ne le pouvait, ils lui objectèrent « que quant au sel et au vin on payoit plus de 4 pour 100, et que si le droit étoit amoindry pour la nation françoise seulement, il n'y auroit qu'elle seule qui en apporteroit ou bien que toutes les autres nations trafiqueroient sous ses bannières. »

M. Deshayes répondit « que les Danois avoient fait bon marché aux Hollandois de 1 pour 100 sur le vin au commencement de leur commerce et que cela n'avoit point empesché que les autres nations n'en eussent apporté, que le roy très chrestien devoit estre en autre considération que les Estats des Pays-Bas, que Sa Majesté de Danemark devoit à son regard reduire son droit à 1 pour 100 sur toutes sortes de marchandises généralement quelconques allant ou venant par le Sund, et quant à la bannière, ajoutait-il, on n'en pouvoit pas abuser, les maistres des navires se pouvoient aisément connoistre, c'estoit pour la nation françoise seule qu'il vouloit traiter et non pour autre, d'ailleurs les marchandises avoient encore à passer par les Estats des deux princes qui y prendroient aussi leur droit, et il falloit que les marchands trouvassent leur compte dans le nombre et le prix de tant d'imposts. »

Les conseillers exprimèrent alors des craintes sur les conséquences d'une diminution qui pourrait être également réclamée par d'autres peuples. M. Deshayes leur répliqua « qu'il ne falloit pas prendre garde au bon marché qu'ils nous feroient, encore moins à la conséquence, mais bien considérer que leur Tolle grossiroit par la quantité des marchandises précieuses qui se prendroient en Moscovie et en Perse; que de la conséquence ils n'en devoient point parler, puisque le roy de Suède s'estoit rendu ce passage libre pour ses sujets qui trafiquoient dans la mer Océane; que le roy de

France estoit en droit de le prétendre aussi bien que celuy de Suède et de n'approuver l'usurpation de leur Tolle dans leur détroit, qui avoit esté establie plutost par souffrance des autres nations qui la vouloient payer volontairement que par aucun droit légitime, puisque les mers doivent être libres; que c'estoit l'autoriser, que de traitter avec eux ; que Sa Majesté très-chrestienne se faisoit tort en quelque sorte, mais qu'elle avoit eu la pensée d'un bon effet pour unir d'affection ses sujets de l'une et de l'autre couronne et les entretenir en mutuelle concorde, par la fréquentation qu'ils auroient ensemble dans les interests du commerce; que s'ils ne vouloient favoriser cette affaire, il seroit contraint de traitter avec le roy de Suède, pour faire porter les marchandises hors du Sund, dans un port qui lui appartenoit, nommé Neulude, et le chasteau de Gotembourg où les François les viendroient charger, que par ainsi ils se trouveroient frustrez de leur droit. Qu'il y avoit encore le dernier moyen par dehors à Saint-Michel d'Arkangel où les François auroient toute la liberté des mers. »

Les conseillers du roi envoyèrent à ce prince, qui était à plusieurs journées de là, la proposition de l'ambassadeur avec leurs propres opinions. Mais, quoiqu'ils eussent tout pouvoir de terminer cette affaire avec lui, le sieur Deshayes crut devoir aller trouver Christian IV, et le 25 juillet 1629 le secrétaire Gontart, faisant fonctions de secrétaire d'estat, après cette visite, vint lui remettre entre les mains les lettres qui terminaient sa négociation. Ces lettres écrites en latin et signées du château d'Euthin, le 14 juillet 1629, ne concernaient point les navires français allant en autres lieux qu'en Russie, à Narva. Elles accordaient à ceux-ci la permission de passer par le Sund sans qu'en allant et revenant ils fussent tenus de payer autre chose que 1 pour 100 de toutes les marchandises qu'ils transporteraient d'un côté ou d'un autre. Il était stipulé que dans ce droit n'était pas compris ce qui se payait ordinairement pour le corps de chaque navire, à savoir un noble à la rose. En outre le roi établissait la liberté pour lui de prendre les marchandises qui seraient à son usage pour le prix qu'elles seraient déclarées valoir et sur lequel on payerait le droit.

La permission accordée par Christian aux marchands français était restreinte à huit ans. C'était, dit le secrétaire Gontart, afin d'empêcher les autres nations de prétendre à une pareille diminution. Mais le roi promettait verbalement qu'elle continuerait après le terme fixé.

Le sieur Deshayes, ayant ainsi rempli l'objet de sa mission du côté du Danemark, s'en alla l'achever auprès des deux autres princes, de qui dépendait encore cette affaire.

Je ne sais rien de ce qu'il fit en Suède, mais j'ai été plus heureux au sujet de son ambassade en Russie, laquelle, si je ne me trompe, marque le commencement des relations diplomatiques de la France avec ce pays dans les temps modernes. Au moyen âge il y en avait eu déjà une. On se souvient, sans doute, que la seconde fille d'Yaroslaf, Anne, avait épousé, l'an 1044, Henri Ier, roi de France, lequel l'avait envoyé demander pour échapper à l'anathème fulminé contre les princes qui prenaient pour épouses des femmes alliées à leur famille par des liens du sang.

L'extrait suivant nous montrera comment le sieur Deshayes fut reçu chez ce peuple qu'Henri IV, à cause de sa religion et de son état peu avancé dans la civilisation, n'avait pas admis dans son plan de république chrétienne et de conseil amphictyonique pour l'établissement de la paix entre les princes de l'Europe[1].

Arrivé à Dorpat en Livonie, province que Pierre Ier devait conquérir sur les Suédois, M. Deshayes avait envoyé un de ses serviteurs avertir de sa mission le gouverneur de Pleskow, qui lui avait envoyé immédiatement la lettre suivante :

« Le tres-puissant empereur et grand duc Michel Feodrovitz, par la grace de Dieu souverain seigneur de toute la Russie, roy de Valadimer, de Moscou, de Novogrod, de Casan, d'Astracan et de Sibir; seigneur de Plescov, grand duc de Smolens, de Tver, de Géorgie, de Permir, de Viats, de Bulgarie; seigneur aussi et grand duc de la petite Novogrod, de Tschernigof, de Ressan, de Pskof, de Rostof, de Jarolafs, de Belozer, de Oudor, d'Obdor, de Coudemir, et seul obéy en

---

1. « Je ne parle point de la Moscovie ou Grande-Russie. Ces vastes pays, qui n'ont pas moins de six cents lieues de long sur quatre cents de large, sont encore en grande partie idolâtres et en partie schismatiques comme les Grecs et les Arméniens, mais avec mille pratiques superstitieuses qui ne leur laissent presque aucune conformité avec nous, outre qu'ils appartiennent à l'Asie pour le moins autant qu'à l'Europe. On doit presque les regarder comme un pays barbare et les mettre dans la même classe que la Turquie, quoique depuis cinq cents ans on lui donne rang parmi les puissances chrétiennes. » (*Mémoires de Sully*, liv. XXX.)

toute la région septentrionale ; comme aussi seigneur de Katalinsqui, empereur de Groensqui et des terres de Karabinsqui, duc de Tsarqui et de Jogorensqui et outre cela souverain et tres-puissant seigneur de plusieurs terres et dominations.

« Moy Knes[1] Dimitre Pretrovitz Pozarcovi, vaivode du tres-puissant empereur : A toy qui és ambassadeur du tres-puissant monarque Louis XIII de Bourbon, par la grace de Dieu roy tres-chrestien de France et de Navarre, je t'envoye le salut : Tu m'as envoyé Estienne ton serviteur avec tes lettres, par lesquelles j'ay veu que tu es envoyé de la part du tres-puissant roy tres-chrestien vers l'empereur, pour traiter de plusieurs affaires tres-importantes à la Russie et à la France, et que tu es arrivé à la ville de Dorpt en Livonie. Je te r'envoye en grande diligence ton serviteur Estienne, afin qu'arrivant auprès de toy, tu sçaches que tu peus entrer quand il te plaira dans les Estats de Sa Majesté Impériale en sa province de Plescov, et de là continuer ton chemin par tout son empire, non seulement pour ta personne, mais aussi pour tous les gentilshommes de ton roy, qui t'accompagnent, et pour tous les valets qui les servent : les chemins par tout te seront ouverts, et ne te sera donné aucun empeschement. Escrit à Plescov l'an sept mil cinquante-huit, l'an de Nostre-Seigneur 1629, le 24 de septembre. »

Après avoir reçu cette lettre, le sieur Deshayes se dirigea vers la cour de Moscou, où le récit suivant, dû au sieur Brisacier qui l'accompagnait, nous donne d'amples détails sur les audiences que celui-ci obtint et la manière dont il fut accueilli.

« Cinq commissaires nommez Knese Yvan Borisovitz Serkaskoij, vice-roy, le premier du royaume ; Knese Mikaila Borisovitz, Semion Vasiliovitz Cheien, Semion Golovin, père de l'impératrice, ayant une couronne de perles sur la teste, pardessus laquelle il met son bonnet ; Jafim Telepnef, chancelier ; et Feodor Mikailovitz Mathiuchin, autre chancelier, tous deux du conseil du grand duc, lesquels, comme ils approchèrent la porte de la salle, M. l'ambassadeur se leva et alla au

---

1. Margeret, dans sa *Relation de l'État de l'empire de Russie*, nous dit que la principale noblesse se compose de *knez*, qui veut dire ducs ; puis ceux du conseil qui se nomment *donmey bayarin*, puis les *acolintshes*, qui sont mareschaux ; viennent ensuite les *donmey devorenne*, et d'autres *moscoff-qui devorenne*. « D'iceux sont choisis les chefs et gouverneurs des villes. »

devant d'eux et les receut dans le logis du roy, l'un de ses prestaves[1] le faisoit avancer en le poussant comme pour luy tesmoigner ou aider à faire l'honneur qu'ils estiment estre deub aux personnes de cette qualité, et M. l'ambassadeur ostant son chapeau, je remarquay que le dit prestave leva la main et toucha le chapeau de M. l'ambassadeur, comme le voulant luy oster parce qu'on n'estoit pas assés prompt à leur rendre honneur. Ils s'assirent et il demeura avec eux un secretaire qui escrivoit tout le discours, un interprette latin nommé Jacob, un autre italien, puis un François qu'on fist entrer qui est de Dieppe, nommé Jean Fournier, fils de Nicolas pilotte; je pensois demeurer là pour observer leur ordre de traitter, car ils avoient fait dire que si M. l'ambassadeur vouloit retenir quelqu'un près de luy il le pouvoit; mais le chancelier ne me peut souffrir et désira que je sortisse dans l'autre salle avec les autres; ils demandèrent à M. l'ambassadeur s'il se fioit de son interprette Jacob; je sortis dans l'autre salle, dont les bancs sont tout autour et y avoit trente hommes assis, de haute condition, avec leurs robes de drap d'or et leurs haults bonnets fourrez; de ceux qui estoient dans la salle du grand duc. Il y avoit dans la dite salle un Suisse qui parloit françois; mais l'ayant salué et le conviant de parler avec nous il me dit en faisant la révérence à la russe qu'il n'osoit. Ils ne voulurent permettre que nous sortissions de la dite salle, ny à aucun de parler avec nous, firent ressortir l'Italien. Ils furent bien une heure et demye, et M. l'ambassadeur m'a dit que lorsqu'ils furent assis, le premier commença en ostant son bonnet, et M. l'ambassadeur le chapeau à la main, et les autres couvertz par les qualitez du grand duc, puis dit que le grand duc avoit receu sa lettre et icelle fait translater avec grand soin qu'il n'y eust pas une syllabe à dire et que icelle avoit esté veue du grand duc et qu'il avoit receu à contentement l'honneur que le roy de France luy avoit fait et leur avoit communiqué le contenu; que le premier poinct contenoit telle et telle chose, car estant cinq ils avoient partagé le discours

---

[1]. Le grand duc de Moscovie, comme aussi le Roy de Perse, défraye les ambassadeurs de vivres et de voitures dès qu'ils entrent dans le pays de son obéissance et leur donne pour cet effet un conducteur, que les Moscovites nomment Prestaf, et les Perses Mehemandes, qui a soin de leurs vivres et de leur conduite, et se fait accompagner de quelques soldats pour leur escorte. (*Oléarius. Voyage de Moscovie.*)

de la lettre entre eux en cinq parties pour avoir tous à parler et à la rapporter; le premier ne disoit que ce qu'il lisoit dans un billet. Quand il eut achevé les qualitez du grand duc, il se couvrit et M. l'ambassadeur aussi, puis acheva ce qui estoit de sa part à dire, et un autre se leva, fait comme luy, commence par les qualitez, continue de dire sa part et s'assied. Le troisième et quatrième tout de mesme, et le cinquième à qui il escheoit de toucher la dernière clause de créance, rapportant les mesmes mots, dit que pour cette clause dernière, le grand duc leur avoit commandé de s'assembler icy pour entendre ce qu'il avoit à dire au grand duc et qu'il pouvoit parler à eux comme s'il parloit à sa personne, qu'ils avoient plein pouvoir de tout escouter. M. l'ambassadeur commença par les qualitez du roy comme eux, puis leur dit que ce qu'il leur alloit dire estoient les mesmes paroles que le roy son maistre diroit s'il y estoit là en personne, et commença les choses qui leur furent rapportées de mot à mot par ses interprettes et fit tout escrire en langue russienne, et M. l'ambassadeur leur dit, et affin que si davanture vous failliez dans l'interprettation de mes paroles, je vous donne ce que j'ay dit par escrit pour y avoir recours. Ils receurent l'escrit et sans respondre aucune chose se levèrent et s'en allèrent tous ensemble parler à leur empereur, et les deux prestaves qui estoient dans la seconde salle entrèrent et s'assirent auprès de M. l'ambassadeur, le conviant d'attendre la response de leur empereur. M. l'ambassadeur m'a dit que dans cette conférence il se plaignit hautement du traittement qu'il avoit receu par les chemins en le faisant passer par des rivières pour éviter de le faire entrer dans les villes, et que dans la ville de Moskou mesme, on le tenoit comme un esclave, deffendu à qui que ce soit de parler à luy ny à ses gens, qu'il avoit un corps de garde à sa porte pour empescher ses gens de sortir, et que depuis huit jours qu'il estoit arrivé, pour les plus puissantes nécessités, mesme pour blanchir le linge, on luy avoit refusé. Que il n'avoit point accoutumé d'estre traitté ainsi en aucun lieu de la terre où il avoit esté ambassadeur de la part du roy son maistre. Le chancelier, esprit rude et de peu de connoissance et suffisance, dit que c'estoit la coutume et qu'on n'avoit pas sceu le sujet de son voyage. Les autres commissaires, plus ingénieux, dirent que ce n'estoit qu'afin d'empescher qu'on ne luy fît aucun mal, que les maisons estant de bois, c'estoit pour empescher que quelque méchant n'y vînt mettre le feu, ou que si par accident le feu y prenoit, qu'on ne le vînt piller, et que ce que le grand duc en faisoit estoit pour plus d'honneur qu'il vouloit rendre aux ambassadeurs. M. l'ambassadeur luy respondit qu'il estoit bien aise d'apprendre que ce traittement fut par honneur, mais que cet honneur estoit rude à supporter ; tout cela fut escrit et dirent qu'ils en parleroient au grand duc. »

Cette sorte de parler à cinq en partageant entre eux le discours me fait souvenir de trois ambassadeurs des trois ligues Grises envoyez au duc de Savoye, dont le premier commença sa harangue ainsi : que ils estoient tous trois envoyez ambassadeurs vers luy de la part de ses bons amis alliés et confédérés des trois ligues Grises, et que son compagnon luy diroit le sujet pour quoy. Le second dit au duc : Votre Altesse a appris par ce qu'a dit mon compagnon que nous estions venus ambassadeurs vers vous, de la part des ligues Grises : mais d'autant que mon compagnon sçait mieux parler italien que moy, je lui laisse à vous entretenir de ce que nous avons tous trois à vous dire. Le troisième dit : Mes deux compagnons vous ont dit les choses que vous scavez, et pour ce qu'ils ont parlé je ne vous en diray pas davantage.

Ils demeurèrent un quart d'heure, puis le chancelier revint dans la salle et demanda à M. l'ambassadeur s'il seroit bien advoué de son maistre, et s'estonnoient comme il estoit seul envoyé, veu que eux en envoyent toujours deux par deffiance. M. l'ambassadeur leur dit qu'il seroit bien advoué et que le roy son maistre, quand il envoyoit un ambassadeur, se fioit en luy de tout et que cette confiance les rendoit si fidelles que Dieu leur faisoit la grace de ne pas seulement penser à trahir leur maistre ; que le roy estoit le prince le plus absolu de l'Europe, mais qu'il ne se faisoit pas obéir par des commandements rudes, qu'il estoit craint, mais encore plus aymé, et que ses subjects couroient au devant de ses commandements pour les exécuter avec une amoureuse obéissance. Ils luy demandèrent comme quoy ils accorderoient avec luy. Il respondit qu'il avoit pouvoir du roy son maistre de faire une capitulation que le grand duc signeroit et luy aussy au nom de son maistre, et la feroit confirmer à son retour en France, ou bien si eux envoyoient dans quelque temps des ambassadeurs, la capitulation leur seroit confirmée ; dirent qu'il seroit donc à propos de faire seulement une capitulation touchant l'union des deux couronnes et laisser là le commerce, qui estoit chose peu importante. M. l'ambassadeur leur répondit qu'il n'avoit pouvoir de signer une capitulation qu'il ne fust d'accord avec eux de tous les points. Ensemble luy demandèrent s'il y avoit bonne intelligence entre nous et le roy de Suède, luy répondit que ouy, et que l'amitié estoit estroite, et que le roy son maistre l'avoit assisté d'hommes contre le Polonnois, et le dit chancelier dit à M. l'ambassadeur que le grand duc feroit examiner ses propositions et luy en rendroit réponse. Je dis à l'interprette : Je suis de Dieppe, venez nous voir. Il me répondit : Je n'ay pas la permission, ce pays est dangereux. Après cela M. l'ambassadeur se retira avec le mesme ordre qu'il estoit venu.

Du lundy 19 novembre.

L'audience fut à pareille heure que celle du jeudy; les deux prestaves vinrent quérir M. l'ambassadeur à son logis avec vingt gardes à cheval, dix chevaux blancs, l'escuier du grand duc, avec une robe blanche, vint dire à M. l'ambassadeur les qualitez du grand duc et qu'il estoit commandé de luy amener des chevaux pour aller à l'audiance. M. l'ambassadeur le remercia, nous montasmes tous à cheval, vingt gardes de cheval devant, l'escuier et l'interprette allemand à costé, puis M. l'ambassadeur au milieu des deux prestaves. Ceux de la suite deux à deux, et deux mille cinq cents soldats estoient en haye le long des rues depuis le logis de M. l'ambassadeur jusques au chasteau; par le chemin vint cinq courriers, l'un après l'autre, advertir notre prestave de l'estat où estoit le grand duc. Les soldats bien vestus estoient le long de l'escalier et jusques à l'antichambre du grand duc. Après avoir monté quinze degrés, nous passasmes devant la chapelle du chasteau, à couverture dorée, où l'on officioit alors : M. l'ambassadeur salua l'église en ostant son chapeau, comme nous fismes aussy, et un de nous s'avançant pour voir au dedans de l'église, fut repoussé par un des gardes, comme ne voulant pas que leur église fust profanée par le regard de nos yeux. M. l'ambassadeur arriva à la porte du vestibule, où deux ducs le receurent avec pareil discours et mesme réponse qu'en la première audience ; plus avant à la porte de la salle, deux autres vinrent au devant ; le mesme compliment, la mesme réponse, et rentrèrent les premiers dans la chambre du grand duc. M. l'ambassadeur après eux ostant son chapeau à la porte à la françoise fit une révérence au grand duc, et à toute la compagnie de la teste seulement, et se plaça vis à vis le grand duc, le saluant en cet endroit d'une autre révérence. Le chancelier, qui estoit à trois pas du grand duc, debout et couvert, le visage tourné vers Sa Majesté, s'avança vers M. l'ambassadeur en tournant le dos au duc, et quand il fut proche de M. l'ambassadeur il se tourna du costé du duc le visage seulement sans tourner le corps, et à chaque notte la teste et les yeux encore plus, vers l'interpretle, puis dit quatre paroles russiennes, couvert comme il estoit, lesquelles, rapportées par l'interpretle à M. l'ambassadeur, veulent dire : « le grand duc vous fait cette grace que de vous faire asseoir, » puis on apporta son dais, un banc et un tapis dessus, où M. l'ambassadeur s'assit et se couvrit. Puis le chancelier s'avança vers le duc, osta son bonnet et s'approcha de son oreille pour entendre ce qu'il luy commandoit, puis quand le grand duc eut finy, le dit chancelier remit son bonnet, et tournant le dos à Sa Majesté, avança quatre pas vers M. l'ambassadeur, et tournant visage du costé du grand duc il inclinoit la teste à chaque notte qu'il disoit à l'interprette. Il parloit autant du signe de la teste que de la langue, et pendant que l'interpretle redisoit ce qu'il avoit dit il tournoit visage vers son prince, et M. l'ambassadeur l'escoutant parler au nom du duc se tint descouvert comme c'est la coutume, et ce chancelier estoit couvert en parlant à un ambassadeur découvert, et devant la face de son maistre, auquel, lorsqu'il parle, il se couvre. Il commença à luy dire que le grand duc avoit fait voir à son conseil ses propositions et avoit commandé à tels et tels, nommant leurs noms, de luy dire la responce et qu'il allast dans la salle. M. l'ambassadeur fit une révérence sans dire aucun mot et fut conduit par ses deux prestaves et receu à la porte par les deux mesmes qui le menèrent jusque hors du vestibule, à la porte du degré où deux autres le menèrent et conduisirent jusques à l'entrée de la première salle, où il avoit commencé de traitter, attendit demy quart d'heure, puis les cinq commissaires vinrent, et M. l'ambassadeur s'avança au devant d'eux jusques à la porte, osta son chapeau et eux ostèrent leurs bonnetz et se donnèrent la main, puis s'assirent en mesme ordre que le jour précédent. La salle a quelques quatre toises de carré, voultée et peinte de mechantes peintures et tout autour un banc règne couvert d'un tapis de velours à fleurs vertes et à l'un des coings sont deux fenestres et y avoit un petit banc qu'on y avoit fait apporter qui servoit de table pour mettre les papiers (car ils escrivoient tous sur le genouil) couvert d'un tapis de Perse fin. Ledit banc long de quatre pieds et large de huit poulces.

Les cinq commissaires tous d'un costé de l'encoignure, à leur dos une fenestre, M. l'ambassadeur, tout seul de son rang, fut placé au hault du banc, ayant aussy une fenestre à son dos, le large du dit banc à sa main gauche vuide. Le premier des commissaires près de luy à sa main droite, et les quatre autres tous de suitte hors œuvre ; quand ils se furent assis nous sortismes tous et ne demeura que M. l'ambassadeur, les cinq commissaires, Jacob, interprette italien, et Jean Fournier, interprette françois, le secretaire de la chancellerie, n'y demeura pas, et le chancelier luy mesme escrivit tout ce qui fut dit par M. l'ambassadeur.

Premièrement ils commencèrent, le premier commissaire en ostant son bonnet, M. l'ambassadeur son chapeau et les autres quatre couvertz, par les qualitez générales du grand duc, puis remit son bonnet et les autres quatre les uns après les autres dirent aussi les qualitez du grand duc abrégées avant que de commencer leur discours ; le premier dit, reprenant les propositions de M. l'ambassadeur, qu'elles avoient esté veues au conseil du grand duc où estoit le patriarche son père et plusieurs grands du royaume et avoit esté delibéré sur icelles, et avoient eu commandement de luy répondre, en tirant de sa poche un rouleau où estoit escrit tout ce qu'il devoit dire, et partagèrent entre eux cinq toute la response qu'ils avoient ainsi mise par escrit et le discours entier de tous cinq ensemble fut expliqué par l'interprette en cette sorte que la première proposition de celles contenues au memoire donné par M. l'ambassadeur avoit esté bien receue et que le grand duc remercioit le roy de France de ses offres d'amitié et les acceptoit, en faisoit grand cas et y vouloit contribuer. Quant à la seconde proposition du commerce, le premier article et les 4, 5 et 6, avoient esté trouvés bons. Quant au 2 et au 7, touchant la liberté aux François, ils vouloient bien la permettre comme aux Anglois et Hollandois. Que si le roy les vouloit assister de quelque secours de gens de guerre contre le roy de Pologne quand il en seroit requis, les soldats et les chefs pourroient s'en retourner la guerre estant finie, mais que pour ceux qui inopinément se trouvoient dans leur pais, ils y demeureroient, et que, le grand duc leur faisant du bien, ils estoient obligés à le servir le reste de leur vie, et que, dans le royaume de France y ayant quelques bons pauvres, ils seroient bien aises de recueillir les bienfaits du Grand-Duc. M. l'ambassadeur leur répliqua que les sujets du roy de France estoient nés libres, et que l'homme de la plus basse condition ne voudroit pas demeurer en Moscovie au service du Grand-Duc pour y estre toute sa vie, mais que, s'il veut leur donner la liberté entière, ils y viendront, et quand ceux-là s'en seront retournés il y en reviendra bien plus librement d'autres que dans les païs infidelles ; que mesmes vers les Mahometans nous avions liberté entière, que nous n'avions jamais esté esclaves en pas un lieu, que nous ne le serions pas encore dans son païs.

Au huitiesme article, ils estoient aussy d'accord, excepté pour les marchandises de contrebande, les quelles les François ne pourroient enlever.

Quant au neuviesme, pour ne point payer de droit et avoir le mesme privilége que les Anglois, ils ne le pouvoient accorder, et que, si le roy vouloit entrer en amitié avec le grand duc, il ne falloit pas commencer par le vouloir appauvrir en ruynant ses douanes. M. l'ambassadeur leur demanda quelles douanes. Le chancelier repartit : « Vous avez peut estre informé des marchands ? — Il est vray, si vous ne m'eussiez empesché de parler à personne, ny deffendu à qui que ce soit de venir chez moy. » Le chancelier répliqua qu'on feroit la mesme grace aux marchands françois, qu'ils avoient faite aux marchands hollandois, et qu'ils entendoient aussy que leurs marchandises payassent en France les impositions accoutumées ; que la compagnie d'Anglois avoit obtenu du Grand-Duc prédécesseur cette franchise, d'autant qu'ils avoient trouvé les premiers le passage de la mer Blanche par Arkangel, ce dont les Russiens avoient receu avantage, et que les autres Anglois hors de la dite Compagnie Franche, qui vouloient traffiquer, payoient comme ceux des autres nations. M. l'ambassadeur expliqua que le passage de la mer Blanche à Arkangel estoit dès la création du monde et que les Anglois ne l'avoient pas fait, mais bien avoient esté les premiers, qui l'avoient rendu utile au Grand-Duc pour en avoir fréquenté le chemin ; que aussy le passage à Nerva n'estoit pas nouveau, mais seroit d'autant plus utile à la Russie, que plus proche il estoit de la France, et seroit ainsi fréquenté par les François, comme

7

l'autre l'estoit par les Anglois ; que la mesme raison subsistoit pour accorder semblable franchise aux François qu'aux Anglois ; que c'estoit faire trop peu d'estime des offres d'amitié du roy de France, et ne luy guère tesmoigner le réciproque que de ne luy offrir non plus de grace qu'aux Hollandois, dont l'estat aristocratique avoit besoin du secours de tout le monde et n'en pouvoit donner à personne, au respect d'un roy de France, de qui les alliés pouvoient se reposer sous sa protection. Ils répliquèrent que ce seroit affaiblir les douanes du Grand-Duc, et qu'ils ne pouvoient accorder ce point. M. l'ambassadeur leur dit qu'ils avoient à considérer, que nos marchands avoient à payer un pour cent au roy de Danemark, autant au roy de Suède, et que pour leur tesmoigner qu'il désiroit faire quelque chose, il leur accorderoit aussi un pour cent.

Ils passèrent à l'article dixiesme, touchant la religion et la liberté de conscience, et dirent que c'estoit choquer leurs lois fondamentales de la Religion et de l'Estat, et qu'ils ne pouvoient l'accorder en aucune manière ; que les marchands pouvoient bien venir et se passer de l'exercice de leur religion. M. l'ambassadeur expliqua qu'il estoit bien nécessaire que ces gens-là eussent des prestres pour les administrer et les confesser ; qu'il ne croyoit pas que le Grand-Duc voulust estre la cause de la damnation des asmes, qui pourroient quitter leur corps sans confession ; que nous estions chrestiens comme eux, et qu'il n'y avoit pas 300 ans que nous estions d'un mesme corps, et avions esté séparés par les intestestes des archevesques ; qu'ils nous devoient moins refuser qu'aux Anglois et Hollandois hérétiques la liberté de conscience et une Église ; que ce seroit une grande barbarie de vouloir que des hommes chrestiens *vescussent comme des bestes*, sans religion et sans aucune consolation spirituelle, ne leur voulant pas mesme permettre l'entrée dans leurs églises ny d'entendre leur lithurgie, laquelle le Roy de France permettoit dans ses Estats, qu'il protégeoit l'Église grecque ; qu'en Levant, il avoit empesché par son autorité que plusieurs églises n'eussent esté prises par les Turcs pour en faire des mosquées.

Le chancelier prit la parole : « Vous nous demandez des jésuites ? — Pardonnez-nous, dit M. l'ambassadeur, nous ne sommes pas trop bien avec eux, je vous demande des prestres et religieux et non des jésuites. » M. le chancelier répliqua que cela avoit esté résolu et qu'il ne seroit pas changé. M. l'ambassadeur dit : « Si vous ne voulez pas entendre mes répliques, et que vous ne m'assuriez que c'est là la dernière volonté du Grand-Duc, je n'ay plus que faire icy, je n'ay qu'à m'en aller dans deux heures. » Le premier commissaire adoucit etdit: « Non, non, monsieur, nous avons charge d'entendre tout ce que vous direz. » Ils laissèrent le onzième article indécis touchant un juge françois entre les marchands, et, passant à la troisième proposition, ils dirent que ils vouloient bien que le commerce des soyes du Levant fust détourné et prist son cours par les Estats du Duc, mais qu'ils ne vouloient permettre aux marchands françois d'aller traffiquer en Perse, mais bien qu'eux prendroient des Persiens les soyes et les vendroient aux François, et que le Grand-Duc avoit traitté avec le Roy de Perse pour le commerce, et que luy acheptoit les soyes et les vendoit ainsy aux Anglois et Hollandois; mais qu'ils donneroient volontiers passage aux ambassadeurs que le Roy de France voudroit envoyer en Perse, mesme à ses courriers, et non pas à aucuns marchands.

M. l'ambassadeur répliqua qu'il y avoit d'autres marchandises en Perse que les François pourroient achepter des Persiens, et que les marchands Russiens ne pourroient peut-estre pas fournir à nos marchands la quantité de soye qu'il leur fault, dont le traficq qui s'en faisoit en France passoit deux millions d'or; que nous avions deux passages, l'un par la grande mer en doublant le cap de Bonne-Espérance sans estre sujets à personne; que nous avions encore celuy d'Alep en traversant le Désert, et que le Roy se pouvoit passer de la Moscovie, mais qu'il avoit voulu par surabondance d'affection engraisser son pays de ce passage et les en faire profiter plus tost que ses ennemis. Tout cela fust escrit par le chancelier, qui demanda à M. l'ambassadeur s'il y avoit bonne intelligence entre la France et la Suède? Il respondit que ouy. Après trois heures de conférence, ils se levèrent et s'en allèrent le Grand-Duc, et dirent que le chancelier le viendroit retrouver à l'heure mesme; cependant j'entray dans cette salle et parlay un peu avec Jean Fournier, l'interprette, qui me dit qu'il estoit de Dieppe et avoit esté mis sur un navire venu à Arkangel, il estoit entré dans le païs sous la permission du vaivode, pensant y demeurer deux ans pour apprendre seulement la langue; mais quand il se voulut retirer, il ne le peut[1].

---

1. Voir dans *Lettres de Henri IV*, t. III p. 113, t. IV p. 332, celles qu'il adresse au czar pour lui demander le retour de personnes retenues en Russie. — Cet état de choses est aujourd'hui modifié ainsi qu'il suit, par l'article Ier

Il y a douze ans qu'il y est ; il a 24 ans ; il est au service du Grand-Duc pour interprette, ayant LX^{tt} par an de gages, et en outre 61^{tt} par mois. Il me dit que le baron du Tar de la maison de Chasteauneuf, ce dit il, et fils du marquis de Narbonne, y estoit aussy et avoit à boire dans le logis du Grand-Duc et 56 richedalles par mois ; qu'il y avoit bien vingt ou trente François dans le pais ; qu'on l'avoit fait jurer sur la croix et sur l'Évangile, le chancelier seul, de servir toute sa vie le Grand-Duc et ses successeurs avec fidélité, et de ne s'en aller du pais ny trahir l'Estat ; qu'il l'avoit fait, qu'il estoit catholique et romain, mais qu'il ne pouvoit faire d'exercice. Ils ne luy vouloient permettre d'entrer dans leurs églises, s'il ne se faisoit rebaptiser ; qu'ils avoient bruslé il y a cinq ou six ans un prestre tout vif, qui, estant interrogé, soustint que la religion romaine estoit la meilleure.

Le chancelier revint dire à M. l'ambassadeur que les repliques avoient esté portées à l'Empereur et qu'il seroit délibéré dessus. M. l'ambassadeur luy dit qu'il commandast aux Hollandois, Anglois et Allemans de venir chez luy et luy vendre tout ce dont il auroit besoin et aux François aussy, pour sçavoir d'eux la valeur des choses. M. le chancelier respondit qu'il y avoit desjà ordre que tous estrangers vinssent chez luy, mais que pour les François, il le leur diroit. Ce chancelier est vieil, bonhomme et rude, pauvre de connoissances comme sont les Russiens ; ainsy, M. l'ambassadeur se retiroit au mesme ordre qu'il estoit venu, ayant

---

du traité de commerce et de navigation conclu entre la Russie et la France le 14 juin 1857.

« .... Les Français en Russie et les Russes en France pourront réciproquement entrer, voyager ou séjourner en toute liberté dans quelque partie que ce soit des territoires respectifs, pour y vaquer à leurs affaires, et ils jouiront à cet effet, pour leurs personnes et leurs biens, de la même protection et sécurité que les nationaux.

« Ils auront la faculté, dans les villes, et ports de louer ou posséder les maisons, magasins, boutiques et terrains qui leur seront nécessaires, sans être assujettis à des taxes, soit générales, soit locales, ni à des impôts ou obligations, de quelque nature qu'ils soient, autres que ceux qui sont ou pourront être établis sur les nationaux.

« De la même manière, ils jouiront, en matière de commerce et d'industrie, de tous les priviléges, immunités et autres faveurs quelconques dont jouissent et jouiront les nationaux.

« Il est entendu, toutefois, que les stipulations, qui précèdent, ne dérogent en rien aux lois, ordonnances et règlements spéciaux en matière de commerce, d'industrie et de police en vigueur dans chacun des deux pays et applicables à tous les étrangers en général. »

les mesmes gardes à cheval, qui se rangèrent dans sa cour des deux costés en haye pour les faire passer au milieu d'eux jusques à son escallier; les mesmes soldats au nombre de 2500 y estoient aussy, et les deux prestaves demeurèrent à disner et furent traittés à la Françoise; leur ayant esté servy de la viande, ils n'en voulurent point manger, que l'eau-de-vie, qu'ils avoient demandée, ne fust venue, disant qu'ils ne mangent jamais, qu'ils ne prennent une gorgée d'eau-de-vie, le matin quand ils sortent du lict, et le soir quand ils se couchent de mesme. Ils trouvèrent la patisserie bonne; au sortir de table, on leur fit chanter un air sur le luth et après ils s'en allèrent, et on leur fit souvenir de commander en sortant à nos gardes de laisser entrer tous estrangers.

Du mardy 20 novembre.

Je me fus promener par la ville, et je rencontray Jean Fournier; le garde qui estoit avec moy le voulut empescher de m'approcher. Je pris par le poing ledit Fournier et le fis venir avec moy où je voulus; il me servit de truchement à achepter des gants d'ours. L'après disnée vint l'interprette allemand, qui dit à M. l'ambassadeur que le bruit estoit par la ville qu'il auroit contentement, mais qu'on feroit tout ce qui seroit possible pour le faire relascher de ses demandes; que le Grand-Duc avoit conféré avec les principaux marchands de la ville. Sur le soir, les deux prestaves vinrent faire leur visite, demandèrent si nous estions tous en bonne santé, et s'en allèrent.

Du mercredy 21 novembre.

Je me fus promener chez les marchands et en la maison des Anglois où est leur magazin, où j'en trouvay un qui parloit françois, nommé Thomas, qui me dit qu'ils apportoient des draps et remportoient des sabres, fort peu de lin et de cire par Arkangel; que le Grand-Duc estoit le maistre du commerce de Perse et qu'il ne permettoit à aucun d'aller en Perse, ny achepter d'eux leurs marchandises, mais que luy mesme les leur vendoit; qu'il y a un ambassadeur de Perse, qui vient tous les ans et amène avec luy environ 50 marchands, auxquels le Grand-Duc fait donner escorte de 4000 hommes à cause des courses des Tartares; qu'il y a par la Volga de Moskou à la mer Caspienne à Astracan 2500 verst, et par terre de droit chemin 1800. Il m'offroit de me donner 49 s. de la richedalle.

L'après disnée je retournay à la ville et je trouvay un François Picard, nommé Simon Crespin, d'Abbeville, et quoy que nous eussions permission de parler à eux, si est ce que celuy qui me conduisoit, ne le voulut laisser approcher, et je le menacay, et dis au François qu'il s'assurast, et qu'il vinst avec moy. Je le priay de me conduire au logis du baron du Tar, qui est dans la première ville, et y allant nous passasmes par le logis d'un Hollandois âgé de 65 ans, qui parle fort bien françois, lequel vint au devant de moy avec un visage gratieux, me demanda si j'avois permission de le venir voir; je luy dis que ouy. « Ne le trouvez pas estrange, me dit-il, car ce païs est dangereux. » Quand je l'eus asseuré il me convia d'entrer et de boire ; je beus avec luy et le priay de me faire voir des sabres et de me les faire apporter. Il me le promit. De là je feus au logis du baron du Tar, chez lequel estoient cinq François, deux de Picardie, un de Blois, un chirurgien et un apothicaire, qui furent débauchez en 1621 par un Russien à Paris à la Croix-de-Fer; c'estoit la petite France, recueillie où nous estions, tous fort contens de nous voir les uns les autres ; mais ces pauvres gens estoient si craintifs qu'ils se deffioient que nous en eussions la permission. Ils sont ainsy intimidez par les chastiments rigoureux que les Russiens donnent aux désobéissans, les envoyant en exil dans des déserts. Un des marchands, qui m'avoit quitté, pour l'avoir rudement traité par la rue, me revint trouver là, et le baron du Tar commença à le caresser et à le prier de ne point dire que nous fussions là venus, et luy promit une veste de damas pour n'en rien dire. Nous discourusmes deux heures en beuvant, le baron du Tar me dit qu'il estoit petit-fils du comte de Chasteauneuf, gouverneur du Périgord; qu'il a deux frères, l'un, chevalier de Malte, nommé le chevalier d'Oignon, et quatre sœurs; qu'il a estudié, a esté en Italie, est venu en Suède et par le malheur de la guerre fut pris prisonnier, et a esté, pour une fois, huit ans prisonnier, a eu la question trois fois ; maintenant qu'il estoit aux bonnes grâces du Grand-Duc. Il fut blessé au service du Roy de Suède, à la jambe, au ventre et au nez. Il s'est marié à une belle jeune femme de 18 ans, Anglaise; il a deux enfants, un garçon, l'aîné, que je vis. Il a de beaux chevaux et un carrosse. Il me fit saluer sa femme à la françoise, la baiser, car à la russe on ne les voit pas. Le François, qui nous y conduisit, s'appelle Claude Allard, de Picardie. J'oubliois à dire que les deux prestaves vinrent au matin dire à M. l'ambassadeur que le lendemain il auroit audience et verroit les commissaires et après eux le Grand-Duc et prendroit congé de luy. M. l'ambassadeur achepta ce jour là 23 paires de sabres C. x. R.

Du jeudy 22 novembre.

Le knese vint tout seul de bon matin, et voulut parler à M. l'ambassadeur en particulier, et luy dit qu'il y avoit un homme avec luy, qui parloit polonais et qui avoit esté prisonnier en Pologne ; qu'on l'avoit dit au Grand-Duc et qu'il luy avoit commandé de venir sçavoir de luy s'il estoit vray. M. l'ambassadeur répondit que cet homme là se nommoit Gaspart, dont il entendoit parler ; qu'il estoit Livornien, né sujet du roy de Suède ; qu'il avoit tué un homme à son corps deffendant, et qu'il s'estoit sauvé en son logis, comme c'est la coutume par toute la terre, que les maisons des ambassadeurs servoient d'azile ; que un colonel françois le luy avoit de plus recommandé et qu'il l'avoit amené avec luy ; qu'il n'avoit jamais esté prisonnier du roy de Pologne, ny n'avoit point porté les armes pour son service. Il retourna dire ces choses au Grand-Duc. M. l'ambassadeur luy demanda s'il diroit adieu au Grand-Duc ; il luy dit que ouy. Cependant quelqu'un de nous voulut sortir dehors ; ils ne le voulurent souffrir, d'autant que, tous les jours d'audience, ils ne le vouloient permettre à pas un.

Les prestaves vinrent, à l'accoustumé, avec environ 50 cosaques, pour quérir M. l'ambassadeur et le mener à l'audience ; tous les soldats à pied estoient, comme de coutume, rangés le long des rues de deux côtés. M. l'ambassadeur alla dans la chambre des commissaires tout droit où ils estoient assemblez, et dans l'antichambre estoient les hauts bonnets fourrez assis environ 40. Puis les commissaires vinrent jusques à la porte recevoir M. l'ambassadeur et prirent séance comme ils avoient accoustumé. Alors le premier commença à parler et dire que le Grand-Duc avoit délibéré en son conseil sur les répliques qu'il avoit faites, mais qu'il persistoit à ne pouvoir souffrir de prestres de la religion romaine dans son Estat, qu'il correspondoit, neantmoins à l'offre d'amitié du roy de France, et qu'il donneroit liberté aux marchands de traffiquer jusques à Moskou librement, en payant 2 pour 100 d'imposition. Ils demandèrent encore à M. l'ambassadeur, s'il avoit pouvoir de traitter ; il leur répondit que ouy, mais à certaines conditions. «Quelles? celles que je vous ay données par escrit,» leur dit-il, et eux répliquèrent : « Nous offrons au roy votre maistre des conditions qui luy doivent plaire, de donner passage à ses ambassadeurs ou courriers qui voudroient aller en Perse, et de les faire fournir chevaux et vivres sans rien payer ; nous croyons que le roy vostre maistre doit estre content de la réponse que luy fait le Grand-Duc. » M. l'ambassadeur repartit encore sur le fait de la religion, que les Anglois et Hollandois qui estoient hérétiques avoient leurs ministres, et que nous qui estions chrestiens et plus considérables qu'eux, pouvions bien avoir des prestres, d'autant mieux que la religion chrestienne, grecque et romaine croit que, quand un homme meurt sans confession en pesché mortel, il est damné, et ces autres hérétiques qui ont abrogé la confession n'ont pas tant besoin de leurs ministres que nous de nos prestres. Ils répondirent que ce n'estoient pas des ministres, qu'on leur avoit donné à entendre ; que c'estoient gens entendus en leur loy pour les exhorter ; et qu'ils n'y seroient plus guères. M. l'ambassadeur leur toucha encore un mot sur les offres, qu'ils disoient estre tant considérables, que de nous permettre le passage de Perse ; il leur dit qu'il les remercioit de leur bonne volonté, mais que nous n'en pourrions user ayant un autre passage de Perse ouvert par la Turquie ; ils répliquèrent qu'ils luy avoient déclaré la résolution du conseil, qu'ils n'avoient point pouvoir d'entendre ses raisons et que l'empereur estoit résolu de recevoir son adieu. Ils quittèrent M. l'ambassadeur, qui attendit un peu dans la dite salle, où j'entray et parlay à l'interprette françois, qui me dit que le François, nommé Crespin, qui m'avoit mené au logis du baron du Tar, avoit esté à la chancellerie interrogé, qu'il craignoit qu'on ne fist quelque déplaisir aux autres et qu'on ne leur donnast la question pour leur faire dire les discours que je leur avois tenus. Il revint un homme dans la salle avertir M. l'ambassadeur qu'il vinst à l'audience. Il marcha entre ses deux prestaves ; on le vint recevoir à l'entrée du vestibule et de la chambre du Grand-Duc par les mesmes qui estoient aux autres audiences ; le Grand-Duc estoit comme les autres fois dans son trosne, eslevé de cinq ou six marches, fait comme sont en France ces chaires de Saint-Claude de menuiserie. Il estoit assis, sa thiarre de perles et diamans sur la teste, son camail brodé de perles, sa robe de drap d'or, une saye dessous de satin de Perse, ouverte par devant, de sorte qu'on voyoit le genouil et les bottines de cuir de Russie, brodées de perles, avec brodequins de mesme, tenant son sceptre au bout duquel est un monde. Deux gardes estoient à chacun costé de la chaire, vestus de blanc, ayant chacun une hache. M. l'ambassadeur en entrant osta son chapeau, salua le Grand-Duc, luy fit une grande révérence, puis se tourna vers les Kneses, qui estoient assis sur le premier banc à costé de l'empereur, et vers ceux qui estoient sur trois bancs au-dessous et les salua de la teste. Ils avoient tous leurs hauts bonnets qu'ils ostèrent. M. l'ambassadeur s'avança au milieu de la salle, toujours découvert, et fit une autre révérence au Grand-Duc qui repondit d'une salutation de teste, et le chancelier demanda le banc, qui fut aussitost apporté avec un tapis, sur lequel M. l'ambassadeur s'assit et se couvrit; après quoy, le chancelier fit quatre pas vers le Grand-Duc, escouta son commandement, puis revint près M. l'ambassadeur, et, de sa contenance accoustumée, luy dit que le Grand-Duc (en disant ses qualités) avoit veu et considéré les lettres du roy de France, avoit fait escouter ce qu'il avoit ordre de dire par tels et tels commissaires (nommant leurs noms), qu'il avoit eu le rapport et sur iceluy, ses raisons et répliques escoutées, auroit escrit la response et désiroit vivre en la mesme bonne amitié avec le Roy de France qu'avoient fait ses prédécesseurs. Puis le chancelier dit à M. l'ambassadeur: « Venez prendre la lettre des mains de l'Empereur. » Ledit chancelier la prit avec une demy aulne de taffetas rouge, qui estoit derrière luy sur une fenestre ; M. l'ambassadeur se leva et couvert s'avança vers l'empereur, le chancelier aussy tenant cette lettre à la main; puis quand M. l'ambassadeur fut près dudit Grand-Duc, le chancelier ne la mit pas aux mains du Grand-Duc, pour estre par luy baillée à M. l'ambassadeur, comme il avoit dit, mais la bailla luy mesme audit ambassadeur, lequel se retira vers son siège, où estant, le chancelier luy dit qu'il saluait le roy de France, en lui rendant cette lettre au nom du Grand-Duc ; puis M. l'ambassadeur voulut donner cette lettre à M. la Cottinière ; le chancelier luy dit qu'il la donnast ès mains d'un homme de la meilleure condition qui fust près de luy, puis dit à M. l'ambassadeur, que l'empereur l'admettoit à luy baiser les mains; lors il s'avança vers luy, fit sa révérence et prit congé sans dire mot et retourna à son banc, demeura tout debout et tout découvert. Le chancelier luy dit encore que l'empereur luy avoit fait la grace de le faire conduire à Moskou, à ses dépens, et luy avoit fait fournir des vivres, qu'il le feroit reconduire de mesme par où il estoit venu, qu'il luy faisoit encore cette grace de luy envoyer sa table. M. l'ambassadeur respondit qu'il remercioit le Grand-Duc de l'honneur qu'il avoit receu de luy, puis il se remit sur son banc, assis et couvert, et le chancelier nous dit que nous nous advançassions vers l'empereur; nous le saluasmes tous et nous retirasmes avec mesme cérémonie que nous estions venus, en emportant la lettre du Grand-Duc. Cette lettre tenoit un pied en quarré, en la sorte qu'elle estoit pliée et fust prise avec son taffetas par ledit la Cottinière, lequel, estant à cheval comme nous, marchoit devant et la montroit au peuple jusques au logis. Un peu après vint le mesme cousin de l'Impératrice, qui estoit venu l'autre fois à la première audience, qui nous fit boire tout de mesme ; les prestaves asseurèrent le disner avec nous, et personne ne put sortir dehors, de tout le jour à cause de la deffense faite aux strelses (strelitz) et aux ditioboyaskoi, auxquels nos prestaves l'avoient commandé.

Du vendredy 23 novembre.

La deffense continua de sortir ; sur les dix heures vint un marchand qui apporta quatre timbres de sabres et des queues[1]. Et comme M. l'ambassadeur les marchandoit, arriva le knese prestave, auquel ils appartenoient; ils ne vendirent rien, car ils estoient trop cher et moy j'en offris 400 r.; le marchand s'en alla. Le prestave dit à M. l'ambassadeur qu'il partiroit le dimanche, et que le boyard André le reconduiroit qu'il avoit amené avec luy, qu'on ne luy pouvoit bailler que 30 *chlites*. M. l'ambassadeur le pria de différer jusques à lundy, d'autant que le dimanche parmy les chrestiens estant trop bonne feste, c'estoit bien nous precipiter. Il demanda au knese la permission de sortir par la ville ; celuy cy dit qu'il le commanderoit, néanmoins il sortit sans en donner le commandement, et l'un des strelses luy fut demander en son logis. Il donna la permission d'aller seulement par la ville, mais de n'entrer dans aucun logis. Vint un marchand en

---

1. Timbre signifie aujourd'hui, pour les fourrures de Russie, un paquet de 20 peaux, quand il s'agit de martres zibelines; de 40, pour des hermines. Qnant au mot *sabres*, M. Kœnig, fourreur du roi de Danemark, me fait observer que c'est sans doute une mauvaise manière de prononcer ou d'écrire le mot russe signifiant zibeline, qu'en allemand on écrit zobel, et qu'on prononce zoble.

gros qui apporta quantité de beaux sabres; il y en avoit jusques à 400 r. le timbre, nous fismes nos emplettes, j'en acheptay pour mille richedalles.

Du samedy 24 novembre.

Le knese vint de grand matin pour deffendre qu'on ne laissast sortir personne; il monta à la chambre de M. l'ambassadeur et luy dit que le Grand-Duc luy avoit ordonné des présents pour tous ceux de sa suite jusques au moindre, puis il s'en retourna, revint une heure après et, aussitost qu'il fut monté en hault, vint un secrétaire de sa chancellerie, assisté de douze ou quinze hommes, portant chacun un timbre de sabres, monta en hault, dit les qualités du Grand-Duc, donna à M. l'ambassadeur trois timbres de sabres de c. ou bi.^{xx}r. chacun, nous appella Devoreni[1] (c'est-à-dire officiers du Roy); m'en présenta un, et à huit autres de la suitte aussy chacun un, à cinq valets de chambre chacun dix r. ou cinq roubles et à six autres personnes, valetz de cuisine ou autres chacun trois roubles, tous à la rangette; cet argent estoit plié dans un papier avec le nom de celuy, à qui il devoit estre donné, comme aussy les estiquettes sur chacun des timbres; M. l'ambassadeur remercia le secrétaire et luy donna une veste d'escarlatte de cinq aulnes et à chacun des autres strelses qui apportoient les timbres une r., ainsy qu'avoit dit le knese à M. l'ambassadeur qu'il falloit faire. La deffense de sortir n'avoit esté que pour nous faire trouver ensemble, car après on alla par la ville et j'appris que le baron du Tar avoit esté aussi mis prisonnier le jour précédent à midy pour avoir receu ma visite. Il vint le marchand en gros qui rapporta à M. l'ambassadeur vingt timbres de sabres à choisir et M. l'ambassadeur en achepta deux timbres, l'un de 500 et l'autre de 300 r., et lui donna en échange LXIII aulnes de Brabant de soye escarlatte à 7 r. et demye l'aulne. Il dit qu'il la porteroit en Pologne vendre. J'acheptay encore de luy cinq des plus beaux timbres de sabres VII^c IIII^{xx} r. argent comptant. M. l'ambassadeur achepta aussi des queues pour 60 r. du mesme marchand qui s'appelle Alexis Levatchof, qui fait un voyage tous les ans en Sibir pour le Grand-Duc et en rapporte des sabres.

---

1. C'était le titre, dit Margeret, qu'on donnait aux gouverneurs des villes, comme l'était Louis Deshayes.

Du dimanche 25 novembre.

Ce marchand retourna faire agencer nos sabres, et nous enseigna comme il les falloit conserver: l'hiver, il faut qu'ils soient à l'air et ne se peuvent gaster, mais l'esté, il les faut enfermer dans un cuir de Russie et semer dessus les timbres et entre chacun des sabres du houblon avec ses feuilles et de l'absinte, et, lorsque la vigne est en fleur ou que le bled est mûr, il les faut tirer du coffre et les secouer et remettre. Il faut qu'ils soient aux lieux les plus frais et non jamais à la cave; tout cela est pour empescher que les vers ne s'y mettent. Il y en a qui m'ont dit que *les queues de rats* et souris se mettent dans le coffre et que l'odeur est propre à empescher la génération des vers. Le knese Mikaelia, prestave, vint visiter M. l'ambassadeur et, content de son présent, il luy dit que le patriarche avoit traversé sa négotiation; qu'il avoit dit que le Roy vouloit establir la religion Romaine sous prétexte de commerce; qu'il ne pouvoit souffrir que, de son temps, on establît des prêtres romains en Russie et qu'ils estoient trop savants et ergotteux; qu'ils estoient dangereux à cause de leur scavoir et de leurs disputes; que cela troubleroit l'Estat; que le chancelier Telepnif avoit aussi esté contraire et qu'il avoit mis le Grand-Duc en défiance de luy, ne pouvant se persuader qu'il eust pouvoir de traitter et qu'il falloit envoyer bientost un ambassadeur en France pour en estre esclaircy; que le Grand-Duc y avoit esté fort porté, ayant entendu les principaux marchands, qui avoient grandement approuvé la proposition du commerce à *Nerva*, d'autant que le commerce seroit plus aisé, plus profitable et avantageux par Nerva que par Arkangel. Le boyard André et son compagnon vinrent et amenèrent trente chlites coutant 22 pour 22 hommes, et 8 pour le bagage, disant que nous n'avions que seize chariots et qu'une chlite porte aussi pesant que deux chariots. M. l'ambassadeur en avoit demandé davantage, mais il ne vint que cela.

Du lundy 26 novembre.

Nous nous préparasmes à partir, et, après avoir chargé notre bagage, les deux prestaves vinrent au logis, lesquels M. l'ambassadeur remercia de leur peine par un présent au knese d'un vase de vermeil doré de la valeur de cent r. et à l'autre secrétaire cinquante r. Après le disner vint lescuier; on luy donna vingt r.; il amena dix chevaux blancs et une chlite, dans laquelle M. l'ambassadeur se mit, et nous montasmes à cheval et sortismes de la ville; les deux prestaves dans les chlites les faisoient marcher aux deux costés de M. l'ambassadeur. Il y avoit trente cosaques qui marchoient devant; les deux prestaves les menèrent jusques à un quart de lieue hors la ville et, en nommant les qualitez de l'empereur, luy dirent qu'ils avoient commandement de le remettre en mains du boyard André. M. l'ambassadeur les remercia, et nous remontasmes tous en nos chlites, et avançasmes chemin et eux s'en retournèrent à la ville avec les vingt cosaques à cheval. Nous vinsmes coucher à Cherkisona, cinq l., et laissasmes Saint-Mikola à gauche à moitié du chemin et prismes le chemin de Viborg. Les autres présens que fit M. l'ambassadeur furent au ptolomache allemand 30 r., au scribe 3, aux quatre ditio-boyarskoi chacun 2, et ceux qui avoient fendu le bois et chauffé les poisles au nombre de quatre chacun 1 r.

La journée fut de 25 verst 5 l. 8. françoises.

Présents en espèces de vivres qui furent délivrés par jour par les Moscovites.

2 Moutons; 1 quartier de bœuf; 7 volailles; 3 oyes; 5 canards; 50 œufs; 3 livres de beurre; 4 douzaines d'aulx; 4 douzaines d'oignons; 1 litron de sel; 1 cornet de poivre; 1 cornet de clous, 2 livres de sucre; 1 cornet de muscade; 1 plat de grue ou 6 pommes; demy setier de vinaigre; 2 testes de choux blancs; 4 pintes de bierre et 2 de mede; 4 cuillerées de bran de vin; un pain blanc et un bis pour chaque gentilhomme; un pain bis d'un sol la pièce et deux cuillerées de bran de vin pour chaque valet. »

L'extrait de la relation de M. Brisacier qui se termine en cet endroit ne nous laissait pas connaître le résultat de l'ambassade. Heureusement nous avons trouvé la lettre du Grand-Duc de Moscovie à Louis XIII dont il est parlé dans ce document. On comprend que nous n'ayons pas négligé ce curieux souvenir. Le voici.....

« Par la force et par la vertu de la très-puissante et très-saincte Trinité, qui remplit tout le monde et qui pourvoit à toutes choses, qui console et qui a soing de tout le genre humain, qui donne la vie et qui fait subsister toutes les créatures; par la grâce, par la puissance, par la volonté et par la bénédiction de ce grand Dieu, qui affermit les sceptres de ceux qu'il a eslus pour régir le monde, je commande et suis seul obéy avec applaudissement de toutes les terres immenses de la Grande Russie, et dans plusieurs autres provinces nouvellement conquises. Nous, le grand seigneur, empereur et grand-duc Michel Feodrovits, souverain seigneur et conservateur de toute la Russie, de Wolodimir, de Moscou et de Novgorod, empereur de Casan, empereur d'Astracan et empereur de Sibir, grand seigneur de Plescov, grand-duc de Smolens, de Tver, de Jugor, de Perms, de Viats et Bulgarie, et seigneur et grand-duc de l'inférieure Novogerod, et de toutes les duchez inférieures Tsernigofs, de Kasan, de Rostof, de Geroslaf, de Belozer, de Livonie, de Oudor, de Obdor, de Coudemir, seul obéy en toute la région septentrionale, seigneur des provinces de Ivors, de Catalins et d'Ingrovens, empereur des Cabardins, duc de Circassie, de Igor, et de plusieurs autres provinces, seigneur et conservateur.

« Au très-illustre, très-haut et très-puissant grand seigneur Louys XIII de Bourbon, par la grâce de Dieu, roy très-chrestien, de France et de Navarre, et souverain seigneur de plusieurs autres terres.

« Vostre royale puissance a envoyé vers nostre grande puissance, vostre ambassadeur Louys, avec des lettres, et nostre grande puissance a trouvé bon qu'il fust ambassadeur vers nous : avons commandé que sa légation fust entendue, et avons voulu recepvoir ses lettres signées de vostre main, et contresignées de Loménie, dans lesquelles vous souhaittez que Dieu veuille faire prospérer nostre grande puissance, et témoignez, qu'encores que vos Estats soient éloignés des nostres, et qu'ils soient séparez par plusieurs provinces, néantmoins la renommée de nostre grande puissance n'a pas laissé de parvenir jusques à vous, que vos prédécesseurs et les nostres ont cy-devant vescu en bonne amitié et parfaite correspondance, et que, de la mesme sorte, vous souhaittez qu'il plaise à Dieu, qu'à l'advenir la mesme amitié et parfaite correspondance s'établisse et se rencontre entre nos royales personnes : ce que nostre grande puissance désire extrêmement. Mais nous ne sçavons à quoy attribuer, que nostre nom, nos titres et qualitez, ayent esté oubliez à la lettre que vous nous avez escrite. Tous les potentats de la terre, le sultan des Turcs, le roy des Persiens, l'empereur des Tartares, l'empereur des Romains, les roys d'Angleterre et de Danemarc, et plusieurs autres grands seigneurs, escrivans à nostre grande puissance, mettent nostre nom sur leurs lettres et n'oublient aucun des titres et des qualitez que nous possédons. Nous ne pouvons approuver vostre coustume de vouloir estre nostre amy, et de nous desnier et oster les titres que le Dieu très-puissant nous a donnés, et que nous possédons si justement. Que si, à l'avenir, vous désirez vivre en bonne amitié et parfaite correspondance avec nostre grande puissance, en sorte que nos royales personnes et nos empires, joints ensemble, donnent de la terreur à tout l'univers, il faudra que vous commandiez qu'aux lettres que vous nous escrirez à l'advenir, toute la dignité de nostre grande puissance, nostre nom, nos titres et nos qualitez, soient escrits comme ils sont en cette lettre que nous vous envoyons. De nostre part, nous vous ferons le semblable, en escrivant tous vos titres et vos qualitez dans les lettres que nous vous manderons, estant le propre des amys d'augmenter plustost réciproquement leurs titres et leurs qualitez, que de les diminuer ou retrancher.

« Vostre royale puissance escrit encores dans ses lettres, que les grandes occupations que vous avez euës, tant à pacifier les troubles de vostre Estat, qu'à protéger et assister les princes vos amis et alliez, ont empesché que vous n'ayez plutost correspondu aux tesmoignages d'amitié que nostre grande puissance vous fit rendre en l'année de la nativité de Jésus-Christ 1615, par nostre ambassadeur Juan Kondirouin, et qu'à présent que vous avez remis sous vostre obéyssance plusieurs provinces, et vaincu tous vos ennemis, vous nous avez voulu tesmoigner le désir que vous avez, de vivre à l'advenir en bonne amitié et parfaite correspondance avec nostre grande puissance, et vous avez voulu envoyer vostre ambassadeur Louys Deshayes, seigneur de Courmesmin, vostre conseiller et maistre d'hôtel ordinaire, et gouverneur de Montargis, et lui avez commandé de nous faire entendre plusieurs choses qui regardent le bien commun de nos royaumes et l'advantage de nos sujets, et priez nostre grande puissance d'adjouter toute créance à vostre dit ambassadeur.

« Toutes ces choses estant parvenues à la cognoissance de nostre grande puissance, nous avons commandé que vostre dit ambassadeur entrast en conférence avec les illustres seigneurs, boïars de nostre conseil d'Estat, Knese Jvan, Borisovits Cercascoi, nostre cousin-germain, héritier de l'empire de Casan, et général de nos milices, Michel Borisovits

Schein, gouverneur général de Smolens, Simon Vasilevits Golovin, Feodorovits Licatzof, et Jafim Telepnef nostre chancelier, ausquels nous avons donné ample pouvoir par escrit d'escouter la légation. L'ambassadeur de vostre royalle puissance s'est trouvé avec lesdicts boïars de nostre conseil, et leur a fait entendre le désir que vostre royalle puissance avoit de vivre à l'advenir en bonne amitié et parfaite intelligence avec nostre grande puissance : pour laquelle mieux affermir, vous souhaitez que la mesme correspondance se rencontrast encore entre les sujets de nos deux empires, les Russiens et les François : que vous permettiez à tous nos sujets de trafiquer dans les terres de votre obéyssance, et désirez pareillement que nostre grande puissance trouvast bon que les François, vos subjects, peussent trafiquer en toute liberté dans les terres de nostre empire, s'habituer dans les villes qu'ils jugeroient propres pour faire sortir leur commerce, sans empeschement de nos Estats quand ils voudront; que nostre grande puissance deschargeast lesdicts marchands françois de l'impost que les marchandises doivent à nostre trésor, que lesdicts marchands françois peussent vivre en liberté de conscience, et tenir près d'eux tels prestres ou religieux de la foy Romaine que bon leur semblera, que nos juges et officiers ne peussent prendre cognoissance des différends qui surviendront entre lesdicts marchands françois, que nous leur permissions d'estre jugés par l'un d'entr'eux, et de trafiquer avec les Tartares, Persiens et autres marchands estrangers.

« Toutes lesquelles choses ayant esté rapportées à nostre grande puissance, par l'advis de nostre Sainct Père, le grand seigneur Filarète Niquitis, Patriarche de toute la Russie, et des principaux de nostre empire, Nous avons commandé aux boïars de notre conseil, susnommé, de faire entendre à vostre ambassadeur, que nous acceptons volontiers l'offre que vostre royalle puissance nous fait, de vivre à l'advenir en bonne amitié et parfaicte correspondance avec nostre grande puissance, et que de nostre part nous contribuerons toujours ce qui nous sera possible, pour la continuer et perpétuer entre nos successeurs. Nous permettons aussi à tous François, subjects de vostre royalle puissance, de venir trafiquer dans nostre empire sans aucun empeschement, tant par mer à Arcangèle, que par terre à Novogrod, à Plascov et à Moscou, leur donnons liberté de traiter et de faire leur commerce avec tous nos subjects, en payant seulement à nostre trésor deux pour cent d'imposition. Nous accordons aussi à tous les marchands françois, vos sujets, de vivre en liberté de conscience dans nostre empire, de faire profession de la foy Romaine, et de tenir près d'eux des prestres ou religieux pour les administrer. Mais nous ne sçaurions permettre que publiquement dans nostre empire l'exercice de la religion Romaine se fasse, de peur de scandale. Quant à ce qui regarde la justice, nous interdirons à nos juges de prendre aucune cognoissance des différends qui surviendront entre les marchands françois vos sujets. Mais si un François a quelque différend avec nos sujets, nous entendons que nos juges en ayent cognoissance, nous offrons à vostre royalle puissance de contribuer ce que nous pourrons pour le bien de vos affaires, et donnerons libre passage avec chevaux et vivres, aux ambassadeurs et courriers que vous désirez faire passer à l'advenir par nostre empire, pour aller en Tartarie ou en Perse; ainsi que nous avons fait présentement à vostre ambassadeur. Quant aux marchandises de Perse et de l'Orient, nous les ferons distribuer à vos sujets à si bon marché, qu'ils n'auront pas occasion d'aller les chercher ailleurs ; et en toutes choses nous favoriserons vos sujets, afin que d'autant plus volontiers ils viennent trafiquer en nos Estats et Empires. Nous renvoyons vostre ambassadeur Louys sans le retenir davantage, afin qu'il rende compte à vostre royalle puissance de nos bonnes intentions, tant envers vostre royalle personne, que pour les biens de vos Estats et Royaumes. Nous prions pareillement vostre royalle puissance de nous conserver toujours en son amitié et fraternelle bonne volonté. Escrit en nostre maison impériale de la ville de Moscou, le douzième du mois de novembre, l'an 7138[1]. »

Ces détails sont très-curieux, et il n'est pas sans intérêt de constater que les premières relations de la France avec la Russie, comme celles de l'Angleterre après la navigation de Richard Chancellor, ont eu pour point de départ et pour cause la facilité qu'avait la Russie d'ouvrir ou de fermer à l'Europe une route nouvelle vers la Perse, l'Inde et la Chine.

---

1. Le 1er septembre était le premier jour de l'année chez les Russes, et comme les Grecs ils comptaient cinq mille cinq cents huit ans avant Jésus-Christ. (Voir Oléarius, *Voyage de Moscovie et de Perse*.)

Un projet semblable au nôtre fut, en 1633, l'objet d'une ambassade de Frédéric duc de Holstein et Sleswig, qui avait alors pour représentant à Moscou Balthazar de Moucheron. Les deux ambassadeurs de Frédéric rencontrèrent à Riga en février 1635, Charles de Talleyrand, qui paraît avoir été au retour du sieur de Cormesnin envoyé de France en Russie avec un sieur Roussel. Ce dernier, d'après la relation d'Oléarius avait joué de si mauvais tours à son collègue auprès du patriarche qu'il l'avait fait envoyer en Sibérie. Mais après la mort du patriarche, les artifices de Roussel avaient été reconnus et Charles de Talleyrand avait été rendu à la liberté après trois ans de détention. Ce gentilhomme était le frère du malheureux comte de Chalais condamné à mort par Richelieu, comme le fut lui-même le sieur de Cormesnin exécuté à Béziers le 12 octobre 1632, trois ans aprés son ambassade en Russie. — Richelieu dit en parlant de l'exécution de Cormesnin poursuivie, malgré les réclamations de Monsieur, frère du roi, et les instances de Loménie de Brienne: « C'étoit un jeune homme d'assez bon esprit, mais qu'une ambition déréglée mena à sa ruine. »

D'après un manuscrit que nous a communiqué M. Feuillet de Conches, introducteur des ambassadeurs, les dates des premières ambassades des Russes en France sont 1655, un envoyé d'Alexis Michaelowitz. — 1668, Pierre Potemkin. — 1673, Vinefs. — 1681, Potemkin. — 1685, Almanzow[1].

Le czar dans les lettres de ces envoyés gardait tous les titres qu'on a vus ici. C'est seulement en 1706 que Pierre Ier, dans ses lettres à Louis XIV, a supprimé toutes les formalités de ses devanciers et a cessé d'y faire l'ennuyeuse énumération des pays dont il se disait souverain. En compensation, il chercha dès cette époque à se faire donner le titre d'Empereur par les puissances étrangères comme par ses sujets.

PIERRE MARGRY.

---

1. Voir sur les ambassades de 1655 et de 1685 les Notices de MM. Depping, *Revue contemporaine*. — Sur celle de 1661, la Russie du XVIIIe siècle, dans ses rapports avec l'Europe occidentale, par le prince Emmanuel Galitzin, in-8°, et dans la Bibliothèque Russe le journal du sieur de Catheux touchant les Moscovites arrivés en France en 1666.

L'INDE
ET
LES NATIONS EUROPÉENNES
EN ASIE
A LA FIN DU DIX-SEPTIÈME SIÈCLE.

L'établissement de la puissance des Français dans l'Inde ne date bien réellement que du traité de Ryswick, par lequel les Hollandais nous rendirent Pondichéry (1698). Alors s'ouvre une période nouvelle dans l'histoire des rivalités européennes en Asie. On voit s'affaisser la puissance des Hollandais, qui depuis Henri IV s'étaient efforcés de nous empêcher de prendre pied dans ce continent, au moment même où nous réclamions pour eux et avec eux la liberté des mers contre le double privilége que l'Espagne et le Portugal prétendaient s'arroger sur elles. L'empire des Indes, dans le dix-huitième siècle, est disputé par la France et l'Angleterre jusqu'à ce que le triomphe de cette dernière, en 1763, réunisse contre elle toutes les nations Européennes qui avaient tour à tour dominé dans ces contrées, comme cela eut lieu de 1778 à 1783.

On ne peut donc lire qu'avec intérêt un document qui nous montre la situation des Indes et celle des grandes compagnies du commerce oriental, lorsque commence ce nouvel état de choses. Tel est le genre d'importance de la lettre suivante, adressée à Jérôme de Pontchartrain, ministre de la marine et des colonies, par François Martin, le fondateur de la ville de Pondichéry.

Nul n'a mieux montré que ce personnage ce que peut un homme de cœur, porté des conditions les plus fâcheuses où il est né, dans un milieu où ses qualités peuvent se développer. Nous l'avons démontré ailleurs en quelques pages[1] et nous

---

1. *Biographie universelle de Michaud*, nouvelle édition.

nous ferons un devoir de le justifier plus amplement encore. Mais nous nous bornerons à dire ici qu'en le nommant général des Français dans l'Inde (1690) et en l'anoblissant (12 février 1692), le gouvernement de Louis XIV mit François Martin à la place qu'il méritait.

Entré dans les mers orientales avec les premiers vaisseaux de la Compagnie, c'est à lui que la France dut d'y posséder une ville indépendante. La gloire de cet homme éminent est d'avoir, au milieu de toutes sortes de difficultés, préparé les jours de Dupleix. Né à Paris vers 1634, dans le voisinage des halles, dit un contemporain, François Martin mourut à la fin de décembre 1706, ne laissant d'autres enfants que deux filles, mariées l'une à un sieur Loriau, l'autre au sieur Boureau-Deslandes, fondateur de nos établissements dans le Bengale.

Pierre MARGRY.

Monseigneur,

Je me suis appliqué à tâcher de remplir les ordres que j'ay receus de Vostre Grandeur, dans l'honneur qu'elle m'a fait de m'écrire de l'informer de l'estat de la royale Compagnie dans les Indes, des veues que l'on pourroit avoir pour augmenter et affermir son commerce et par suite de la situation présente des compagnies d'Angleterre et d'Hollande. Je ne rapporteray que des faits connus. Je passeray ensuite à quelques particularités de l'estat présent des Indes et je n'avanceray rien dont je ne sois très-assuré d'estre approuvé des personnes qui se sont un peu attachées aux connaissances de l'estat de ces quartiers.

Surate. — Le comptoir de Surate a esté le premier établissement de la Compagnie dans les Indes. — C'est à messieurs les directeurs généraux qui sont à Paris de connoistre les avantages qu'ils ont tirez par les cargaisons de diverses sortes de marchandises que l'on a envoyées de là en France. Je ne puis pourtant me retenir de rapporter encore ce que j'ay pris la liberté d'écrire dans beaucoup de lettres et par plusieurs mémoires que les fonds que l'on a envoyez de France ont esté trop limitez, et sy l'on veut y faire quelque reflexion, l'on reconnoistra aisément que l'on ne peut pas *s'attendre avec un commerce sy foible de supporter les grandes dépenses d'envois de vaisseaux*, celles qui sont d'une indispensable nécessité en France et l'entretien des comptoirs. — Le comptoir de Surate a beaucoup d'avantages sur les autres etablissements des Indes pour le débit des marchandises que l'on y porte de l'Europe. Il n'y a point de rebut, tout s'y vend. A l'égard des prix, c'est suivant le plus ou le moins des sortes de marchandises qui s'y rencontrent dans un mesme temps et la recherche que l'on en fait. — C'est une ville très-peuplée, ayant des correspondances dans tous les États du Mogol, que cette ville fournit de tout ce dont ils ont besoin, c'est un concours de toutes sortes de nations, depuis le mois d'octobre que la mousson s'ouvre jusqu'à la fin de may. La ville n'a rien d'agréable dans son enceinte. Cependant cette confusion, ce remuement de tant de peuples différents en habits et en coustumes, ce nombre infiny de tant de diverses sortes de marchandises que l'on y apporte des autres parties du monde, dont ses boutiques, ses magasins et ses places publiques sont remplyes, y donne un air de grandeur qui la fait aisément connoistre comme la première ville du monde pour le commerce.

Il y a des marchands mahométans et gentils extrêmement riches. — Ce n'est pas pourtant par les seuls moiens de ses habitans qu'elle soutient ce grand commerce : nombre de seigneurs de la cour du Mogol, beaucoup d'officiers et les principaux negocians des autres villes considérables des États de ce prince ont leurs correspondans à Surate, où ils font passer de grosses sommes, que ces gens-là font valoir au commerce ou qu'ils donnent à interest suivant les ordres qu'ils ont.

Le plus fort commerce des negotians de Surate est dans le golfe de Perse, au Bandar-abassy, à Congo et à Bassora, à Mocka, à l'entrée de la mer Rouge, et à Iedda, dans la mesme mer, à douze ou quinze lieues de la Mecque. Les envoys sont considérables dans ces lieux de diverses sortes de marchandises, dont il passe beaucoup en Europe ; les retours les plus solides de ces endroits que je marque sont en or et en argent, des sequins, des pièces de huit, des abassis, monnoye de Perse, quelques fois des écus de France. — J'ay tenu un estat d'une année, pendant que j'estois à Surate, de ce qui avoit passé d'or et d'argent à la douane du retour de ces lieux de commerce. La somme se trouva monter à près de vingt millions de livres. — Les negotians ont encore l'adresse d'en faire passer qui ne paroist pas à la douane, pour éviter d'en payer les droits.

Les negotians de Surate font aussy un grand commerce à Achem, d'où ils rapportent de l'or en grains. J'ai sceu d'un marchand portugais qui y avoit demeuré douze à quinze ans, et en crédit auprès des Oranhayea qui y sont à la teste du gouvernement, qu'il estoit sorty en certaines années d'Achem pour douze à quinze millions de livres d'or en grains qui se repartit dans les lieux des Indes qui en font commerce. — L'on tire cet or des mines qui sont à 50 ou 60 lieues dans les terres où les seules gens du pays ont la liberté d'aller, ce sont des chemins impraticables de forests, de marais, de montagnes. Il seroit très-difficile aux Européens d'y pénétrer.

Les negotians de Surate étendent encore leur commerce en d'autres lieux à la coste de Malabar. Ils avoient l'année dernière dix vaisseaux dans le Gange ; ils envoient quelquetels à Siam, aux Manilles. Les plus forts de leurs envoys et des retours qu'il leur en revient sont dans les endroits que je rapporte dans les articles précédents.

Je n'entre point dans ce que rapportent des personnes que le commerce de Surate est beaucoup baissé. Je dis pour raison : lorsque la Compagnie s'establit dans cette ville en 1668, les negotians n'y avoient que quinze ou seize vaisseaux à trois mats ; lorsque j'en suis sorti en 1686, par les ordres de la Compagnie pour passer à Pondichéry, je tiray un estat des vaisseaux qu'il y avoit pour lors. Il s'en trouva soixante-douze à trois mâts dans le nombre des navires jusqu'à 700 ou 800 tonneaux sans les autres moindres bâtiments et l'on a toujours continué à en construire. Il est vrai que les flibustiers anglois en ont enlevé beaucoup depuis dix ou douze ans. — Cependant l'on y bâtit toujours des vaisseaux. L'on y soutient le commerce du golfe de Perse et de la mer Rouge et des autres lieux, et l'argent y roule autant qu'en aucun lieu du monde.

Le courant pour les interests de l'argent que l'on prend à Surate est à neuf pour cent par an. L'on y en trouve pourtant à moins, suivant que les personnes qui en ont besoin sont tenues pour plus ou moins solvables. La Compagnie d'Hollande en a eu à quatre et demy et cinq pour cent. — L'on devroit avoir eu des égards en France à satisfaire aux sommes que la Compagnie doit à Surate depuis presque le commencement de son établissement. Il y a deux raisons principales qui auroient dû la porter à acquitter ces dettes. La première, que le retardement à satisfaire les créanciers qui ont pressé très-souvent pour estre payez, luy porte un notable préjudice, et la seconde, c'est qu'elle se mettroit en estat, n'y devant plus rien, de trouver de l'argent sy elle en avoit besoin à un moindre interest que celuy de neuf pour cent qu'elle a toujours payé ; elle y establiroit aussy puissamment son crédit par là.

L'on est informé en France de la conduite violente du gouverneur et des autres officiers de Surate à l'égard des nations de l'Europe qui y ont leurs établissements. L'on attend à apprendre le succès du voyage de M. le chevalier des Augers qui y est passé avec deux vaisseaux du roy. Les Hollandois devoient y envoyer une forte escadre pour le mesme dessein qui y a porté M. des Augers. L'on tombe d'accord que le Mogol doit avoir du ressentiment du pillage de tant de vaisseaux de ses sujets par les flibustiers anglois, qui n'ont pas mesme épargné un navire de ce prince qui retournoit de la mer Rouge, richement chargé, dont toute la cargaison a esté enlevée par ces pirates. — L'on est bien informé à Surate que ce sont les Anglois qui font ces courses. L'on sçait le nom des commandans des vaisseaux qui sont tous de cette nation, et l'on croit mesme, sur des soupçons assez bien fondez, qu'il y a des officiers de la Compagnie d'Angleterre qui ont part au butin des prises. L'on a lieu par là de se récrier contre les ordres du Mogol, d'embarrasser dans cette affaire des nations qui n'y ont point de part. L'on ne peut pas s'ouvrir sur un party à prendre pour faire cesser ces violences que l'on n'ait sceu des nouvelles de Surate de ce qui s'y sera passé a l'arrivée des deux vaisseaux du roy et de l'escadre de la Compagnie d'Hollande.

Je n'ay rien à rapporter de plus particulier de Surate. La Compagnie connoit depuis plusieurs années le fort et le foible du commerce, les avantages qu'elle y trouve, qu'elle peut pousser plus loing par de forts envoys et reglez chaque année. Il est important d'avoir dans ce comptoir un homme de teste et de conduite pour y soutenir l'honneur de la nation, et pour entretenir la corespondance avec les principaux negotians qui peuvent servir beaucoup dans des occasions de desmeslez avec le gouverneur et les autres officiers du Mogol.

Coste de Malabar. — La Compagnie a eu autrefois plusieurs comptoirs à la coste de Malabar où elle faisoit commerce, particulièrement pour le poivre qu'elle en tiroit ; elle y trouvoit ses avantages parce que ses etablissemens n'estoient pas d'un gros entretien, l'on a esté forcé par les guerres et le manque de fonds, d'en retirer en divers tems les gens que l'on y avoit envoyé.

Coste de Coromandel. Pondichéry. — Le comptoir de Pondichéry a la coste de Coromandel n'a commencé à s'establir qu'en 1675, où monsieur le directeur général Baron[1] me laissa à son retour à Surate après l'affaire de Saint-Thomé, nous avions pourtant eu des correspondances avec Chircam Loudy, gouverneur de ce pays pour le roy de Visiapour, pendant nostre séjour à Masulipatam lés années 1670, 71, et 72, et M. de la Haye en a tiré de grands secours de soldats du pays, de vivres et de munitions pendant le siége de Saint-Thomé. Quoy que je marque que l'on y a commencé l'établissement en 1675, l'on ne s'y est attaché au commerce qu'en l'année 1680[2]. Les fonds que la Compagnie envoya après la fin de la première guerre de 1672, ne suffisant qu'à peine pour soutenir le comptoir de Surate, l'on fut obligé de se remettre à des envoys de France plus considérables pour porter le commerce plus loing. La Compagnie ayant reconnu ensuite les avantages qu'elle pouvoit tirer des toiles de la coste de Coromandel, elle s'y attacha, elle en connoit aussy

---

1. François Baron, ancien consul d'Alep, était de Marseille. Sa famille était originaire du Milanais, où quelques-uns de ses parents portaient le titre de marquis. Martin, qui l'estimait beaucoup, le peint ainsi : « C'estoit un homme d'esprit de négociation, mais peu versé dans les affaires de commerce. Il étoit splendide et extrêmement charitable, fort réglé de mœurs, désintéressé et d'un grand ordre. » — C'est aux négociations de François Baron que nous avons dû l'ouverture de nos relations avec Siam. Baron mourut le 14 juin 1683 et n'eut pas d'autre remplaçant que François Martin.

2. Quoique Martin ait raison de rappeler que les Français occupèrent, en 1675, ce lieu d'où les Danois s'étaient retirés, ce qu'il dit à propos du commerce de ce comptoir, qu'on ne s'y attacha qu'en 1680, nous permet d'avancer que la ville ne commença réellement qu'en 1686, lorsque Martin, chef des Français, vint y établir le siège principal de la nation. Jusque-là l'établissement de la Compagnie n'avait rien de solide ni de digne ; le commerce s'était continué sous des cases couvertes de roseaux, sans magasins, et exposé à l'insulte de ceux du dedans et du dehors. A son arrivée, en 1686, Martin fit élever quelques bâtiments de briques ; depuis, il ne cessa de tout faire pour fortifier et accroître la ville qu'il avait créée.

le fort et le foible par les divers envois qu'elle y a faits et par les retours qu'elle en a receus.

L'établissement de Pondichery n'a presque point de débit des marchandises de l'Europe a l'exception du corail grez dont l'on peut envoyer chaque année, 20 a 25 caisses, quelques balles de draps et autres sortes dont l'on a informé la Compagnie.

Je ne reporte pas l'estat où nous sommes à présent dans Pondichéry ; nous nous sommes expliquez amplement la dessus par les lettres et les mémoires que nous avons mis sur le navire du roi la *Zeelande;* nous envoyons les duplicata par les vaisseaux de la Compagnie, et nous continuons à informer par les lettres que nous continuons d'écrire de ce qui s'est passé depuis nos dernières. Nous avons eû des ordres de la Compagnie de restablir les comptoirs de Masulipatam et de Caveripatnan. Ce dernier est à seize lieues sud de Pondichéry, sur les terres du naique de Tanjaour. Le manque de fonds et de personnes pour envoyer dans ces lieux a retardé jusques ici l'exécution de ces ordres. Il y a aussy des mesures à prendre pour retablir le comptoir de Masulipatan. L'on tire diverses sortes de toiles de ces lieux : lorsque nous verrons les conjonctures favorables, que nous aurons les gens de commerce et les fonds absolument nécessaires, nous donnerons nos applications a ces rétablissemens. Je ne puis rien dire de plus de Pondichéry, que de prier que l'on ait des égards à ce que nous avons représenté par nos lettres et que nous représentons encore, des moiens qui nous sont nécessaires pour conserver ce poste. Nous envoyons une carte de l'étendue des terres que la Compagnie a acquises des Hollandois. Il est nécessaire d'estre plus forts de monde que nous ne sommes pour en affermir la possession.

Il y a une remarque importante à faire sur la solde des soldats que l'on fera passer en ces quartiers. Les soldats qui ont esté laissez a Pondichéry de l'escadre du roy commandée par M. des Augers, sont à neuf livres par mois avec les réserves suivant les ordres du roy ; la Compagnie en a mis 35 à 40 sur les deux vaisseaux qui sont arrivez icy en aoust de l'année dernière ; nous en avons retenu vingt avec un sergent ; ces gens sont à sept livres et à neuf livres de gages par mois avec leur nourriture : il n'est pas nécessaire de représenter le mauvais effet que produisent ces différentes payes.

Il est important de faire quelque chose de plus que l'ordinaire pour les soldats que l'on fera passer en ces quartiers. Les Anglois et les Hollandois le pratiquent. Nous croyons que l'on ne peut moins donner à chacun que douze livres par mois pour nourriture et pour l'entretien. A l'égard de l'entretien, l'on tiendra la main a ce qu'ils soient vestus honnestement ; l'on doit avoir aussy la mesme considération pour les sergens et les autres officiers subalternes et augmenter leur paye.

Coste de Bengale. Ougly. — La Compagnie a retardé plusieurs années à faire ses établissemens dans le royaume de Bengale. L'on ne peut attribuer ce retardement qu'a la foiblesse de ses fonds qui ne lui permettoient pas d'étendre son commerce. Elle receut en 1687, et en 1688, des assortimens de marchandises de ces quartiers là ; nous y fîmes passer en la mesme année 1688 M. Deslandes[1], à present directeur general, qui y a affermy les établissemens. Le comptoir principal est à Ougly, à soixante lieues avant dans le Gange ; les plus grands vaisseaux montent jusques là, avec risque pourtant à cause de la quantité des bancs qui sont dans le fleuve. La Compagnie a des pilotes experts pour conduire ses bâtimens.

Balasor. — Avec le comptoir d'Ougly, la Compagnie a encore deux établissemens, l'un à Balassor, à trois lieues de la mer. Il y a communication par une rivière qui passe presque au pied de la Loge. L'emboucheure de cette rivière est éloignée de 15 à 20 lieues de l'entrée du Gange ; les pilotes restent ordinairement à cette emboucheure avec leurs bots pour y attendre les vaisseaux que l'on fait entrer dans le Gange. Il entre aussy de moiens bastimens dans la rivière de Balassor ; l'on tire diverses sortes de marchandises de ce comptoir.

Cassembazar. — L'autre établissement de la Compagnie est à Cassembassar, à 35 ou 40 lieues plus haut qu'Ougly montant le Gange. L'on tire de là les soyes, les estoffes de soye, et beaucoup d'autres sortes de marchandises que l'on envoye en France. Ce comptoir est important suivant la nécessité, où l'on se trouve d'assortir les cargaisons. L'on fait passer quel-

---

1. M. Boureau Deslandes, gendre de François Martin, avait épousé Marie, sa fille, en 1686, presque immédiatement après l'arrivée de celle-ci avec sa mère dans l'Inde.

ques fois des gens de la Compagnie dans les autres lieux de manufactures pour en tirer ce que l'on a besoin.

La Compagnie, ainsy que je l'ay remarqué dans les autres établissemens, doit connoistre par elle mesme les avantages qu'elle tire du commerce de Bengale. Il est facile de l'étendre moiennant l'envoy des fonds necessaires ; la nation y a de la réputation par la sage conduite de M. le directeur Deslandes, qui y a acquis les connoissances essentielles du commerce.

Le royaume de Bengale est fort étendu, remply de belles manufactures qui passent en Europe, et dans les autres parties de l'Asie, abondant en toutes sortes de denrées pour la vie et dont les revenus sont très considérables. Cependant le peuple y est généralement dans une extrême pauvreté et l'argent fort rare. L'on attribue cette disette à ce que beaucoup de seigneurs des principaux de la cour du Mogol ont leurs pensions arrestées pour l'entretien des troupes qu'ils doivent tenir en pied sur une partie des terres et des revenus de ce royaume. Ces officiers y ont leurs intendans ou leurs receveurs pour les retirer et qu'ils font tenir de là à leurs maistres ; le surplus des ventes de ce royaume est porté dans les coffres du Mogol. C'est peut estre une politique de ce prince d'establir les pensions qu'il donne à ses principaux officiers dans des provinces esloignées de celles où il les employe, pour les pouvoir arrester, lorsqu'ils s'écartent de leur devoir, par les ordres qu'il envoye aux gouverneurs des lieux.

Ces sommes sy considérables qui sortent de Bengale sont la cause de la disette d'argent que l'on y remarque ; les interests y sont à douze pour cent par an. Il est difficile de trouver à y emprunter, y ayant peu de gens riches. La Compagnie devoit à Ougly à nostre départ de ce comptoir en janvier 1698.

Ce n'est pas un deffaut, mesme aux principaux negotians, de prendre de l'argent à interest, il survient des occasions où leurs caisses ne sont pas toujours fournies, leur crédit n'en diminue pas par là, mais il en souffre lorsque l'on ne satisfait pas dans les termes, que l'on est obligé de payer; c'est ce qui a fait du tort à la Compagnie, ainsy que je l'ay remarqué à l'article de Surate et qui porte le mesme préjudice en Bengale, et à quoy il est important d'apporter du remède.

L'on envoya l'année dernière à la Compagnie des mémoires fort étendus des marchandises d'Europe, des sortes, et de la quantité qu'elle peut faire charger sur ses vaisseaux et qui sont de vente dans le royaume de Bengale. Le choix de toutes ces sortes est important, et il faut éviter autant que l'on pourra qu'il ne reste point de rebut dans les magazins, ce sont des fonds inutiles et qui y périssent à la fin.

Compagnie anglaise pour le commerce des Indes orientales. Bombay. — Je n'ay point de remarques à faire plus particulières sur l'estat présent du commerce de la compagnie dans les Indes. J'y reviendray dans la suite. Je passe à présent au commerce de la compagnie d'Angleterre et sur les lieux qu'elle possède dans les Indes.

Cette compagnie est en possession à la coste de l'Inde, de l'Isle et de la forteresse de Bombay, qui furent cédées par le roy de Portugal au roy Charles Second en faveur de son mariage avec l'infante de Portugal et que ce prince remit ensuite à la compagnie de ses sujets. Il n'y a point de commerce dans cette place; les revenus, que l'on en tire, proviennent des arbres palmistes dont l'Isle est presque toute remplye; les vivres y manquent, l'on les tire pour la subsistance des habitans et de la garnison de la forteresse des terres des Portugais qui en sont proche ; mais ce qu'il y a de meilleur est un très-bon port où les navires sont en sûreté en tout tems. Cette place fut assiégée par des troupes du Mogol dans les démeslés de cette compagnie contre ce prince, il y a dix ou douze ans ; elles furent forcées de se retirer par la résistance des Anglois, après avoir ruyné une partie des habitations de l'Isle.

Surate et autres établissemens. — L'établissement principal de la compagnie d'Angleterre à la coste de l'Inde est à Surate. J'y ay veu charger pour son compte dans une année jusqu'à dix vaisseaux remplis de diverses sortes de marchandises pour l'Europe; elle y est plus modérée à présent. Ce comptoir est toujours bien fourny de gens de commerce, pour mettre à la place de ceux qui viennent à manquer, dans les comptoirs de la dépendance. Elle a aussy des établissemens à la coste de Malabar pour le poivre qu'elle en tire et pour les autres commerces qu'elle y fait.

Cette compagnie avoit autrefois un comptoir considérable au Bander-Abassy dans le golfe Persique. Elle en tiroit de grands avantages, non-seulement du commerce qu'elle y faisoit, mais encore par la moitié des revenus de la douane de ce port, qui luy avoit esté cédée par le grand Cha-abas, roy de Perse, en reconnoissance du secours qu'il avoit receu des vaisseaux et des troupes de leur nation, qui avoient contribué notablement à la prise d'Ormus, sur les Portugais. Il y avoit un traité entre Cha-abas et les Anglois en veue de cet article, qui leur attribuoit la moitié de la douane, qu'ils devoient tenir une escadre dans le golfe Persique pour en empescher l'entrée aux corsaires, à quoy ayant manqué, ils ont perdu le droit qu'ils y avoient. Dans le tems que j'estois à Surate, ils en tiroient encore une somme mais très-modique, par rapport à ce qu'ils en touchoient autrefois. Je ne puis rien dire de l'estat où ils en sont à présent, mais leur commerce est beaucoup abattu en Perse.

Cette compagnie a deux beaux établissemens à la coste de Coromandel, Madraspatan ou le fort Saint-Georges, Teguenepatan et Goudelour ou le fort Saint-David. Il y a autour de soixante ans que cette nation est establie à la première de ces places; *elle n'a commencé pourtant à se faire considérable que depuis la ruyne de Saint-Thomé.* Teguenepatan apartient à cette compagnie de l'année 1690, qu'elle en traita avec Ram-Rajah, pour lors seigneur du pays; elle possède aussy des villages et des terres autour de ces places qu'elle y a acquises, mais qui luy sont contestées souvent par les Mores ; elle s'y maintient par la résistance qu'elle oppose aux courses qu'ils y font quelquefois ou par un accommodement avec les officiers du Mogol. Madraspatan est extrèmement peuplé et fait un grand commerce, l'on estime que cette compagnie en tire chaque année 50 ou 60 mille écus de droits.

Le commerce des Anglois de Surate et de la coste de Coromandel s'étend dans les deux parties de l'Inde. Les plus considérables pourtant sont à la Chine et aux Manilles. Ce dernier ne roule pas sous leur nom par les deffences du roy d'Espagne de n'en avoir aucun avec les nations d'Europe, à l'exception pourtant des Portugais qui y sont receus, ainsy que les marchands indiens et les Armeniens, dont il y a plusieurs establis à Madras et qui y font un commerce considérable. C'est sous le nom de ces nations que les Anglois envoyent aux Manilles; les officiers du roy d'Espagne de ces isles sont bien informez que cette nation a le principal intérest dans ce commerce. Ils ont mesme correspondance avec les officiers de Madras et des présens réciproques, chacun y trouve son compte : il y a de l'or dans les Manilles, le fort des retours de là est en pièces de huit, qui y sont apportées de la nouvelle Espagne et dans des années deux à trois millions de ces espèces sont sur un seul vaisseau. La compagnie d'Angleterre n'entre presque pas dans le commerce d'Inde en Inde. Tout roule pour le compte de ses officiers et des gens qui sont à son service dans les Indes ainsy que des habitans de diverses nations qui sont dans ces places, à qui elle le permet sans distinction.

Il n'y a point de nation qui ait fait passer dans les Indes des sommes aussy considérables que les Anglois. Il y a eu des années où l'on a compté à Madras jusqu'à quatre millions de livres en or et argent et je pourrois dire mesme quelque chose de plus, que les vaisseaux de cette compagnie y ont apporté, non pas à la vérité tout pour son compte. Une partie a été pour des marchands particuliers de Londres qui tiroient des diamans de Madras pour de grosses sommes. Ils y avoient leurs correspondans qui alloient aux mines, où ils traitoient de ces pierreries. Si l'on joint à ce que je marque, les envoys que cette compagnie faisoit dans les mesmes tems à Surate, où le commerce des diamans pour le particulier estoit aussy ouvert, son commerce de Bantam fort considérable pour lors, l'on jugera de là les sommes qui sortoient chaque année de l'Angleterre. L'on peut connoistre encore des envoys de cette nation pendant la guerre et des prises que l'on a faites des vaisseaux de cette compagnie et des particuliers *son attachement au commerce des Indes*, mais sans s'arrester au passé, il n'y a qu'à faire réflexion sur cette nouvelle compagnie qui s'est formée à Londres en 1698, et de ce fonds sy considérable que les intéressés se sont engagés de fournir.

Cette compagnie, je l'entends de l'ancienne, a encore une forteresse à Bancoul dans l'isle de Java d'où elle tire quantité de poivre. Elle a cet établissement depuis la prise de Bantam par les Hollandois, afin de suppléer par cette sorte d'épice qu'elle tire de Bancoul à celle qu'elle tiroit autrefois de Bantam, où elle estoit en grand crédit auprès du roy.

Compagnie Hollandaise. — Je passe à ce qui touche la compagnie d'Hollande à qui il semble pourtant que l'on pourroit luy donner un autre nom, par les estats qu'elle possède dans l'une et l'autre Inde et qui la rendent sy considérable. L'on sçait qu'elle a commencé à parvenir à ce point de grandeur par les guerres qu'elle a eues avec les Portugais dans le tems qu'ils estoient soumis à l'Espagne et encore depuis qu'ils se sont tirez de cette domination et remis sous l'obéissance des princes sortis du sang de leurs anciens roys. Elle a continué ensuite à s'étendre dans les guerres qu'elle a faites à divers peuples des Indes, et presque toujours dans la veue de s'approprier des places et des terres qui estoient à sa bienséance et qui accommodoient ses affaires; dans d'autres rencontres, animant des nations l'une contre l'autre pour les affoiblir, prenant un party lors qu'elle le trouvoit pour ses avantages[1]. Je pourois rapporter plusieurs exemples de ce que j'avance, et dont j'ay informé la compagnie par plusieurs mémoires, la répétition seroit inutile, ce sont des actions passées qui ne font rien au sujet dont je traite.

Places principales des Hollandais. — Les places les plus importantes dont la compagnie d'Hollande s'est emparée dans les Indes sont les isles des Épiceries, entre ces isles, Amboine, d'où elle tire le cloud de girofle, et Banda pour les muscades. Il y a beaucoup d'autres lieux dans la mer du Sud, où il croist du girofle et qui luy seroient apparemment de trop grande dépense en les conservant tous à elle; de tems en tems cette compagnie y envoye des vaisseaux et des gens pour ruyner les arbres qui y croissent et parce que l'on ne peut détruire entièrement par les racines des plants qui restent et qui repoussent, ou d'autres arbres qui croissent du fruit qui est tombé. Sa politique est de ne conserver de ces épices que ce qui luy est nécessaire pour ses envoys ordinaires en Europe et pour en fournir les Indes, sur le pied qu'elle s'est fixé pour les besoins de ces divers endroits, avec cette précaution de ne rendre pas ces épices trop communes qui en feroit baisser les prix. Elle donne toute son application afin qu'aucune nation de l'Europe ou des Indes ne puisse tirer particulièrement du cloud de girofle. C'est un crime capital parmy les gens qui sont à son service d'en faire commerce; elle n'est guère moins exacte à conserver la muscade et le macis, et de détruire de mesme le plant qui croist dans d'autres lieux que l'isle de Banda.

La mesme compagnie possède encore d'autres isles dans la mer du Sud. Les Célèbes ou Macassar, sont les plus célèbres. Elle tire aussy de bons soldats de ces isles, qu'elle fait

---

1. Les Espagnols appelaient la Hollande l'*Araignée des mers*. Voir *Fastes militaires des Indes orientales Néerlandaises*, par A. J. A. Gerlach, 1859.

dresser aux armes, qui luy servent dans les guerres qu'elle a contre les autres peuples de ces quartiers-là; elle en fait passer aussy, depuis quelques années, dans cette partie de l'Inde où nous sommes, aux lieux où elle en a besoin. Elle est en possession des lieux les plus considérables de l'isle de Java, où Batavia, la capitale de ses Estats des Indes, est située; c'est le séjour du général et du conseil. Depuis qu'elle s'est emparée des postes les plus considérables du nord de l'isle et de Bantam, dont elle s'est rendue maistresse en 1683, il ne paroist pas qu'elle ait plus rien à appréhender des peuples de cette isle, contre lesquels elle a eu souvent des guerres, mais encore elle en tire du costé du nord tout le riz et les bois de charpente pour toutes sortes d'ouvrages qui luy sont nécessaires, non-seulement à Batavia, mais pour envoyer dans ses places qui en ont besoin, et qu'elle faisoit venir autrefois d'ailleurs. Elle a aussy plusieurs forts en divers endroits de l'isle de Sumatra, d'où elle tire de l'or et une grande quantité de poivre. La possession de Batavia et de Bantam la rend maistresse du détroit de la Sonde ; Malacca, qu'elle tient aussy, du passage de ce nom, tous deux considérables pour l'entrée dans la mer du Sud. Elle avait formé, autrefois, des desseins sur les mines d'or dont j'ay parlé à l'article d'Achem. Il y a de l'apparence qu'elle a préveu les difficultez qu'elle trouveroit à pénétrer jusques-là, à cause de l'éloignement de ces mines dans les terres, les chemins impraticables et l'opposition des peuples du pays.

Comme elle a beaucoup de marchandises qui luy sont en propre et réservées seulement à cette compagnie, particulièrement les épiceries, outre celles qui luy sont communes avec les autres nations dont elle a fait un grand commerce, je croy pouvoir en parler dans ce discours, le meslant avec ce que je rapporte des lieux qui luy appartiennent. Elle a un comptoir considérable au Bander-Abassy, dans le golfe de Perse, et des gens à Ispahan, capitale du royaume de Perse, pour les affaires qui peuvent luy survenir à la cour ; elle y en a eu pendant plusieurs années d'importantes à démesler. Elle fait un grand commerce dans ce royaume par la quantité de diverses sortes de marchandises qu'elle fait passer sur des vaisseaux au Bander Abassy ; les retours ne sont considérables qu'en or et argent. La cour de Perse pour empescher la compagnie d'Hollande de retirer tout le provenu de ses ventes, en sequins et en abassis, monnoie d'argent du pays, l'a engagée de prendre chaque année une quantité de soye à un prix dont elle estoit convenue, mais très-onéreux pour elle; elle a tâché souvent, par diverses négociations, à revenir de ce traité; la cour de Perse a tenu toujours ferme. En l'année 1684, sur les avis donnez au conseil de Batavia par une personne qui avoit esté directeur en Perse, l'on fit partir de là une escadre de huit à dix vaisseaux de guerre, bien fournie d'équipages et de soldats, l'on y fit des hostilitez d'abord, l'on s'empara d'un fort dans une isle qui en est proche, l'on arresta les vaisseaux marchands chargez pour les ports de Perse. L'on ne s'émut point de ces mouvements à Ispahan, l'on laissa agir les Hollandois, prévoyant bien qu'ils se lasseroient et qu'ils seroient obligés de quitter. Il en arriva de mesme; il mourut nombre de gens des équipages et des soldats embarquez sur les vaisseaux. L'auteur de l'entreprise y mourut aussy. Ils abandonnèrent le fort qu'ils avoient pris, relâchèrent les vaisseaux qu'ils avoient arrestez, parlèrent ensuite d'accommodement; cependant les vaisseaux reprirent la route de Batavia. La cour de Perse les a fait languir plusieurs années; il y a eu, à la fin, de la diminution sur les soyes, mais peu considérable, par rapport à ce que cette compagnie avoit prétendu; le commerce s'est rétably par là.

Elle a un comptoir considérable à Surate et d'autres dans les terres qui relèvent de ce premier; son commerce y est plus considérable par les marchandises qu'elle y apporte, les épiceries et le cuivre du Japon qui sont les principales, que par celles qu'elle en retire : le surplus de ces retours est en roupies, monnoye du pays. Elle a estably en différens temps des comptoirs à Mocka, qu'elle a retirés de mesme; elle en rappela encore l'année dernière les gens qu'elle y avoit envoyez depuis deux ou trois ans.

Elle a plusieurs places et forts à la coste de Malabar : Cochin, la principale pour le poivre qu'elle en tire; les Portugais se récrient contre les Hollandois de retenir plusieurs de ces places, qu'ils soutiennent leur avoir esté enlevées après la paix arrestée entre les deux nations. La compagnie d'Hollande néglige beaucoup ces places à présent; il est vray aussy qu'il y en a plusieurs qui lui sont à charge.

L'isle de Ceylon vient ensuite; elle est en possession presque de toute la coste de l'isle, et ses places considérables sont Colombo, le séjour du gouverneur général de l'isle et des principales forces; il n'y a point de port, ce n'est qu'une plage ; Negombo, autre ville ; la Pointe de Galle où il y a un petit port que la mer forme ; la baye de Trinquemalaye où elle a un fort. Jaffenepatan est entre la terre ferme et l'isle Toutoucourain, à la terre ferme, celle-cy pour retirer les droits de la pescherie des perles ; outre ces places, elle a beaucoup de forts dans divers endroits autour des costes de l'isle de Ceylon, aux lieux qu'elle a jugés nécessaires, et des fortins ou des parcs à quelques lieues dans les terres, pour s'assurer la récolte de la canelle et la chasse des éléphans dont elle fait aussy commerce, et de l'arèque en quantité, qu'elle envoye à la coste de Coromandel et en Bengale.

L'on m'a assuré, suivant les ordres de cette compagnie, qu'il y doit avoir trois mille hommes de troupes réglées dans l'isle pour la conservation des places et des postes ; que l'on fait une reveue exacte dans les mois de may et juin ; que l'on donne avis à Batavia du nombre qui manque, d'où l'on y supplée de là. J'ay pourtant de la peine à croire que ce rapport soit juste à moins que l'on n'y comprenne les garnisons des places de la coste de Malabar. L'isle de Ceylon et les autres places de son Gouvernement sont à charge à cette compagnie, cependant elle les conserve pour empescher les autres nations de s'y establir, si elle les quittoit suivant les ordres de la mesme compagnie. Il n'y a que trois lieux dans l'isle de Ceylon où les étrangers peuvent faire commerce, Colombo, Pointe de Galle et Trinquemalaye. Ils ne seroient pas receus aux autres endroits. Jaffenepatan est un des bons postes d'autour de Ceylon pour les revenus que l'on en tire.

Cette compagnie a de petits établissements à la terre ferme de la coste de Maduré, d'où elle tire diverses sortes de toilles. Neguepatan, à la coste de Coromandel, le séjour du directeur qui a inspection sur tout le commerce de la coste. le sieur Van-rer, que les directeurs d'Hollande envoyèrent aux Indes en qualité de commissaire-général des années 1685, et 1686, y fit tracer une forteresse que l'on a esté six ou sept ans à mettre en sa perfection et que l'on estime avoir cousté à bâtir plus d'un million de livres : les Hollandois se sont fort récriez contre ce bastiment que l'on croit bien inutile en cet endroit. Le commerce est peu considérable de ce costé-là. Il y a plusieurs villages dans la terre à cette compagnie, ils luy font souvent des affaires avec le naïcque de Tanjaour, seigneur du pays, quelques fois mesme jusqu'à en venir aux mains ; les choses s'accommodent ensuite.

Elle a un comptoir à Tegenepatan, sur le terrain des Anglois qui retirent les droits du commerce qu'elle y fait, mais peu considérable à présent. Un comptoir à Sadraspatan, à quinze lieues nord de Pondichery, où elle continue son commerce ordinaire. Paliacate, où elle a une forteresse, estoit autrefois le séjour du directeur de la coste; elle y faisoit un commerce considérable. Depuis les révolutions arrivées en ces quartiers elle a négligé cette place; elle y tient encore vingt-cinq ou trente hommes pour marquer qu'elle n'abandonne pas entièrement le lieu. Quoyque le commerce, qu'elle faisoit autrefois au comptoir qu'elle a à Masulipatam, soit notablement diminué, elle ne laisse d'en tirer encore quantité de toiles et d'y avoir le débit des marchandises qu'elle y envoye. Ce retranchement de commerce vient des révolutions du royaume de Golconde, de la famine et de la peste qui a emporté une partie des peuples. Tout y est tombé par là et encore depuis que le Mogol s'en est emparé. Lorsque ce pays avec ses dépendances étoit sous son roy, la capitale estoit une des villes les plus peuplées de l'Inde ayant une cour superbe et un grand commerce. Les autres royaumes d'autour en tiroient ce dont ils avoient besoin, c'estoit une grande consommation de marchandises et de denrées : il n'y a guere d'apparence que ce royaume revienne en son premier estat. Les peuples de ces quartiers là espèrent pourtant de la mort du Mogol vivant, qu'ils ne croyent pas éloignée par le grand âge de ce prince. Ils pensent qu'il y aura des révolutions dans toutes les parties de ses grands Estats; divers partis, mesme des plus grands seigneurs de la cour, ont desjà des rêves sur diverses provinces pour s'y establir en souverains, et particulièrement sur le royaume de Golconde qui se remettroit sous un roy particulier, et qui avec le temps recouvreroit sa première grandeur.

La compagnie d'Hollande a encore quatre établissemens dans les terres de ce royaume, qui relèvent du comptoir de Masulipatam. Un des forts commerces de cette compagnie est dans le royaume de Bengale; son principal établissement est à Ougly, une petite lieue au-dessus du comptoir de la compagnie de France. Elle a d'autres établissements dans les lieux principaux des manufactures qui relèvent de ce premier comptoir; l'on a compté dans des années jusqu'à vingt-cinq vaisseaux et davantage, que cette compagnie a envoiés dans le Gange, qui en sortoient tous chargés de diverses sortes de marchandises, et de denrées, du riz, du bled, du beurre, des chairs salées, et, pour la provision de plusieurs de ses places. Depuis que cette compagnie s'est étendue dans l'isle de Java, d'où elle tire une partie des besoins, dont elle se fournissait au Bengalle, elle n'y envoye plus un sy grand nombre de vaisseaux : l'ordinaire est de quinze à seize, des années plus ou moins, mais qui retournent chargez presque tous de diverses sortes de marchandises. Il y a de ces marchandises pour son commerce de l'Inde à l'Inde, le plus fort pour ses envoys en Europe. Elle a aussy des établissemens à Siam et au Tonquin. Outre les épiceries fines dont elle en est seule la maistresse, elle est aussy seule en possession du commerce du Japon, qu'elle s'est attiré depuis que les Portugais et la chrestienté ont esté bannis de ce grand pays ; les Hollandois sont fort soupçonnés d'avoir contribué à y rendre la religion odieuse, mais comme cette conduite convient à leur intérêt, elle les porte encore à n'en faire profession d'aucune dans ce royaume. Ils se conservent par là ce commerce qui rend beaucoup. Cette compagnie empescha il y a quelques années les Anglois d'y être receus, en remontrant à la cour de Jedo que leur roy estoit allié des Portugais et qu'il estoit de leur mesme religion. La maxime en général de cette compagnie est d'envisager ce qui peut contribuer à sa grandeur et à affermir son autorité et son commerce dans les Indes ; elle donne dans tout ce qui luy peut servir à faire réussir ses desseins, sans aucuns égards qu'à ce qui luy convient.

Son gouvernement uniforme depuis tant d'années, la subordination qui y est pratiquée, les moindres fautes punies, tout cela contribue beaucoup à la faire subsister ; il faut avouer aussy que les gens qu'elle a à son service donnent toutes leurs applications à connoistre les avantages des lieux où ils sont employez, non-seulement à l'égard de ce qui touche le commerce, mais encore pour découvrir l'estat du pays, les revenus des princes, leurs forces, leur politique, afin de se servir de ces connoissances dans les occasions. On ne voit point cette application dans les autres nations, qui semblent ne se renfermer que dans ce qui touche leurs affaires de commerce. Elle n'est pas aimée des peuples qui luy sont soumis non-seulement par cette répugnance générale à tous d'estre forcez d'obéir à des étrangers sy contraires à leurs coustumes, mais encore par le gouvernement sévère où ils sont réduits, et les grands droits qu'ils sont obligez de payer. Il y a toutes les apparences, sy elle souffroit un grand échec dans l'Inde, que beaucoup de ces peuples se soulèveroient.

Elle n'a pas toute la confiance aux gens qu'elle a à son service ; soldats et matelots sont presque tous mécontens, mesme des officiers ; la désertion est ordinaire parmy eux ; l'on peut compter très-assurément dessus, dans une guerre ouverte. Il y a aussy beaucoup de catholiques entre eux et encore des habitans de ces places, connus sous le nom de gens libres. Ils souffrent d'estre privez de l'exercice de leur religion ; dans des conjonctures de révolutions aux affaires de cette compagnie, ils ne seroient pas pour elle.

A considérer l'estat de cette compagnie en général et de ses forces et les places qu'elle a aux Indes, l'on avouera qu'elle est très-puissante, mais sy l'on s'attache à la parcourir en détail, ses Estats séparez les uns des autres par des étendues de mer, ses forces répandues en divers lieux, l'on en fera un jugement moins avantageux. Il ne serait pas difficile dans un commencement de guerre d'enlever quelques-unes de ses places de celles qu'elle tient aux costes de Malabar et de Coromandel, mesme Malaca ; ses forces estant séparées, il luy faut non-seulement du temps pour les joindre, mais encore elle ne pourroit les faire passer aux lieux, où elles seroient nécessaires, jusqu'à estre informée des endroits où ses ennemis l'attaqueroient, tout cela demande du temps.

J'ay remarqué dans des mémoires que j'ay envoyez en France, dans une entreprise que l'on auroit formée aux Indes et dans l'envoy d'une forte escadre qu'il faudroit s'attacher d'abord à chercher les occasions de battre cette compagnie en mer ; ses plus grandes forces sur cet élément sont à Batavia, à la coste de Ceylon ou à celle des Malabares et quelques vaisseaux à Malaca. Sy l'on donne le temps à toutes ses forces de se joindre et qu'elles tombassent sur une escadre, à moins qu'elle ne fust extrêmement forte, l'on y succomberoit. Le party, ce semble, qu'il y auroit à prendre seroit de chercher d'abord en arrivant dans les Indes une de ses escadres de Batavia ou de Ceylon, et la détruisant, à quoy il faudroit s'attacher et de la ruyner entièrement, l'on seroit par là maistre de la mer et en estat de prendre des mesures plus justes pour les entreprises que l'on jugeroit les plus convenables et les pousser avec vigueur. J'ay déjà remarqué que les Isles des Épiceries, particulièrement pour le girofle et la muscade sont les lieux les plus importants de ce que cette compagnie possède dans les Indes. Il est très-difficile de la tirer de là, c'est le centre de ses forces. L'on m'a assuré, estant à Batavia, que, prenant depuis Bantam, tournant par la capitale, rangeant ensuite la coste du nord de Java, où elle a plusieurs places et forts et y joignant les troupes qu'elle avoit dans les isles, qu'elle pouvoit faire un corps de huit mille hommes. Je ne donne pas toute créance à ce rapport, mais il est très-assuré que c'est de ces costez-là, où sont ses principalles forces. Elle tient, ainsy que je l'ay remarqué, les places et les lieux plus importants du costé du nord de l'isle de Java; elle est obligée aussy d'y entretenir de grosses garnisons : les peuples du dedans de l'isle ne sont pas soumis, ils sont toujours prests à embrasser les occasions favorables à donner sur les Hollandois. Cette compagnie emploie utilement contre ces peuples les Boughis et les Macassars qu'elle a à son service et qu'elle met toujours à la teste des Européens dans les rencontres d'en venir aux mains. Deux raisons sont pour elle dans le secours qu'elle en reçoit : les Macassars et les Boughis sont beaucoup meilleurs soldats que les Javans, et encore, comme il y a ordinairement de la jalousie entre les peuples voisins les uns des autres, elle a passé jusqu'à la hayne entre ces deux nations et est presque irréconciliable de la part des Javans contre les Macassars, de les voir au service des Hollandois contre eux. Le coup le plus terrible qui pourroit arriver à la compagnie d'Hollande, seroit de luy enlever Batavia; l'on seroit les maistres, après, de ce qu'elle a de meilleur dans les Indes[1]. Cette entreprise demanderoit de grandes réflexions avant de s'y engager, et des forces très-considérables pour l'entreprendre, outre que les estats des Provinces-Unies sont trop intéressez à conserver cette compagnie, et l'on ne doute pas qu'ils ne risquassent tout pour en empescher la ruyne. Il n'y a guère que le manquement de secours de Hollande qui puisse l'affoiblir dans les Indes, et donner de l'avantage sur elle à ses ennemis : la prise de quelques places aux costes de Ceylon ou de Malabar ne luy seroient pas de grande importance; conservant ses épiceries et son commerce du Japon, elle seroit toujours puissante; l'on luy feroit beaucoup plus de tort en luy pre-

---

1. Les Anglais s'emparèrent de cette ville en 1811, et ne la rendirent aux Hollandais qu'en août 1816.

nant Malaca[1], quoyque ce ne soit pas une ville de commerce à présent. Il seroit aisé à une autre nation qui en seroit en possession de l'attirer, ainsy qu'il a esté autrefois, mais c'est que Malaca est dans une situation d'où l'on pourroit prendre des mesures, avec le temps, à former des entreprises sur les isles du sud, lorsque l'on trouveroit des occasions favorables. Je ne puis pourtant m'empescher de revenir à ce que j'ay rapporté, qu'une escadre considérable de cette compagnie battue et ruynée dans les Indes porteroit un grand coup à ses affaires. Des forces paroissant ensuite devant Batavia, y jetteroient une grande consternation, et l'on pourroit se promettre beaucoup de tant de mécontens qui sont dans cette capitale.

Je ne dis rien de l'établissement de cette compagnie au cap de Bonne-Espérance : l'on est bien informé de son importance et du mal qu'elle en souffriroit, sy elle le perdoit[2].

Rivalité des compagnies. — Il y auroit un moïen de la traverser dans son commerce des Indes pendant un temps de guerre, en donnant permission aux armateurs françois d'y passer et d'y venir faire la course ; des frégates de 30 à 36 pièces, bonnes de voile, bien armées et sous des officiers expérimentez la dérangeroient beaucoup. Il manque, à la vérité, un lieu de retraite aux vaisseaux et pour faire les réparations nécessaires et les fournir de vivres et des autres besoins, c'est en quoy le port de Merguy seroit commode[3].

Je ne puis rien dire de plus particulier de cette compagnie; l'on connoît assez bien en France les avantages que les intéressez en retirent, mais encore tout l'estat entier, ce qui le portera toujours à la maintenir de ses forces.

La compagnie de France, quoyque fort limitée dans son commerce, ne laisse pas de donner beaucoup de jalousie à la compagnie d'Hollande : elle en appréhende la suite. Il peut arriver des révolutions dans les affaires des estats en Eu-

---

1. Les Anglais y tiennent garnison maintenant.
2. Cette colonie, rendue aux Hollandois à la paix d'Amiens, par les Anglais qui s'en étaient emparés le 16 septembre 1795, est de nouveau tombée en leur pouvoir en janvier 1806. Le traité de Vienne leur a permis, en 1815, de conserver cette position, d'où ils gardent l'entrée de la mer des Indes, comme de Malaca ils gardent celle des mers de Chine et de l'extrême Orient.
3. Les corsaires de la République et de l'Empire, ayant l'Ile-de-France pour refuge, réalisèrent avec éclat cette pensée.

rope qui porteroient leurs coups jusques aux Indes, et y ayant des forces, pour lors l'on la pousseroit loin.

Il y a une furieuse jalousie entre les compagnies d'Angleterre et d'Hollande ; celle-là a de forts sujets de plaintes contre l'autre, et avec justice : elle en a esté chassée de beaucoup d'endroits des Indes, où elle estoit establie : l'on luy retient l'isle de Pouleron, proche l'isle de Banda, où il croît de la muscade ; mais encore la prise de Bantam luy cause un préjudice notable ; elle y faisoit un grand commerce du temps qu'elle estoit sous son roy : cette compagnie en estoit considérée et y chargeoit chaque année plusieurs navires de poivre. L'on est bien informé en Europe des poursuites de cette compagnie contre celle d'Hollande pour estre dédommagée des pertes qu'elle a souffertes de la prise de cette place ; le bruit est répandu dans les Indes qu'elle renouvelle ses prétentions depuis la paix de Ryswick. La compagnie d'Hollande est aussy alarmée de cette nouvelle compagnie qui s'est formée à Londres, et du gros fonds que les intéressez se sont obligez d'y fournir. Elle ne la croit pas destinée seulement pour le commerce, mais encore pour tenter quelque entreprise considérable ; l'on en peut estre informé en France mieux que nous ne pouvons l'estre icy.

La compagnie de France, dans un temps de paix, qui règne heureusement à présent, n'a guère de party à prendre que celuy d'améliorer son commerce à Surate, à la coste de Coromandel et en Bengale, et cela par des envoys plus forts que ceux qu'elle a faits jusqu'à présent, et tâcher de fournir la France des marchandises des Indes qu'elle est en pouvoir de tirer de ces trois établissements principaux, afin d'arrester les marchands François dans leur pays et qu'ils ne soient pas obligez de passer en Angleterre et en Hollande pour en tirer ce qui manque aux cargaisons de la compagnie pour les besoins du royaume, à l'exception du poivre (et l'on peut ménager de cette épice avec le temps). La compagnie de France est en possession d'assortir les retours des Indes des mesmes marchandises, que la compagnie d'Angleterre forme les siens. Il n'y a que les fonds qui diffèrent notablement de l'une à l'autre ; ce n'est que par là qu'elle tirera des avantages considérables du commerce, mais encore le commerce des Anglois et des Hollandois en souffriroit, n'ayant plus le débit en France de tant de sortes de marchandises des Indes que les François tirent de chez eux.

Commerce d'Inde en Inde. — Les commerces de l'Inde à l'Inde ne sont pas toujours des profits assurez; lorsque l'on a des fonds en caisse l'on s'en doit remettre aux personnes qui sont à la teste des affaires sur les lieux, et à eux de se servir des conjonctures et des occasions favorables.

Chine. — Le commerce le plus assuré est celuy de la Chine; il est ouvert aux François; le fort des envoys dans ce grand empire doit estre en pièces de huit.

Siam. — Je ne rapporteray pas ce qui a esté desjà écrit pour Merguy. Il n'y a personne qui ne convienne que c'est un poste très-considérable et important pour la compagnie; nous attendons des lettres de M. l'évesque de Sura [1] de ce qu'il aura représenté à la cour de Siam, pour la porter de bonne volonté à permettre de s'établir et de se fortifier dans ce fort. Ce seroit beaucoup de pouvoir obtenir cette permission, pour éviter les dépenses de l'envoy d'une escadre, si l'on est forcé d'en venir à des voyes de fait.

Je ne puis m'empescher de rapporter ce qui me fut dit dans une conversation avec une personne des premières de la compagnie d'Hollande; ce fut sur l'estat présent de la compagnie de France : que c'estoit une espèce de honte pour elle, estant soutenue par un grand roy, de s'estre sy peu avancée, non pas mesme pour un établissement solide, et de retraite dans les Indes; j'y répondis en riant qu'ils avoient tout pris pour eux et qu'ils ne nous avoient rien laissé; l'on répliqua là-dessus qu'il ne manquoit pas d'endroits où l'on pouvoit se placer, et avec le temps qu'il survenoit des occasions favorables où l'on pourroit passer plus loing, mais qu'il falloit commencer par s'affermir dans un poste et se mettre en estat de profiter des changemens qui peuvent arriver. L'entretien roula longtemps sur cette matière et sur la foiblesse du commerce de la compagnie.

A parler en général des sentimens des princes Indiens Mores et Gentils et des peuples sur les nations d'Europe

---

1. Louis de Quemener, évêque de Sura, parti pour les missions en mars 1682; envoyé plus tard procureur à Rome, mort à Choa-tcheou (Canton) en 1704. — (Liste des mess. du sém. des miss. étrangères, par Jacques Roger, 1839.) A son passage à Pondichéry, ce prélat avait acquis sur la grande place un terrain de 60 toises de long sur 45 de large, afin d'y élever des bâtiments et en faire une espèce d'entrepôt pour les missionnaires qu'il devait être nécessaire de répartir de Pondichéry sur les divers lieux de la mer des Indes.

establies chez eux, il en est de mesme que dans tous les autres lieux du monde, où l'on les considère suivant leurs forces et les avantages qu'elles apportent dans le pays.

Les Portugais, quoyque très-affoiblis et dans un gouvernement languissant, ne laissent pas de conserver un reste de réputation et la maintenir par les places qu'ils possèdent encore. Les Anglois, qui ont fait depuis très-longtemps un gros commerce, ont esté toujours aimez des marchands et du reste du peuple, qui trouvent leur compte avec eux. La considération, que l'on avoit pour eux à la cour du Mogol, a beaucoup diminué par les guerres qu'ils ont eues contre ce prince, et depuis encore par l'enlèvement de tant de vaisseaux de négocians de Surate, et d'ailleurs par les flibustiers de cette nation. L'on est informé en France des particularitez des courses de ces corsaires.

Les Hollandois y sont non-seulement considérez par leurs grandes forces ; ils y donnent de la jalousie aux puissances, ainsy que je l'ay desjà remarqué. Le gros commerce qu'ils font leur donne un grand crédit parmy les peuples.

A l'égard des François, ils y sont estimez par rapport à leurs personnes. Les puissances, particulièrement le roy de Perse et le Mogol, sont bien informez de l'estat de la France, de la grandeur et de la puissance du Roy ; cependant la foiblesse du commerce de la compagnie, des deux ou trois années sans voir paroistre de ses vaisseaux, toujours engagée et pressée souvent par ses créanciers pour estre paiez ; l'on peut tirer des conséquences de là de l'estime que l'on en peut avoir. C'est en fortifiant ce commerce par de forts envoys, des retours de mesme et réglez chaque année, qu'elle peut establir sa réputation parmy les Indiens. Il luy sera pourtant difficile de l'estendre, autant qu'il seroit à souhaiter, autrement que par des établissemens solides et quelques places bien fortifiées qui luy donneroient un gros relief parmy ces peuples. J'envoie un mémoire dont j'ay remis copie sur le vaisseau du roy, *la Zeelande*, où il est parlé de Caranja et de Diu, deux places des Portugais de la côte de l'Inde, Diu au nord de Surate et Carenja au sud.

Le Mogol, les Marates et le roi de Perse. — Le Mogol possède à présent presque toute cette partie de l'Inde, que les géographes renferment entre l'Indus et le Gange. Depuis que ce prince s'est emparé des royaumes de Visiapour et de Golconde, il n'y a point de puissance qui puisse tenir compte de ses forces, il y a plusieurs Rajas gentils des tributaires, particulièrement du costé de l'Indoustan, qui tiennent de grands pays et qui ont de bonnes troupes sur pied, particulièrement des Rajepoutes, leurs sujets, cavalerie et infanterie, estimez les meilleurs soldats des Indes. L'on peut dire à l'égard des Gentils dans cette partie de l'Inde ce que l'on rapporte des Chinois à l'égard des Tartares dans la Chine : qu'un nombre infiny de peuples fléchissent sous la domination d'une poignée d'étrangers par rapport à ce qu'ils sont. Il est sans doute, sy les Gentils pouvoient s'accorder entre eux et s'unir, qu'ils pourroient chasser les Mahométans de cette partie de l'Inde ; mais tous ces petits princes sont encore plus jaloux les uns des autres qu'ils ne le sont de la puissance du Mogol. Nous en avons des exemples de ces costez : quatre ou cinq Rajas ou princes Gentils, qui y ont chacun des étendues de pays, sont presque toujours en guerre, les uns contre les autres, et cependant leur ennemy commun est à leurs portes.

Quoy que la puissance du Mogol soit extrêmement étendue par les grands Estats qu'il possède, de bons pays presque partout, par les plus belles manufactures qui sont recherchées de toutes les autres parties du monde, qui y envoyent leur or et leur argent pour les en tirer, je puis dire pourtant que l'on s'est peut estre formé une idée en France de la grandeur de ce prince au delà de ce qui en est. Il y a dans ce grand pays nombre de Rajas, forts par la situation des lieux où ils sont retirez, qui font des courses partout, enlèvent les caravanes, pillent les marchands et font contribuer jusqu'aux portes des villes principales ; nous en avons veu des exemples à Surate, où les Gratias (ce sont des Gentils d'autour de Diu) vinrent mettre le feu à des maisons dans les faubourgs de cette ville, sur le refus de leur payer contribution ; tout le plat pays y est soumis, les villes les plus considérables, les plus riches, et les mieux peuplées y sont exposées. Ces désordres passent jusqu'à Agra, où les peuples d'autour de cette ville capitale, sont entrez dedans en plein jour, le Mogol y estant, pillèrent impunément et se retirèrent ensuite. Il y a des provinces, et l'on pourroit dire presque de toutes les parties de ces grands Estats, dont les habitans sont volleurs de profession. J'en pourrois rapporter plusieurs exemples. Entre tous ces peuples qui désolent le pays, les Marates y causent le plus de désordres, ce sont des anciens sujets du deffunt Raja Sivagy ; leur pays est autour de Goa ; l'on assure que ces peuples peuvent mettre sur pied jusqu'à soixante mille chevaux, et beaucoup de personnes qui disent les bien connoistre passent beaucoup au delà. L'on les peut mettre en parallèle avec les Tartares : ils marchent sans bagages, sobres, se contentent souvent d'une galette faite de farine de riz, font de grandes journées et surprennent leurs ennemis par cette diligence ; leurs courses ont lieu dans les royaumes de Decan, de Visiapour, de Golconde, du Carnate et dans les autres parties des Estats du Mogol, où ils pillent tout ce qui refuse de leur payer contribution. Ces peuples reconnoissent Ram Raja, fils de feu Sivagy Raja, qui s'est retiré dans son ancien héritage, depuis que les troupes du Mogol ont enlevé Gingy, l'on soupçonne des principaux seigneurs de la cour de ce prince d'avoir intelligence avec Ram Raja pour en tirer du secours des Marates, dans les veues qu'ils ont de s'establir en souverains, dans quelques parties de ces grands Estats après la mort du Mogol.

Ce prince a quatre fils dont il voit jusqu'à la quatrième génération dans son aisné. Celuy cy et le second ont des gouvernemens et chacun est à la teste d'une armée ; le troisième est retiré en Perse pour se mettre à couvert de l'indignation de son père, contre qui il se souleva, il y a seize à dix-sept ans. Le quatrième est à la cour, mais en moindre considération que ses frères. Ces princes ont leurs partis faits. Le roy de Perse à ce que l'on assure, a promis un puissant secours à celuy qui s'est retiré à sa cour après la mort du Mogol, pour entrer dans le pays. Il est assuré particulièrement des Rajepoutes : la mère de ce prince estoit fille d'un seigneur de cette nation. L'on peut juger des révolutions qui arriveront dans tous ces grands Estats par les guerres de ces princes les uns contre les autres à disputer une sy belle succession, joint encore aux principaux seigneurs que l'on soupçonne d'avoir formé des desseins sur plusieurs provinces [1].

Le roi de Perse et le Mogol sont ennemis, par le voisinage de leurs Estats, mais encore par le point de religion. Ils suivent tous deux celle de Mahomet, cependant ils se traitent réciproquement d'hérétiques.

---

1. L'anarchie qui en devait résulter et l'affaiblissement du Mogol furent l'origine de notre courte puissance et devinrent celle de la domination définitive de l'Angleterre.

Le roi de Perse suit la traduction ou l'explication de l'alcoran faite par Aly, l'un des quatre disciples de cet imposteur. Le Mogol suit la tradition ou l'explication d'Omar, qui en est aussy un. Il y a pourtant plusieurs années qu'ils entretiennent l'intelligence ensemble. Le Mogol a presque toujours eu des guerres depuis qu'il est monté sur le throsne ; les roys de Perse, à ce que l'on rapporte, se sont jetez dans la mollesse, arrestez à leur sérail parmy les femmes et le vin. Il y a peut estre eu d'autres raisons de politique qui ont contribué à entretenir cette intelligence. Il passe quantité de Persiens dans les Indes et qui y font presque tous fortune, mesme à parvenir jusqu'aux premières charges. Ils sont plus polis que les Indiens, ont un abord agréable et attrayant, mais pourtant avec leurs veues pour parvenir à leurs fins.

Les Patanes, ce sont des peuples au nord des Estats du Mogol, font aussy leurs affaires dans les Indes. Quelques uns parviennent aux premières charges ; il y a des corps considérables de cavalerie de cette nation qui sont au service, des Tartares aussy et plusieurs corps de Rajepoutes, cavalerie et infanterie.

Les revenus du Mogol seroient considérables, joint encore qu'il se rend héritier des principaux seigneurs, jusqu'aux moindres officiers qui meurent à son service. Il en fait telle part qui luy plaist aux enfans et aux autres parens des deffunts. L'on ne peut tenir à estre juste ny parler avec assurance de ses revenus ; l'on a dit que deffunt Chagelan, son père, tiroit vingt-six coros de ses Estats, chaque coro de cent lacs et chacun lac de cent mille roupies de 30 sous pièce. La paix régnoit pour lors dans ces grandes provinces, c'estoit un gouvernement populaire, aymé de ses sujets. Le pays estant ruiné depuis par les guerres et les courses des partis que j'ay remarquez, l'on ne fait à présent les revenus du Mogol que de seize à dix-sept coros ; ils devroient pourtant estre extrêmement augmentez par le gisia qu'il a establi dans ses Estats sur tous les peuples à l'exception des Mahometans. Ce *gisia* à l'exemple du *carage* en Turquie, doit rapporter des sommes très-considérables par la multitude des peuples dont ses grands estats sont remplis et dont les Mahométans ne font qu'un petit nombre ; cependant ce prince a paru manquer de finances dans des occasions. Lorsqu'il commença la guerre dans le royaume de Visiapour, j'estois pour lors à Surate ; l'on fit partir de là une partie des gens qui travailloient à la monnoye que l'on fit passer à l'armée, où l'on disoit qu'il manquoit d'argent pour le payement des troupes, que l'on avoit tiré les ornemens d'or et d'argent, des éléphans, et des chevaux des escuries de ce prince appliquez sur leurs harnois pour en battre des roupies d'or et d'argent, à quoy les ouvriers que l'on envoya de Surate furent employez. Cependant dans le mesme tems il luy vint deux successions considérables, l'une de sa sœur, l'autre de Méhémet Amicam, gouverneur d'Amadabat et du royaume de Guzerate qui laissa des richesses immenses.

Le Mogol est extrêmement attaché à sa religion; l'on ne croit pas qu'il y ait de la politique, mais que c'est une dévotion solide. Il est ennemy outré des Chrestiens et des Gentils; il a fait abattre les pagodes de ceux-cy dans toute l'étendue de ses Estats. C'est un des grands princes qui aient remply le throsne depuis Tamerlan.

La mort de son père, soupçonnée par quelques-uns de poison, celle de l'aisné de ses fils, de ses frères, de ses neveux et de tant de personnes considérables, par le fer et encore par le poison, sont des suites de ces maximes sanguinaires de la politique des princes mahométans, qui n'épargnent pas ce qui devroit leur estre de plus vénérable, ny leurs plus proches pour affermir leur règne.

Le Mogol prend beaucoup de part aux affaires des Turcs. Il entretient grande intelligence avec la Porte. Deux raisons y portent apparemment ce prince, l'une, que le grand seigneur suit aussy pour l'intelligence de l'Alcoran la tradition et l'explication d'Omar, l'autre, qui paroist la plus importante afin de mettre les Turcs dans ses interests et, en cas de guerre contre le roy de Perse de les engager à faire diversion de leur costé, en portant leurs armes dans les Estats de ce prince.

Les Gentils. — Les Gentils, ainsi que je l'ay remarqué, sont répandus dans toute l'Inde dont ils sont les premiers habitans; dans plusieurs endroits, ils ont leurs Rajas ou leurs princes, beaucoup d'entre eux tributaires du Mogol; d'autres, forts par la situation des lieux, y maintiennent leur indépendance. J'ay parlé des courses de ces peuples dans toute cette partie de l'Inde; leurs mœurs sont assez différentes par la diversité de leurs castes ou tribus, il y en a entre eux, ainsy que sont les Bramens, les Banians et d'autres, qui ne mangent rien de ce qui a eu vye, et presque tous croient à la métempsycose, attachez à leurs intérests ainsy que sont tous les Asiatiques, beaucoup d'esprit et particulièrement sur ce point. C'est une remarque à faire, quoy que les Mores soyent les maistres du pays : les Gentils sont pourtant employez dans les affaires principalles d'Estat et du gouvernement. Ce sont les donneurs d'avis et qui ouvrent les moiens de tirer l'argent des peuples, dans l'Indostan les Indous, dans le Guzerate, les Banians ; l'on ne peut faire aucune affaire à Surate qu'il n'y intervienne un homme de cette tribu. Les Bramens ont esté meslez bien avant dans les gouvernements des royaumes de Visiapour et de Golconde, particulièrement dans celuy-cy, dont ils ont esté les principaux ministres et où ils ont aussy perdu l'Estat. Chez les princes gentils, les Bramens sont à la teste des affaires de la religion dont ils sont aussy les ministres et de mesme dans celles du gouvernement. C'est dans cette tribu que les sciences sont renfermées ; ils ont des connoissances de l'astrologie et sont assez justes aux prédictions des éclipses du soleil et de la lune ; ils ne parlent que superficiellement des autres sciences. Il y a de l'apparence qu'ils descendent des anciens Bramens ou Braahmines dont les historiens font mention, mais ils ont bien dégénéré de ce que les livres rapportent de ces premiers. Il seroit encore plus difficile de s'étendre sur leur religion que sur leurs mœurs, puis qu'ils n'en conviennent pas mesme entr'eux. C'est une espèce de chaos ; des sentimens différens d'une province à l'autre, des histoires de leurs Dieux, de leurs turpitudes, mais avec des circonstances à donner de l'horreur par les impuretés et les lascivetés qu'ils en rapportent. Plusieurs de leurs pagodes mesme sont remplies en dedans et en dehors d'ouvrages de stuc ou de reliefs de ces infâmes postures qui représentent les actions. Les peuples sont sans instruction. Leur religion ne consiste presque qu'en bastimens de leurs pagodes, dont il y a eu et il y en a encore en divers lieux de superbes en pied, où les Gentils sont les maistres ; ce sont des masses de bastimens peu éclairez en dedans, particulièrement le lieu où est renfermé la principale idole, à qui la pagode est dédiée. Il n'y entre du jour que par la porte ; on y sent l'odeur de l'huisle des lampes et des chauves souris, qui se retirent dans ces lieux obscurs ; les pagodes sont servies par des Bramens et par une troupe de femmes prostituées, qui chantent les louanges de leurs prétendues divinitez. Outre les jours qui y sont dédiez, il y a des festes particulières de pagodes, chaque année, qui durent plusieurs jours, où les peuples s'assemblent et font des charitez chacun suivant sa dévotion ou son pouvoir. Ils y sont invitez par les Bramens qui en profitent. Ils ont leurs lieux de pélerinage a l'exemple des autres religions. Ils ont aussy des lieux privilégiez et des endroits où en se baignant ou beuvant de ces eaux, ils croyent que tous leurs péchez leur sont pardonnez; le Gange l'emporte sur tous. C'est particulièrement aux éclipses du soleil et de la lune où les Gentils voisins des bords de la mer, mesme ceux qui en sont éloignez de quinze à vingt lieues, y viennent en foule. Ils s'y baignent particulièrement lorsque ces astres sont éclipsez. Ils en sortent avec cette assurance d'estre purgez des crimes et des peschez qu'ils ont commis, sans restitution ny satisfaction. Il n'y a point d'hospitaux parmy ces peuples pour y recevoir et traiter les malades ou infirmes; cependant il y en a un public à Surate, qui y fut estably, du temps que j'y estois, pour y recevoir toutes sortes d'espèces d'animaux estropiez, quelques-uns qu'ils honorent d'un culte particulier, la vache, le singe, un oiseau de proye dont ils font l'aigle de leurs dieux, à l'exemple de celuy de Jupiter, la couleuvre capel, serpent des plus dangereux. Les Bramens et les Banians et les autres tribus les plus rigides dans leur religion, ne tuent, ny vermines ny insectes quoiqu'ils en soient incommodez. L'on pourroit rapporter plusieurs contes estranges mais véritables sur ces articles. Leurs plus grandes charitez pour le peuple à la coste de Coromandel sont à l'égard des voyageurs. Il y a des lieux que des particuliers ont fondez, où l'on donne à boire de l'eau cuite avec du riz ou d'une sorte de pois; outre que cette eau désaltère, elle est nourrissante; ces lieux sont establis particulièrement où l'eau est rare; dans les tems de sécheresse, ces fondations sont très-commodes. Il faudroit remplir un livre entier à rapporter toutes leurs superstitions. Ils n'entreprennent jamais aucune affaire, de quelque nature qu'elle puisse estre, qu'ils n'ayent consulté leurs Bramens pour le choix des jours et des heures, et quoy qu'ils y soient trompez souvent, ils n'en reviennent pas. L'on ne résiste plus en France de donner créance à ce que l'on rapporte des femmes qui se jettent dans un feu après la mort de leurs maris. Il y en a eu à Pondichéry, et un peu avant nostre sortie de Bengale, il y en eut une qui se lança volontairement dans un bûcher aux portes de la loge. C'est quelque chose de surprenant que la fermeté que l'on a remarquée dans quelques-unes de ces femmes et que leurs raisonnemens, lorsque l'on a tâché de les divertir de cette affreuse mort. L'on est pourtant un peu revenu à présent dans les Indes de cette barbare coustume, mesme dans les estats des princes gentils, où ces exemples ne sont pas si ordinaires qu'ils ont esté autrefois. C'est encore quelque chose d'étonnant que la fermeté des tribus à soutenir les avantages et les priviléges qu'elles ont les unes sur les autres, à l'égard de leur rangs, de leurs cérémonies dans des actions publiques d'assemblées, de mariages, de morts, sans souffrir qu'aucune d'elles anticipe au-delà de ce qui leur est permis par des ordonnances et des traditions apparemment de plusieurs siècles. C'est une union générale des tribus, intéressées à ce qu'une autre voudroit innover contre les anciennes coutumes, jusqu'à en venir à des voyes de fait. L'on pourroit en rapporter plusieurs exemples pour ce qu'il en arrive fort souvent. Les Mahométans mesme sous qui les Gentils sont sujets, sont forcez de laisser agir ces peuples dans les démeslez qui arrivent entr'eux suivant leurs lois.

Je suis avec un profond respect, Monseigneur,
De Vostre Grandeur le très-humble, très-obéissant et très-soumis serviteur.

MARTIN.

A Pondichéry, le 15 février 1700.

LES RELATIONS DE LA FRANCE
AVEC LE ROYAUME DE SIAM

AVANT LES AMBASSADES DE 1684 ET DE 1685.

L'ambassade du roi de Siam, dont les envoyés viennent de quitter la France (sept. 1861), a fait faire aux esprits un retour sur celles qui eurent lieu sous Louis XIV [1]. Mais personne n'a rapporté les relations antérieures de nos Français avec cet État; aussi avons-nous demandé aux documents de nos archives de combler une lacune, qui laissait place à l'erreur.

La religion a été de tout temps notre introductrice dans l'Orient, et quoiqu'il se soit trouvé, sous Louis XIV même, des agents de la Compagnie des Indes [2], pour établir qu'il fallait mettre les intérêts religieux de côté, comme un obstacle à notre commerce avec les peuples infidèles, la France n'a jamais cessé, sous ce règne surtout, de s'en faire le soutien, dans la pensée que le plus puissant des intérêts était celui de la civilisation, dont l'Évangile est la première loi, et que le moyen de rapprocher les peuples, c'est de les attirer d'abord aux mêmes principes. La politique et la religion se sont ainsi prêté un appui mutuel.

Ce fut vers 1658, qu'à la sollicitation du R. P. Alexandre de

---

1. 1684. « Envoyés de Siam à Versailles, ces ambassadeurs eurent audience de M. de Seignelai et de M. de Croissy et ils virent le roi dans la galerie, le 27 de novembre, comme il alloit à la messe; mais ils n'eurent point d'audience. Le roi de Siam en avoit envoyé d'autres en 1680, qui avoient péri sur mer. Le chevalier de Chaumont fut envoyé, au commencement de l'année suivante, en qualité d'ambassadeur, vers le roi de Siam. L'abbé de Choisi l'y accompagna et eut aussi les patentes d'ambassadeur. On connoît la relation qu'il a faite de ce voyage. » (*Histoire de France* du président Hénault.)

2. Lettre de Roques, datée de Brodera, lue le 10 janvier 1682.

Rhodes, originaire d'Avignon, les évêques d'Héliopolis, de Béryte et de Métellopolis, tous trois Français, envoyés sous le titre de vicaires apostoliques, entreprirent de commencer les missions de Chine, de Cochinchine, du Tonquin et du royaume de Siam.

Mgr d'Héliopolis était de Tours, où il était chanoine de Saint-Martin, il se nommait François Pallu; le nom de Mgr de Béryte était Pierre Lambert, il était de Rouen, où il avait une charge à la Cour des comptes de Normandie[1]; enfin le troisième, Mgr Ignace Cotolendy, était de Provence, et avait un bénéfice à Aix.

Cette entreprise, qui devait rencontrer de si grandes difficultés de la part des infidèles et de la rivalité des évêques portugais, avait commencé par éprouver de grandes résistances à Rome; mais, grâce aux avis de Mgr de Béryte, les obstacles furent levés et la première forme fut donnée à ce grand établissement, dans lequel messeigneurs Pallu et Lambert devaient s'attirer, par leurs travaux, la vénération du monde chrétien.

La première victoire qu'ils remportèrent à Rome rendit plus tard inutiles les protestations des Portugais auprès de Clément IX[2] et de son successeur, Clément X[3], contre la nomination des Français pour évêques dans l'Orient. Les choses cependant allèrent si loin, que l'ambassadeur de Portugal, lors de l'élection du second de ces papes, eut ordre de lui déclarer que son nonce ne serait reçu en Portugal qu'après la révocation de nos évêques. Dans ses plaintes, la cour de Lisbonne invoquait encore la bulle d'Alexandre VI, qui avait partagé les Indes entre l'Espagne et le Portugal.

---

1. D'après la relation imprimée du voyage de Mgr de Béryte, par Mgr de Bourges, M. de la Motte-Lambert était ci-devant conseiller de la Cour des aides en Normandie et directeur du grand hôpital des Valides de Rouen. — Un acte des archives de la Chambre des notaires de Rouen dit, à la date du 16 avril 1653 : « Pierre Lambert, écuyer, sieur de la Mothe, conseiller du roy et général en sa Cour des aides de Normandie, demeurant à Rouen, fils et héritier en partie de feu damoiselle Catherine de Heudey, veuve en secondes noces de feu Pierre Lambert, écuyer, sieur de la Motte, conseiller du roy et vice-bailly du bailliage d'Évreux. » — L'évêque de Béryte avait un frère nommé Nicolas, qui mourut en l'allant rejoindre, près la côte de Guinée, le jour de la Fête-Dieu (1666).

2. Jules Rospigliosi, élu en 1667.

3. Émile Altieri, élu en 1670.

Les évêques partirent successivement de Marseille, avec plusieurs ecclésiastiques. Mais deux des trois seulement, après avoir traversé la Syrie, la Perse, les Indes et la presqu'île malaise, arrivèrent à Siam ou Juthia, capitale du royaume de Siam. Mgr de Béryte, le 22 août 1662, et Mgr d'Héliopolis, le 27 janvier 1664 ; Mgr Cotolendy mourut en chemin, le 16 août 1662, près Mazulipatan.

Siam, dans lequel il se trouvait de tous les peuples de l'Orient, ayant été le lieu où les évêques durent faire le plus de résidence pour attendre la fin des persécutions qui affligeaient les chrétiens dans les autres royaumes, fut aussi celui où ils firent éclater le plus les effets de leur foi comme de leur charité. Un séminaire, un hospice, avec l'autorisation du roi furent construits par eux. Le soin des malades, celui des captifs renfermés dans les prisons, l'enseignement des langues et des éléments des sciences, l'instruction religieuse des catéchumènes destinés à devenir eux-mêmes des catéchistes, avaient déjà gagné bien des esprits à notre nation, lorsque Mgr Pallu, qui était allé chercher des secours en Europe, retourna en 1673 avec des lettres du pape et du roi de France pour le roi de Siam[1]. Celui-ci fit alors connaître l'estime extraordinaire qu'il faisait des Français, de leur chef et de ses représentants, par la magnificence avec laquelle il reçut l'évêque d'Héliopolis, lorsqu'il lui remit les lettres de Louis XIV et de Clément IX.

Dans cette circonstance solennelle les évêques eurent le mérite de s'affranchir d'une coutume qu'ils regardaient comme blessant également la religion et l'honneur de leur nation. Ils obtinrent, après quatre mois de négociations, la permission de se présenter à l'audience du roi, de la même manière que les ambassadeurs se présentaient en Europe à celle de souverains vers lesquels ils étaient envoyés. Jusquelà l'usage avait exigé que personne ne pût être introduit que nu-pieds et le visage prosterné contre terre.

Dès cette époque, Phra-Narai, qui recevait les évêques en audience particulière à Louvo, lieu de plaisance, où il faisait bâtir une ville nouvelle à deux journées de sa ville royale, Phra-Narai, qui leur donnait un terrain plus grand pour leur

---

1. Phra Narai, devenu roi en 1656 sous le nom de Phra-Chas-Xamphuok.

séminaire, et promettait de leur faire bâtir une église, excité par tout ce qu'il apprenait de leur bouche sur l'Europe, ne cessa de marquer l'intention d'envoyer des ambassadeurs au pape et au prince, que les évêques déclaraient le plus puissant des pays de l'Occident. Mais le roi de Siam, que ne pouvaient détourner de ce dessein des conseillers jaloux de l'influence française et catholique, fut obligé de l'ajourner par l'observation de Mgr de Béryte, sur lequel il avait jeté les yeux pour accompagner ses ambassadeurs. Le prélat lui dit qu'il n'était pas prudent de les faire partir dans un temps où la guerre entre la France et la Hollande rendait les mers peu sûres. Le roi se soumit à la nécessité du moment; mais aussitôt que la paix de Nimègue (16 août 1678) fut connue en Orient, il reprit son ancien projet, dans lequel il fut alors secondé par le mouvement que les missionnaires se donnèrent eux-mêmes auprès des agents de la Compagnie des Indes à Surate.

Si la paix rendait à cette compagnie le moyen d'étendre son commerce, elle ranimait également dans l'Église naissante d'Orient, le désir et l'espoir de pousser ses racines partout où elle le pourrait, comme le lui commandaient les nouvelles vues de la propagande et la récente organisation qu'elle lui avait donnée. Deux évêques avaient été destinés pour le Tonquin. C'étaient les deux grands vicaires de Mgr d'Héliopolis, en faveur desquels celui-ci avait renoncé à cette partie de son vicariat. L'évêque de Béryte avait avec lui un second évêque pour l'aider, et un autre avait été adjoint également à Mgr d'Héliopolis pour le gouvernement des provinces méridionales de la Chine, celles du nord ayant été commises à un évêque indigène.

Pour réunir tous ces évêchés dans un ordre d'action hiérarchique et disciplinaire, le pape les avait subordonnés à Mgrs d'Héliopolis et de Béryte, à qui avait été donnée la qualité d'administrateurs généraux et de délégués du saint-siége. Mgr Pallu avait sous lui les évêques de Chine, et Mgr Lambert ceux des royaumes du Tonquin, de la Cochinchine, de Siam, comme aussi les vicaires qui pourraient être destinés pour le Japon. Avec le courage et l'esprit d'entreprise de nos missionnaires, ces titres ne devaient pas demeurer stériles. Déjà, dans les vues de cette Église naissante, Siam, étant comme le foyer principal et le point de départ de toute action, Mgr d'Héliopolis, en 1672, lorsqu'il avait passé à Surate, pour aller dans ce royaume, avait engagé MM. les directeurs généraux Gueston, Blot et Baron, à écrire aux rois de Siam et de Tonquin, pour les assurer qu'aussitôt que la paix le permettrait, ils enverraient établir des comptoirs dans leurs États.

En 1679, obéissant aux mêmes idées et très-vraisemblablement sous l'inspiration des évêques, un docteur de Sorbonne, homme d'esprit, M. Duchesne, supérieur des missionnaires arrivés à Surate[1], fit sa cour à M. Boureau-Deslandes, qu'il savait plus porté en leur faveur que d'autres par les services qu'il avait reçus de lui, et le pria de l'appuyer auprès du directeur général, François Baron, dans la demande qu'il adressait à celui-ci d'envoyer trois navires, *le Vautour* à Siam, *la Vierge* à Tenasserim et *le Tonquin* au Tonquin.

M. Baron, qui depuis longtemps avait pour Mgr d'Héliopolis toute la vénération imaginable[2], avait aussi l'esprit trop élevé pour écarter des projets qui, au point de vue commercial, pouvaient ne pas rapporter immédiatement. Il fallait d'ailleurs essayer. Il acquiesça, en conséquence, à la demande de M. Duchesne ; il fit partir, comme celui-ci le désirait, pour Siam le vaisseau *le Vautour*, commandé par le sieur Cornuel, à bord duquel M. Boureau Deslandes passa en même temps que M. Duchesne.

Le capitaine Cornuel avait ordre de prendre les ambassadeurs que le roi de Siam se proposait d'envoyer en France. M. Boureau Deslandes devait établir un comptoir à Juthia ou ailleurs, selon qu'il le trouverait avantageux, sinon son instruction portait qu'il eût à se rembarquer avec les ambassadeurs du roi de Siam et à les accompagner en Europe. Sur ces deux points il lui était enjoint de prendre les avis de la mission. Il était chargé, en outre, d'une lettre et de présents pour Phra-Naraï.

L'envoi des trois vaisseaux, du *Vautour* surtout, allait rendre plus étroites les relations des Français et des Siamois

---

1. Joseph Duchesne, du Périgord, docteur de Sorbonne, évêque de Béryte après Mgr Lambert, vicaire apostolique de Cochinchine, mort à Siam, le 17 juin 1684.
2. Voir *Relation abrégée des missions des évêques*, par Mgr Pallu, p. 55. 1648.

et ajouter enfin un côté politique à leur caractère jusque-là seulement religieux.

Ce nouvel état de choses se présenta d'abord sous les meilleurs auspices.

Lorsque *le Vautour* arriva en septembre 1680, la cour de Siam en témoigna une joie très-vive et le vaisseau fut reçu avec les plus grands honneurs à son apparition dans le fleuve.

En effet, après avoir passé la barre de Siam, le capitaine Cornuel ayant fait demander au roi s'il trouverait bon que, suivant la coutume d'Europe et contre l'usage du pays, les Français saluassent la forteresse de Bankok, située à l'embouchure de la rivière, sur-le-champ l'ordre fut porté au commandant de cette place, qui était un Turc, de rendre le salut au vaisseau. Mais comme le roi de Siam n'avait pas de pavillon [1], ce commandant en ayant arboré un hollandais, dans la pensée sans doute qu'il ferait honneur aux Français, le capitaine Cornuel lui fit dire d'en prendre un étranger aux nations d'Europe, s'il souhaitait que la forteresse fût saluée. Aussitôt le gouverneur fit substituer au pavillon, repoussé par nous, un pavillon inconnu. Et pour répondre au salut, non-seulement il fit tirer coup sur coup, mais il fit faire ensuite une décharge de plus de cinquante coups de canon. Dans cette occasion, Mgr de Métellopolis [2], qui savait parfaitement la langue du pays, se chargea de ménager la réception des lettres et des présents qu'apportait M. Deslandes. Il était alors le seul évêque à Siam. Mgr l'évêque de Béryte venait de mourir (1679) [3], et Mgr Pallu, évêque d'Héliopolis, était en France, pour ménager les progrès des missions.

Le jour étant pris pour porter les présents, trois grands

---

1. Aujourd'hui, le pavillon arboré sur les forts, à la poupe des bâtiments et porté par les armées de Siam, est d'un fond rouge sur lequel on voit un éléphant blanc. Le pavillon particulier au roi de Siam et porté devant lui, arboré sur les bâtiments sur lesquels il se trouve, représente trois parasols blancs, également sur fond rouge. (Voir l'*Album des pavillons de toutes les puissances maritimes*, par le capitaine de frégate A. Legras, 1858.)

2. Laneau (Louis), de Monbleau, diocèse du Mans, vicaire apostolique de Siam, mort à Siam le 16 mars 1696.

3. M. de Béryte mourut de la pierre après de longues souffrances, supportées, dit François Martin, d'une manière admirable et avec la patience d'un saint. Mgr d'Héliopolis ne devait lui survivre que de quelques années. Il mourut en Chine au Fo-kien, en novembre 1684.

mandarins vinrent sur leurs bateaux de parade devant la maison où ce prélat était logé avec le sieur Deslandes. Ces lettres et ces présents furent portés sur deux grands bateaux à découvert jusque dans la salle où le premier ministre les attendait, assisté de plusieurs mandarins et de plusieurs autres Chinois, Maures, Siamois et Portugais. Le sieur Boureau Deslandes et le capitaine Cornuel, suivis d'une troupe de Français, étant entrés, s'assirent au milieu de la salle, vis-à-vis du premier ministre, tenant devant eux dans une corbeille d'or la lettre, qui fut lue et traduite en même temps par le sieur Gayme[1], supérieur du séminaire de Siam, qu'on avait placé seul dans un lieu où se mettaient ordinairement les prêtres, que les Siamois appellent talapoins. L'audience dura plus d'une heure et se passa en questions touchant la France et sur la grandeur des princes d'Europe. L'esprit avec lequel le sieur Deslandes satisfit à toutes ces questions lui attira les louanges de toute la compagnie. L'audience finie, le premier ministre porta la lettre et la traduction avec les présents au roi. Parmi ces présents il y avait deux lustres, un grand, un moyen, et deux girandoles. Le roi sembla estimer plus ces présents que ceux qu'il avait coutume de recevoir. Aussi, pour remercier nos Français, il voulut bien se faire voir à eux.

Un jour, il sortit exprès, accompagné de plus de six cents soldats, et vint en une grande cour, dans laquelle les sieurs Deslandes et Cornuel l'attendaient sur un tapis. Il eut quelque entretien avec eux et en se retirant il fit à chacun d'eux cadeau d'une veste de brocart.

Quelque temps après, Phra-Narai songeait à s'entretenir avec l'évêque de Métellopolis sur son projet d'ambassade, puisque le temps était enfin favorable à son exécution.

Comme il était parti pour Louvo peu de jours après la réception de M. Deslandes, il dépêcha un courrier au prélat pour l'avertir de venir en cour avec le sieur Gayme, supérieur du séminaire, qu'il destinait pour accompagner ses ambassadeurs.

Mgr de Métellopolis trouva à Louvo une maison que ce prince lui avait fait préparer avec beaucoup de magnificence. Le lendemain, on lui servit un dîner dans dix-huit grands bas-

---

1. Claude Gayme de Savoie, parti de France en 1670.

sins doublés d'argent remplis de toutes sortes de viandes et de confitures de la Chine. Plusieurs mandarins, par les ordres du roi, étaient présents à ce festin et le soir il faisait avertir le prélat de se rendre le lendemain matin au palais, où il voulait converser avec eux. Mgr Laneau et M. Gayme s'étant rendus à son invitation, d'une exception si honorable pour eux, ils le trouvèrent assis sur une espèce de trône, ayant sur la tête une couronne d'or enrichie de pierreries, qu'il ne portait que dans les grandes audiences. Après avoir salué le prince, en s'inclinant profondément, Mgr de Métellopolis alla se placer sur un petit tapis broché d'or, vis-à-vis de lui. Le premier ministre était à sa droite, couché, selon l'usage du pays, sur un tapis de soie, et le sieur Gayme à sa gauche.

L'entretien dura une heure et demie. Phra-Narai commença par diverses questions de mathématiques, dont le roi demanda l'éclaircissement, puis il continua sur la grandeur et la manière de gouverner des princes d'Europe. Mais les principaux sujets de la conversation furent la France et la réputation que son roi s'était acquise par ses victoires. Phra-Narai marquait son étonnement de ce qu'entre tant de rois et de princes qui se partageaient l'Europe il n'y en avait qu'un, dont il entendît parler. Et il témoigna que tant de grandes choses qu'il apprenait tous les jours au sujet du roi de France ne contribuaient pas peu à augmenter en lui le désir qu'il avait d'envoyer vers lui ses ambassadeurs. Ce projet, il le savait, ne plaisait pas à tout le monde ; mais il était résolu, disait-il, à prendre avec le prélat les mesures nécessaires pour n'en pas différer plus longtemps l'exécution.

Le lendemain, le roi, pour témoigner combien il était satisfait de ce qui s'était passé la veille, envoya à Mgr de Métellopolis un dîner plus splendide encore que le premier. Ce prélat, après cela, demeura plusieurs jours à la cour pour attendre qu'on eût écrit les lettres et choisi les présents que l'on devait envoyer.

Le sieur Gayme fut prié d'aider à faire ce choix. On lui montra d'abord quelques ouvrages d'argent ; mais il répondit qu'il serait difficile d'en envoyer de plus beaux que ceux qui se trouvaient dans les cabinets du roi, de sorte qu'on se contenta de prendre parmi diverses pièces de la Chine et du Japon ce qu'on jugea devoir être plus agréable en France.

Le roi fit chercher partout de petits rhinocéros pour en envoyer, mais il ne s'en put trouver. On choisit d'abord ce que l'on destinait pour le pape, pour le roi et pour la reine : car les ambassadeurs apprirent avec étonnement et comme une chose fort nouvelle qu'ils seraient obligés de faire la révérence à celle-ci. L'on en destina ensuite pour le dauphin, pour Monsieur, frère du roi. L'on en ajouta pour Colbert, en sa qualité de chef de la Compagnie royale des Indes, et quelques-uns pour M. Berrier, directeur général.

Lorsque les choses furent en cet état, ceux qui étaient chargés de préparer ce qui regardait l'ambassade firent choisir par les astrologues, selon leur coutume, un jour heureux pour fermer les lettres et les envoyer au vaisseau. Cette cérémonie fut fixée au 1er décembre 1680. On avertit alors de la part du premier ministre le sieur Gayme, qui devait accompagner les ambassadeurs, de se rendre dans le grand temple pour y assister. Ce spectacle ne laissait pas que d'être intéressant. On a raconté ailleurs comment le roi de Siam reçut celles de Louis XIV et de Clément IX[1]; voyons les formalités qu'il employa, selon l'usage, pour envoyer sa réponse. Les lettres gravées sur une lame d'or d'un pied et demi de long, de huit pouces de large, si bien battue qu'elle se roulait facilement, furent renfermées dans des étuis, celle du roi dans un étui d'or et celle du pape dans un étui de bois de sandal, bois aussi estimé que l'or. Avant qu'on ne les y mît, le sieur Gayme, s'étant aperçu qu'elles n'étaient point scellées, en fit la remarque. On lui répondit que ce n'était point l'usage. Alors le premier ministre et les grands mandarins présents s'approchèrent au bruit des trompettes et firent par trois fois de grands saluts en s'inclinant devant ces lettres. On les mit ensuite toutes fermées dans les petits coffres couverts de brocart de la Chine ; celui qui était adressé au pape était couvert de couleur violette et celui qui était pour le roi de couleur rouge, pour honorer les victoires de ce prince. Les ambassadeurs assistaient à cette cérémonie, qui se termina d'une manière tout à fait magnifique, lorsqu'on porta les lettres au vaisseau.

Le premier ministre les accompagna à pied jusqu'au bord de la rivière ; là il monta sur son vaisseau de parade, conduit par cent rameurs, et il alla de cette sorte jusqu'à une certaine

---

1. Mgr Pallegoix : *Description du royaume de Siam*.

distance, au delà de laquelle il lui était défendu de passer, le premier ministre n'ayant jamais le droit de quitter la cour. Les autres mandarins suivirent jusqu'au vaisseau, où Mgr de Métellopolis s'était rendu pour faire aussi de sa part honneur aux lettres. On les reçut dans le vaisseau au bruit du canon et on les plaça sur un riche tapis de Perse, au-dessus duquel on avait élevé un dais.

Ce fut là que tous les mandarins vinrent faire leurs prosternations, comme ils les auraient faites à la personne du roi, après quoi ils se retirèrent.

Mgr de Métellopolis, en traduisant ces lettres, auxquelles il se rendait tant d'honneurs, nous en a permis d'en connaître le sens plus, dit-on, que l'élégance. On trouvera néanmoins curieux, sans doute, ce spécimen plus ou moins approché de leur manière de dire. Voici la lettre au pape :

« Lettre de la roiale ambassade du grand roi de Siam au saint pape, qui est le premier et le père de tous les chrétiens, dont il soutient la religion pour lui donner l'éclat, et la gouverne afin que tous les chrétiens y demeurent fermes et suivent ce que la religion et la justice demandent.

« D'autant qu'il a esté de tout temps usité que les grands rois et princes qui excellent en mérite et en force, ont soin et désirent ardemment d'estendre leur roiale amitié par toutes les parties du monde, parmi les diverses nations qui l'habitent et de sçavoir les choses qui s'y passent.

« C'est pourquoy quand le saint pape nous a envoyé ici sa roiale ambassade par dom François, évèque d'Héliopolis, cela nous a donné une très-grande joie, et après avoir lu le contenu de la lettre remplie de civilité dont il étoit porteur, notre cœur roial fut comblé d'un plaisir très-sensible. C'est pour cette raison que nous avons résolu d'envoyer Oc-pra-Pipat-Racha-Maytri ambassadeur, Louang-Seri-Vissan-Sounton et Coun-Nacolla-Vrehay, sous-ambassadeurs, pour porter au saint pape les lettres de notre roiale ambassade et les présents dont ils sont chargez, à dessein qu'il y ait une roiale amitié entre nous, un mutuel amour et une union qui dure tout le temps à venir. Quand nos ambassadeurs auront achevé ce dont nous les avons chargés, je vous prie de les laisser revenir, afin qu'ils me rapportent des nouvelles du saint pape qui me seront très-chères et que j'estimerais infiniment. Je prie aussi le saint pape de m'envoyer des ambassadeurs et que nos ambassades puissent aller et venir sans manquer, afin qu'une si excellente, si précieuse et si illustre amitié puisse durer jusques aux siècles à venir. Enfin je souhaite que le saint pape jouisse de toutes sortes de biens et de prosperitez dans la loy des chrestiens et qu'il vive plusieurs années. »

La lettre que Phra-Narai adressait à Louis XIV était plus chaude et plus élogieuse :

« Lettre de la roiale et insigne ambassade du grand seigneur du royaume de Seri-Jutthia qu'il envoie à vous, ô très-grand roi et très-puissant seigneur des roiaumes de France et de Navarre, qui avez des dignitez suréminentes, dont l'éclat et la splendeur brillent comme le soleil, vous qui gardez une loy très-excellente et très-parfaite, et c'est aussi pour cette raison que comme vous gardez et soutenez la loi et la justice que vous avez remporté des victoires sur tous vos ennemis et que le bruit et la renommée s'en sont répandus par toutes les nations de l'univers.

Or, touchant les lettres de la roiale ambassade et pleine de majesté, que vous, ô très-grand roi, vous avez envoié par dom François, évêque d'Héliopolis, jusques dans ce roiaume, après avoir compris le contenu de votre illustre et élégante ambassade, notre cœur roial a esté rempli et comblé d'une très-grande joie, et j'ai eu soin de chercher les moiens d'établir une forte et ferme amitié à l'avenir; et lorsque j'ay veu le général de Surate envoier icy sous votre bon plaisir un vaisseau pour prendre notre ambassade et nos ambassadeurs, pour lors mon cœur s'est trouvé dans l'accomplissement de ses souhaits et de ses désirs, et nous avons envoié pour être les porteurs de notre lettre d'ambassade et des présents que nous envoyons à vous, ô très-grand roi.

Oc-pra-Pipat-Racha-Maytri, ambassadeur;
Louang-Seri-Vissan-Sounton, sous-ambassadeur;
Coun-Nacolla-Vrehay,   id.;

afin qu'entre nous il y ait une véritable intelligence, une parfaite union et amitié, et que cette amitié puisse être ferme et inviolable dans les temps à venir. Que si, ô trèsgrand et très-puissant roi, vous désirez quelque chose de notre roiaume, je vous prie de le faire déclarer à nos ambassadeurs, et lorsque ces mesmes ambassadeurs auront achevé, je vous prie de leur permettre de s'en revenir, afin que je puisse apprendre les bonnes nouvelles de vos felicitez, ô très-grand et puissant roi. De plus, je vous supplie, ô très-grand et puissant roi, de nous envoier des ambassadeurs, et que nos ambassadeurs puissent aller et venir sans manquer, vous priant que notre amitié soit ferme et inviolable pour toujours, et je conjure la toute puissance de Dieu de vous conserver en toutes sortes de prospéritez et de les augmenter de jour en jour, afin que vous puissiez gouverner vos roiaumes de France et de Navarre avec toute tranquillité, et je le supplie qu'il vous agrandisse par des victoires sur tous vos ennemis et qu'enfin il vous accorde une longue vie pleine de prospérité. »

Le titre de très-grand roi que le roi de Siam donnait dans cette lettre à Louis XIV était le même que celui que ce prince donnait à l'empereur de la Chine.

A ces dépêches était jointe une lettre de crédit adressée par le barcalon, premier ministre, à la Compagnie des Indes à Paris. Elle était ainsi conçue :

« Lettre de Chao-Peja Seri Tarrama Racha Chaddi Ammatraja Nuchittra, Rattana, Ratcoussa Tibodi à Peja Peri Bora Cromma Pa Hou,

« Qu'il envoie en signe de sincère amitié à Messieurs les directeurs de la royale Compagnie de France d'autant que le roi de France et le roi mon maître désirent qu'il y ait union et royale amitié entre les deux couronnes, le grand roi mon maistre envoie (suivent les noms indiqués dans les lettres précédentes), afin de porter sa roiale lettre et presens à la haute et royale majesté du grand roi de France, afin que leur alliance si excellente et si avantageuse puisse estre perpétuelle à l'avenir. Or, comme ces ambassadeur, sous-ambassadeurs et autres serviteurs du roi mon maître qui sont envoiez font un fort long voiage, s'ils ont besoin de quelque chose que ce soit tant pour leur dépense que pour autres nécessitez et que ces ambassadeur, soubz-ambassadeurs et serviteurs du roi mon maistre, ou bien le père Gayme et Emmanuel Figueredo aillent le demander à la Compagnie, je prie ladite Compagnie roiale de le prester et assister lesdits ambassadeur, soubz-ambassadeurs et autres serviteurs du roi mon maistre qui sont envoiez conformement à leur volonté et nécessité. Que s'ils prennent quelque chose de ladite Compagnie, soit peu, soit beaucoup, je la prie d'en faire un estat clair et net, et de l'envoier icy afin qu'on satisfasse à tout ce qu'ils auront receu de ladite Compagnie. Et si ladite Compagnie desire quelque chose de ce roiaume, je la prie de nous le faire sçavoir avec toute la clarté possible et sans obscurité. »

Le bâtiment, porteur de ces messages et de l'ambassade, partit de Siam, le 24 décembre 1680. C'était *le Vautour* qui avait amené M. Boureau Deslandes.

Ce bâtiment gagna en seize jours la rade de Bantam, dans laquelle il arriva le 10 janvier 1681. — Le sieur de Guilhen alla prendre les ambassadeurs à bord et les accompagna en leur rendant tous les honneurs possibles jusques à la maison qu'il leur avait fait préparer, orner et tapisser près de celle des agents de la Compagnie.

D'après un rapport de ce chef de loge, les trois ambassadeurs étaient chargés de beaucoup de présents, qui consistaient en comptoirs, buffets et cabinets, coffres, tables et boîtes curieuses du Japon, en robes de chambre du même pays, en ouvrages de soie, en vases d'or et d'argent, en paravents de la Chine de grandeurs différentes, et plusieurs autres pièces.

Il y avait en outre deux jeunes éléphants, l'un mâle, l'autre femelle.

Le fils du premier ambassadeur suivait cette ambassade avec vingt hommes de service ; le P. Gayme, missionnaire, et un jeune ecclésiastique, M. Figueredo, accompagnaient les envoyés.

Si l'on se rend compte de la place qu'occupaient les hommes, les présents, les vivres qu'ils portaient avec eux, les provisions des deux éléphants, l'eau qu'ils demandaient, on comprendra qu'elle devait être considérable. Aussi fallait-il un autre navire que *le Vautour* qui était fort petit, et l'ordre fut donné au *Soleil d'Orient* de recevoir l'ambassade.

Pendant qu'elle se dirigeait sur France et qu'à Siam on devait en attendre le résultat avec une vive impatience, le sieur Deslandes, qui était demeuré dans cette ville sur la demande de Mgr de Métellopolis, n'était pas trop satisfait d'avoir accédé à ce désir du prélat.

L'ambassade avait excité la jalousie des Mores tout-puissants dans cette cour, ainsi que celle des autres Européens, et il en ressentait les effets dans les occasions où il s'agissait des intérêts de la Compagnie. Les Anglais, et les Hollandais, qui étaient dans ce royaume depuis longtemps et qui y faisaient un grand commerce, étaient préférés aux Français. Au bout d'un certain temps, il écrivit donc à Surate pour demander son rappel. Sa pensée était, en disposant son retour dans l'année et en abandonnant absolument le comptoir, que le prince changerait de manières à l'égard de la Compagnie. Mais le directeur général crut qu'il valait mieux ne rien remuer avant le retour des ambassadeurs siamois. François Baron avait raison. Il ne fallut, pour se convaincre combien la mesure proposée était inopportune, que l'arrivée de Mgr d'Héliopolis. Ce fut alors un complet revirement qui donna à notre influence une supériorité dont il ne dépendait que de nous de nous servir.

L'importance de ce moment dans nos relations donne un véritable intérêt au compte que rend le sieur Deslandes à François Baron de la situation du Comptoir et de ses vues. Nous avons donc cru nécessaire de publier ce mémoire comme donnant le point de départ d'événements plus graves, qui devaient à la fois occuper l'Europe et les Indes.

De Siam, le 26 décembre 1682.

Monsieur,

Je receus nouvelle, le 4 juillet dernier, que le petit bâtiment *le Saint-Joseph* estoit entré en cette rivière, et que Mgr l'évêque d'Héliopolis et les missionnaires qui s'estoient embarquez dessus à Surate y estoient tous en bonne santé. L'écrivain de ce bâtiment me rendit la lettre du 18 avril, dont il vous a plu m'honorer; et le 29 du mesme mois de juillet, M. Lampton me rendit le duplicata de cette lettre, et je répondray à quelques-uns des points, qui y sont contenus, avant de vous mander ce qui s'est passé dans les affaires de la Compagnie, depuis que je ne me suis donné l'honneur de vous écrire.

Je vois ce que vous marquez sur ce que la Compagnie n'envoye point de présent cette année pour le roy et pour le barcalon. Vous en userez comme il vous plaira pour le présent et pour l'avenir. Je suis obligé de vous représenter que jamais ny le roy ny le barcalon ne témoigneront souhaiter qu'on leur fasse des présens, le roy, parce qu'il est un prince fort généreux qui n'a garde de montrer souhaiter qu'on lui présente quelque chose, et le barcalon, quoyque beaucoup intéressé, n'oseroit pas ouvertement montrer son chagrin de ce que l'on ne luy donneroit rien. Cependant, comme c'est une coutume establie, qu'à l'arrivée des navires, soit de compagnies ou de particuliers qui ne payent point de droits, il y a toujours un présent pour le roy et pour le barcalon, il semble que nous ne pouvons aussy nous en exempter, et quand on a une fois l'amitié de ce seigneur, l'on peut en mille occasions qui se présentent regaigner les présens qu'on luy pourroit faire, et de ceux que l'on présentera au roy l'on en tirera souvent quelque chose. Je fis présent au barcalon, dans le mois de juin dernier, lorsque la cour revint de Louvo, où elle passe ordinairement 8 mois de l'année, quelques estoffes de la valeur de R. 425 ou environ et ne luy ait rien présenté davantage cette année. Si vous pouvez envoyer le lion qui est à Surate, il sera estimé du roy et j'ay le sentiment de Sa Majesté sur ce sujet; mais, monsieur, si vous envoyez cet animal, accompagnez-le de quelque chose, ou ne l'envoyez plustost point.

J'attends tous les jours le sieur Coche, que vous avez ordonné devoir passer icy. J'ay esté cette année extrêmement incommodé de fiebvres et d'une fluxion qui m'estoit tombée sur une jambe, ce qui m'auroit beaucoup incommodé, si j'avois eu beaucoup de négoce à faire.

Je n'ai pu me dispenser d'emprunter 4000 liv. du roy pour satisfaire en partie à ce que la Compagnie devoit à la mission qui en avoit besoing pour lors, Mgr d'Héliopolis n'estant pas arrivé; mais ce qui est fâcheux est que j'avois emprunté cette somme pour payer à l'arrivée des navires de Surate, et que comme il ne m'en est venu aucun capital, je n'ay pu tenir ma parole; j'espère que la mousson prochaine vous me mettrez en état d'acquitter cette partie.

J'aurois bien souhaité que vous m'eussiez permis d'aller faire un tour à Surate, croyant qu'il auroit été bien plus honorable et bien plus avantageux que de rester icy à rien faire. Monseigneur est tesmoing, avec quels empressemens et combien de fois le roy m'a fait demander pour quelle raison il ne nous estoit point venu de bâtimens pour négocier, et pourquoy il ne nous estoit venu ny capital, ny marchandises. J'ay tâché à parer à toutes ces demandes en disant que, comme vous aviez eu nouvelle à Surate qu'aucuns des navires qui estoient partys déjà l'an passé pour le Japon ny estoient arrivez, vous vous étiez bien douté que le négoce ne vaudroit rien. On n'a pas laissé de me répliquer que M. Lampton, qui n'est qu'un particulier, y venoit cependant. J'ay communiqué amplement sur ce chapitre avec Mgr d'Héliopolis, qui est demeuré d'accord avec moy que, sy la Compagnie ne peut soutenir ce comptoir, ou que la guerre soit déclarée avec les Hollandois, comme le bruit en court, qu'il sera beaucoup plus advantageux de nous retirer d'icy pour quelque temps. Cela estant, Mgrs les évêques pourroient toujours entretenir les favorables dispositions, où le roy est pour vous, et, sy il n'y avoit point de réussite et que la Compagnie envoyast un bâtiment pour nous en aller, ce seroit bien le mieux, sinon nous pourrions nous en aller sur les bâtimens quy iront d'icy à Surate ou par Tenacerim. Si vous ne jugez pas à propos de lever entièrement ce comptoir, monsieur, faites-moi la grâce de me retirer, et je pourois laisser M. Coche qui y demeureroit avec moins de dépense que je ne puis faire à présent; et quand même vous approuveriez ce que je vous demande, je ne voudrois exécuter aucun dessein, sans le bien digérer avec Mgrs les évêques.

Je n'ay pu exécuter le dessein que j'avois d'envoyer une partie de marchandise au Japon, parce que, comme il n'en est revenu aucun des navires, quy y avoient esté l'an passé qui ont tous relâché aux îles de Canton, Formose et Cochinchine, cela a fait que tous les Chinois, qui sont partis cette année pour le Japon, sont nouveaux et que je ne connois point, et ainsy j'ay eu peur de leur rien confier. Le roy m'avoit accordé de charger sur ses navires toutes les marchandises que je souhaiterois et de faire revenir sur les mêmes bâtimens le provenu en cuivre sans payer ny fret, ny droits; les droits du cuivre sont de 10 pour 100. Dans la suite, lorsque j'auray des marchandises que je ne pourray vendre, je ne manqueray de faire ce négoce qui peut être un des plus profitables que la Compagnie puisse faire à Siam.

J'ay receu le compte des 150 caissons de cuivre et 100 pikes d'étain que j'avois fait charger sur le navire *le Vautour*, pour compte du roy de Siam, et que vous avez fait vendre à Surate, et ay receu aussi les R. 6418, 8 p., qui est la solde de ce compte; j'ay payé cette somme suivant l'ordre du barcalon. Cette vente a fait tort à M. Lampton, parce qu'on prétend qu'il n'a pas usé, avec toute sorte de fidélité, dans la vente des marchandises que le roy luy avoit confiées la même mousson, et j'espère que, dans la suite, lorsque Sa Majesté aura à envoyer, elles se chargeront sur des navires de la Compagnie, s'il s'en rencontre icy.

J'aurois bien désiré que vous eussiez la bonté d'expliquer

l'article de votre lettre, où vous me dites de suivre ponctuellement les avis de nosseigneurs les évêques, pour savoir si vous entendez m'obliger à ne rien faire soit pour le commerce ou autre chose sans leur consentement; car cela estant il faut que vous preniez la peine de leur escrire de me donner des certificats, quand je suivray ce qu'ils m'ordonneront pour me servir de descharge, ou si ce que vous m'en dites n'est que par manière de parler. Ordinairement je communique à nosseigneurs les propositions un peu considérables que je fais au roy et au barcalon; mais comme je l'ay toujours fait sans croire avoir obligation à le faire, je n'ay point pris de précautions pour justifier ce que je dis, et avec d'autant plus de raison que nosseigneurs, s'appliquant uniquement à ce qui est de leur employ, ne peuvent avoir les connoissances, soit pour le négoce ou pour la manière de traiter en cette cour, ny mesme les avis que j'ay, puisque c'est dont je fais ma seule étude et ma seule application. Cependant, comme le premier de mes soins est d'exécuter ponctuellement les ordres que vous me donnez, je les exécuteray exactement, quand vous m'aurez fait connoître vos intentions et pour ce que vous touchez, de contribuer pour le service de la mission de tout ce que je pourray, j'aurois aussy bien besoing d'explication, pour savoir si je puis engager la Compagnie en des dépenses pour servir la mission, ou si vous entendez seulement de la servir de l'appuy et du nom de la Compagnie en tout ce qui se pourra, quy est à quoy je n'ay pas manqué, depuis que je suis icy.

Le barcalon n'a parlé davantage de l'affaire de Colconda depuis avoir receu votre lettre et s'est contenté des raisons que vous luy marquez pour vous empescher d'entrer en cette négociation.

L'affaire du vol de Mme du Haut-Mesnil est toujours au mesme état, nonobstant plus de vingt ordres du barcalon donnés aux officiers de la justice pour la terminer[1]. Les affaires de Siam ne prennent jamais de fin; celuy, qui est le plus fort, et a le plus d'argent l'emporte. Je donneray tous mes soins à en tirer ce qui se pourra.

Les Mores, qui passèrent sur *le Vautour*, lorsque je vins

---

1. Depuis l'aventure cy-contre le barcalon a donné ordre aux officiers de la justice de payer les 1000 fr. de dédommagement de ce vol, et j'espère, avec le temps, d'en sortir quelque chose comme je l'écris à cette dame.

à Siam, avoient accordé pour payer le fret de leurs marchandises et de leurs personnes. Il se trouva, lorsque nous arrivâmes à Siam, que la pluspart des dites marchandises appartenoient au roy. Le barcalon m'ordonna de délivrer ces marchandises à ceux à quy elles appartenoient et de tirer un receu d'eux, qu'il m'en répondoit. J'executay cet ordre, estant nouveau venu et ne sachant point le train des affaires de ces pays. Depuis ce tems là j'ay demandé cent fois, sans exagérer, justice de ce fret au barcalon, le prix se montant à 8 ou 900 roupies; autant de fois il a donné ordre au chabandar des Mores de me faire payer, le tout inutilement. Ce qui m'a causé beaucoup de bruit avec les plus grands Mores, qui prétendent que ceux de leur secte, qui sont serviteurs du roy peuvent passer partout sans rien payer; enfin, après avoir bien crié et fait bien des menaces, le chabandar m'a donné son billet pour me payer en deux mois, je ne scay s'il l'exécutera. Je m'étends sur cet article, afin que la Compagnie prenne une ferme résolution de ne donner passage sur ses vaisseaux à aucun More, soit serviteur du roy ou autre, à moins qu'ils ne payent leur fret à Surate, ou qu'ils n'aient un billet du barcalon; ce sont des canailles qui sont tellement misérables icy, qu'il n'y en a pas trois, à qui on puisse fier 1000 roupies.

J'ai receu quatre caissons de vin, et une barrique d'eau-de-vie que vous avez eu la bonté de m'envoyer. En vérité, monsieur, quatre caissons de vin, où il y a toujours le quart de déchet, sont si peu de chose pour un endroit remply d'étrangers et où je suis obligé d'en donner toujours quelques caissons de present, que je vous supplie d'y faire réflexion, et que la civilité et honnêteté exigent de certaines choses desquelles on ne peut s'exempter. Ce qui fait que je suis obligé d'achepter R. 50 icy ce quy n'en coûte que 20 à la Compagnie à Surate. Faites-moy aussy la grâce d'envoyer le contenu au mémoire que je vous envoyay l'an passé, puisque je ne demande que les choses qui sont absolument nécessaires et qui ne se peuvent trouver à Siam.

Comme nous ne pouvons pas nous passer de la maison où nous logeons, s'il vient plus de monde pour y demeurer que nous ne sommes, je fis témoigner au barcalon que, s'il vouloit me donner quelque maison de bois pour faire bâtir dans notre mesme enclos, je luy serois beaucoup obligé; il m'en accorda une, dans laquelle il peut y avoir du logement pour deux personnes. Il m'a cousté quelque chose pour faire tirer cette maison et la faire remettre en place. J'ay esté aussy obligé de faire quelques réparations en nostre maison, de laquelle on ne m'a point fait demander de louage jusques à présent.

Le Saint-Joseph partit de dessous la forteresse de Bancok le 15 juillet. Mgr de Bourges[1], quy estoit venu de Tunkin dans le mois d'avril précédent pour se faire consacrer évêque d'Oran dans la Mauritanie, s'est embarqué dessus avec M. Lefebvre qui va pour présenter les lettres de S. M. très-chrétienne, et quatre autres missionnaires. J'espère que Dieu leur aura donné un bon voyage. J'ay fait fournir à ce bâtiment quelques vivres dont il avoit besoin et n'ay donné aucuns ordres à M. Boitout; seulement luy ay-je dit de repasser icy, s'il pouvoit, pour charger pour 4 à 5000 roupies de marchandises que j'ay en magasin, et comme il ne m'a pu assurer de le faire, je ne me suis pas mis en peine de m'assurer davantage de marchandises, ce que j'aurois pu faire jusques à la somme de 10 000 roupies, craignant qu'elles ne me fussent demeurées sur les bras, ce qui auroit causé de la perte à la Compagnie. Quand Mgr d'Héliopolis arriva à la barre, il rencontra Mgr de Métellopolis qui partoit pour Cochinchine. Ce digne prélat s'est fait accompagner de six à sept missionnaires, et il a emporté quelques présens pour présenter au roy de Cochinchine, entr'autres les deux pièces de canon de la nouvelle fabrique, qu'il a souhaité d'être presentez au nom de la Compagnie, ce qui a fait que j'ai écrit une lettre à ce sujet au premier ministre de Cochinchine. Sa Grandeur m'ayant demandé le nommé Champagne pour l'accompagner en ce voyage, je luy ay donné permission et luy ay payé le peu qui luy estoit deub de la Compagnie. Nous attendons Sa Grandeur le mois de mars ou d'avril prochain.

La veille de Pâques dernier il entra quelques Chinois dans le séminaire, où l'un d'eux donna un soufflet à un de MM. les missionnaires, ce qui ayant obligé tout le monde de la maison d'accourir au secours, ils arrestèrent un de ces Chinois. Opra Chiduc, mandarin, Chinois de nation et qui

---

[1]. Jacques de Bourges, de Paris, vicaire apost. du Tonkin occidental, mort à Siam, le 9 août 1714.

estoit notre mandarin, fit arrester notre interprête et disoit qu'il le garderoit jusques à ce qu'on eût rendu ce prisonnier. Tous les Chinois des *Soumes*, qui estoient dans cette rivière, s'apprestoient pour aller faire insulte dans le séminaire, de quoy ayant eu nouvelles je m'y en allay avec douze François ou autres Européens que je pus ramasser. Nous estions assez bien armez; les Chinois, en ayant eu nouvelles, n'entreprirent rien pour lors. Monseigneur et moy envoyâmes un François, chirurgien du roy, avec notre petit interprête à ce mandarin luy demander nostre interpreste qu'il retenoit; il voulut faire violence à ce François qui luy résista vertement; ensuite il ordonna à nostre petit interprêté et au capitaine du Camp Cochinchinois, dans lequel est situé le séminaire, d'aller voir quelques Chinois qu'il prétendoit avoir esté blessez dans le séminaire. Il leur donna un mandarin et vingt Chinois pour les accompagner dans le chemin. Le chirurgien, qui craignit qu'il ne luy arrivast accident, mit l'espée à la main et se sauva des leurs. Je m'en revins sur le soir en nostre maison, où on nous donna plusieurs alarmes que les Chinois s'assembloient pour nous forcer; nous nous tînmes toujours sur nos gardes. Cependant ils emmenèrent notre petit interprête et le capitaine du Camp Cochinchinois proche leurs Soumes, où ils leur firent souffrir mille supplices et les laissèrent pour morts sur la place. Ayant veu l'insolence de ces mandarins et de ces gens, je crus qu'il estoit dangereux de souffrir de tels affronts. Je pris résolution d'en aller demander justice au roy, quy estoit à quatre ou cinq journées d'icy. J'y allay et, ayant présenté une requête au barcalon, il me témoigna beaucoup de déplaisir de cet accident et me dit qu'il prenoit les affronts qu'on nous fesoit comme faits à sa propre personne et qu'il parleroit de cette affaire au roy. Le lendemain, il me dit avoir esté bien fasché de ce qui nous estoit arrivé, qu'il avoit envoyé un officier, qui est comme entre nous l'exécuteur de la justice, pour mettre la corde au col à Opra Chiduc, et l'amener à la cour pour avoir la teste piquée de tous costés et ensuite empalé pendant 24 heures. Cela se fait en piquant un bambou fendu en deux dans le derrière, sur lequel le criminel est obligé de se reposer. Le roy avoit ordonné aussi de mettre à la chaisne les Chinois qui avoient esté chez monseigneur. Je m'en revins à Siam, où j'appris quelque temps après que tous ces ordres avoient esté exécutez.

Il y a icy un mandarin, que le roy a mesme élevé à la qualité d'Opra, qui est la seconde du royaume. Il s'appelle Constantin Phauscon, natif de Céphalonie, qui a été élevé avec les Anglois, desquels il suivoit mesme la religion, mais depuis peu il a fait abjuration de son hérésie, et s'est marié icy. Cet honneste homme est d'un esprit vif, agissant et pénétrant, ce qui l'a fait monter à un tel point de faveur, depuis deux ans qu'il s'est engagé au service du roy, qu'on le nomme présentement en riant le second barcalon. Il fait plus de négoce que tout le reste des marchands particuliers ensemble, va deux fois le jour à l'audience du roy, et le prince qui se plaît à sa conversation et est curieux, se fait souvent entretenir des deux et trois heures d'horloge. Pour ce mandarin, vous pouvez aisément juger de quelle utilité l'amitié d'un tel homme peut estre à la Compagnie, puisqu'on ne peut rien faire savoir au roy de ce qu'on souhaite que par le moyen de quelques personnes affidées. J'ay fait une amitié tres-particulière avec luy et ay aussy aydé à l'engager au service de Messeigneurs, de telle manière qu'ils ne font rien ny ne demandent rien que par son advis et par son moyen, et comme nos entretiens sont ordinairement sur les grandes actions de notre invincible monarque, duquel il conserve le portrait et a plusieurs estampes dans les lieux les plus éminens de sa maison, de quoy les autres Européens, particulièrement les Anglois, sont en une extrême jalousie, il va ensuite raconter au roy ce qu'il entend de moy, et il est certain que ce prince a des idées si grandes de notre grand roy qu'il n'y a rien à y adjouter. Je luy remets entre les mains toutes les affaires que j'ay à traiter avec le barcalon, et quand je vais visiter ce ministre, il me fait toujours compagnie ainsy qu'à Monseigneur, et nous reconnoissons sensiblement par les succez le crédit qu'il a et l'affection avec laquelle il sert. Quoy que je m'estende beaucoup sur cet article, je ne puis cependant vous marquer le quart de ce que je souhaiterois à son égard. Je crois avoir fait en sorte qu'il est entièrement devoué au service de la Compagnie, et il m'a dit qu'il se donneroit l'honneur de vous escrire. Je ne doute point, monsieur, que vous ne luy marquiez quelque reconnaissance des bons offices qu'il nous rend et que vous ne sachiez l'engager, s'il est possible, encore plus particulièrement qu'il ne l'est, à notre service, et quoy que ce soit un homme fort desintéressé, j'estime néanmoins qu'il seroit fort à propos que vous luy fissiez quelque présent. Vous le pouvez faire de quelques caissons de vin de Perse, d'eau de rose et fruits de Perse et autres rafraîchissemens, sous prétexte qu'il ne s'en rencontre point icy. Quelques belles et bonnes armes, tableaux et autres curiositez d'Europe pourront aussy servir, et je vous prie d'être persuadé qu'un escu, que vous luy ferez présenter, en vaudra plus de 50 à la Compagnie. Je ne luy ay rien donné au nom de la Compagnie depuis que je suis icy. Monseigneur luy a fait présent, à son arrivée, de quelques curiositez d'Europe, qu'il a eu peine à accepter.

Ayez, s'il vous plaît, la bonté de faire envoyer icy les nouvelles qui viennent d'Europe, afin que nous en puissions donner part au Roy qui nous les demande avec empressement, lorsqu'il nous arrive des lettres, témoignant prendre beaucoup de part en tout ce qui concerne le roy notre maître et prenant beaucoup de plaisir à entendre raconter ses grandes actions et la prudence avec laquelle il gouverne toutes choses; cela ne peut produire que de bons effets.

Le chef des Hollandois m'a donné avis comme le Blanc Pignon avoit passé le mois d'avril dernier au cap de Bonne Espérance, et qu'après y avoir pris de rafraîchissemens, il en estoit party sans rien dire. L'on a de coutume parmy les Hollandois d'envoyer de Batavia aux chefs des comptoirs, les nouvelles d'Europe et des Indes, et ce qui se passe dans leur île et ainsy ils sont toujours prêts à repondre à tout; cela se pourroit aisément pratiquer parmy nous, si on le jugeoit à propos.

Plusieurs personnes des plus considérables de Macao m'ont escrit cette année, pour savoir si je voulois ouvrir un negoce avec elles et m'ont promis que les officiers des navires, qu'elles envoyeroient icy, auroient ordre de ne rien vendre qu'auparavant je n'eusse pris ce dont j'aurois besoin, mais je suis hors d'état de profiter de ces avantages. Il partit le mois de juin un général pour Macao, nommé don Melchior d'Amaral de Menezes, qui avoit relâché en cette rivière le mois d'aoust précédent. J'allay aussy tost son arrivée luy souhaitter la bien venue et luy faire offre de ce qui dépendoit de la Compagnie et de moy. A Siam il me receut avec peu de civilité. Le chef des Hollandois l'alla visiter quelque temps après, et deux mois après avoir été chez les Hollandois, il vint chez nous; je luy fis dire que je n'estois pas à la maison. Il fit quelques jours après quelques menaces en l'air, auxquelles ayant res-

— 169 —

pondu, il s'en est allé sans tirer satisfaction et sans me rien dire.

Quelques jours avant que la cour revînt à Lavau, j'entendis dire d'une personne, qui a travaillé longtemps dans la secretairerie de Batavia, qu'il y avoit vingt-cinq ans que les Hollandois avaient deux grands desseins : le premier de s'emparer de Batavia, et le second de la forteresse de Bang-Kok[1], pour se rendre les maîtres absolus du négoce de la mer du Sud. Je crus que je devois donner cet avis au barcalon, ce que je fis avec les paroles les plus propres à faire valoir cet advis et luy fis voir, dans un mémoire que je luy donnay, la possibilité du dessein des Hollandois et que, s'ils pouvoient s'emparer de Bancoq, ils seroient maîtres de tous les passages, par où on peut venir en cette mer, qu'ils avoient déjà le détroit de Java et celuy de Malacca, et qu'il ne restoit plus que celuy de Tenasserim, dont Bancoq les rendoit maîtres, ainsi que de tout le negoce de cette mer, où il n'y avoit plus que ce port qui fût considérable. Le barcalon me remercia beaucoup de cet avis et m'a depuis, en toutes occasions, montré un autre visage qu'il n'avoit fait jusques à présent, et le roy est en une extrême jalousie des Hollandois, laquelle la prise de Bantan a de beaucoup augmentée, et le barcalon a depuis peu esté au bas de la rivière pour en faire fortifier l'entrée. M. Constantin Phauscon m'ayant donné avis que le général de Batavia demandoit au roy avec beaucoup d'empressement Jong Salam[2] à l'exclusion du negoce en ce lieu à toutes les nations et que la lettre, par laquelle il demandoit cette grâce, n'estoit pas encore présentée, je pris resolution pour empescher ce dessein, quoy que je n'eusse pas d'ordre positif de vous, monsieur, pour cela, de demander ce lieu pour la Compagnie, ce que je fis par une requête que je présentay au barcalon quelques jours après son arrivée à Lavau. Il me donna pour réponse, quelques jours ensuite, que les Hollandois demandoient ce lieu avec beaucoup d'instance, que si on nous l'accordoit à leur préjudice, ce seroit rompre ouvertement avec eux, ce qu'ils ne pouvoient pas faire, mais que la Compagnie y continuast son negoce comme auparavant, et d'être certain qu'au retour de l'ambassade, nous trouverions toutes choses

---

1. Cette forteresse est dans cette rivière à dix lieues de l'entrée. — 2. (Jong-Selang) ou Salanga, dans la presqu'île Malaise.

faciles. Comme cette response estoit conforme à ce que je souhaitois, je ne luy ay repliqué que pour le prier d'ordonner au gouverneur de ce lieu de *Jonsalam* de favoriser les affaires de la Compagnie, ce qu'il m'a promis et que je sais qu'il a faict.

Quelques jours après avoir parlé de cette affaire de Jonsalam, le barcalon me demanda pourquoi je ne m'estois point servy de sa permission, que le roy m'avoit accordée, de charger sur ses navires les marchandises que je souhaiterois. Luy ayant dit que les Chinois, qui alloient dessus, estoient nouveaux, je n'avois rien pu leur fier, il me dit que je pouvois charger sur tous les navires du roy, en quelque endroit qu'ils allassent, les marchandises que je voudrois, sans payer fret ny mesme les droits pour le cuivre qui viendroit du Japon, et que le roy de France et le roy son maistre étant joints d'amitié comme ils estoient, la Compagnie pouvoit estre assurée de trouver icy tous les avantages que le roy lui pourroit procurer. Nous pouvons nous servir en temps et lieu de ces offres et avec profit.

Dans le mois de juillet dernier le barcalon envoya prier Mgr d'Héliopolis et moy d'aller chez luy, ce que nous fismes. Il s'estendit longtemps sur l'affection que le roy son maistre avoit pour notre nation et avec combien de joye il verroit la Compagnie bien establie, particulièrement dans cette mer du Sud, qu'il avoit cy devant offert un endroit pour y bâtir une forteresse, qu'il persistoit toujours dans cette mesme volonté et qu'il se présentoit une occasion favorable pour nous establir, en cas que nous fussions en estat de nous en prévaloir, que le roy de Jorck étoit tributaire et vassal de son maistre, volontaire à la vérité, n'ayant pas été subjugué par la force des armes; que les Hollandois persécutoient ce prince pour leur donner permission de bâtir une forteresse à Jorck, et que, si nous voulions, le roy de Siam espéroit que nous pourrions obtenir une permission pour nous, que nous ne devions pas perdre cette occasion, que nous ne la recouvrerions pas peut-être facilement. Je luy répondis, après l'avoir remercié de ses offres et luy avoir exprimé la reconnoissance que nous avions de toutes les bontez du roy, que je ne pouvois rien entreprendre dans une affaire de cette conséquence sans avoir vos ordres. Il me répliqua qu'il savoit bien cela, mais que cette affaire lui sembloit de telle importance pour nous que je devois pour le moins, en attendant les ordres de Surate, y envoyer un François incognito pour gagner l'amitié du roy de Jorck, et voir ce qu'il y avoit à faire ; qu'on nous feroit fournir un bâtiment et que son maistre envoyeroit un ambassadeur et escriroit au roi de Jorck en un tel style qu'il espéroit que nous y trouverions toutes choses favorables. Je luy demanday quelques jours pour résoudre là dessus ; ce que m'ayant accordé, j'en communiquay amplement avec Monseigneur, avec MM. les abbés de *Lyonne*[1] et *du Chesne* et autres de MM. les missionnaires, qui jugèrent tous absolument nécessaire de faire ce que le barcalon souhaitoit. Je pris donc résolution, quoy que je ne fusse pas entièrement de cet advis, de promettre au barcalon que, lorsque les navires de Bantam seroient venus, sur lesquels j'espérois qu'il me viendroit du monde ou ceux de Mazulipatan, avec lesquels il devoit venir quelques François pour demeurer avec moy, j'envoyerois un homme à Jorck. Je donnay un memoire à M. Boitout[2] pour mouiller en revenant de Tunkin devant la rivière de Jorck, y sonder et y remarquer l'endroit où l'on pouvoit bastir une forteresse et s'informer mesme, s'il n'y avoit point quelques François dans ce lieu de Jorck, où j'espérois en envoyer. Je le priay de donner avis de tout ce qu'il pourroit reconnoitre de ce lieu à Surate. Depuis ce temps-là, les navires de Bantam estant venus sur lesquels il ne m'est venu personne, et ayant eu nouvelle de l'apparence qu'il y avoit que nous rentrassions en guerre avec les Hollandois, j'ay jugé que, tant que ces apparences de guerre dureroient, la Compagnie seroit toujours hors d'estat de rien entreprendre. C'est pourquoy je me suis absolument excusé avec le barcalon d'envoyer du monde à Jorck jusques à ce que je receusse vos ordres, à quoy il a acquiescé avec assez de peine, et cependant il m'a recommandé très particulièrement de vous en donner avis et de vous prier de bien considérer cette proposition et de me donner au plustost des ordres positifs pour l'exécuter ou pour n'y plus songer.

La rivière de Jorck est située dans le détroit de Singapour, comme il est aisé de voir sur la carte, dans un endroit propre à empescher les navires de passer du destroit de Malacca

---

1. Martin de Lyonne, de Paris, plus tard évêque de Rosalie, V. A. de Sutchuen, mort à Paris le 2 août 1713. Parti de Paris 1681, mars.
2. Capitaine du *Saint-Joseph*.

dans la mer du Sud, pourvu qu'on y eust des bastimens; la rivière est grande et belle; l'on peut partir de ce lieu pour tous les endroits de la mer du Sud, et pour l'Inde, quand la mousson pour aller en ces lieux est ouverte et pour la France dans le mesme temps qu'on le fait de Bantam. On pourrait estant maistre des lieux, faire le mesme négoce qu'on faisoit à Bantam, où il est croyable qu'on pourrait amasser une tres grande quantité de poivre, que les mesmes marchands l'apporteroient à Bantam ainsy que ceux de Borneo et de la Coste de Malacca où il y en a eu quantité et il y a mille negoces tant dans la coste de Sumatra que dans les îles circonvoisines à la coste de Malaye et autres lieux capables de faire subsister des habitans qui y seroient, sans intéresser le negoce de la Compagnie; l'on seroit bien porté aux tems de guerre et ayant des forces pour incommoder les isles des épiceries des Hollandois, Malacca et Batavia mesme et tout le commerce qu'ils font en la mer du Sud. Enfin ce port, selon toutes les apparences, est bien meilleur que celuy de Banca, où j'ay ouy dire que MM. de la Haye et Caron avoient dessein de s'establir. Il y a deux incommoditez: la première est qu'il faut passer pour y venir, ou par le destroit de Sonda, ou par celuy de Malacca, dont les Hollandois sont les maistres. Mais cet inconvénient se trouvera en tous les établissemens qu'on pourra faire en la mer du Sud. La seconde incommodité est qu'on est au milieu des terres des Malayes, qui sont tous des traistres et des canailles. Les Hollandois ont le mesme inconvénient à Malacca, Batavia et autres lieux où ils sont établis, et ils y remédient par le bon ordre qu'ils gardent dans leurs forteresses et par des forces qu'ils y entretiennent, capables de les tenir en bride. Je ne vous donne qu'une idée grossière des advantages que la Compagnie pourroit tirer de ce poste, sachant fort bien que le peu que j'écris suffit pour vous faire faire toutes les réflexions que mérite cette entreprise, sur laquelle il vous plaira de me donner vos ordres, mais bien amples, bien positifs et bien circonstanciés, s'il vous plaît, en cas que vous souhaitiez la tenter et, cela estant, il sera besoin de personnes entendues et d'un petit bâtiment comme *le Saint-Joseph* pour aller et venir, et nous trouverons toujours bien moyen de luy faire gagner la dépense.

Quelques conversations que j'ay eues avec le sieur Constantin Phauscon, duquel je vous parle cy-dessus, m'ont donné l'idée d'un dessein qui seroit, à mon advis, tres advantageux à la Compagnie, si elle pouvoit l'exécuter et si son negoce ne languissoit pas de la manière qu'il fait. Je crains mesme que le barcalon n'ait écrit quelque chose d'approchant au gouverneur de Madras, quoy que je ne m'en sois ouvert à personne. Ce dessein est donc que la Compagnie fît un traité avec le roy de Siam, par lequel elle s'obligeroit d'envoyer chaque année un navire de France à Siam de 4 à 500 tonneaux avec une cargaison de 100 000 livres, sçavoir : 40 à 50 ou 60 000 livres en draps des sortes que le roy les demanderoit et 50 ou 60 m. tt. en argent comptant, que le roy prendroit les draps à 20 ou 25 p. 100 de profit sur le pied de la facture et l'argent au prix courant. Ce navire, partant de France en janvier, pourroit arriver à Siam sans peine en juillet, aoust ou septembre, où le roy donneroit la charge de salpêtre que l'on m'assure être meilleur que celui du Bengale et que l'on pourroit avoir, à ce que je crois, à R. 10 le *picte*, quoy que le roy le vende ordinairement R. 21 ; et le restant en cuivre et étain, le cuivre à 20 lb. le caisson et l'étain à 40 ou 42 lb. le tahar. Ce navire partiroit d'ici à la fin de septembre ou au commencement d'octobre, pour arriver à la coste de Coromandel en décembre, et y déchargeroit son cuivre et étain qui est de l'argent comptant, et ne pourroit manquer d'y donner 25 pour 100 de profit, pour y reprendre sa charge de toile et en partiroit au commencement de février pour France. L'avantage, que la Compagnie retireroit de ce négoce est aisé à concevoir puisqu'elle sortiroit pour une somme considérable de draps de France, que, sans perte de temps et dans un mesme voyage, elle gagneroit sur les draps, cuivre et étain 40 ou 50 000 livres et que ce navire auroit pour son lest du salpêtre au lieu de pierre qu'on est obligé de prendre à la coste ; or, quand mesme la Compagnie seroit établie au Bengale, elle ne pourroit jamais tirer autant de salpêtre qu'il luy en faudra pour le lest de ses navires, s'il en venoit plusieurs, puisque les Anglois et Hollandois n'en peuvent tirer la moitié qu'ils en souhaiteroient. J'espère que vous me ferez l'honneur de m'écrire ce que vous pensez de ce dessein et si vous voulez que je le propose.

Mgr d'Héliopolis a présenté les lettres de S. M. très-chrétienne et elles ont été receues de la mesme manière que les premieres le furent. Sa Grandeur eut le lendemain audience du roy, à laquelle M. l'abbé de Lyonne seul assista.

Il y avoit déjà longtemps que le barcalon m'avoit dit que le roy son maître vouloit, avant d'aller à Lavau, me donner une marque de l'estime qu'il fesoit de notre nation et de la considération qu'il avoit pour moy, lorsqu'on m'avertit de me trouver le 11 octobre au palais du roy; les ambassadeurs du roy de Jamby[1] devoient le mesme jour avoir audience. Je me rendis dès le matin au palais et après avoir passé plusieurs cours, dans l'une desquelles, située vis avis le trosne du roy, il y avoit plusieurs soldats sous les armes; l'on me fit asseoir dans un endroit tout couvert de tentes, au milieu de plus de 600 mandarins; l'on fit asseoir les ambassadeurs de Jamby quelques 12 à 15 pas derrière moi, c'est à dire que j'estois plus près qu'eux du trosne du roy de 15 pas. Au signal de quelques instrumens, plusieurs riches rideaux, qui couvroient le trosne du roy, se retirèrent et le roy parut avec beaucoup d'éclat, soit pour la beauté du trosne soit pour la quantité des pierreries dont le roy estoit couvert. Après plusieurs fanfares de trompettes le barcalon prit la parole et luy dit que, selon l'ordre de Sa Majesté, je me presentois à ses pieds pour recevoir ses faveurs; ce prince me fit quelques demandes sur le roy de France et sur la raison pour laquelle il ne nous venoit point de navires. Ayant répondu à ce qu'il me demandoit, l'on presenta devant moy une *bandedge* d'argent, dans laquelle il y avoit un justaucorps d'un brocart d'or et d'argent, que nous luy presentâmes en arrivant icy et un sabre à la manière des Indes garny d'or. Ayant elevé 3 fois le tout à la hauteur de ma tête, l'on me vestit le justaucorps et je recommençay la revérence à la maniere du pays; après cela, le roy dit quelque chose aux ambassadeurs de Jamby et l'on leur vestyt a chacun un justaucorps de peu de valeur. Au signal des mesmes instrumens les rideaux se retirèrent et couvrirent le trosne royal. Tout le monde a esté etonné de cet honneur. Les Anglois et Portugais en ont eu une extrême jalousie; et celle des Hollandois a esté telle que, quoy que je soys bon amy avec le chef de cette nation, il n'a pu s'empescher de le faire paroistre et j'avoueray que j'en ay esté moy même surpris et qu'on ne doit l'attribuer qu'à la haute estime que le roy a pour notre nation. J'espère, monsieur, que la satisfaction, que vous recevrez de ces honneurs que j'ay receus, sera

---

1. Dans l'île de Sumatra, au sud-est de l'île. Les Hollandais y sont établis.

très grande, et que vous voudrez bien me laisser les marques que j'ay receues de la libéralité de ce grand prince, pour pouvoir quelque jour me servir de témoignage de l'application que j'ay donnée, depuis que je suis icy, à soutenir l'honneur et le crédit de la Compagnie et de ma nation.

Il y avoit longtems que Messeigneurs avoient envie que le roy leur voulût faire bastir une eglize : Mgr d'Héliopolis cherchoit quelque moyen pour cela; il s'en ouvrit au sieur Constantin Phauscon qui luy promit que, sans que Monseigneur le demandast, il feroit en sorte que Sa Majesté le feroit et Sa Grandeur vit, peu de temps après, l'effet des promesses de cet amy, puisque le roy luy envoya demander le dessin d'une église. Elle le fit presenter et ce prince a ordonné qu'on la bastit selon ce modèle qui est beau, grand et magnifique. Si les officiers secondoient la bonne volonté du roy, elle seroit bientôt sur pied.

Sa Majesté a aussy ordonné de bastir une maison pour les ambassadeurs, qu'il espère que notre puissant monarque luy envoyera; j'en ay fait presenter le modèle au roy; si on l'exécute, ce sera une jolie maison et qui pourra peut-estre nous servir. Sa Majesté fait aussy faire de la vaisselle d'argent pour ces ambassadeurs, et juroit que, s'il en vient, ils seront receus avec toute la pompe et magnificence possibles; il a envoyé faire au Japon les pièces les plus rares qu'il se pourra pour *envoyer en France*, et il dit que, quoy *qu'il n'y envoie pas d'ambassadeurs, il veut envoyer de tems en tems des presens au roy notre maître*.

Je vous supplie de me faire envoyer un cheval avec son harnois, dont je ne me puis passer, estant obligé, quand le barcalon est icy, d'aller 3 ou 4 fois la semaine chez luy, à l'heure de midy, et il demeure à un quart de lieue de chez nous; outre que je vois bien qu'il faudra que j'aille de tems en tems a Lavau, où la cour demeure 7 a 8 mois de l'année; et il n'y a point de Maures quy n'en ayt, et si vous n'avez la bonté de m'en envoyer, je seray contraint d'en acheter un icy, où ils sont extrêmement chers, quand ils sont un peu bons. J'ay vendu au sieur Constantin Phauscon la plus grande partie des marchandises qui me restoient et qui estoient toutes de rebut, la plus grande partie n'estant pas propre pour ce pays. J'ay vendu les marchandises de Surate à 35 pour 100 de profit sur le pied du prix coûtant dans l'Inde et les bastas brochés et cans noirs, qu'on m'a envoyez de Bantam, où ils estoient depuis 10 ans à 25 pour 100 de perte du prix coûtant, le tout pour payer en estain à l'arrivée des navires de Surate a R. 100 le bahar. J'ay cru avoir fait une bonne affaire, n'y ayant point de profit de garder des marchandises plusieurs années en magasin, ou de les envoyer d'où elles sont venues. Premierement, mon frère m'escrivoit de Bantam de donner les bastas brochés à 40 et 50 pour 100 de perte, plustost que de les renvoyer à Surate, où on perdroit encore davantage dessus. J'ai aussy vendu aux magasins du roy pour R. 4000 de marchandises, à payer à l'arrivée des navires du Japon en cuivre, à 20 écus le caisson ; il me reviendra de cette première affaire 450 à 500 pictes d'estain et de l'autre 100 caissons de cuivre et 50 ou 60 que je tacheray de négocier, avant que les navires de Surate viennent, ce quy aydera à la charge du navire, que vous me donnez esperance de voir envoyer icy à la mousson prochaine.

Les marchandises de Surate sont entierement tombées de prix et les chittes[1] et toiles peintes ne se peuvent vendre ; je marqueray cy bas les marchandises qui se peuvent envoyer. M. Lampton perdra beaucoup sur celles qu'il a apportées ; les navires du Japon qui ont relaché et une espèce de famine qu'il y a eu en ce pays ont causé ce mauvais effet ; touts les vivres sont extremement chers, et l'on ne peut que difficilement trouver de la volaille, des cochons, vaches et poissons ; le riz, qui est monté à 75 le cojon au lieu de 10 à 15 qu'il vaut ordinairement, est un peu diminué ; l'on en trouve présentement au bazar ; l'on a eté près de 2 mois qu'on ne pouvoit y en trouver.

Si vous envoyez icy un batiment et que vous envoyiez des présens, vous pourrez écrire une lettre au roy et une au barcalon. Il faut qu'elles soient ecrites sur du papier doré, et les mettre dans deux sacs de riches étoffes, l'un dans l'autre ; que ceux où sera la lettre du roy soient plus grands que la lettre et de beaucoup plus riches que ceux où sera la lettre pour le barcalon ; ils regardent de près à ces cérémonies.

Nous eûmes nouvelles dans le mois de juin dernier que les Hollandois avoient pris Bantam, et que quelques personnes du conseil de la loge Angloise devoient venir icy pour

---

1. Chittes sont aussi des toiles peintes que nous nommons perses. Legoux de Flaix, *Essai sur l'Indoustan*, 1807.

mettre à couvert leurs effets et pour chercher un autre établissement dans cette mer. Cette nouvelle me fit craindre que les Anglois venans icy n'eussent dessein de demander au roy le poivre quy croîtroit en son royaume, et que, quand mesmes ils ne l'obtiendroient pas, cela feroit que peut-être le roy ne nous l'accorderoit pas aussy, ou que du moins, allant à l'enchère, nous ne l'obtiendrions qu'à un prix plus hault que celuy pour lequel je pouvois pour lors traiter ; je commençay donc pour lors à en parler au barcalon et à en faire parler au roy. Quelque temps après je receus les lettres que vous m'avez fait l'honneur de m'escrire cette année, par lesquelles je vis que vous ne souhaitiez pas encore que nous engageassions aucun traité, mais seulement de tâcher à gagner du temps ; je jugeay néanmoins cette affaire de si grande importance, et la conjecture de la prise de Bantam si pressante, que je pris résolution de la traiter, croyant, selon le proverbe commun, que ce qui seroit bon à prendre seroit bon à rendre ; aussy j'en parlay tout de bon au barcalon, et après des difficultés qui ont duré cinq mois, je suis demeuré d'accord, et le roy nous a accordé que la dixième partie du poivre seulement seroit pour le roy, outre celuy qui seroit pour la consommation du royaume et que le restant sera pour la compagnie, à 16 le bahar, qui est le prix de Bantam, quoyque celuy-cy soit bien meilleur, avec deffenses à tous étrangers ou autres personnes d'en enlever un grain hors de ce royaume sans notre permission. Je n'ay pu encore avoir le firman de cette affaire, qu'on m'a cependant promis en la forme que je marque cy dessus, et quoy qu'il ne soit pas tout à fait en la forme que je le souhaiterois, j'ay cru qu'il falloit toujours le prendre tel quel ; puisque, dans la suite que nous connoistrions mieux ce que nous devrons demander, il me sera, à ce que j'espère, facile de le faire augmenter. L'on m'a aussy accordé un firman, portant ordre aux officiers du roy de me laisser liberté d'acheter tout le cuivre et autres marchandises qui viennent de dehors, à ma volonté. Je vous prie, monsieur, de faire réflexion sur la conséquence de cette affaire du poivre, qui doit être une des plus considérables et plus profitables que la Compagnie traittera de longtemps dans les Indes, et si on pouvoit tirer de ce lieu autant de poivre qu'il s'en recueilloit ou trouvoit à Bantam, ce qu'on ne peut encore savoir, il me seroit très-facile de prouver ce que j'avance, puisqu'il faut demeurer d'accord qu'ayant le poivre à 16 le bahar et pouvant avoir icy du salpêtre et autres marchandises pour lest, ce sera la meilleure marchandise qu'on puisse porter en France. Le poivre se transporte avec bon profit au Japon, Chine, Tunkin, coste de Coromandel, Bengale, Moka, Surate, Perse, et, ce comptoir estant bien estably, nous pouvons très-facilement faire les négoces. Le barcalon m'a dit qu'il espéroit qu'il se recueilleroit quelque quantité de poivre en deux ou trois ans, mais que dans quatre ou cinq il s'en recueilleroit beaucoup davantage. Ayez, s'il vous plaît, la bonté de me marquer la manière dont je me conduiray en cette affaire, et si vous m'envoirez de l'argent pour achepter du poivre, lorsqu'on commencera à en recueillir.

Le sieur Lorain, escrivain du *Saint-Joseph*, arriva en notre maison le 15 décembre au soir ; il me donna avis de l'arrivée de ce bastiment, ce qui me surprit, parce que M. Boitout m'avoit toujours dit que, s'il n'estoit point à Siam dans le mois de novembre, je ne devois pas l'attendre ; c'est ce qui m'a empêché de faire provision de marchandises pour le charger, comme je le pouvois faire, si j'avois esté assuré qu'il eust deu venir icy, et comme je ne l'attendois pas j'avois chargé sur le navire du sieur Lampton 190 dents d'éléphant et 20 coffres de benjoin que j'avois en magasin à raison de 7 1/2 pour 100 de fret. Cependant le sieur Lampton a donné ordre aux officiers de son navire, qui est en rade, pour les délivrer à l'écrivain du *Saint-Joseph*, à qui j'ay donné ordre de les recevoir. Je luy ay ordonné aussy de remplir toute la place, qui restera vuide dans *le Saint-Joseph*, de bois de safran, et il vous donnera compte du nombre d'espices qu'il aura pris, ce que je ne puis vous marquer, ne pouvant aller au bas de la rivière, où est le bois de safran, n'estant pas bien remis de deux maladies que j'ay eues coup sur coup. J'ay retenu le sieur Charpentier, chirurgien du *Saint-Joseph* et l'ay adverty que ce n'estoit point en qualité de chirurgien seulement que je le gardois, mais pour faire tout ce dont il seroit capable, à quoy il s'est accordé ; il écrit raisonnablement bien et me paroist sage et il témoigne beaucoup d'envie de se rendre capable d'emplois plus considérables que le sien.

J'ay remis à M. Lefebvre la copie de mes écritures de cette année et la lettre que le barcalon vous écrit. Il vous plaira, lorsque vous luy écrirez, luy donner les mesmes titres qu'il prend, qui sont les mesmes que le roy luy donne. L'on m'a dit qu'à la vérité le général de Batavia écrivoit au roy de Siam toutes les années, mais que ce n'estoit pas en style de lettre, mais en style de requête, ce prince ne recevant de lettres que des testes couronnées et que s'il receut la lettre que vous me dépeschâtes pour icy, c'estoit à cause que c'estoit la première fois que nous y venions. Si vous souhaitiez luy envoyer un présent, dont je crois que vous ne pouvez vous dispenser dans la conjecture présente, il vous plaira, à faute de curiositez d'Europe et d'ouvrages d'émail, le composer de quelques pièces d'atlas rouges comme les soucis, de quelques autres estoffes de grande richesse et de quelques tapis de soye et de Perse des plus fins; l'on peut aussy envoyer quelque chose de semblable au barcalon.

Je me donnay l'honneur de vous écrire le mois passé par la voye de Masulipatam, mais comme je ne vous mandois rien dans cette lettre qui ne soit dans celle-cy, je ne vous en envoye point le duplicata, mais seulement l'état des marchandises propres pour icy savoir :

150 co. salimpores noirs[1] sans cange[2] surtout ; ils en seront à meilleur marché à Surate et pliés comme ceux de la coste.

150 co. salimpores crus de deux ou trois sortes.

100 co. pattekas fins et bien serrés ; l'on pourroit envoyer de ces deux dernières sortes davantage que je marque s'il n'y a que le navire de la Compagnie qui vienne à Surate.

60 co berannes rouges avec 5 chappes d'or.

40 ou 50 co. de chelas rouges à chappe d'or ; que ce soit s'il se peut la chappe de la Compagnie, et sur les berannes de mesme.

100 sacs et jusques à 200 sacs de bon bled, si le navire de la Compagnie vient le premier.

100 co. bétilles[3] amany creues et un peu de blanches.

12 ou 15 caudils de coton en bourre bien emballé[4].

Le restant des marchandises que je demandois l'an passé,

---

1. *Le salemporis* est une toile légère, fine et jolie, très-soignée dans son tissage, bien fabriquée, souple, molle et dont le grain, quoique uni, ne l'est cependant pas autant que la perkale (Legoux de Flaix).

2. *Cange*, bouillon de riz avec lequel on gomme toutes les espèces de toiles et les étoffes de soie (Legoux de Flaix).

3. Bétille, espèce de mousseline rayée.

4. *Coton*. On en connaît sept espèces ou variétés dans la seule province de Bengale. — Cette plante réussirait immanquablement dans les provinces méridionales de l'empire français (Legoux de Flaix).

hormis des chittes et toiles peintes, dont il ne faut point de roupies ny d'abassis, sur lesquels il y a beaucoup à perdre.

Les guinées et salimpores blancs, crus fins et ordinaires, et les salimpores noirs de la coste donneront toujours bon profit.

Le lendemain de l'arrivée du *Saint-Joseph* le feu prit dans la loge des Anglois, où ils ont eu pour 15 000 fr. de marchandises brûlées. Je crois que, si la Compagnie vouloit continuer le négoce de Tunkin elle ne pourroit mieux faire que d'envoyer icy *le Saint-Joseph*, que nous aurions soin de tenir prest à l'embouchure de la rivière dès la fin de juin pour charger ce que vous envoyeriez pour ce lieu-là sur le navire que je m'attends que la Compagnie envoyera toutes les années icy, et pourveu qu'il y eut de l'avance au Tunkin, ce petit bastiment seroit toujours assez à temps de retour pour charger sur le navire, que nous renvoyerions à Surate, les marchandises qu'il apporteroit; et comme ce sont des marchandises fines qui se tirent du Tunkin pour France, il pourroit nous en apporter quelques autres qui nous donneroient 30 ou 40 pour 100 à l'arrivée des navires du Japon et pendant le reste du temps nous pourrions employer ce petit bastiment en quelques voyages à la coste de Malaye, qui nous donneroient du proffit et des connoissances.

Comme il a plu à Dieu de tirer de ce monde le sieur Boitout[1], et que le sieur Calvé qui commande à présent *le Saint-Joseph* est tout seul de pilote; j'ay fait embarquer le pilote Jean Drouillard dessus pour luy ayder, et je luy ay promis L. 50 par mois, qui sont les mesmes gages que M. François Martin luy avoit accordez, quand il s'embarqua à Pondichéry sur *le Vautour*.

Le sieur Marouta, Arménien, à qui j'avois fait prendre une boutique pour vendre quelques marchandises de la Compagnie, et qui a ensuite demeuré en notre maison, repasse sur *le Saint-Joseph;* il s'est employé en tout ce que je luy ay commandé pour le service de la Compagnie.

Le sieur Constantin Phauscon, dont je vous parle en plu-

---

1. *Le Saint-Joseph* ayant été attaqué par deux corsaires chinois, en conduisant le sieur Lefèvre au Tonkin, il y eut un combat qui dura deux heures, après lequel les corsaires furent obligés de s'éloigner; malheureusement le capitaine fut tué du dernier coup de mousquet tiré par eux.

sieurs endroits en cette lettre, et qui vous écrit a donné ordre au sieur Lampton de vous payer R. 2000, mais il n'a pas osé vous escrire en quoy il souhaitoit employer cette somme; il m'a prié de le faire : ce seroit 500 perles de R. 3 la pièce, quelque chose plus ou moins, les plus égales qu'il se pourra, et cela montera à près de R. 1500; il voudroit que le restant des R. 2000 fut employé en 3 pièces d'atlas d'amadabat, une verte, une blanche et une rouge, avec une pièce d'alegeas rouge à rayes d'or, et que toutes les pièces fussent sans cange et les plus molles que faire se pourra ; j'espère que vous voudrez bien ordonner à quelqu'un de faire cette commission et que, quand mesme M. Lampton ne payeroit pas cette somme pour quelque raison que je ne puis prévoir, vous ne laisserez pas d'envoyer ce que dessus, que ledit sieur Constantin Phauscon payera exactement.

Comme la Compagnie sera obligée d'envoyer icy du comptant, sur lequel il y aura toujours quelque perte, le sieur Constantin Phauscon m'a prié de luy faire venir les choses suivantes, dont il a besoin pour le service du roy, et dont il aura soin de payer la valeur à Siam, sur le prix coustant de Surate :

1 ancre de 1800 l.
1 id. de 1400 l.
1 id. de 1200 l.
1 id. de 300 l.

2 câbles d'Europe de la grosseur nécessaire pour servir aux deux grandes ancres cy-dessus.

6 pièces de grosses toiles de voile.

6 barils de goudron.

6 pictes de mèche d'Europe, s'il s'en trouve à Surate.

Tous les cordages qui seront nécessaires pour appareiller un navire de 300 tonneaux.

Le roy a ordonné audit sieur Constantin Phauscon de vous écrire sur plusieurs ouvrages que ce prince souhaite avoir de France. J'ay représenté audit sieur Phauscon qu'il y en avoit plusieurs, qu'il seroit difficile de faire et de transporter de France icy ; cependant je crois que la Compagnie fera bien d'envoyer à ce prince ceux desdits ouvrages qui se pourront faire, les Hollandois estant fort exacts à exécuter de semblables commissions, dont le roy les charge journellement.

Le sieur Vresteigne, Hollandois qui commandoit à Surate des navires mores, et qui est présentement au service du roy de Siam, m'a demandé permission d'embarquer sur le navire *le Saint-Joseph* 5 bahars d'étain pour délivrer à Surate, à sa femme, ce que je luy ay accordé sans payer de fret, cet honneste homme ayant rendu, lorsqu'il estoit à Surate, particulièrement dans le temps de la guerre, quelques services à la Compagnie et en pouvant encore rendre d'autres dans l'occasion.

Comme j'estois prest à fermer cette lettre, le roy de Siam a donné ordre de charger sur *le Saint-Joseph* 20 bahars d'étain pour employer en quelques marchandises, et comme ledit sieur Constantin Phauscon vous écrit sur ce sujet, je n'ay plus rien à adjouter à la présente que la prière très-humble de vos bonnes grâces, puisque je suis avec tout le respect possible, etc.,

DESLANDES BOUREAU.

D'après ce mémoire, l'on voit l'influence française grandissant et les moyens dont elle dispose avec le Grec Constance Phauskon, qui devait sa fortune en partie à Monseigneur de Beryte. On voit aussi l'impatience du retour des ambassadeurs envoyés en France s'augmentant tous les jours, par cette raison que la cour de Siam était bien persuadée que Louis XIV les ferait accompagner à son tour pour lier une amitié étroite entre les deux nations.

Malheureusement il n'y avait d'eux aucunes nouvelles depuis leur départ de Bantam. On n'apprit que plus tard que *le Soleil d'Orient* avait fait naufrage aux environs du cap de Bonne-Espérance et que les ambassadeurs avaient péri ainsi que le sieur Gayme[1].

Mais cet événement, dans lequel on ne voyait encore qu'un retard, servit davantage à montrer la passion du roi de Siam. Il savait, disait-il, que les voyages de mer sont pleins de risques, et il ajoutait sans mystère que, quand bien même il serait arrivé malheur à ses gens, il ne se lasserait pas, qu'il n'eût atteint le but de ses désirs.

Tous ces détails expliquent la seconde ambassade envoyée

---

1. J'en trouve la confirmation dans le *Catalogue des missionnaires français partis du séminaire des Missions étrangères*, par Jacques Royer (1839). M. Benigne Vachet, qui remplit dans la seconde ambassade les mêmes fonctions que M. Gayme dans la première, était de Rouen. Il mourut au séminaire en 1720.

en 1684 par ce prince qui, en dehors de sa sympathie bien marquée pour notre religion et la grandeur de notre nation, avait une raison politique dans les désirs d'une alliance, par laquelle il pouvait espérer d'être protégé contre les Hollandais.

Les documents contenus aux archives du Ministère de la Marine s'accordent avec les annales de Siam pour confirmer la réalité de cette mission, s'ils ne garantissent pas les particularités que fait connaître le volume de ces annales, consacré tout entier à rappeler cet événement, et dont Mgr Pallegoix a donné un extrait[1].

Pierre MARGRY.

---

1. *Description du royaume Thai ou de Siam*, 2 volumes, 1854. Paris.

LES FLOTTES DE L'ESPAGNE

ET LE COMMERCE EUROPÉEN

AUX INDES OCCIDENTALES

A LA FIN DU DIX-SEPTIÈME SIÈCLE.

Un des commerces les plus considérables de la France, en tout temps, a été son commerce avec les Indes occidentales. Mais, avant l'indépendance des colonies Espagnoles, le commerce, dont les intérêts froissés mènent aujourd'hui les escadres combinées de la France, de l'Angleterre et de l'Espagne au Mexique, ne pouvait être que clandestin et indirect, les lois d'Espagne l'interdisant à tous ceux qui n'étaient pas Espagnols; encore ne comprenait-on pas sous ce nom les sujets des pays conquis et rattachés à la nation.

Malgré cette prohibition, comme il y avait de grands avantages dans ce commerce, et que c'était en quelque sorte aller chercher l'or à sa source, la France et les autres nations Européennes ne cessaient de le faire, se servant pour cela de l'intermédiaire d'Espagnols de bonne volonté, en qui l'on pouvait se confier et qui s'embarquaient sur les flottes de la nouvelle Espagne ou de la Terre Ferme.

A cet effet, les commerçants étrangers dressaient des factures, que chacun signait, et l'on substituait deux personnes à ses amis, au cas qu'ils vinssent à mourir pendant le voyage.

La fidélité, qu'on avait toujours trouvée parmi les Espagnols embarqués sur les flottes, galions et autres navires particuliers, avait beaucoup contribué au commerce que les étrangers faisaient aux Indes, car quoiqu'on ne pût leur demander raison des cargaisons qu'on leur donnait en commission pour y porter, et qu'on fût obligé d'en recevoir les comptes tels qu'ils les rendaient, on n'avait vu que très-rarement qu'ils manquassent à la confiance qu'on avait eue en eux.

« Quelque perquisition qu'on ait faite dans ces derniers

temps aux Indes pour découvrir les biens des François, dit un contemporain[1], ils ont plustost souffert la prison que de rien déclarer, et c'est ce qui a donné lieu à la taxe, faite au Mexique, sur ceux qui portoient des produits des manufactures de France.

« Et pour justifier leur grande fidélité, il faut sçavoir que toutes les marchandises qu'on leur donne à porter aux Indes sont chargées sous le nom d'Espagnols, qui bien souvent n'en ont pas connoissance, ne jugeant pas à propos de leur en parler, afin de tenir les affaires plus secrètes et qu'il n'y ait que le commissionnaire à le savoir, lequel en rend compte, à son retour des Indes, directement à celui qui en a donné la cargaison en confiance, sans avoir nul égard pour ceux au nom desquels le chargement a été fait, et lorsque ces commissionnaires reviennent des Indes soit sur les flottes, galions ou navires particuliers, ils apportent leur argent dans leurs coffres, la pluspart entre pont et sans connoissement. Ainsy il est aisé de voir que le commerce ne se fait que sur la bonne foy et avec beaucoup de confiance. Il est à remarquer que, quoiqu'il y ait peine de confiscation à tous ceux qui apportent des barres en argent non monnoyé, sans le déclarer à la personne qui est commise du roi d'Espagne à ce sujet dans tous les navires, il n'en vient presque point de déclaré, attendu qu'estant arrivé en Espagne on le délivreroit aux maistres des monnoyes, qui les font valoir moins que les estrangers de 50 et 60 francs par marc ; ainsy l'argent vient presque tout sans qu'on puisse en conster ni justifier par acte. »

Le tableau des marchandises que l'on vendait aux Indes occidentales démontre que l'Espagne entrait pour peu de chose dans le commerce, dont elle n'était guère que le commissionnaire pour les autres nations de l'Europe.

C'étaient en effet :

Du fer, de l'acier, du plomb et de l'étain pour servir de lest;

Toutes sortes de toiles, en grande quantité, la plupart de France ;

Des serges et frises, en très-grande abondance également;

De la quincaillerie de France et d'Allemagne ;

Des toiles d'or et d'argent ;

---

1. Lettre de M. Simonnet à Colbert (1670).

Des tapis, brocards et autres espèces d'étoffes de soie, des dentelles d'or et d'argent et de fil en grande quantité;

Des chapeaux de castor et de laine, des manufactures de France, des bas de soie et une grande abondance de soie pour ouvrages, venant de Sicile;

Toute espèce de laines en étoffes, comme draps, étamines, revesches et camelots;

Enfin, des vins, qui y étaient toujours d'un fort bon débit, parce que les Espagnols ne permettaient pas que l'on en fît dans leurs royaumes de l'Amérique.

D'après une note, que donnait en 1680 à un de nos capitaines de vaisseau un marin espagnol, il fallait répartir ainsi, entre les puissances européennes, le chiffre du commerce qui se faisait aux Indes occidentales, chaque année, par l'intermédiaire de l'Espagne :

Le commerce de la France.	6 millions.
Le commerce de l'Angleterre	5 —
La Hollande, Hambourg et Dantzick.	10 —
Flandres, Suède et Danemark	4 —
Gênes, Naples et Libourne.	7 —
La côte de Barbarie.	1 —
Le Portugal, la Galice et la Biscaye.	2 —
Et le commerce général d'Espagne.	3 —

Ainsi, d'une somme de 38 millions, l'Espagne n'en retirait que trois et les étrangers trente-cinq.

Plusieurs fois, la cour d'Espagne reconnaissant combien un tel état de choses était regrettable pour elle, il fut présenté des mémoires au roi touchant le commerce, pour faire entendre que l'Espagne pourrait l'entreprendre sans le secours de ses voisins. Mais la nonchalance et la mollesse des Espagnols, leur ignorance des arts, leur abandon de presque toute industrie, témoignaient toujours qu'il leur était impossible de pouvoir rien faire sans les étrangers, puisque, dans leur pays même, il y eut des années, où ils seraient morts de faim, si les Hollandais et les autres peuples du Nord ne leur eussent porté du blé, de l'orge, des fèves et d'autres sortes de grains. Quant au commerce avec leurs colonies, comment les Espagnols eussent-ils pu les approvisionner sans les autres nations, les fruits et les marchandises de l'Espagne étant surtout des vins et des eaux-de-vie? Ils avaient bien des étoffes de soie et de laine des fabriques de Séville, de Tolède, de Grenade, de Cordova et de Sisante ; mais les colons les aimaient moins que celles qu'on leur portait des autres endroits, à la réserve de certains taffetas noirs et de couleur presque inimitables qui se faisaient en Espagne ; ils ne comprenaient point dans les manufactures de la métropole tout ce qui venait de Bruxelles, d'Anvers ou des autres villes des Flandres, quoique sujettes du roi d'Espagne, non plus que ce qui y allait de Milan, de Naples et de Sicile.

Ainsi qu'on le voit, l'inertie et l'insuffisance des Espagnols entretenaient l'activité des autres nations, qui s'empressaient de leur porter ce qu'il y avait de plus rare et de plus curieux dans tout le reste du monde. L'Espagne payait avec le revenu de ses galions.

On comprend par là quelle était pour ce peuple, ainsi que pour les autres, l'importance de la navigation, qui ramenait toutes ces richesses destinées à être versées sur le reste de l'Europe.

Colbert et Seignelay firent en conséquence du commerce de l'Espagne l'objet de leurs plus grands soins, et leurs lettres sont pleines de témoignages de leur préoccupation à ce sujet.

Colbert écrivait le 5 février 1672 au marquis de Villars, ambassadeur de France à Madrid :

« Il est tellement nécessaire d'avoir soin d'assister les particuliers qui font leur trafic en Espagne, pour maintenir le plus important commerce que nous ayons, que je suis persuadé que vous ferez toutes les instances qui pourront dépendre de vous pour leur soulagement, et que vous surmonterez par votre application toutes les difficultés qui se pourront rencontrer, en sorte que cette protection produira des avantages considérables au commerce des sujets de Sa Majesté. »

Les difficultés que les Espagnols opposaient alors au marquis de Villars ne furent pas levées tout de suite ; loin de là, elles se compliquèrent de nouvelles rigueurs, comme nous l'apprend une autre lettre de Colbert au marquis de Villars (Paris, le 24 juin 1672.)

« Monsieur,

« J'ay receu les lettres, que vous avez pris la peine de m'escrire le 25 may et 8 de ce mois, sur ce qui concerne les François arrestez et qui sont dans les prisons de Séville, qui alloient, à ce que l'on prétend, faire commerce dans les Indes. Je vous diray que, si les Espagnols prétendent avoir droit de condamner à mort ou à des prisons perpétuelles les François, pris navigans sur les costes des Indes, sous prétexte de deffenses qu'ils ont faites à toutes les nations estrangères d'y faire commerce, le Roy ne sera-t-il pas en droit réciproquement de faire subir les mesmes peines aux Espagnols, que Sa Majesté trouvera navigans ou passans proche des isles, appartenant à Sa Majesté dans l'Amérique, sur le fondement des mesmes deffenses, que Sa Majesté a fait à toutes les nations, d'y faire commerce. Si vous prenez la peine de bien considérer les estranges conséquences, que ce prétendu droit de part et d'autre tireroit après soy, et combien mesme il seroit préjudiciable à la couronne d'Espagne, d'autant qu'il y a fort peu de François qui se soient advisez de naviguer dans le golphe Mexique, et qu'au contraire toutes les flottes qui partent de Cadiz, sont obligées de passer au travers des Isles Françoises de l'Amérique pour aller à Carthagène et dans les autres lieux sujets à cette couronne qui sont dans le golphe. Et si vous prenez la peine d'examiner encore la carte, et de vous informer des routes que tiennent les galions et les flottes, vous trouverez tant de raisons, du costé des Espagnols, de se départir d'un droit si extraordinaire, et qui, s'il estoit exercé par le Roy, à leur exemple, leur apporteroit de si grands préjudices, que peut estre ces raisons seront-elles assez fortes pour faire relascher mesme en justice et sans grâce ces misérables prisonniers. Mais, en tout cas, le Roy m'ordonne de vous dire qu'après que vous en aurez fait les instances dans toutes les formes prescrites par les traités, et que vous leur aurez fortement représenté toutes les raisons qui peuvent les démouvoir d'exercer un droit si extraordinaire en la personne des sujets de Sa Majesté, vous m'en envoyez vostre certificat en forme, afin qu'elle puisse par des represailles procurer la liberté de ses sujets. »

La réponse du marquis de La Fuente au marquis de Villars ne plut pas au roi et Colbert écrivit encore à l'ambassadeur de France, le 5 août 1672 :

« Comme vous avez convaincu le ministre que le vaisseau, sur lequel estoient les François, n'alloit pas à Campesche et qu'il a esté pris navigant dans le golphe du Mexique, il ne reste plus qu'à sçavoir, si les Espagnols veulent commencer cette sorte de guerre, c'est-à-dire que tous les vaisseaux françois, qui navigueront dans le golphe du Mexique, pourront estre pris, comme aussy tous les vaisseaux espagnols, qui naviguent au travers des isles de l'Amérique, appartenant au Roy, à quoy Sa Majesté ne perdra pas beaucoup, parce que, depuis six années, elle a toujours tenu une escadre de six bons vaisseaux dans ses Isles et que toutes les flottes de Neuve-Espagne, les galions passent de nécessité absolue tous les ans, et, comme ils n'ont reçeu jusques à présent que de la civilité et du bon traitement, si le conseil d'Espagne veut décider de cette question de cette sorte, Sa Majesté envoyera ses ordres à l'escadre de ses vaisseaux, qui est actuellement aux dites Isles, d'en user autrement qu'ils n'ont fait par le passé. »

L'Espagne ne pouvait se résoudre à penser que les Bulles, qui avaient partagé l'Océan entre elle et le Portugal, étaient depuis longtemps abrogées par la Papauté elle-même. Elle cherchait à retenir de son passé ce qui la touchait le plus, mais force lui était de sentir qu'elle n'était plus la souveraine des mers. Elle céda, et rendit les prisonniers.

Toutefois, il était évident que cette concession lui coûtait fort ; aussi le roi de France ne cessait-il pas de faire paraître ses vaisseaux dans les mers des Indes occidentales, et il leur ordonnait de visiter les postes que les Espagnols occupaient tant à la côte de Terre Ferme que dans les Iles, principalement à Carthagène et à Saint-Domingue « pour estre, disait-il, toujours informé de la situation et des avantages de ces postes, des facilitez et des difficultez, qui se rencontreroient à les attaquer et aussi pour faire toujours cognoistre aux Espagnols, que s'ils ne faisoient pas justice aux Français dans le commerce qu'ils font au retour des galions, Sa Majesté est toujours en estat de les forcer à le faire, soit par l'attaque des galions ou mesme de ces postes. » (*Instruction du roy pour le comte d'Estrées*, 1er avril 1680.)

Ces mêmes vues déterminèrent Colbert et Seignelay à chercher dans le golfe du Mexique un havre capable de recevoir les vaisseaux français, afin d'avoir là toujours une flotte prête à des entreprises, qu'appuieraient nos Antilles contre les possessions espagnoles. L'exploration du Mississipi et la protection donnée par Colbert à Cavelier de la Salle en 1678, n'avaient pas d'autre objet[1].

---

1. Voir plus haut la relation de cette découverte.

La prise par l'Espagnol Quintana d'une petite frégate française, que commandait le sieur Longchamps, ne fit que rendre Louis XIV et ses ministres plus désireux d'assurer une navigation que la cour d'Espagne donnait ordre de nous interdire.

« J'ay estimé, écrivait à ce sujet le roi au vice-amiral comte d'Estrées, le 24 mai 1680, qu'il estoit important au bien de mon service et à la liberté de la navigation de mes sujets dans tout ce golfe, *liberté que je veux établir dans toutes les mers*, de demander raison de la violence commise par le sieur Quintana, et en mesme temps de l'obliger de saluer un pavillon inférieur au sien ; et comme il sera peut estre difficile qu'il vous puisse donner la satisfaction entière et complète que je desire sur ces deux points, je veux qu'ils vous servent de prétexte et de raison pour le combattre, et que vous déclariez mesme partout que vous avez ordre de le faire saluer et lui demander cette restitution, parce que le bien de mon service et l'avantage de mes sujets desirent que les Espagnols n'aient aucune escadre de vaisseaux de guerre dans toute l'étendue de ces mers, et que la navigation de leurs flottes et de leurs galions repose seulement sur la seureté que mes vaisseaux de guerre leur donneront dans toutes ces mers. »

Louis XIV outre-passait à son tour ses droits, s'il est vrai que ces exagérations peuvent s'expliquer par la longue tyrannie exercée par l'Espagne sur l'Océan.

La présence de nos escadres dans les mers voisines du Mexique et de ce qu'on appelait autrefois le Pérou avec les vues qu'on vient d'exposer, l'établissement des Français en Louisiane complétant celui des Antilles dans le voisinage des Possessions espagnoles, et, par les mêmes raisons, la grande question de l'*indult* ou taxe, imposée en Espagne sur les marchandises françaises, qui motiva en 1685 l'envoi d'une escadre pour bloquer Cadix et menacer même de bombarder la ville, toutes ces circonstances font voir l'intérêt que la France attachait alors à son commerce avec les régions aurifères de l'Amérique, si indirect qu'il fût.

Par ces divers côtés, le tableau de la navigation des Indes occidentales se rattache à l'histoire de notre marine, à celle de notre commerce, comme à la formation d'une partie de nos colonies.

Cette raison nous a fait choisir dans nos documents, les

renseignements fournis en 1680, par des officiers qui naviguaient dans ces mers. Les mémoires des sieurs *Duhalde* (28 mars 1680) et *de Rochefort* (14 septembre 1680), nous ont surtout frappé, mais comme ces mémoires eussent été trop longs et souvent sans intérêt pour le lecteur, nous nous sommes borné à en prendre ce qu'il importe encore à l'histoire de connaître, en liant entre eux ces documents sans les altérer.

J'ignore ce qu'était M. Duhalde. Je ne suppose pas que ce soit le gentilhomme gascon de ce nom qui succéda à d'Esnambuc dans le gouvernement de l'île Saint-Christophe. Les mémoires du sieur Duhalde sur les Indes occidentales étant adressés à Colbert en 1680, il semble qu'il y ait trop de distance entre cette époque et celle à laquelle vivait le successeur de d'Esnambuc (1638), qui devait alors avoir au moins trente ans ; seulement je crois bon de rappeler le nom de cet officier, à cause du voisinage de l'île française où il commandait et des possessions espagnoles qui nous occupent. Il paraît probable par la similitude de nom et par la nature des intérêts dont il s'occupe, que l'auteur de ce mémoire, qui était à Cadix en octobre 1679, n'est pas étranger à ce « brave gentilhomme, qu'au dire de Dutertre, les habitants nommaient Bras-de-fer, à cause du bras artificiel, par lequel il avait remplacé celui qu'il avait glorieusement perdu au service du roi.

Quant au sieur de Rochefort, il se nommait Chertemps de Rochefort, lieutenant dans la marine, en date du 16 mars 1668 ; il avait été nommé capitaine de vaisseau le 10 décembre 1674, et il mourut commandant *le Fourgon*, le 3 août 1685; il avait recueilli les renseignements dont nous donnons ici une partie, dans une navigation exécutée dans le golfe du Mexique sur la frégate *la Bouffonne*, depuis juin 1679 jusqu'en septembre 1680, époque à laquelle il rentrait à Brest.

P. MARGRY.

MÉMOIRES DE MM. DUHALDE ET DE ROCHEFORT,

sur les flottes espagnoles dans les Indes occidentales.
(1680.)

Les Espagnols possèdent aujourd'huy les plus grandes et les plus riches provinces de l'Amérique, qui sont le Pérou, la Nouvelle-Espagne, les isles de leur dépendance, et plusieurs places terrestres et maritimes contigues à d'autres Estats et juridictions, d'où l'on tire l'or, l'argent, les perles, les émeraudes, la cochenille, l'indigo, les cuirs, le cacao, le tabac, le sucre et quantité d'autres marchandises de considération; ils ne souffrent point que d'autres nations y aillent trafiquer, s'estant reservé uniquement ce commerce.

Pour cet effet, le roy d'Espagne fait souvent partir de Cadix, de Séville et de Saint-Luc, des flottes et des navires qui y vont négocier pour le compte de plusieurs particuliers et qui, par mesme moyen, apportent de ces pays l'argent du roy que l'on appelle en Espagne la récolte de telle à telle année[1].

Comme la grande estendue de l'Amérique a donné lieu de la diviser en plusieurs royaumes et d'en séparer le gouvernement comme en deux, suivant ses deux expositions au nord et au sud, qui ont des saisons différentes d'y fréquenter par mer à cause des vents, le roy y fait faire des dépesches de flottes, distinctes les unes des autres, qui partent dans des temps différens, ont chacune leur destination de pays et leurs adresses particulières et ont aussi dans le commerce des noms particuliers donnez des royaumes où elles abordent, savoir, la flotte pour la coste du sud, le nom de flotte du royaume de Terre-Ferme ou plus communément des galions[2],

---

1. Mémoire de Duhalde.
2. Les galions étaient des navires dont l'on faisait usage vers la dernière moitié du quinzième siècle, mais peut-être antérieurs à cette époque. « Le galion, bâtiment d'une construction mixte, dit M. Jal, tenait de la nef ou vaisseau rond, par la forme générale, la force de l'échantillon, la hauteur des œuvres mortes et l'accastillage; il tenait de la galère par sa longueur, qui n'était cependant pas tout à fait celle de ce vaisseau long, mais qui était plus grande que celle de la nef. Le rapport ordinaire de la largeur à la longueur, dans le vaisseau rond, était de 1 à 3; dans le galion, le rapport changeait et devenait à peu près celui de 1 à 4 ou 5. Les galions d'un petit tonnage bordaient quelquefois des avirons; les grands galions naviguaient, comme les vaisseaux ronds, seulement à la voile. La mâture du galion, comme celle de la nef, était composée de trois mâts verticaux, quand le navire n'était pas très-grand; lorsqu'il était d'un tonnage considérable, on arborait un contre-artimon en arrière de l'artimon, ce qui faisait quatre mâts debout. Quelquefois par pompe, comme dit un auteur du seizième siècle, on ajoutait ce quatrième mât aux galions ordinaires. Au-dessus des basses voiles, les galions portaient, au grand mât, et au mât de misaine, des voiles de hune et de perroquet. Il est bien entendu que l'artimon et le contre-artimon étaient à la latine, c'est-à-dire envergués sur les antennes. » Jal, Glossaire nautique.

et l'autre pour la partie du nord, le nom de flotte de Neuve-Espagne ou du Mexique. Ces deux flottes comprennent les principaux envois du roy d'Espagne en Amérique. Il y en a de particuliers, comme pour le vif argent ou pour le Honduras, mais, comme ils ont leurs relations aux deux principales flottes des royaumes cy-dessus, ils sont d'une beaucoup moindre considération[1].

Il y a en outre cela cinq autres galions de 6, 7, 8 et 900 thonneaux chacun, qui appartiennent encore au roy, armez de 40 à 45 pièces de canon aussi en fonte.

Une patache qu'on appelle ordinairement la Marguerite de 700 thonneaux, armée de 48 pièces de canon, qui va à la Marguerite pour recevoir les droits du Roy, quoyque souvent elle n'y reçoive pas 100 écus, à cause que, depuis que l'on y a perdu la pêche des perles, il ne se fait aucun commerce dans cette isle. Elle y demeure seulement 24 heures. De là elle va à Cumana. Elle va à Caracas, où l'on paye les droits en cacao qui est proprement la monnoye du pays, et de là à Carthagène rejoindre les galions. Ce navire appartient ordinairement à quelque particulier, qui le prette au Roy; il doit estre toujours de fabrique espagnole.

Une patache de 200 thonneaux ou environ armée de 12 ou 16 pièces de canon, qui dépend du général des galions. C'est celle qui porte les ordres du général à l'armée pendant le voyage.

La patache de Portobello, qui part de Cadix avec les galions et qui les quitte aux isles de Canaries, pour s'en aller seule à Carthagène, et de là à Portobello porter les lettres et paquets de la Cour au président et l'avertir que les galions la suivent. Ce vaisseau est du port de 100 à 150 thonneaux.

Outre ces navires, il y a encore les vaisseaux marchands au nombre de 14 ou 15, qui appartiennent à divers particuliers de presque toutes les nations qui résident à Cadix et qui les prettent aux Espagnols.

Ces navires servent à porter les marchandises aux Indes, pour lesquelles on paye ordinairement vingt-deux écus et demy de fret pour chaque ballot, de quelque grandeur qu'il soit, que l'on appelle fardeau double; les simples ballots payent la moitié et les plus petits à proportion. Un ballot de

---

1. Mém. de Rochefort.

toile de Rouen, de 800 aulnes de France, est un demy fardeau.

On ne laisse pas néanmoins de charger quelques marchandises dans les galions; ce sont les profits des capitaines, des matelots, et mesme du général, encore que le roy le défende expressément.

Ce fut ce qui servit de prétexte au président de la Contratacion, pour cette grande saisie qu'il fit au mois de juin 1678, de toutes les marchandises que l'on avoit chargées dans les navires du roy[1].

Quelquefois tous ces vaisseaux de guerre sont si embarrassés de marchandises, que, si la moindre escadre les attaquoit en mer, il leur faudroit plus de trois jours pour mettre leurs canons en estat.

Officiers et autres gens qui sont dans les galions.

Le général qui commande à toute l'armée; — capitaines de navire; — alferes (lieutenants); — sergents; — enseignes; — premier chef d'escadre; — quatre autres chefs d'escadre ordinaires; — ajudanses, qui sont officiers réformez, pour donner les ordres; — chef d'escouade ou de compagnie; — un sergent-major, sans le conseil duquel le général ne peut rien faire ny entreprendre; — marchands de plate; un dans chaque galion pour recevoir l'argent du roy et des particuliers; — un juge qui va toujours dans l'amiral, qui sert à régler tous les différends qui peuvent arriver entre les marchands, soit sur mer ou lorsqu'il est à terre, et qui a le pouvoir de substituer un autre dans les effets de ceux qui meurent pendant le voyage.

Il y a encore un autre officier qu'on appelle veedor, autrement examinateur. — Le roy donne ces deux offices gratuitement.

Tous les officiers subalternes dessus les galions, mais principalement les trois premiers, payent au général une certaine somme pour avoir ces charges, qui sont, enseignes, sergents, chef d'escouade. On se sert ordinairement de ces gens-cy, pour la réception et le transport de l'argent.

---

1. La Contratacion était un tribunal établi à Cadix pour les affaires commerciales des deux Indes.

Le Gouvierne (ce nom s'applique aussi bien à l'officier qu'au navire qu'il commande) n'a point de capitaine dans son navire; il l'est luy mesme de l'équipage et des soldats et commande à toute l'infanterie des galions.

L'amiral a 200 mousquetaires. — 100 matelots. — 60 canonniers. — 30 gourmistis[1], jeunes gens, à instruire. — 30 garçons pour néttoyer le navire. — Et environ 200 passagers. — De sorte qu'en tout on fait estat qu'il y a toujours environ 700 hommes dans ce premier navire.

Il y a presque autant de monde dans le vice-amiral et dans la Gouvierne.

Dans chacun des autres cinq galions il y a environ quatre ou cinq cents hommes, tant officiers que passagers.

Le roy fait toujours embarquer quatre gentilshommes pour remplir la place des capitaines qui peuvent mourir pendant le voyage, qu'on appelle *capitaines entretenus.*

Huit autres gentilshommes, qu'on appelle *chevaliers entretenus :* ceux-cy sont pour apprendre l'art de la navigation. Les uns et les autres ont un ducat de paye par jour, que le roy leur donne jusques à ce qu'ils soyent pourvus de quelque charge[2].

Quelque temps avant le départ des galions et des flottes pour la Nouvelle-Espagne, le président de la Contratacion, qui réside actuellement à Séville, descend à Cadix pour donner ses ordres et pour les dépescher.

Il va aussy, à leur arrivée, pour les recevoir afin de registrer l'argent et les marchandises qu'ils rapportent des Indes. Autrefois c'estoit seulement un des juges de la Contratacion, chacun à son tour, mais depuis quelque temps ce sont les présidents eux-mesmes.

Il y a ordinairement un juge de la Contratacion à Cadix pour avertir cette chambre de ce qui se passe concernant le

---

1. Grumete.
2. Ces détails sont de M. Duhalde, mais *M. de Rochefort* donne, sur la force des galions, des détails qui paraissent plus précis :

« Les galions sont du port depuis 700 jusqu'à 900 tonneaux, et depuis 36 jusqu'à 40 pièces de canon.

« Les navires marchands qui les suivent en flotte sont du port, depuis 60 jusqu'à 400 tonneaux, aians du canon de 8, 6 et 4 liv. de balles, depuis 4 jusqu'à 20 pièces et des équipages de 15 jusqu'à 60 hommes.

« Le galion amiral, de 900 tonneaux, porte 40 pièces de canon de fonte du calibre de 24 et au-dessous, et a 350 hommes d'équipage ordinaire, com-

commerce et la navigation, mais il ne sait que ce qu'on veut bien qu'il sache, quelque exactitude qu'il apporte pour découvrir les fraudes, le transport de l'argent et la sortie des marchandises.

Il y a trois offices de visiteurs pour jauger les navires. Le principal de ceux-là est François de nation, homme très-habile; c'est lui qui examine aussy les pilotes et les matelots. Il a 2000 ducats de plate de pension du roy, sans ses profits particuliers, qui vont à chaque dépêche de flotte quelquefois à plus de 6000 écus.

---

prenant la maison de l'amiral et celle du général, mais sans compter plusieurs passagers, qui s'y embarquent, savoir :

	Hommes.
L'amiral ou vice-roy; sa famille et créatures............	46
Le général amiral, ses créatures et domestiques........	30
Les deux capitaines et leurs valets.....................	6
Les capitaine d'infanterie, enseigne, sergent et caporaux.	10
Le maître canonnier, son second et les hommes destinés pour le canon.................................	424
Matelots à la mode espagnole	604
Matelots appelés gourmets (grumete)..................	40
Soldats du régiment des galions pris de la garnison de Cadis..	924
Total.............................	3544

« Le vice-amiral, du port de 800 tonneaux, a 36 pièces de canon et 350 hommes d'équipage.

« Le contre-amiral est de mesme force.

« Le galion appelé Patache de la Marguerite, de mesme port et esquipage, a 38 pièces de canon.

« La Patache d'avis, de 50 hommes d'esquipage, porte 14 pièces de canon de fer.

« Les autres galions des particuliers, pour l'ordinaire au nombre de 6, du port de 6 à 700 tonneaux, ont 30 pièces de canon de fonte, du calibre de 12 liv. ét au-dessous, et 200 hommes.

« Nonobstant les défenses du roy d'Espagne, il y a dans les esquipages une grande quantité de matelots estrangers, qui ne sont pas naturalisez, comme ils le devroient, suivant les ordonnances du pays.

« Les Espagnols ne se servent d'autres armes, sur lesdits vaisseaux, que de mousquets et rondaches. Quand ils partent, les galions sont si embarrassez de marchandises, de provisions et de marchands passagers, pour lesquels mesme ils affoiblissent leurs esquipages, que ils en sont presque hors de combat. Les marchands le sont beaucoup plus et leurs esquipages sont si foibles, que c'est tout ce qu'ils peuvent que de s'expédier du moindre rencontre de mauvais temps. »

Comment s'obtient le commandement des galions. — Du peu de profit qu'ils donnent au roy.

Ceux qui briguent la conduite des flottes et des galions et autres charges subalternes font à présent des dépenses prodigieuses pour les obtenir, car, outre les présens qu'on est obligé de faire à la Contratacion et au consulat de Séville, aux ministres du conseil des Indes et à plusieurs autres particuliers, dont le roy n'entre point en connoissance, l'argent qu'ils empruntent leur couste toujours extrêmement cher.

De sorte qu'il ne faut pas s'étonner si tous les capitaines et conducteurs de flottes et de galions, pour trouver leur compte, font tout le tort qu'ils peuvent au commerce, ce qu'ils ne pourroient pas autrement. C'est pour cela que l'on paye trois fois plus de fret et d'avarie dans les galions et dans les navires marchands que l'on ne faisoit autrefois, ce qui absorbe presque toujours tout le profit qu'on peut faire sur la marchandise.

Lors donc que le Roy fait publier le départ des galions, ceux qui prétendent aux charges, supposé qu'il y en ait de vacantes, s'adressent à Messieurs du conseil des Indes pour en composer, car il est à remarquer que, presque toujours les grandes charges sont retenues quatre ou cinq ans avant que les galions ne partent, et que les généraux et la pluspart des capitaines des autres galions ont déjà payé au roy tout ce qu'ils leur avancent, comme, par exemple don Juan Vissantelo, qui doit commander les galions prochains, a donné au Roy il y a plus de deux ans, les 166 000 escus dont il est convenu pour avoir ce commandement, et don Gaspar de Velasco qui doit commander la flotte prochaine, les cent mille escus[1].

C'est pourquoy les Assentistes ne voulurent point prester

---

1. Il est arrivé souvent que, lorsqu'il vient à vaquer quelques gouvernemens aux Indes, ceux qui ont avancé l'argent au roy pour avoir le commandement de quelque flotte, demandent à Sa Majesté des gouvernemens pour le prix des sommes qu'elle a touchées déjà d'eux, ce que le roi leur accorde avec beaucoup de joye. Don Antonio, gouverneur de Campesche, devoit commander la dernière flotte de la Nouvelle Espagne. Il demanda au roy ce gouvernement pour les 100 000 escus qu'il lui avait avancés. Sa Majesté ne laissa pas d'en toucher encore autant de don Diego de Cordova, qui fut fait général à sa place.

d'argent au roy il y a environ deux ans (1678), quelques instances que fît don Juan, par ce qu'ils voyoient que tous les revenus estoient déjà engagez jusqu'en 1684, et que la paix avec la France estoit plus incertaine que jamais.

Lorsque les affaires d'Espagne vont leur cours ordinaire; et que cet estat est sans guerre, le roy fait aisement des partis avec les Assentistes pour des sommes considérables à payer dans Porto-Bello et à la Vera-Cruz, avec un bon intérest; mais lorsqu'il est en guerre, toutes bourses luy sont fermées et chacun évite de luy prester de l'argent.

Le général des galions preste donc au roy pour avoir cette charge environ 160 000 escus; outre cela, il débourse encore 40 000 escus pour la carène de son navire, car le roy fournit les victuailles et paye les soldats.

Le roy fait bons au général 17 ducats de plate[1] pour chaque thonnelade[2], pour les frais de la carène de son navire; s'il en débourse davantage, le roy ne luy en tient point de compte.

On luy assigne à recevoir ce qu'il a presté avec les 17 ducats de plate par thonneau pour les frais de la carène à Porto-Bello, avec huit pour cent de bénéfice.

Ce général emprumpte ces sommes de plusieurs négociants de Cadix et de Séville, à raison de 30 ou 40 pour cent, seulement pour le voyage, depuis le départ des galions jusques au jour de leur retour, et 12 pour cent par an pour l'avance, depuis le jour qu'on emprumpte ces sommes jusques à celui du départ des flottes, de sorte que, bien souvent, la prime des 220 ou 230 mille escus qu'ils emprumptent monte à 60 ou 70 pour cent.

Le vice-amiral preste au roy 80 000 escus; il débourse 40 000 escus pour les frais de son navire; le roy luy fait bons aussi 17 ducats de plate par thonneau pour la carène.

Le gouvierne preste au roy 50 000 escus; les frais de son navire montent à 40 000 escus.

Le capitaine du vis-admiral preste au roy 22 000 escus, pour aller capitaine dans ce vaisseau, à payer comme tous les autres à Porto-Bello, à raison de 8 pour cent.

La patache de la Marguerite, ordinairement de 700 thon-

---

1. Plata, argent. Chaque ducat vaut 11 réaux : nous comptons les réaux à raison de 7 sous, de sorte que les ducats de plate valaient environ 4 fr.
2. Deux pipes font une thonnelade.

neaux, appartient à quelque particulier qui la preste au Roy. Celuy qui la conduit donne à celuy à qui elle appartient 4 ou 5 mille ducats de plate, dont le roy luy tient compte; outre cela, il preste à Sa Majesté 70 000 escus pour avoir ce commandement, et il débourse encore pour la carène et les autres frais autour de 40 000 escus, que le roy donne aussy à recevoir à Porto-Bello avec 8 pour cent.

Les capitaines des cinq ou quatre galions prestent au roy chacun 20 000 escus ou environ, conformément à la grandeur des navires parce qu'il y en a de 6, 7, 8 et 900 thonneaux. Ils doivent encore faire les frais de la carène. Le roy donne ces sommes à recevoir à Porto-Bello, à raison de 8 pour cent pour le bénéfice.

Pour la patache de 200 thonneaux ou environ, qui dépend du général des galions, chargée de porter les ordres à l'armée, et qui n'est que pour aller et venir pendant tout le voyage, le capitaine, qui la commande, donne au général trois ou quatre mille escus.

Il y a dans chaque galion un office de marchand;

Celui qui va dans l'amiral preste au roy 24 000 escus;

Celui du vice-admiral 24 000 escus;

Celui du gouvierne 16 000 escus;

Et ceux des autres à proportion. Ces marchands de plate sont pour recevoir l'argent du Roy et des particuliers à Porto-Bello, on leur donne ordinairement cent pour cent. On ne se sert guère néantmoins de ces gens là pour la réception ny le transport de l'argent, à cause que le roy pouvant leur demander quelle quantité ils en ont, il pourroient se servir de l'occasion et le prendre, — c'est pourquoy on ayme mieux le donner aux autres officiers, moyennant demy pour cent d'avantage.

A l'égard des vaisseaux marchands qui vont avec les galions, le commerce, autrement le consulat de Séville, demande licence au conseil des Indes, par exemple pour 4000 thonneaux plus ou moins, que l'on accorde moyennant cinq ducats de plate par thonneau pour le profit du roy.

On comprend qu'avec tous ces abus et par d'autres raisons encore le négoce des Indes se soit si fort ralenti, que l'on ne le reconnoist presque plus en luy mesme, tant il est devenu ingrat et difficile, depuis que la cour de Madrid et ses ministres se sont laissé corrompre par l'argent, sans grand profit pour le Roy.

Les flottes et les galions apportent des sommes considérables pour Messieurs du Conseil et pour tous ceux qui ont quelque intrigue à la cour. Ce sont les Péroutiers et les Mexicains qui les leur remettent, lorsqu'ils prétendent quelque charge, quelque habit de chevalerie ou qu'ils aspirent à quelque employ.

Cependant, le Roy seul est le plus mal partagé de tous. Ses revenus des Indes, qui doivent estre grands, puisqu'il a le cinquiesme de tout ce qui se retire des mines d'or, d'argent et d'émeraudes, et le cinquiesme des perles que l'on pêche à Rio de la Hacha, à Panama, vers Payta et en d'autres endroits de la mer Océane et Pacifique, sans comprendre le profit de la vente du vif-argent, tant dans le Pérou que dans la Nouvelle-Espagne. Les droits du papier timbré, les bulles de la sainte Croisade, les cartes à jouer qui y sont en party les confiscations et plusieurs autres droits et imposts ne servent, pour ainsi dire, que pour l'appauvrir, tandis que ses caissiers et ses vice-rois s'enrichissent.

Il semble que ce que Sa Majesté retire des Indes se consume presque tout à payer une armée qu'il faut toujours entretenir sur les frontières du royaume du Chili, contre les Indiens naturels dont on n'a jamais pu venir à bout, à payer la rente de plusieurs dons gratuits que le roy d'Espagne fait à divers particuliers, et qui est assignée sur l'une et l'autre caisse des Indes ; les frais de l'armée navale du Pérou, les garnisons de Valdivia, de Panama, des châteaux de la rivière de Chagres ; les garnisons de Carthagène de Porto-Novo, de la forteresse de Punta-Raja, de Cattavana et de plusieurs autres places maritimes de presque toutes les costes et isles de l'Amérique septentrionale et méridionale sujettes aux Espagnols ; — la garnison et les fortifications des Philippines et d'Acapulco, les salaires des vice-rois, les audiences, les chambres des comptes et un nombre incroyable de ministres que le roy est obligé de nourrir dans les Indes, aussi bien que les évesques et autres gens d'église de certaines provinces, où ils n'ont pas suffisamment de quoy se pouvoir entretenir. Outre cela, il y a les fondations royales, les sacrifices qui se célèbrent dans tous les lieux, le vin et les hosties qui se payent de ce mesme argent.

Néanmoins, quoique toutes ces choses soient passées en compte au roy d'Espagne, ceux qui dirigent ces affaires en ménagent beaucoup pour eux.

En l'année 1676, lorsque les galions arrivèrent en Espagne, riches de plus de trente millions d'escus, il n'y eut presque rien pour le compte du roy en argent comptant. Les plus grandes remises que l'on luy fit des Indes, ce fut quelques émeraudes de la seconde et de la troisième couleur et quelques perles de Soda Mar... Enfin, tous les retours ne montèrent guères à plus de 400 mil escus.

Ces dernières flottes et galions luy ont apporté une somme assez considérable, non pas tant à cause qu'ils luy ont porté la récolte de plus de trois années, mais parce que les vice-rois, archevêques, luy ont beaucoup ménagé son fonds.

On pourrait donc dire que l'affaire des Galions, si importante jadis pour l'Estat, l'est aujourd'huy beaucoup plus pour les individus.—Poursuivons néanmoins l'exposé des faits venus à notre connoissance[1].

Armement et équipement de la flotte des Galions.

Le conseil d'Espagne ayant résolu de dépescher cette flotte, a accoutumé d'en faire préparer les vaisseaux quatre mois auparavant, et il n'y a pas trop de temps à cause des grands soins qui s'y apportent.

La carène desdits galions est singulière en précautions. Elle se commence par donner le feu aux fonds des vaisseaux, et puis, les ouvriers aians osté la vieille estoupe d'entre les coutures des bordages, y visitent exactement les clous, les chevilles, les joints et les escarts, pour y changer et raccommoder, selon le besoin, et calfatant ensuite avec une estoupe neuve, ils pratiquent d'en mettre, dans les joints, quatre couches l'une sur l'autre. Aians encore chauffé le fond, ils refrappent de force dans lesdits joints une cinquième estoupe, et après, ils braient tout le fond en noir; l'aiant ainsi enduit, ils le couvrent entièrement d'une toile, qui prend depuis la quille jusques à la ceinte, laquelle estant couverte d'arcanson, d'huile, de soufre et de suif, ils la recouvrent d'une seconde toile braiée et attachée comme la première, et, après tous ces soins, ils ont encore celui de

---

1. Mém. de Duhalde.

couvrir les deux toiles cy-dessus d'un plomb en table fait exprès, qui n'a guère plus d'épaisseur que du parchemin, et qui est attaché avec des clous à large teste qu'ils mettent si près, que tout le plomb en est couvert. Enfin, pour dernier ouvrage de la carène, ils rebraient encore d'un bray gras le plomb et les clous. Tous ces ouvrages sont afin de défendre le fond des vaisseaux des vers qui sont dans les ports où ils séjournent et fréquentent, lesquels autrement, par leurs piqûres, les mettroient hors d'estat de faire leur retour en Europe.

Les frais de la carène des Galions, que l'on dit monter à près de trente mille escus pour chacun, s'avancent par le capitaine qui le doit commander.

Les Hollandois traitent ordinairement avec le conseil d'Espagne, de la fourniture des agrez, apparaux et munitions nécessaires pour équiper lesdits galions et ils s'en font paier en rescriptions sur les effets de leur retour à 12 pour % de profit pour l'attente de leur argent.

Il y a aussi des particuliers qui fournissent, et qui, pour le prest qu'ils font de ce qu'ils coustent, sont payez en rescriptions sur les effets du retour des Galions, ou en l'Amérique, sur les droits du roy d'Espagne.

En sorte que le roy ne fait fournir que les galions et les canons, les armes, la poudre avec l'équipage de matelots et de soldats.

Départ de la flotte des Galions et sa route pour Carthagène et Porto Bello.

Lorsque les galions sont prêts à partir d'Espagne, chacun dispose ses ballots pour les charger dans les navires marchands.

Ceux qui n'ont point la liberté d'aller négocier aux Indes donnent leurs marchandises en confiance à des amis Espagnols qui les vont vendre par-delà.

Le commerce des Indes n'est, en effet, permis qu'à ceux qui sont réputés véritablement Espagnols, et, sous ce nom, l'on ne comprend point tous les sujets du roy d'Espagne; les naturels des Pays-Bas, de Naples, Sicile, Sardaigne et autres de cette sorte en sont exclus, et il leur est également défendu, de même qu'à toutes les autres nations, et ensemblement ils encourent les mesmes peines portées par les loix, qui sont la confiscation des biens, qu'on peut justifier leur appartenir, la prison et beaucoup d'amende.

Le temps ordinaire de faire partir la flotte des galions est au mois de janvier, pour pouvoir atterrir à l'isle de Tabago, au mois de mars, et, quand elle part en mars, elle hiverne à la Havane. Les Espagnols la retardent quelquefois de trois à quatre mois, quand ils ont appréhension qu'elle soit attaquée.

L'admiral, en partant, reçoit du conseil des Indes, dans trois paquets fermés, les ordres pour la route, voyage et séjour de la flotte, lesquels il ne doit ouvrir que en mer. Le premier paquet est ouvert aux isles des Canaries, et dans ce paquet est l'ordre pour l'endroit des isles de l'Amérique que la flotte doit reconnoistre. Le second est décacheté après l'arrivée de la flotte à Carthagène; il contient les ordres pour le retour de la flotte dans la même année, ou pour la faire hiverner dans le pays; le troisième paquet est ouvert pendant le retour, après la sortie du canal de Bahama. L'amiral y trouve les ordres pour la route, qu'il doit faire jusques aux isles Açores, et pour celles qu'il doit reconnoistre en passant. C'est ordinairement celles de Corvo et Flores, ou bien Sainte-Marie, et il a accoustumé d'y trouver la patache d'avis, par laquelle il apprend en quel endroit de la coste d'Espagne ou d'Afrique il doit atterrir. Cette patache est, pour l'ordinaire, un vaisseau estranger, où il s'embarque un seul Espagnol, porteur des paquets et ordres du roy d'Espagne.

La partance des galions de la rade de Cadix se fait par des vents d'est ou de nord-est, qui portent la flotte en huit jours jusques aux Canaries, où n'arrêtant pas, elle continue la route jusqu'à ce qu'elle reconnoisse la première terre de l'Amérique, d'où elle va passer entre Tabago et la Trinité, rangeant cette dernière isle au plus près.

De l'isle de la Trinité, la flotte va chercher celle de la Marguerite, et estant par son travers, l'admiral détache de la flotte la patache, appelée de la Marguerite, et donne ses ordres pour aller y recevoir et embarquer sur ladite patache les droits appelés de la Reyne, qui se paient en argent, perles et cacao.

Je crois devoir remarquer ici que l'isle de la Marguerite, d'une assez grande réputation dans les Indes de l'Amérique, est située par les 11° de latitude et par 312° 20' de longitude; qu'elle est peu peuplée, ne produisant guère, et que l'occupation des habitants n'est que à la pesche des huîtres qui produisent les perles, et l'isle estant sujette aux ouragans ainsi que les Isles Françoises, et n'aiant point de port, qui puisse recevoir les vaisseaux au-dessus de cent tonneaux, ceux de la grandeur de ladite patache sont obligés de mouiller au large d'elle, à l'ouverture des deux pointes du port par les douze et quinze brasses. L'isle est défendue d'un petit fort, basti dans l'entrée du port, où il ne paroist que dix pièces de canon de fer. — Le banc où se peschent les perles est à environ deux lieues, et est sous l'eau à deux ou quatre brasses de profondeur. Les vents qui y règnent plus ordinairement sont l'est et le nord-est, depuis les dix heures du soir jusques au lendemain matin à mesme heure, et les vents de sud venant de terre dans le reste de la journée[1].

Après que l'admiral a ainsi détaché la patache de la Marguerite, en avançant dans le golphe, et à mesure qu'il entre dans les pays où il croit la flotte plus en seureté, les navires marchands qui doivent décharger et trafiquer aux costes devant lesquelles les galions passent, se détachent pendant la nuit pour aller y prendre port, et cependant elle continue à faire la route droit à Carthagène, passant en dehors des isles d'Aves et des autres qui dépendent de la Terre Ferme. — Les marchands qui se détachent ainsi vont, les uns à Caracas, d'où ils rapportent de l'argent, de la cochenille, des cuirs et quantité de cacao; les autres, dans le gouvernement de Sainte-Marthe, à Maracayo et à la Guayra, où il y a mesme trafic, et d'autres, dans le reste de la coste du sud jusques à Carthagène.

Au dit lieu de Caracas est un port spacieux et bon, où les vaisseaux marchands de cinq cents tonneaux peuvent avoir

---

1. Il y a, dit Duhalde, trente-deux ou trente-trois ans, que l'on n'y pesche plus. On se servait pour cela de certains filets que l'on jetoit en manière d'éperviers, lesquels enlevoient les huîtres du fond de l'eau. On les peschoit aussi par le moyen de noirs, qui plongeoient dans les lieux les plus profonds. Cette pêche, qui se faisoit entre les petites îles de Colche et de Cubagna, s'étoit perdue par l'avarice des gouverneurs, qui ne laissoient ni grandes ni petites huîtres au fond de la mer, ni aucune semence de ces coquillages.

retraite. Il y a une ville de trois mille habitants parmi lesquels il n'y a qu'environ trois cents Espagnols, les autres en estant esclaves ou naturels du pays. — Elle a un fort de huit pièces de canon, et néanmoins les habitants y sont si timides et si foibles que, sur la moindre descouverte de vaisseau corsaire, ils se sauvent à la montagne avec ce qu'ils peuvent porter, et abandonnent le reste.

A Maracayo et à la Guayra les villes sont à quatre lieues dans la terre, sous le gouvernement de Sainte-Marthe, qui est indépendant de celui du vice-roy de Terre Ferme.— C'est le mesme commerce que à Caracas, excepté qu'il s'y en fait un particulier de salsepareille.

Toute l'Amérique a commerce avec cette coste de Caracas et de Maracayo, à cause du cacao qui y croist en abondance et le meilleur qu'il y ait. Les vents d'est y règnent en esté et ceux du nord, qui y sont traversiers depuis le mois d'octobre jusques à la fin de mars. Les Espagnols craignent peu la tourmente sur cette coste, y ayant sous le vent des ports ouverts et des rades pour y prendre retraite vent arrière.

La flotte des Galions, ayant esté conduite en droite route à Carthagène, y arrive ordinairement deux mois après son départ de la rade de Cadix, et au commencement du mois de mars, ou le dixiesme au plus tard, si elle est partie à la fin de décembre.

Les ordres du conseil sont qu'elle n'y séjourne qu'un mois, mais l'intérest de l'admiral prévalant, elle y demeure jusques à cinquante à soixante jours, pour quoy les marchands leur font des présents.

Pendant ce séjour, il y a un concours de marchands venant de toutes les parties de l'Amérique, jusqu'à cinq cents lieues, avec de l'or, de l'argent et des pierreries ou des marchandises, pour en acheter celles de l'Europe, qui ont esté débarquées de la flotte et qui leur sont nécessaires.

La ville de Carthagène n'est considérable qu'à cause de son port, servant à la retraite des flottes, car d'ailleurs le terroir y produit peu, et l'air y est si malsain que l'on n'y demeure que le moins que l'on peut[1].

Lorsque les galions arrivent à Carthagène, le général en-

---

1. Mémoire de M. de Rochefort.

voie à Porto-Bello les doubles paquets pour le vice-roy du Pérou et pour les marchands, par un petit bâtiment exprès pour cela.

De son côté, lorsque le vice-roy a reçu ses lettres, il fait incontinent préparer la flotte, qui consiste en deux grands navires, amiral et vice-amiral de huit cents thonneaux chacun, armés de soixante pièces de canon de fonte, de vingt autres navires de deux à trois cents thonneaux et de plusieurs barques de quarante à cinquante thonneaux, et fait publier à peu près le jour qu'elle pourra sortir du Callao, port de Lima.

Chacun s'empresse alors de faire charger son argent et ses marchandises pour aller à la foire de Porto-Bello, et en moins de quinze jours tout est presque en estat de partir.

La navigation est extrêmement aisée de Lima à Panama, à cause des vents qui sont toujours du sud au nord ; au contraire le retour est très-pénible puisqu'il faut toujours aller à pointe de bouline, bord à la terre et bord à la mer.

La pluspart de ceux qui portent l'argent à Panama sont des marchands qui prennent ce mesme argent à la grosse aventure à raison de 16 p. 0/0 payable quarante jours après leur retour. Ils payent outre cela 7 p. 0/0 au Roy, et les frais de voiture qui vont à 4 p. 0/0, somme 30 p. 0/0 ou environ que cet argent leur couste.

Tout l'argent qui vient du Pérou se registre en un passage fort estroit que l'on appelle Cocaron entre Panama et Porto-Bello, et par ce moyen on sçait à peu près combien il en est laissé. Tout cet argent paie 700 mil ducats d'indulta que l'on répartit sur tous. Cette somme se paie à Porto-Bello et moyennant cela l'argent devient libre en Espagne, et les Pérouliers ont la liberté de transporter les marchandises dans toutes les Indes, sans payer aucuns droits [1].

Les Galions après cinquante ou soixante jours de résidence à Carthagène, en partent au commencement du mois de mai pour la ville de Porto-Bello.

Là ils reçoivent et chargent les droits du roy d'Espagne, de la valeur à ce qu'on dit de 10 à 12 millions d'escus et qui se paient en or et argent, apportés par voiture de mulets de Panama, ville sur la mer du Sud, située dans l'estroit d'entre le royaume de Terre Ferme et celuy de Neuve Espagne.

---

1. Mémoire de M. Duhalde.

Pendant que les galions se chargent ainsi, les marchands, qui les ont suivis avec leurs navires, trafiquent avec ceux du pays les marchandises qu'ils ont apportées, pour celles du pays dont ils font un commerce très-riche.

Lorsque les Péroutiers sont arrivez à Porto-Bello avec leur argent, ils s'informent adroitement combien les galions peuvent avoir de marchandises. Si l'argent qu'ils ont porté excède les marchandises, chacun de son costé achète promptement, ce qui rend la foire bonne et fait que les marchandises se vendent bien.

Si, au contraire, il y a plus de marchandises que d'argent, les Péroutiers s'entendent, et, sous des peines imposées entre eux, il n'est permis à aucun de rien acheter sans le consentement des autres.

Ainsi, ils prennent un jour résolution d'acheter tous les chapeaux, ce qui se fait en un instant avant que les galionistes puissent s'aviser les uns les autres de la ruse des Péroutiers ; un autre jour ils achètent des toiles, ainsi du reste.

Les galions sont un mois à décharger les marchandises à Porto-Bello, et, en dix ou douze jours, tout y est vendu, chargé et emporté. On fait monter les gros fardeaux par la rivière de Chagres jusqu'à deux ou trois lieues de Panama, les fardeaux simples et les marchandises de valeur se chargent sur des mulets.

Ce dernier voyage, il y avoit pour 22 millions d'escus de toutes sortes de marchandises dans les galions, et, à Porto-Bello, il y avoit en fruits des Indes, en or et en argent à employer en tout pour plus de 13 millions d'escus ; c'est ce qui fut cause que la foire y fut mauvaise, et qu'aucune marchandise n'y eut presque point de réputation. Il n'y eut que la cire blanche, le papier de Gênes, les chapeaux de castor et les mantes de France[1] qui s'y vendirent très-bien.

A Carthagène il s'est trouvé plus de 3 millions d'escus à employer, sans l'argent du roi et des familles, qui reviennent en Espagne.

Ces galions ont porté en Espagne en tout la valeur de 25 ou 26 millions d'écus en or, argent, perles, émeraudes et marchandises.

---

1. Ce sont des dentelles de soye noire larges, dont les pièces ne tiennent que trois aunes.

Plusieurs galionistes furent contraints de monter à Lima pour y vendre eux-mesmes les marchandises, dont ils ne purent se défaire à Porto-Bello.

Lorsque cela arrive, c'est la ruine des marchands Péroutiers, qui ont pris de l'argent à la grosse pour la foire de Porto-Bello, et qui leur couste 30 p. 0/0, parce que les galionistes donnent leurs marchandises, au Pérou, à meilleur compte qu'ils ne sçauroient faire.

Comme les deux grands navires de l'armée navale de la mer du Sud sont tousjours obligez de s'en retourner à Lima un mois après leur arrivée à Panama, sans attendre le reste de la flotte; la pluspart des Péroutiers se dépeschent le plus vite qu'ils peuvent, afin de profiter du prompt retour de ces deux navires, et d'estre les premiers à Lima avec leurs marchandises [1].

Le lieu de Porto-Bello, où se tient généralement la grande foire des Galions, est situé par la hauteur de 9° 50' de latitiude et de 295° 30' de longitude. Il est considérable par sa situation dans l'isthme, qui joint les deux parties de l'Amérique, par le bon port qu'il a, et par le château dont il est défendu, qui a, avec sa garnison, trente pièces de canon de fonte de dix et de douze livres de calibre. — L'air y est malsain à cause des montagnes et des bois qui l'environnent, et il est cause que, quand la flotte des galions est partie et que les marchands en sont retirés, il n'y reste que peu d'habitants, et la plupart mulâtres et noirs. Les vents qui règnent à la coste de Porto-Bello sont l'est et le sud pendant six mois de l'année; le jour ils sont est, et la nuict sud et sud-est venant des terres; et dans les autres six mois, depuis octobre jusques à la fin de mars, qui est le temps d'hiver, les vents y sont nord et nord-ouest et si sujets à tempeste, qu'il est difficile ou presque impossible d'y fréquenter.

La flotte, ayant séjourné trente ou quarante jours audit lieu de Porto-Bello, en part pour aller une seconde fois à

---

1. Mémoire de Duhalde. Ceux qui rapportent des marchandises de la foire trouvent toujours à s'en défaire aux marchands du nouveau royaume de Sainte-Foy, en la province de Quito, qui donnent de l'or en paiement, des émeraudes brutes et taillées et de l'argent des mines de Mariquita, qui est le meilleur argent du Pérou. Les marchands de la coste vont aussi à Carthagène s'assortir de marchandises, lorsqu'ils scavent, à peu près, le temps que les galions y doivent arriver. Ils y portent des perles de Rio de la Hacha, de l'or et de l'argent.

Carthagène, où elle se rend au commencement de juin. C'est alors et en ce lieu que les vaisseaux marchands, qui s'estoient détachés pour aller trafiquer le long de la coste de la Terre Ferme, se rejoignent aux galions pour se remettre en flotte, afin de faire leur retour de conserve avec eux jusques aux costes d'Espagne ; et pendant environ vingt jours de temps que la dite flotte séjourne à Carthagène, dans cette seconde fois, le galion appelé « la Patache de la Marguerite » s'y rend aussi, apportant ce qu'elle a retiré de l'isle et ce qu'elle a pris aussi en passant le long de la coste de Terre Ferme à Cumana, fort de Raze, Caraque, Maracayo, la Guayra et autres endroits. — Elle ramène en mesme temps sous son escorte les marchands, qui s'estoient destachez de la flotte pour aller trafiquer en ces lieux, et est quelquefois arrivée à Carthagène avant les galions. — Quand elle ne les y rencontre pas, elle reçoit ses expéditions et part seule pour la ville de la Havane, dans l'isle de Cuba, où est l'assemblée générale des galions et vaisseaux de la flotte, qui vont s'y radouber et rétablir, y prenant des vivres, de l'eau et du bois ; les vivres qui s'y trouvent sont apportés des costes du royaume de Neuve Espagne, où il croist des bleds et la pluspart du nécessaire pour la vie[1].

Retour des galions en Europe.

Après que les galions et marchands ont esté rassemblés à Carthagène, qu'ils y ont achevé la cargaison des marchandises provenues de la vente de celles qu'ils avoient apportées d'Europe et débarquées en cette ville, et après avoir eu leurs expéditions, tant du vice-roy que des marchands qui correspondent en Espagne, ils mettent à la voile pour leur retour en Europe, faisant la route pour aller gagner le port de la ville de la Havane. — Mais avant leur départ, l'admiral ne manque point de depescher des barques en Espagne et à la Havane, pour mander l'état des vaisseaux et du commerce, le jour qu'il espère faire mettre à la voile, et le temps qu'il prévoit de pouvoir arriver. En effet, quand les galions sont aux Indes, on ferme d'abord les ports, afin qu'aucun vais-

---

1. Mémoire de Rochefort.

seau ny aucune barque n'en sorte, pour donner avis de ce qui s'est passé aux foires et afin qu'on ne sache point le temps de leur retour, que par l'avis de l'amiral. — Les Espagnols ont tant de précaution alors sur toutes les costes que la flotte doit ranger, pour observer si elle n'est pas attendue de vaisseaux qui la veuillent attaquer, qu'il ne seroit pas possible d'y paroistre sans estre aperceu d'eux, et aussitost qu'ils ont reconnu quelque vaisseau qui leur est estranger, ceux qui en sont chargés dépeschent à Carthagène et sur la route que tient la flotte, pour en donner avis au général, qui, selon ce qu'il en juge, retourne à Carthagène ou n'en part point, y retenant la flotte, jusques à ce que les vaisseaux qui ont paru ne soient plus aperceus. En quoy ils ont pour seureté que les dits vaisseaux se sont retirés, que, au bout de deux mois, ils auront esté contraints de sortir de la croisière pour aller refaire de l'eau.

Le départ de la flotte du port de Carthagène est au mois de juillet, par un vent d'est qui lui est arrière. La route, qu'elle tient jusques à la Havane, est de remonter la coste jusques au travers de Rio-Grande, puis d'aller chercher et reconnoistre les Serranilhes, qui est un banc d'écueils entre la Jamaïque et la Terre Ferme, que l'on range comme l'on veut parce que l'on y void les refonds, l'eau y estant claire et transparente. Des Serranilhes, qu'elle laisse à l'ouest, la flotte va chercher les Caymans, et ensuite l'isle de Pinas, d'où elle gagne le cap de Corientes, auquel cap l'amiral envoie par terre à la Havane les avis de son approche, puis la flotte allant le long de la coste de l'isle de Cuba, elle gagne le cap de Saint-Antoine et, après l'avoir doublé, elle court vers le cap de la Floride pour aller au vent des Colorades. Et quand elle est à leur travers, elle se remet bord sur bord pour gagner la Havane, en observant, aussitost qu'elle a découvert la terre, de ne la plus quitter de veue; en observant aussi de ne point porter de voile, de crainte que, les calmes surprenant la flotte, les grands courants, qui sont au canal, ne la fassent débouquer, malgré ceux qui la conduisent. Le temps de la plus grande rapidité des courants est depuis le 10e de la lune jusques au 20e. Il y a quelquefois des coups de vent dans le canal, mais ils ne sont pas de durée dans la saison d'y naviguer.

La flotte s'est ordinairement rendue à la Havane à la fin du mois de juillet. Les marchands y font encore quelque commerce en sucre, tabac, cuirs, indigo et carret et profitent, pour en avoir le loisir, du temps que l'on emploie à radouber et ravictuailler les vaisseaux. Ce qui dure jusques à la fin d'aoust, ou jusques à la my-septembre, qui est le temps, auquel il y a nécessité de partir, l'on seroit obligé de les y faire hiverner.

La ville de la Havane en l'isle de Cube est située à 23 degrés de latitude et à 291 degrés 50 minutes de longitude est dans un pays sain, et son port sur le canal de Bahama est le meilleur de ceux que le roy d'Espagne possède en l'Amérique. Cette ville n'est point enfermée de murailles; elle est défendue de trois forts, dont le plus considérable, appelé Moro, est à gauche en entrant, la mer battant au pied, et l'on rapporte qu'il y a 300 pièces de canon, dont une partie montées, et qu'au bastion qui descend l'entrée du port il y a trois batteries, dont la première qui bat à fleur d'eau a 12 canons de 36 livres de balle. Les vaisseaux, entrant dans le port, sont obligés de ranger ce bastion. Le deuxième fort, appelé la vieille Force, est en dedans de l'entrée à main droite; il y a 24 pièces de canon de 12 livres de balle; le troisième appelé la Pointe est vis-à-vis du premier, à la droite en entrant. Il est carré et défendu de 14 canons. Il n'y a de garnison que dans le premier des trois forts, elle est ordinairement de 500 hommes de guerre, la pluspart criminels, bannis d'Espagne ou qui sont condamnés à y servir. Comme la ville de la Havane est peuplée, il s'y trouveroit assez d'habitants pour garder les autres forts et pour défendre la ville.

Le port de la Havane a d'ouverture environ la portée d'un petit canon. Il y a huit brasses d'eau dans le canal et au mouillage dix-huit à vingt. Les vents qui y règnent le plus sont depuis l'est jusques à l'est-nord-est, bons pour entrer et sortir.

La flotte, s'estant rafraîchie et restablie à la Havane, en part d'un vent d'est ou sud-est depuis le 15ᵉ d'aoust jusques au 15 de septembre, en debouquant par le canal de Bahama.— Les Espagnols, pour sa partance, observent que la lune soit dans sa force, parce qu'alors elle gouverne les courants, et que dans son commencement et son déclin, il y a de grands coups de vent. Après qu'elle est sortie ou débouquée du canal, elle va passer au nord de la Bermude pour y rencontrer les vents d'aval. — Elle vient ensuite reconnoistre les isles Açores, où elle touche à celles de Corvo et Flore ou à Sainte-

Marie. — C'est en l'une de ces isles qu'elle trouve les barques d'avis, depeschées d'Espagne, qui apportent à l'admiral les ordres pour l'endroit des costes de ce royaume ou d'Afrique; où il a à conduire la flotte. A celle d'Afrique, le gouverneur de la Mamore[1] a toujours des ordres pour ledit admiral concernant sa conduite pour l'atterrissement qu'il doit faire. — Les Espagnols ne font plus leur retour par les Canaries, depuis que les Anglois, les y ayant esté attendre, les y ont attaqués et ont bruslé leurs galions. — Dans tout ce retour, ils sont dans une si grande appréhension du mauvais temps, particulièrement en débouquant le canal de Bahama et sur le travers de la Bermude, que pour soulager leurs vaisseaux, ils mettent la moitié de leurs canons à fond de cale et estant d'ailleurs extrêmement chargés. Embarrassés et pleins de malades et passagers, ils sont en très-mauvais estat pour le combat et pour le maniement de leurs vaisseaux. Il ne se fait point de ces voiages des galions, dans lesquels les Espagnols ne perdent, par maladie ou autrement, au-delà de quatre cents hommes.

Les vents, que la flotte rencontre pendant son voyage, sont, en allant, depuis l'est jusques au nord-est, variant de l'un à l'autre. Il se forme quelquefois des brouillards qui changent le vent, mais sans durée, et il retourne à l'est aussitôt qu'ils sont passés. Elle a aussi quelques calmes qui durent sept à huit jours, mais, en général les vents alisez autrement d'est, qu'elle trouve après qu'elle a dépassé les Canaries, la conduisent jusques à Carthagène.

Temps que les galions emploient dans leur voyage.

De Cadix à Carthagène, au plus.	70 jours.
Séjour à Carthagène, au plus.	60 —
Route de Carthagène à Porto-Bello, au plus.	10 —
Séjour à Portobello.	30 —
Pour retourner de Porto-Bello à Carthagène.	20 —
Séjour de Carthagène en y retournant.	30 —
Trajet de Carthagène à la Havane.	25 —

---

1. Nouvelle Mamore ou Mahamore, ville de Barbarie à l'embouchure du Cebou, dans l'Atlantique, entre Salé et la vieille Mamore. Les Maures l'enlevèrent aux Espagnols en 1681.

Retour de la Havane en Espagne. . . . . 50 jours.
En tout pour aller et venir environ. . . . . . . 295 —

Et ce depuis environ le 15 décembre jusques à la fin d'octobre[1].

Après avoir traité ce qui se fait pour la flotte des galions, qui est la plus considérable, je vais parler de l'envoi de la flotte au royaume du Mexique et de quelques autres navires, afin qu'on embrasse l'ensemble des relations de l'Espagne avec ses colonies des Indes occidentales.

Quelque temps après que les galions sont partis de Cadix pour l'Amérique, le conseil d'Espagne depesche une patache d'avis espagnole pour porter au vice-roy de Terre Ferme et au général de la flotte les ordres de ce qu'ils ont à faire pour son expédition et des avis de ce qui se passe en Europe; c'est par cette mesme patache que ledit conseil envoie aussi les ordres pour l'assemblée des flottes à la Havane et pour son retour en Espagne.

Flotte de la Nouvelle-Espagne.

La navigation des Espagnols au royaume du Mexique, autrement de Neuve-Espagne, est distincte de celle qui se fait dans les pays méridionaux, à cause que l'on ne peut aller que par une route différente, ce qui a donné lieu aux Espagnols d'y depescher des flottes particulières, qui ne se rencontrent avec celles des galions que à la Havane, dans le débouquement par Bahama; et comme les deux flottes ont des temps d'aller et de retourner différents, qui dépendent des vents qui règnent où elles ont à fréquenter, il n'arrive qu'elles se rencontrent à la Havane que, quand, en temps de guerre, les Espagnols les font joindre, pour en estre plus fortes contre ceux qui auroient dessein de les attaquer.

Les vaisseaux qui sont envoyés au royaume de Neuve-Espagne, et qui composent la flotte appelée de ce nom, consistent en deux ou trois galions équipés aux frais du roy d'Espagne, et environ vingt vaisseaux marchands qui se mettent à leur suite.

---

1. Mémoire du sieur de Rochefort.

Ces deux galions, de 8 à 900 tonneaux et de 36 à 38 pièces de canon de fonte, sont carenés et équipés avec les mesmes soins que ceux qui vont à Carthagène. Et il y a mesme police et mesme ordre. Les vaisseaux marchands sont équipés et y sont pareils à ceux qui fréquentent l'autre coste de l'Amérique. Leur cargaison est d'épiceries et des marchandises d'Europe qui ont du débit au Mexique, et quasi semblables à celles des galions. Il y a cette différence néanmoins, que comme cette flotte doit hyverner dans le pays, les vaisseaux en sont encore plus embarrassés. Les capitaines commandant les deux galions ont accoustumé d'estre gens qualifiez de la cour d'Espagne.

Le temps que la flotte part de la rade de Cadix est ordinairement entre les mois de juin et de juillet, à cause des vents du nord qui règnent en septembre, à l'entrée et dans le golphe de Mexique. — La dernière flotte qui estoit commandée par don Diego de Cordova, chevalier de l'ordre d'Alcantara, s'est vue plusieurs fois au moment de sa perte pour estre partie d'Espagne six ou huit jours plus tard qu'à l'ordinaire. — Elle a souffert des tempêtes furieuses dans ce golphe, par un vent d'est. Avant de partir, l'amiral qui commandoit la flotte du Mexique a receu trois paquets du roy d'Espagne, où sont les ordres pour la route que la flotte doit faire, tant pour les endroits d'aller passer pour ses atterrissements, que pour le temps de séjourner à la Vera Cruz, qui est la ville de Neuve-Espagne, où la flotte va prendre port et séjourner pendant le débarquement et le négoce des marchandises qu'elle a portées d'Europe, le temps du chargement des retours qu'elle en a et de l'embarquement de l'argent et des effets revenant au roy d'Espagne, des droits et impositions qu'il a dans le pays.

Le général commandant la flotte uze des trois paquets cy-dessus, pour en faire l'ouverture, ainsi que j'ay dit pour la flotte des galions.

La route, que fait la flotte en allant, est par les Canaries, puis ayant gagné la hauteur des isles Antilles de l'Amérique, tombant aux isles de sous le vent, elle va reconnoistre l'isle de Saint-Martin, Sombrero et l'Anguille, d'où elle atterrit à l'Aguada, dans l'isle de Porto-Rico, pour faire de l'eau.

L'Aguada est un lieu inhabité, mais commode, à cause des eaux douces des deux rivières qui y affluent et de sa rade fort bonne, où la flotte mouille tout près de terre. Pendant le séjour qu'elle fait en ce lieu, qui est de sept à huit jours, il en est détaché un navire marchand, pour aller porter les ordres d'Espagne au gouverneur de Saint-Jean de Porto-Rico, et rapporter de ce lieu les marchandises, qui se négocient dans l'isle et qui pour la pluspart consistent en cacao.

La flotte, partant de l'Aguada, passe au sud de l'isle Hispaniola, où à son travers l'admiral détache encore un vaisseau pour le gouverneur ou président de l'isle, lequel vaisseau aborde devant la ville de Saint-Domingue, où il fait son chargement de cuirs, cacao et carret, puis, ainsi que celuy de Porto-Rico, vient rejoindre la flotte au port de la Havane.

Ayant dépassé l'isle de Saint-Domingue, la flotte range l'isle de Cuba au sud, et va chercher le parage de la ville de Saint-Iago, d'où il est encore fait un détachement de vaisseau, pour aller y porter l'avis au gouverneur de la Havane que la flotte a passé, et luy faire tenir les ordres du roy d'Espagne. Ce vaisseau laisse les marchandises de son chargement en ladite ville de Saint-Iago et y recharge pour la Havane.

La flotte, continuant sa route, passe vers le cap de Cruz, au Cayman et vers le cap de Saint-Antoine, d'où elle fait trajet au cap Catoche, qui est entre le Honduras et la coste de Campesche, lequel cap elle ne reconnoist qu'à la sonde. Elle passe ensuite au nord de toutes les basses qui sont dans le golfe, et puis gagnant le port de la ville de la Vera-Cruz, elle a accoustumé d'y arriver dans les premiers quinze jours du mois de septembre. La durée de son voyage est assez réglée, à cause de l'égalité des vents alisez, qu'elle rencontre au-dessus des Canaries, elle n'est guère en chemin plus de deux mois.

Les vaisseaux mouillent dans le port de la Vera-Cruz sous la forteresse de l'isle de Saint-Jean d'Ulloa, qui la couvre et la défend des vents de nord-ouest; il y a pour l'amarrage, des organeaux de fonte attachés dans les murs de ladite forteresse. Aussitost que la flotte est arrivée, l'on en dégarnit les vaisseaux pour tout le temps de leur hyvernage; les équipages en sont licenciés et chacun va dans le pays à son commerce, jusques au mois de mars, que les vents de nord et nord-ouest commencent à cesser, après avoir bien tourmenté pendant l'hiver.

Pendant ce temps-là, les Espagnols font porter leurs marchandises par des mulets et par des charrettes à Mexique, à la ville de Los Angeles, à Mechouacan et ailleurs dans la Nouvelle-Espagne, où ils vont vendre. Ils en rapportent de l'or, de l'argent, de la cochenille, de l'indigo, des cuirs, du jalap, et d'autres sortes de drogues, et mesme des marchandises de la Chine, que les navires des isles Philippines apportent à Acapulco, port de la mer du Sud, où ils vont négocier. Ces marchandises de la Chine sont porcelaines, soyes, cabinets, estoffes de soye, d'or et d'argent, et autres curiosités.

Le mois de mars arrivé, tout se rassemble aux vaisseaux pour les caréner et équiper. Et quand ils ont esté apprestés, l'on fait les embarquemens des marchandises et argent à rapporter, dans lesquels on dit qu'il y a dix millions d'escus pour le roy d'Espagne du provenu des impositions et droits.

Quand les cargaisons sont achevées, ce qui est dans le mois d'avril, la flotte part de la Vera-Cruz pour son retour en Europe. Elle va à la Havane où elle se rend en dix-huit ou vingt jours, sortant de la rade de la Vera-Cruz, elle est obligée de louvoyer pour remonter au vent qui soufflera l'est en cette saison.

S'il y a avis qu'il y ait quelque escadre de vaisseaux estrangers aux costes et croizières, par où la flotte doit passer, le départ en est retardé jusques à ce que l'escadre ne paroisse plus, ou jusques à la fin d'un mauvais temps, quand l'on peut juger qu'ils auront contraint l'escadre de se retirer, ou que mesme elle l'aura esté faute d'eau pour les boissons.

Estant arrivés à la Havane, les vaisseaux se ravitaillent et équipent pour leur retour en Europe, achèvent de se charger des sucres, tabacs et cuirs qui se trafiquent dans l'isle de Cuba et ils y déchargent les farines et les autres denrées qu'ils ont apportées et qui y ont leur consommation.

Les marchands, qui suivent la flotte et les galions, sont obligés de passer à la Havane pour y prendre un acquit d'avoir payé les droits du roy d'Espagne; ils seroient autrement arrestés et confisqués à Cadiz.

Quand il n'y a point d'ordres de joindre cette flotte à celle des galions, elle part seule, environ le commencement du mois de juin pour faire son retour en Espagne où elle arrive à la fin de juillet, ayant passé par la Bermude et les Açores, tenu la mesme route que les galions et gardé les mesmes précautions et soins.

Lorsque la flotte est jointe aux galions dans le port de la Havane pour faire leur retour de conserve, les deux flottes composent un corps de vaisseaux de 12 galions et de 30 à 40 marchands qui font environ 50 voiles.

Aux années que le roy d'Espagne ne fait pas partir la flotte du Mexique, il fait équiper deux vaisseaux de 6 à 700 tonneaux, de 200 hommes d'équipage et de 30 pièces de canon, pour aller à la Vera-Cruz porter le vif argent nécessaire pour les mines. Ce vif argent se partage entre le Mexique et le Pérou par le vice roy de Neuve Espagne, qui envoie par la voie de Guatemala ce qui en est destiné pour le Pérou.

Le vif argent se tire d'Espagne des mines qui sont à Almaden, dans la Sierra-Morena. On fait travailler à ces mines les criminels condamnés aux galères ; il ne revient au Roy rendu à bord qu'à six escus le quintal. Il le vend aux Indes 80 à 90 écus.

Le vice roy, qui est celui qui le paye au Roy à raison de 80 à 90 escus, le revend aux maistres des mines quelquefois à plus de 200 écus le quintal, et mesme il les oblige souvent d'en prendre à ce prix la quantité qu'il souhaite. Les maistres des mines ne laissent pas pour cela de payer toujours le quint de tout l'argent qui se tire des mines [1].

Ces deux navires emportent ordinairement 2000 à 2500 quintaux de ce métal et les flottes autant.

Ces deux vaisseaux, appelés des Assognes, partant d'Espagne, emmènent ordinairement à leur suite six ou sept navires de marchands qui, emportant des effets de débit dans l'Amérique, en rapportent en eschange de l'or et de l'argent et les marchandises que ce pays produit pour le négoce. Les capitaines des deux vaisseaux cy-dessus, qui, pour l'ordinaire, ne sont pas gens de qualité, font les mesmes partances, routes et retour que la flotte et ont de semblables ordres.

---

1. Les vice-rois qui achetaient leurs gouvernements comme les officiers des galions et autres achetaient leurs charges, cherchaient ainsi que ces derniers à regagner ce qu'ils avaient avancé et au delà. Ils vendaient à leur tour ordinairement les offices et les emplois, et pressuraient de la manière la plus violente les peuples qui n'avaient d'autre moyen de s'en venger que la satire. Les Mexicains firent vers l'époque à laquelle Duhalde écrivait, un tableau représentant le vice-roi du Mexique, le duc de Veragua et sa femme un balai à la main et l'exposèrent devant le palais de ces gens avides. Les vice-rois emportaient ordinairement 4 ou 5 millions d'écus en Espagne, après un séjour seulement de 5 ou 6 ans en Amérique.

Ces violences avaient tellement abattu le courage et épuisé les ressources des possesseurs de mines qu'il ne se trouvait plus alors ni au Pérou ni à la Nouvelle-Espagne de gens ayant un fonds de 500 000 écus, de telle sorte que s'il y arrivait quelque inondation, ou qu'elles se bouchassent, on n'avait pas moyen de les remettre en état d'être exploitées.

Il ne faut pas oublier de dire ce qu'il en coûte pour avoir la permission de charger des marchandises, ou le commandement des vaisseaux, qui vont à la Nouvelle-Espagne.

Les commandans des deux grands navires de guerre qui ont permission de charger des marchandises jusques à 200 tonneaux chacun, paient cette permission 5 ducats de plate par tonneau que l'on donne au Roy.

Le général preste à Sa Majesté 100000 escus, sans les frais de la carène qui montent à 40 000 escus.

Le vice amiral preste au Roy 50 000 escus, les frais de la carène montent aussi à 40 000 escus.

Le premier est de 1000 tonneaux, et l'autre de 7 à 800.

Le Roy leur fait bons aussi 17 ducats de plate par tonneau pour la carène, et donne toutes ces sommes à recevoir à la Vera-Cruz moyennant 8 pour 100.

Il y a un marchand de plate dans chacun de ces deux navires et d'autres officiers comme dans les galions.

Navires qui sortent d'Espagne avec licence du Conseil des Indes et de la Chambre de la Contratacion.

Il y a des navires qui vont négocier à Caracas et qui partent en tout temps d'Espagne, avec licence du conseil des Indes et de la Contratacion, moyennant cinq ducats de plate par tonneau, que l'on paye au Roi.

Le dernier, qui y est allé et qui se rendit à la Havane pour revenir en Espagne avec la flotte et les galions, prit la route des Canaries, passa entre la Grenade et Tabago. Il fut seulement à la vue de la Marguerita où il ne fit que passer, de là en Cumana et de Cumana à Caracas, où il a séjourné huit mois pour faire sa négociation. Ensuite, prenant son temps pour revenir en Espagne, il fut découvrir Serranilla et le Grand Cayman, de là il fut porté de nuict vers l'isle de Pinas, où il pensa périr parmy un très-grand nombre de rochers et de petites isles, où il se trouva embarrassé.

Ce navire porte de toutes sortes de marchandises de l'Europe, qu'il troqua à Caracas contre du cacao, du tabac et des cuirs.

Il y a d'autres navires qui vont à Maracayo. Le dernier, qui y a esté, n'est pas encore revenu en Espagne; sa négociation a été traversée par les boucaniers de San-Domingo, qui entrèrent dans le lac et pillèrent les habitations des Espagnols, ce qui le contraignit d'aller à Caracas. Son négoce est de troquer ses marchandises contre du cacao et du tabac de Verines.

Il y a d'autres navires qui vont à la Trinitad, ville et port de mer de l'isle de Cuba, et d'autres qui vont directement à la Havane et à Matanças, d'où ils tirent beaucoup de tabac et de cuirs, et mesme de l'ambre gris que l'on trouve vers la coste septentrionale de l'isle de Cuba.

D'autres vont à San-Domingo, d'où l'on tire des cuirs, du cacao et du gingembre.

D'autres à Porto-Rico, d'où l'on tire des cuirs.

Il y a encore des navires qui vont à Campèche, d'où l'on tire du bois qui sert pour les teintures, des cuirs et de la cochenille dont la fine teinture a déjà esté ostée, et que pour cela on nomme sylvestre.

Ce navire aborde à la ville de Saint-François et ceux qui y sont vont eux mesmes couper le bois qu'il faut porter à la Havane ou bien à Cadix directement. Ce bois vient dans des lieux marescageux et humides; il est fort court, assez gros et facile à couper; ses feuilles sont vertes et de figure ronde. Ceux qui le vont couper le portent eux mêmes jusques au bord de la mer ou d'une rivière prochaine, quelquefois néanmoins esloignée de trois ou quatre lieues de la forest.

Honduras. — Il y a ordinairement un navire et une patache qui vont ensemble dans ce golphe avec registre. Ils ont permission de faire décharger leurs marchandises à Truxillo parce qu'ils ne sçauroient y aborder avec des sables et des rochers. Ils se tiennent toujours en rade à la vüe du port jusques à ce que leur négociation soit faite, ou bien ils vont au fond du golphe de Honduras au port Cavallos, où ils déchargent leurs marchandises, pour aller de là à la ville de Guatimala faire leur négociation.

On tire de Truxillo, de Honduras et de Guatimala, l'indigo, la salsepareille, les vanilles, l'achiose, teinture rouge, beaucoup de cuirs et quelque peu d'argent.

Ces navires retournent presque tous par Matanças, où ils vont prendre de nouvelle eau et d'autres rafraîchissemens. S'ils alloient à la Havane, le gouverneur les arresteroit, afin de les obliger d'attendre quelque flotte pour retourner de compagnie.

Buenos-Ayres. — Trois navires vont ordinairement à Rio de

la Plate avec licence moyennant une somme dont on convient avec le conseil des Indes. Ils sont trois ans dans leur voyage. Ils apportent de ces lieux des cuirs, du tabac, de la laine de vigogne et de l'argent qui vient de Potosi.

Le conseil des Indes a résolu depuis peu qu'il ne partiroit point de flotte pour Buenos-Ayres, que de cinq ans en cinq ans, en mesme temps que les galions, parce que leur négoce ruine celuy des galions par les marchandises que l'on fait aller de Rio de la Plata dans le Potosi et mesme jusqu'à Lima.

Arrivée en Espagne des flottes et des galions[1].

Lorsqu'on sçait à peu près le temps que les flottes doivent arriver en Espagne, le résident de la Contratacion se rend à Cadix pour les recevoir, et quand ils sont à la vüe de cette ville, le président se met dans une barque longue et va à deux ou trois lieues dans la mer à leur rencontre. Il entre d'abord dans la capitane, et n'en sort point qu'il n'ait registré tout l'argent ou du moins celuy que les galionistes lui veulent déclarer.

Lors du dernier voyage il fut près de huit jours dans les galions qui arrivèrent avant que rien fût encore registré. Ce temps se passe toujours à contester avec les galionistes sur le plus ou le moins d'argent qu'ils ont apporté.

La loy d'Espagne oblige ceux qui viennent des Indes de porter à la Monnoye de Séville toutes les barres d'argent pour estre converties en espèces ; mais comme la Monnoye n'estime ces barres qu'à 68 réaux de plate et demy le marc, qui sont 3 ou 4 pour cent en moins qu'elles ne coûtent aux Indes et que les payements sont fort longs, ceux qui ont ces barres taschent d'en sauver une partie, parce qu'ils trouvent toujours à s'en défaire à Cadix à 74, 75 et quelquefois 76 réaux de plate le marc.

Par exemple, la capitane des galions, qui avoit environ 10 millions d'escus en barres, n'en déclara d'abord que deux ou trois millions ; le lendemain elle déclara 500 mil escus, davantage, et ainsy tous les jours en augmentant de 100 mil escus, jusques à ce qu'enfin le président, menaçant de faire

---

1. Mémoire de M. Duhalde.

une visite générale, elle déclara environ la moitié de ce qu'elle avoit, et ainsy, toutes choses estant réglées et registrées dans la capitane et dans les autres galions, chacun a la liberté de disposer de ses effets.

A l'égard des barres, qui ne sont point manifestées, on les fait décharger des galions adroitement et d'intelligence avec les officiers de la douane, les gardes de la Contratacion et autres gens toujours au guet autour des galions et dans la baye dans des chaloupes bien armées. On fait ainsi couler toutes ces barres non registrées dans les premiers navires estrangers que l'on rencontre, dont on prend seulement un reçu de l'écrivain. Après cela, ceux qui en sont les propriétaires en disposent, comme il leur plaist, et les font transporter dans d'autres vaisseaux, suivant l'estat ou le pays pour lequel ils le destinent.

Ces derniers galions n'ont déclaré en tout qu'un peu plus de 11 millions d'escus en barres, quoyqu'il y en eust pour plus de 19 millions, sans l'or brut, les piques d'argent, (sic), et les pièces de huit que l'on sauve toujours dans des caisses diverses et dans des balles de laine de vigogne, qui montoient encore à plus de 4 millions d'écus. Ils n'en auroient pas déclaré tant, à beaucoup près, sans l'appréhension où l'on estoit d'une visite générale, après l'accident survenu au sujet des 98 barres que le président confisqua, et que l'on déchargeoit de nuict, d'intelligence avec ses propres officiers.

La flotte de la Nouvelle-Espagne n'a déclaré que 11 millions d'escus tant en barres d'argent, en or, qu'en vaisselle et pièces de huit, compris l'argent du Roy, encore que l'on sçût qu'elle avoit en tout, sans les fruits, plus de 16 millions d'escus.

Ceux de la Monnoye et les marchands de plate, qui sont préposés pour recevoir à Cadix les barres registrées, et pour les faire porter à la Monnoye de Séville afin de les réduire en espèces, n'en font point fondre la huitième partie, et ainsy ils affrontent le roy et contreviennent aux lois. Ce sont eux-mêmes qui les font vendre aux échangistes au prix courant, de sorte qu'ils gagnent la différence de 68 ducats et demy qu'elles leur coustent à 74 et 75 qu'ils les vendent, qui font 6 ou 7 pour cent. Tous les officiers de la Contratacion participent à ce profit; c'est pourquoy il ne faut pas s'étonner, s'il reste si peu d'argent en Espagne, puisque les Espagnols mesmes donnent les mains à le faire sortir hors du royaume.

Lorsque les flottes et les galions entrent à Cadix de nuit, comme il arrive quelquefois, et qu'ils sont obligez, en attendant le jour et la marée, de mouiller dans la baye, cela donne une si grande facilité à en retirer l'argent, que souvent on les a deschargez à la moitié, avant que le Président soit entré dans la capitane.

Comme ces dernières flottes entrèrent en plein jour à Cadix et que le Président fut à la rencontre des galions, il n'y eut presque pas moyen d'en rien descharger, néanmoins on jeta plusieurs barres dans quelques chaloupes, qui les abordèrent à cinq ou six lieues de Cadix et à la hauteur de Saint-Luc.

Règlement concernant le voyage des galions[1].

Avant de sortir du port de Cadix le général envoie, ainsi qu'il a été dit, à chaque capitaine de navire de guerre et marchand, une lettre fermée, avec ordre de ne la point ouvrir que trois jours après leur départ, supposé que, par tempeste ou autrement, ils se trouvassent séparez de la flotte, sans cela il leur est deffendu de l'ouvrir.

Ces lettres contiennent les ordres pour la route qu'ils doivent tenir.

Il leur donne aussi un mémoire qui contient l'ordre d'armée et les signaux extraordinaires pour chaque jour de la semaine.

Les capitaines des navires de guerre sont obligez, toutes les semaines, de faire faire l'exercice à leurs soldats deux ou trois fois, si le temps le permet.

Si un des navires de la flotte aperçoit un navire étranger et qu'il n'en puisse point connoître la bannière, il doit tirer un coup de canon et baisser ses deux hunières.

S'il en voit plusieurs, il doit lever sa grande voile et suivre ces navires pour les aller reconnoître. Lorsque l'on découvre la terre, on doit tirer un coup de canon et mettre le pavillon sur la poupe.

Si quelqu'un des pilotes de l'armée connoît que l'amiral s'écarte de sa route, il fait tirer trois coups de canon et ensuite il va trouver l'amiral dans son bord.

Lorsqu'un navire se sent incommodé, il tire un coup de

---

1. Mémoire de Duhalde.

canon et se met à la cape ; les autres navires qui sont les plus proches, et mesme l'amiral doivent le secourir.

Lorsque les soldats ou bien l'équipage se révoltent contre le capitaine, on doit tirer un coup de canon et mettre toutes les voiles bas : aussitost l'amiral va le secourir.

Quand l'amiral tire un coup de canon et qu'il met une enseigne à son grand hunier, les autres capitaines doivent se mettre dans leurs chaloupes et aller à son bord : c'est signe qu'il.veut tenir conseil de guerre.

Lorsque l'amiral tire le soir un coup de canon et met un feu sur sa grande hunière, c'est signe qu'il se met à la cape.

Lorsqu'il tire un coup de canon et met encore un autre feu sur l'artimon, c'est signe que tous les navires doivent mettre un feu à la poupe, afin de ne s'entrechoquer pas.

L'amiral, par ordre exprès du Roy, est obligé de faire visite en personne, au milieu de sa course, avec ses officiers dans tous les galions et navires marchands pour y faire revue et voir s'il n'y a point d'étrangers ny d'Espagnols qui passent avec des marchandises sans licence, et si les navires sont armez et équipez conformément aux ordonnances du Roy.

Les marchands, qui s'embarquent dans les flottes, doivent avoir licence de la Contratacion, et ceux qui sont mariez ne peuvent aller aux Indes, sans avoir licence de leurs femmes pardevant notaire pour trois ans seulement.

Il n'est permis aux Espagnols de rester aux Indes que d'un voyage de flotte à un autre, et cela seulement parce que bien souvent, comme ils ne peuvent vendre tous leurs effets à la foire de Porto-Bello ou à Mexico, ils sont obligez, les uns de monter à Lima, et les autres de rester à la Nouvelle-Espagne, jusqu'à ce que tout soit vendu. Les gouverneurs des Indes sont obligez de les renvoyer en Espagne par ordre exprès du Roy ; c'est ce qui oblige les généraux d'examiner ces choses très-particulièrement, de peur d'estre repris.

L'amiral est obligé, lorsqu'il se trouve près de terre, de mettre une enseigne à sa grande hunière et de se mettre à la cape. Les autres navires se rassemblent autour de luy à la portée de la voix, et le pilote major demande aux autres pilotes leurs points de hauteur, pour voir s'ils s'accordent et où ils peuvent estre. Cela se fait, par ordre du Roy, pour connoistre ceux qui sont les plus propres pour exercer une autre fois les charges de pilotes et pour les récompenser.

Chaque pilote a 300 écus pour chaque voyage, sans les profits que leur donnent les capitaines, les autres officiers et les passagers, qui montent à mil écus en tout.

Il n'est point permis à aucun navire d'entrer en aucun port avant l'amiral, ny d'aller devant luy, à peine de mille ducats de plate. Il n'y a que les deux pataches qui ont ce privilége.

Lorsque les capitaines veulent rendre quelque civilité à l'amiral pendant le voyage, ils le joignent par le costé sous le vent et l'équipage crie « Bon voyage »; l'amiral luy crie deux fois la mesme chose. Un officier, du navire qui l'approche, demande comment se portent l'amiral et ses camarades; l'amiral leur rend la mesme civilité, et après, on crie cinq fois et ils font mettre tout incontinent leurs voiles bas pour laisser passer l'amiral qui ne répond qu'une fois. Les navires recommencent trois fois à crier, et l'amiral leur répond avec des trompettes.

Le Roy donne au général un estendart de damas rouge cramoisi, où, d'un costé, est brodé un crucifix, de l'autre, l'image de Nostre-Dame, au milieu, les armes d'Espagne et dessous les armes du général. Cet estendard couste ordinairement mille escus; on le met au costé droit de la capitane près la poupe. On ne se sert néanmoins de cet estendart qu'en cas de bataille et le jour de Saint-Jacques, patron d'Espagne. Lorsque cela arrive, tous les navires sont obligés de saluer l'estendart de quinze coups de canon chacun, et l'amiral d'onze coups.

La garde de cet estendart se donne ordinairement à une personne de qualité, à qui on donne le nom d'alferes major, et sa charge est de conserver cet estendart au péril de sa vie. Le roy donne à ce gentilhomme 80 ducats de plate par mois, pendant le voyage.

En quelque endroit des Indes qu'arrive le général des galions, il commande à tous les gouverneurs et présidens.

État du commerce de la France avec l'Espagne et les Indes occidentales.

Maintenant que nous avons vu tout ce qui concernoit la navigation des flottes, dans lesquelles les Espagnols sont comme les commissionnaires du commerce de l'Europe avec leurs propres possessions, nous terminerons par quelques détails sur le commerce spécial de la France, dont il a esté parlé d'une manière sommaire. Nostre commerce n'est plus aussi considérable qu'il estoit avant et un peu après la paix des Pyrénées.

Les François établis en Espagne ont toujours mille discussions avec les officiers de la Contratacion et avec les gouverneurs pour des sujets qui n'en valent pas la peine. — Cependant ces choses ne laissent pas que de les troubler dans leur négoce. Et comme ils n'ont point d'autre recours qu'à l'ambassadeur de France, il seroit de la dernière conséquence que Sa Majesté donnast là-dessus des ordres bien précis à ses ambassadeurs, de ne jamais négliger aucune affaire, qui leur pourroit estre recommandée par nos négociants de par delà. Car de demander que les Espagnols nous maintiennent dans nos priviléges, il seroit comme inutile d'en faire parler à Sa Majesté Catholique, puisque rarement elle improuve les violences et les injustices que l'on nous fait à Cadix et à Séville, en temps de paix ou en temps de guerre. Elle les désavoue bien, mais jamais elle n'ordonne d'en faire réparation.

Depuis les premières guerres de Flandre, les Hollandois ont fait tout ce qu'ils ont pu pour nous rendre odieux aux Espagnols, par les bruits séditieux qu'ils semoient de tous costez, capables de faire massacrer le premier François qui auroit osé paroistre dans les rues.

Ce furent eux qui apprirent aux Espagnols le secret de notre commerce; ils inspirèrent à la cour de Madrid et principalement à don Juan la volonté de nous persécuter, faisant voir par toutes sortes de raisons, que la France ne subsistoit que par l'Espagne et que le moyen de la détruire, c'estoit de nous exclure de tout commerce avec ce royaume.

En conséquence, les négociants françois ont eu de grands malheurs en Espagne et aux Indes de la domination des Espagnols, par les grandes pertes qu'ils ont faites sur terre et sur mer, par la saisie et la confiscation de leurs biens, par les faillites. — Ces disgrâces, qui leur sont arrivées coup sur coup, ont osté à plusieurs le pouvoir de rien entreprendre davantage; la pluspart en sont morts d'affliction et beaucoup d'autres se trouvent réduits à n'avoir pas du pain.

Depuis huit ou dix ans nos toiles et nos autres manufactures ont esté si surchargées de frais et d'indults, tant en Espagne qu'aux Indes, à cause de la contravention, que les Indiens ont mieux aimé se jeter du côté des toiles du Nord, que d'employer leur argent à nos marchandises, que les frais enchérissoient de 40 ou 50 pour cent.

Ce n'est pas que nos toiles ne soient incomparablement meilleures que toutes celles qui se fabriquent ailleurs, les Espagnols l'avouent eux-mesmes, mais ils ont toujours craint de s'en charger, à cause des impositions que l'on a mises dessus pendant la guerre.

D'un autre costé, les nations voisines ont contrefait nos marchandises, pour se venger de nous et les ont réduites presque partout à si peu de chose, que nous ne sçavons presque plus où en envoyer, pour y faire quelque profit. Le chagrin qu'elles ont eu de ce que nous avons défendu leurs manufactures, leur a donné lieu de défendre les nostres, réciproquement, et d'en faire fabriquer chez eux. Les Hollandois, par exemple, ne tiroient de brocards, de rubans et d'autres soieries que de France; ils en font fabriquer une si grande quantité, qu'après s'en estre fournis suffisamment, ils en fournissent encore l'Espagne et le Portugal. — On a donné depuis peu de commissions en Angleterre, pour y faire fabriquer des chapeaux de castor pour l'Espagne et pour les Indes. Autrefois les Anglois n'en usoient point d'autres que ceux qui se fabriquent en France.

La liberté du commerce est si nécessaire pour le bien d'un estat, quelque grand et puissant, qu'il seroit à souhaiter qu'elle y fust toujours maintenue. On souhaiteroit donc avoir une pleine liberté de faire venir en France toutes sortes de manufactures, en ne payant que les anciens droits, sans considérer, si ces marchandises peuvent faire tort ou non à celles qui se fabriquent dans nostre royaume[1]. Les Hollandois ne s'enrichissent que par le bon accueil qu'ils font à tous ceux qui vont négocier dans leurs provinces; on trouve mesme des douceurs dans leurs douanes que nous ne rencontrons pas dans les nostres, surtout dans celle de Paris. Si nous voulons, par exemple, faire entrer ou sortir des marchandises, les commis des bureaux ne se fient point à nos déclarations, à nos certificats, ny mesme à nos factures; ils veulent tout voir, tout ouvrir, se souciant peu de gâter la

---

[1]. Second mémoire de Duhalde sur le commerce, pour Monseigneur Colbert, page 14-15.— Au dos de ce mémoire est de la main de Colbert : *veu, à M. Bellinzani à voir et faire extrait des principaux points et m'en parler.*

marchandise. La sortie de nos fabriques n'est pas non plus assez facilitée. Les toiles de Rouen qui valoient communément 140 et 150 francs les cent aulnes, ne valent plus que 90 et 100 francs, et ainsi du reste, tant toutes les marchandises sont venues à un bas prix qui étonne ; cependant les droits de sortie de nos manufactures sont toujours les mesmes et ne sont point diminués. Il n'y a pas de doute que, si l'on avoit encore le moyen de diminuer le prix des marchandises, les estrangers prendroient plaisir de nous en commettre et d'en venir acheter, tandis que nous ne pouvons soutenir la concurrence, ainsi qu'il arrive pour les estoffes qui se fabriquent en Italie, se portent en Espagne et ruinent le débit de celles qui se fabriquent en France.

Plus de liberté, la diminution des droits d'entrée et de sortie, la présence de temps en temps de nos vaisseaux de guerre en Espagne feroient un bien considérable à nostre commerce. L'escadre de M. de Chateau-Renault fit un très-bon effet à Cadiz, lors de l'arrivée de la flotte des galions. Ces navires serviroient en mesme temps à empescher les insultes des corsaires saletins et tripolins.

Au reste, malgré les remarques que l'on a faites, nous commençons un peu à nous remettre en train du costé d'Espagne. Il s'est mesme fait dernièrement de grandes sociétés à Saint-Malo pour le négoce de ce pays et des Indes. Nous espérons que, si Dieu nous conserve la paix encore quelques années, nous y ferons fleurir nostre commerce, mieux que nous n'avons encore fait[1].

---

1. Voir sur le commerce européen dans les Indes espagnoles, l'*Histoire de la navigation*, 2 vol. in-12. Paris, 1722.

LA MARTINIQUE EN 1696.

La Martinique, dont Christophe Colomb, dans son premier voyage, apprenait l'existence comme d'une île, nommée Martinino, toute peuplée de femmes sans hommes, a été occupée par les Français en 1635. Charles Lyénard, sieur de L'Olive, originaire de Chinon, et Jean Duplessis sieur d'Ossonville, y arborèrent les premiers le drapeau de la France, le 28 juin 1635. Mais ces pionniers s'étant déterminés de préférence à aller s'établir à la Guadeloupe, ce fut le fondateur de notre colonie de Saint-Christophe, Pierre Blain, sieur d'Esnambuc, originaire d'Allouville, au pays de Caux, qui, le 15 septembre suivant, au nom de la *Compagnie des isles de l'Amérique*, prit définitivement possession de la Martinique, où il laissa pour gouverneur Jean Dupont, lieutenant de la compagnie colonelle de l'île Saint-Christophe.

Rachetée en 1664 par Colbert au fils du neveu de d'Esnambuc, Jacques Dyel-Duparquet, qui l'avait acquise en 1650, la Martinique fit partie des concessions de la Compagnie des Indes occidentales jusqu'en 1673, époque à laquelle elle fut réunie au domaine du roi.

Le mémoire qui suit, adressé au ministre Louis Phélypeaux de Pontchartrain, par l'intendant des îles de l'Amérique, Jean-François Robert, indiquera d'une manière assez étendue les progrès de cette colonie à la fin même du siècle dans lequel elle a commencé à être établie.

Pierre Margry.

MÉMOIRE

DE L'ÉTAT PRÉSENT DE LA MARTINIQUE.

21 avril 1696.

Je n'ay point voulu, Monseigneur, entreprendre, jusqu'à présent, de vous rendre compte de l'état, auquel j'ay trouvé l'isle de la Martinique, m'estant auparavant attaché à examiner toutes les circonstances les plus essentielles de l'établissement de cette colonie, pour être en état de vous en donner une connoissance juste et fidèle; je feray mon possible pour en venir à bout. Mon dessein est de vous faire voir dans ce mémoire la disposition générale de cette isle, celle des establissemens, tels qu'ils sont, pour la religion, pour la justice, pour le commerce, et, en traitant de ces matières, de faire voir les établissemens, qui sont bons et avantageux, ceux aussy qui sont préjudiciables à la colonie et d'en rapporter les raisons.

DESCRIPTION TOPOGRAPHIQUE DE LA MARTINIQUE.

L'isle de la Martinique est d'une grande estendüe; son circuit est d'environ 80 lieües et sa largeur de 8 à 10 lieües, estant plus ou moins large en différens endroits; sa largeur se compte par estimation, ne pouvant se dire au juste, parce que, jusqu'icy, l'on n'a point sceu la véritable estendüe de l'isle; il y a encore quantité de terres, toutes en bois de bout, dans le cœur de l'isle, dans lesquelles jamais personne n'a penetré, et qui sont encore aujourd'huy inconnües aux habitans.

Le terrain de presque toute l'isle est haut et bas; ce sont montagnes continuelles, faites en formes de pyramides[1], il

---

1. La Martinique est la plus remplie de montagnes, lesquelles les habitans divisent en pitons et en mornes. Ils appellent *pitons* les montagnes qui surpassent les autres en hauteur, desquelles même elles sont ordinai-

se trouve seulement quelque terrain uny vers la Cabesterre, où, dans quelques endroits, on trouve une terre plate depuis le bord de la mer jusqu'à une ou deux lieües dans les terres, et ces quartiers sont des moins habitüez.

Il n'y a pas encore la 30ᵉ partie du continent de l'isle, qui soit habitüée, desfrichée et cultivée, et tout le terrain occupé est sur les bords de la mer, pénétrant au plus une ou deux lieües dans les terres ; tout le centre de l'isle est inconnu ; personne n'y a jamais esté, et les sauvages même ne l'ont point habité.

Division de l'isle en cinq quartiers principaux. — On peut diviser l'isle de la Martinique en cinq quartiers principaux qui contiennent tout son contour, sçavoir :

Celuy de la Basse-Pointe ;
Celuy de la Basse-Terre ;
Celuy du cul-de-sac Royal ;
Celuy du cul-de-sac Marin ;
Celuy de la Capesterre.

Quartier de la Basse-Pointe. — Le quartier de la Basse-Pointe est au nord-nord-oüest de l'isle ; il s'estend depuis la Grande Anse jusqu'à la pointe du Prescheur ; il est considérable par quelques grandes et riches habitations, et parce qu'il s'y trouve assez aussi plusieurs petits habitans. La communication et le grand débit des habitans de ce quartier se font à la Basse-Terre ; ils peuvent aussy communiquer avec la Capes-

---

rement détachées et parce qu'elles sont presque toutes escarpées. Elles sont aussi inaccessibles et par conséquent inutiles. Elles ne laissent pourtant pas d'être couvertes de très beaux bois, comme l'est tout le reste de l'île, lesquels, outre qu'ils sont très propres pour toutes sortes d'ouvrages et de charpenterie et de menuiserie, produisent encore différents fruits, dont les oiseaux et les sangliers se nourrissent.

Les autres montagnes, qu'on nomme *mornes*, occupent une grande partie de l'isle. Elles sont plus basses et ont la pente bien plus douce que les pitons dont nous venons de parler ; l'air très frais et très agréable que l'on respire par le moyen d'un petit vent qui y souffle ordinairement et la fertilité du terrain très propre pour toutes sortes de plantes et surtout pour le tabac, ont invité les habitants à y bastir leurs maisons, qui ont la plus belle vue du monde sur les agréables collines qui les accompagnent et sur des plaines environnées de la mer, et arrosées de quantité de rivières et de fontaines dont l'isle est richement partagée, car on y compte plus de quarante rivières qui ne tarissent jamais ; parmi lesquelles il y en a six ou sept où les pirogues (c'est ainsi que se nomment les barques des Indiens, dans lesquelles se mettent bien cinquante hommes), entrent jusques à deux lieues en avant.

(Extrait de la *Relation de l'État de la Martinique* en 1660.)

terre, mais outre que les chemins en sont difficiles, ils n'y trouvent pas de débit, si bien que tout leur commerce se fait avec la Basse-Terre, et même, quand ils veulent aller dans les quartiers du cul-de-sac Royal, ou du cul-de-sac Marin, ils passent toujours par la Basse-Terre. Il n'y a point de moüillage ny même de débarquement dans le quartier de la Basse-Pointe, et la coste n'en est pas mesme praticable par des chaloupes.

Quartier de la Basse-Terre. — Le quartier de la Basse-Terre est au sud-oüest de l'isle; il est considérable par l'établissement du bourg Saint-Pierre, qui seul contient autant de monde qu'il y en a dans tout le reste de l'isle[1]; son estendüe se compte depuis la pointe du Prescheur jusqu'à la pointe des Nègres, qui est à l'entrée du cul-de-sac Royal, et il y a dans cette estendüe, le bourg Saint-Pierre, deux ou trois petits villages, plusieurs grandes habitations, et quantité de petits habitans, en sorte que les deux quartiers de la Basse-Pointe et de la Basse-Terre renferment ensemble au moins les deux tiers des peuples établis dans toute l'isle.

Le bourg Saint-Pierre est sur le bord de la mer et est très considérable, particulièrement, si on le regarde, comme on doit faire, par rapport à une colonie qui ne fait que commencer, où les moindres établissemens sont très rares et extrêmement difficiles, et où il paroist visiblement que ceux qui se trouvent faits, ont cousté des peines et des dépenses excessives; ce qui fait bien voir que, pour augmenter cette colonie, il faut mettre à profit tous les établissemens, qui sont

---

1. La partie la plus habitée de la Martinique est la coste de la Basse-Terre, qui a bien huit lieues de long sur une de large et elle est aussi la partie la plus montagneuse de l'isle, laquelle les habitans ont choisie tant parce qu'elle est la plus forte d'assiette contre les incursions des Caraïbes ou sauvages que parce que l'air y est plus sain comme étant plus achevée et que la coste y est commode pour les vaisseaux qui y peuvent aisément mouiller l'ancre.

Cette Basse-Terre se divise en quatre quartiers, en chacun desquels il y a une église paroissiale administrée par les Jésuites, une place d'armes environnée de magasins, un corps de garde et le poids ou douane pour les marchandises. Il y a de plus en un de ces quartiers un fort près duquel par un privilége singulier de la situation de la Martinique, tous les vaisseaux qui viennent de France et de la Hollande, mouillent l'ancre, auparavant qu'ils aillent en autre port, et paient au seigneur de l'isle et pour l'entretien du port depuis 50 jusqu'à 100 livres de poudre.

(Extrait de la *Relation de l'État de la Martinique* 1660.)

desja faits, et que, si, en y apportant du changement, on les rendoit inutiles, ce seroit détruire et rüiner absolument les fondemens d'une colonie, qui se trouvent desja solidement bastis ; après quoy il faudroit travailler à de nouveaux fondemens, ouvrage toujours difficile en fait de colonies, mais plus difficile encore, quand il se trouve opposé aux intérêts des peuples, qui ne tiennent à ce pays cy, que par les avantages qu'ils y peuvent trouver, qui d'ailleurs en supportent le séjour avec peine, et qui s'en dégoûteroient sans doute s'il s'y faisoit des changemens à leur préjudice.

Et pour faire voir que les établissemens ne se font icy qu'avec beaucoup de tems et de difficulté, il faut seulement considérer que, depuis que les François sont venus à la Martinique, il n'a pû s'y faire d'establissement considérable que celuy du bourg Saint-Pierre, et cependant tout a toujours contribué à l'agrandir. Il a esté, dans les premiers commencemens de la colonie, le séjour des seigneurs particuliers, qui estoient propriétaires de l'isle ; ensuite, les lieutenans généraux, commandans dans les isles et autres officiers principaux employez par le Roy jusqu'en 1692, qu'il y a eü du changement. Il a toujours esté le séjour de tous les négocians ; tous les bureaux pour les droits du Roy y ont toujours esté établis ; les artisans et les gens de mestier y ont aussi fait leur résidence ; les petits habitants, qui se sont adonnez à vivre à la campagne, se sont establis dans le voisinage, trouvant dans le bourg le débit de leurs denrées ; les sièges de justice y ont toujours esté établis jusqu'en 1692, qu'ils ont esté transférés au bourg du fort Royal ; ainsy l'on doit considérer le bourg Saint-Pierre comme un établissement que les peuples de l'isle se sont attachez à former et à augmenter depuis le commencement de la colonie, et l'on peut juger, puisque cette colonie, pendant ce tems, n'a pû former que le bourg Saint-Pierre, que les établissemens dans cette isle d'un bourg ou d'une ville sont difficiles et d'une très grande longueur.

Mais pour continüer la description des quartiers de l'isle, je reprends celle du bourg Saint-Pierre ; il contient grand nombre de maisons, deux paroisses, l'une desservie par les PP. Jésuites, l'autre par les PP. Jacobins, un hôpital desservi par les frères de la Charité, et un couvent de religieuses Ursulines, qui reçoivent chez elles des pensionnaires, et tiennent des écoles pour toutes les jeunes filles du bourg, et la seule maison de toutes les isles qui serve à l'éducation des enfans ; il y a dans le bourg un bastiment en forme de palais pour le conseil souverain et des prisons tout proche pour les justiciez. Le bourg a la commodité de deux rivières, une desquelles passe au milieu et fournit toute l'eau nécessaire aux habitans, et cette eau est très bonne ; c'est aussy dans ce bourg que sont tous les magasins des marchandises qui sont apportez dans l'isle, et c'est par là qu'il est le centre de tout le commerce qui s'y fait.

Depuis la perte de Mariégalande, de la partie Françoise de l'isle Saint-Christophe, et l'abandonnement des isles Saint-Barthelemy et Saint-Martin, presque tous les habitans, qui s'en sont sauvez, sont venus s'establir au bourg Saint-Pierre, quelque chose qu'on ait fait pour les engager à rester au bourg du Fort Royal ; mais ils n'y pouvoient pas subsister, et ils trouvoient à faire leurs petites affaires au bourg Saint-Pierre ; ainsy, ils s'y sont retirez, les uns, attirez par la commodité de la terre qui est bonne et fertile, où les plages ne font jamais de boües, cette terre estant ponceuse, ce qui fait une grande douceur pour les petits habitans ; les autres dans la vue de faire la course, de sorte que, les uns et les autres s'y sont établis, et ceux seulement, qui se sont adonnez à la course, ont formé un nombre de sept à huit cents flibustiers qui ont presque tous leur famille dans le bourg, lequel, par ce moyen, se trouve beaucoup augmenté en habitans, même dans ces derniers tems-cy.

Les environs du bourg sont très agréables, et très abondants et les plus belles situations de toute l'isle.

Au pied du bourg Saint-Pierre, il y a une fort grande rade, dont le mouillage est très-bon ; elle est ouverte aux vents d'aval et à l'abry des vents d'amont, dont elle est couverte par toute l'isle ; il est à remarquer, qu'il règne toujours en ce païs des vents d'amont, prenant du sud-est au nord-est, hors dans la saison des ouragans. On appelle la saison des ouragans depuis le mois de juillet jusqu'au 15 octobre, parce qu'il est arrivé souvent dans ce tems des coups de vents terribles, les vents faisant alors tout le tour du compas avec une impétuosité furieuse ; dans ces rencontres, la rade du bourg Saint-Pierre n'est pas bonne, estant toute ouverte aux vents d'aval, et la mer, venant de très loing avec impétuosité, ferait périr les vaisseaux les mieux amarrez, s'il s'y en rencontroit, et il n'y a de ressource pour les vaisseaux qu'à se renfermer dans les culs-de-sac ; mais les ouragans n'arrivent pas tous les ans ; on en passe beaucoup sans en voir, cependant on s'en défie toujours ; les navigateurs taschent de quitter ce pays-cy en avant cette saison, et si ils sont obligez d'y rester, ils prennent la précaution de mettre les vaisseaux dans les culs-de-sac.

Du reste, la rade du bourg Saint-Pierre est très bonne, et les vaisseaux y seroient même en sûreté, si elle estoit défendue par toutes les batteries qu'on y pourroit facilement establir. Elle a un avantage, qui consiste en ce que les bastimens, qui veulent y venir, sont obligez à faire plusieurs bordées, et de revirer plus souvent près de terre ; ainsy, si l'on plaçoit des batteries à terre bien à propos pour tirer sur les vaisseaux, qui feroient leurs bordées pour gagner le mouillage, il leur seroit presque impossible d'y arriver. Cet avantage fera la force de cette rade, si une fois on parvient à la munir des batteries nécessaires, et la nécessité en est très évidente.

Presque tous les vaisseaux marchands, qui viennent de France, mouillent dans cette rade du bourg Saint-Pierre ; il y en a quelques-uns qui vont au cul-de-sac de la Trinité, au cul-de-sac du Fort Royal, et ils sont en petit nombre ; tous les corsaires viennent toujours à la rade du bourg Saint-Pierre et y amenent leurs prises. Elle est ainsy fréquentée des uns et des autres, parce que tout le commerce est dans le bourg, et que c'est le seul endroit de l'isle, où l'on trouve un prompt débit de marchandises, et outre que le débit des marchandises engage les capitaines des vaisseaux de se tenir dans cette rade, ils y sont encore attirez par d'autres endroits, sçavoir, par la facilité de faire leur eau, de trouver les vivres et les rafraischissemens, dont ils peuvent avoir besoin, et par la commodité d'un hôpital, où ils mettent leurs malades, ce qu'ils n'ont pas dans les autres rades ; de plus, les vaisseaux marchands, qui chargent des sucres, estant obligez de les aller chercher eux-mêmes avec une barque et les chaloupes dans les habitations, se trouvent plus proches estant à cette rade, et plus à portée de grand nombre d'habitations, où il se fait des sucres, qu'ils vont prendre, les allant embarquer aux quartiers du Prescheur, du Potiche, de la Basse-Pointe, du Marigot et même de la Capesterre, d'où ils seroient fort éloignez, s'ils estoient mouillez à la rade du cul-de-sac Royal, et les voyages qu'ils y feroient causeroient un très-grand retardement à l'embarquement de leurs sucres et à leur expédition pour leur retour en France ; ainsy, toutes ces considérations, font que les vaisseaux marchands se tiennent préférablement dans la rade du bourg Saint-Pierre, y trouvant tous leurs intérests.

Je ne m'arrêteray point à parler des quartiers particuliers de la Basse-Terre, qui sont le *Potiche*, le *Prescheur*, le *Fond de Canonville*[1], le *Carbet* et autres ; dans tous ces endroits, il y a plusieurs habitations et beaucoup de petits habitans, qui font tout leur commerce au bourg Saint-Pierre dont ils sont fort proches.

Quartier du cul-de-sac Royal. — Le troisième quartier, suivant une division de la Martinique en cinq parties, est celuy du cul-de-sac Royal ; on comprend dans ce quartier tout ce qui est depuis la pointe des Nègres jusqu'aux anses d'Arlet, c'est-à-dire toute l'étendue de la baye du Fort Royal. L'entrée de cette baye présente au sud-oüest et au sud-oüest-quart-d'oüest.

Ce quartier est considérable par le Fort Royal, qui est situé dans cette baye sur une hauteur, qui avance à la mer ; par la rade, dont le moüillage est très bon et sous le canon du fort, par le cul-de-sac, qui sert de retraite aux navires dans la saison des ouragans dont il a été parlé cy-dessus, et où l'on carène les vaisseaux, par le bourg du Fort Royal et par quantité de grandes habitations.

Je ne ferai point une description particulière du Fort Royal, et je suppose qu'il est connu par les plans qui en ont été envoyez en France ; il est certain qu'il est dans une situation avantageuse, occupant une hauteur toute environnée de mer, qui ne communique à l'isle que par une langue de terre, qui aboutit dans une manière de vallon tout entouré de montagnes, et ce vallon n'estoit cy devant qu'un marais, que l'on a travaillé depuis quelques années à dessécher. Pendant que ce marais subsistoit, il n'y avoit point d'endroit où les ennemys pussent se poster pour l'attaque du fort, et d'où ils pussent y aller de plain pied, ce qui n'est pas ainsy présentement.

Ce fort regarde d'un costé la rade, et de l'autre costé le

---

[1]. Le nom de Canonville, Quenonville ou Guenonville est celui de la seigneurie du père et du frère de D'Esnambuc, située dans la commune d'Allouville-Bellefosse, auprès d'Yvetot.

cul-de-sac que l'on peut appeler la darse, et la pointe du fort forme un des costez de l'entrée de cette darse qui, par ce moyen, est très bien defendüe.

C'est dans ce fort que M. le comte de Blenac, gouverneur et lieutenant-général des isles, fait sa résidence présentement, et il y tient huit compagnies d'infanterie en garnison. Je n'ay rien à ajouter à ce que j'ay dit cy-dessus de la rade et du cul-de-sac du Fort Royal, j'observeray néanmoins que, bien que le moüillage y soit très bon, il est cependant dangereux dans la saison des ouragans, dans laquelle les vaisseaux se retirent dans le cul-de-sac. A l'égard du cul-de-sac, autrement de la darse, on s'aperçoit qu'elle commence à se remplir, particulièrement à l'endroit où l'on carène, et qu'il s'y amasse de la vase qui n'y laisse plus que peu de profondeur, ce qui peut avoir des suites fâcheuses, parce que les immondices qui sortent des vaisseaux restent dans ce bassin, n'y ayant point de courant qui les porte au dehors, et qu'on ne se donne aucun soin d'en enlever les vases.

Le bourg du Fort Royal n'a commencé à se bastir que depuis quelques années[1] ; il est situé dans ce *vallon*, dont je

---

1. C'est à partir de 1669, que cette ville commence réellement à naître. M. de Baas ayant reçu à cette époque l'ordre de faire habiter les environs du Fort Royal, convia à s'y établir, pour y faire avec le tems, une ville de grand commerce. Il n'y avoit alors que peu de colons en ce lieu. Caqueray de Valmenier, ancien gouverneur de la Grenade sous M. Duparquet, disait en avoir été un des premiers habitants et y avoir fait bâtir l'église que les Français brûlèrent en 1674, lors de l'attaque du Fort Royal par les Hollandais. Quelque temps après les ordres du roi à M. Baas, M. Pellissier, directeur général de la Compagnie des Indes occidentales, envoya le plan de la ville à bâtir, plan que Colbert approuvait (4 novembre 1671).

Le successeur de M. de Baas, le comte de Blénac, entreprit cette œuvre avec une énergie, qui peut le faire regarder comme le créateur du Fort Royal.

Lorsqu'il s'y vint établir il n'y avait pas trois sucreries, et huit ans après environ, il y en avait cinquante-sept. Il n'y avait pas une poule ; tout y était, en 1686, plein de bœufs, de cochons, de chevaux, de volailles. « Je vous y ai fait, écrivait-il au ministre, un bourg et une église, bastis de pierres. J'ay garanty le Carénage qui alloit estre perdu ; j'ay desséché les marais..... L'air y est présentement bon, les voisins peuvent le rendre meilleur en defrichant leurs bois.... Je vous ay fait un fort, qui met toutes les isles en sûreté.

« Pour venir à bout de tout cela, je me suis renfermé depuis huit ans dans le Fort Royal et ma neufiesme année expire, éloigné du Roy, de vous, monseigneur, de ma femme, de mes enfans, de mon pays où je ne suis pas sans considération, je ne suis pas plus riche que j'estois. (7 mars 1686).

viens de parler, qui estoit cy devant marais, et les maisons qui regardent le fort n'en sont éloignées que de la portée d'un fusil ; il est placé sur le bord de la mer. Dans ce bourg et dans ce marais, il y a des fossez d'eau croupie qui ont servi à faire le dessèchement du marais, et qui causent encore à présent des exhalaisons très mauvaises et très malsaines.

Il n'y a encore dans ce bourg qu'un petit nombre de maisons, toutes fort petites et dont les plus grandes ne sont propres que pour des habitans médiocres. Il y a une paroisse desservie par les pères Capucins, dont l'église n'est pas achevée de bastir, et de toutes les familles qui sont établies dans ce bourg, il n'y en a que six ou sept d'assez considérables, dont deux ou trois sauvées de Saint-Christophe, et les autres attachées par leurs employs à y faire leur résidence; toutes les autres sont de cabaretiers et d'ouvriers qui sont employez pour les ouvrages du fort.

Les cabaretiers y font quelques profits à l'occasion des officiers des compagnies du fort qui se nourrissent dans le bourg, et à l'occasion des séances du Conseil Souverain, pendant lesquelles tous les conseillers, aussy bien que les parties, sont obligez de manger au cabaret, et ils font aussy bien leurs affaires, lorsqu'il y a dans la rade des vaisseaux du Roy. Ce sont là les endroits qui ont engagé plusieurs de ces cabaretiers à se mettre dans ce bourg, depuis qu'on en a commencé l'establissement.

Il n'y a point dans ce bourg ny aux environs de petits habitans qui s'adonnent à faire des vivres, à avoir des jardinages et à nourrir de la volaille, pour la consommation du bourg, et le terrain de ce bourg et des environs ne produit pas, estant un fond de marais; il est même très incommode, les plüyes le rendant extrêmement boüeux, ce qui n'attire pas les petits habitans, et de là vient que les vivres y sont extrêmement rares, et fort chers, quoiqu'ils ne soient pas de si bonne qualité que dans les autres quartiers de l'isle.

Il n'y a qu'une rivière à l'extrémité du bourg, où l'eau de la mer se communique fort avant, estant dans un terrain plat, de sorte qu'il faut aller chercher assez haut et très loin, encore n'est-elle que passablement bonne. Du reste, il n'y a dans ce bourg aucunes commoditez, et l'on n'y trouve pas les nécessitez de la vie ; on y manque même des secours, dont on a besoin dans les occasions de maladie, comme de médecins, chirurgiens et apothicaires, lesquels ont toujours esté permanens au bourg de Saint-Pierre.

Mais outre que ce bourg n'est pas situé commodément, comme je viens de le faire voir, il est de plus posté très désavantageusement, sans aucune défense contre les insultes des ennemys, il est près du fort, et le fort ne sçauroit empescher qu'il soit pris et pillé par les ennemys et qu'ils n'y mettent pied à terre; outre cela, en cas d'entreprise par les ennemys, ce bourg leur serviroit de rempart, s'ils vouloient faire l'attaque du fort, et ils y trouveroient leurs logemens tout faits. Cela se connoist par sa situation; ce bourg à proprement parler, estant placé à l'extrémité du glacis du fort. La partie du bourg qui regarde le fort, n'en est éloignée que d'une portée de fusil, et les autres maisons sont situées sur le bord de la mer, où le desbarquement est très facile; ainsy il est bien seur que les ennemys qui voudroient faire l'attaque du fort n'auroient pas autre chose à faire que de prendre leurs logemens dans le bourg, puisque c'est le seul endroit par où l'on puisse former l'attaque; et, pour oster cet avantage aux ennemys, les assiégez seroient obligez de destruire eux-mêmes ce bourg et de le ruiner entièrement, n'y laissant pas pierre sur pierre.

D'autre part, il ne seroit point difficile aux ennemys de mettre pied à terre dans ce bourg, puisqu'il est le long d'une plage toute commode pour le desbarquement des chaloupes, et quoiqu'elle soit veüe par le canon du fort, elle en est assez éloignée, particulièrement à l'une des extrémitez du bourg, pour en rendre l'entreprise peu difficile; d'ailleurs les risques de ces canons sont médiocres, d'autant qu'en mettant pied à terre on se trouve aussy tost couvert par les maisons du bourg; voilà les inconvéniens de cette situation, qui font bien voir à ceux qui sont sur les lieux qu'il seroit à souhaiter que ce vallon fust encore en marais, comme il estoit cy-devant, et que l'establissement du bourg eust esté fait dans un autre endroit.

Je ne diray pas autre chose du bourg du Fort Royal, qu'on ne peut pas s'empescher de regarder comme un endroit très incommode, despourvu de deffence et sans sûreté, et qui n'est point du tout convenable pour un grand établissement.

Au surplus, ce quartier du Fort Royal est remply de plusieurs grandes habitations ayant chacune leur sucrerie et quelques unes des cacodières (*sic*), les propriétaires de ces habitations le sont aussy de tout le terrain du bourg du Fort Royal et des environs, de sorte que ceux qui voudroient s'y établir seroient obligez d'acheter du terrain.

Communications du Fort Royal avec d'autres bourgs.—Le Fort Royal a des chemins de communication avec le bourg Saint-Pierre ; ils sont très rudes et très difficiles, et il y a sept à huit lieuës de l'un à l'autre endroit ; on va aussy par mer d'un endroit à l'autre, et il n'y a guère que huit lieuës de chemin le long de la coste ; on se sert de pyrogues av... des pagayes pour ces voyages par mer ; ce sont les ca.... .. pays ; plusieurs particuliers en ont à leur propre serv.... il y en a deux ou trois pour le service du public, tenues par de petits habitans qui font le commerce de passer du monde.

Il y a aussy un chemin qui va du Fort Royal au cul-de-sac de la Trinité, et il est très difficile ; même les deux tiers de l'année il est impraticable, lorsqu'il a plû, à cause des grandes boues ; ainsy ce chemin est peu fréquenté, et ceux qui font ce voyage passent préférablement au bourg Saint-Pierre, y ayant d'ailleurs presque toujours quelque affaire.

Il y a encore un autre chemin qui vient d'être fait actuellement pour aller du fort Royal au cul-de-sac Marin ; mais ce chemin est très long, très difficile et très peu fréquenté ; et presque tous les habitans, qui sont au delà de l'isle du Diamant ou vont par mer au Fort Royal, ou envoyent leurs pyrogues faire le tour de la pointe d'Arlet, et traversent par terre jusqu'à la coste de la baye du Fort Royal ; cette traversée n'estant que de deux lieuës, ainsy ce nouveau chemin sera toujours très-fréquenté.

Je ne parle point de quelques petits chemins pour aller en des quartiers de la Capesterre encore très peu habitez, ces chemins ne pouvant estre pratiquez que par des nègres ou par des petits habitans accoûtumez à marcher dans les bois.

Après avoir expliqué en quoy consiste le quartier du Fort Royal, je passeray aux deux autres principaux dont il me reste à parler.

Quartier du cul-de-sac Marin. — Celui du cul-de-sac Marin est le quatrième selon ma division. Il comprend toute la coste depuis la Pointe d'Arlet jusqu'au Vauclin, et l'islet du Diamant s'y trouve aussy compris ; il est tout proche de la pointe d'Arlet. Toute cette coste est exposée à l'est, à l'est-sud-est et à l'est-nord-est, et elle fait une des extrémitez de l'isle ; — l'entrée du cul-de-sac Marin présente au sud-ouest, à cause d'une pointe de terre qui avance à la mer et qui forme cette entrée.

Le terrain de ce quartier est extrêmement bon et fort sec ; la terre estant ponceuse ne souffre point d'incommodité des pluyes. Cependant ce quartier est encore peu habitué, et il y reste beaucoup de terres qui ne sont point desfrichées. Il s'y trouve des habitations, mais en petit nombre ; plusieurs particuliers y ont des terres par concession et ne les font pas valoir. Il ne s'y trouve point de bourg ny de peuple ramassé ; même depuis la dernière entreprise des ennemys sur la Martinique, dans laquelle ils s'arrestèrent longtemps au cul-de-sac Marin, y ayant mis pied à terre et bruslé l'église et presque toutes les habitations, quelques petits habitans, sur quy la perte tomba, ont esté depuis s'establir en d'autres endroits, ce qui a fait beaucoup de tort à ce quartier, où il y a du terrain pour faire de très riches habitations, s'il y avoit du monde pour le mettre en valeur.

Le moüillage du cul-de-sac Marin n'est propre que pour de très petits vaisseaux, et même il y en va rarement. J'ay desja dit comment les habitans de ce quartier vont au Fort Royal ; ils vont par mer au bourg Saint-Pierre, et quand ils ont doublé la pointe d'Arlet, il ne leur est guère plus difficile d'aller au bourg Saint-Pierre qu'au Fort Royal.

Quartier de la Capesterre. — Le cinquième et dernier quartier suivant ma division est celuy de la Capesterre[1]. Il comprend toute la coste depuis le Vauclin jusqu'à la Grande Anse ; on l'appelle Capesterre, parce que cette coste est au vent de l'isle ; elle est exposée depuis l'est-nord-est jusqu'au

---

1. On divise la Martinique, ainsi que toutes les autres Antilles en deux parties, savoir : en Capesterre qui est la côte exposée aux vents d'est et nord-est, appelés alisés, et qui y soufflent continuellement, et en Basse-Terre, qui est la partie opposée, laquelle, étant toute couverte de hautes montagnes, jouit d'une mer aussi tranquille que celle de la Capesterre est agitée. (*Relation de la Martinique* 1660). Cabsterre, dit Dutertre, p. 11, 2ᵉ vol., c'est comme qui dirait, *Caput terræ*, la teste de la Terre. Car comme le vent tire tousjours de l'orient à l'occident, cette partie de la terre qui fait face au vent, est appelée Cabsterre, et celle qui est au-dessous du vent Basse-Terre.

nord, et c'est de là que dépendent ordinairement les vents qui règnent en ce pays cy.

Il y a dans toute cette coste plusieurs bayes, où l'on prétend qu'il se trouve de très bonnes rades et des ports fermés, où les plus gros vaisseaux pourroient entrer sans peine, et où ils seroient fort commodément pour tous leurs besoins et dans une seureté entiere, si l'on se donnoit la peine d'y establir des batteries.

On parle entr'autres de la situation avantageuse de la baye ou cul-de-sac Robert, où l'on prétend qu'il y a une très bonne rade et un port tout à fait seur, mais, ce quartier n'estant pas encore habitué, cette situation n'a pas esté jusqu'à présent bien connüe, peut estre que, dans la suite du tems, le nombre des habitans venant à s'augmenter, cet endroit du cul-de-sac Robert pourra estre un des plus considérables de l'isle, car on pretend qu'il a tous les avantages qui peuvent rendre un séjour commode, agréable et utile.

On ne connoist bien encore dans ce quartier de la Capesterre que le port et la rade du cul-de-sac de la Trinité. C'est le seul fréquenté par les vaisseaux marchands ; il y en va tous les ans cinq ou six de Nantes, qui ont fait leurs habitudes en cet endroit pour leur commerce. Cette rade n'est pas bien seure, estant tout à descouvert des vents du nord; ainsy les vaisseaux n'y moüillent d'ordinaire que pour tres peu de tems, et entrent le plus tost qu'ils peuvent dans le cul-de-sac, dont l'entrée est difficile à cause de plusieurs cayes ou roches qui s'y rencontrent, qu'il faut connoistre pour les éviter ; et pour en sortir les vaisseaux, il faut les toüer la longueur environ de deux cables. Une batterie de six canons fait la deffense de ce cul-de-sac.

Il y a un petit bourg au cul-de-sac de la Trinité, mais peu considérable, partie des maisons n'estant que de roseaux et seulement couvertes de pailles de cannes; du reste il y a dans ce quartier quelques grandes habitations avec des sucreries et plusieurs médiocres[1] dont le plus grand revenu

---

1. On lit dans l'ouvrage du père Labat : « Le sieur Dubuc s'établit au cul-de-sac de la Trinité, dont on peut dire qu'il a été le premier habitant, qu'il y a fait la première sucrerie et que c'est à lui que ce quartier, à présent le plus considérable de l'isle, est redevable de la culture du cacao, dont ayant trouvé quelques arbres dans les bois, il en multiplia l'espèce. »

(*Nouveaux voyages aux isles françoises de l'Amérique*), t. Ier. p. 481, 1722.

roule sur des cacodieres (ce sont des plantations de cacao), auquel on s'est particulièrement adonné dans ce quartier, aussy bien les petits habitans que les plus forts, et comme, pendant quelques années, il a esté en valeur et a rendu beaucoup, presque tous les gens de ce quartier y ont gaigné considérablement, et de petits habitans qui n'avoient rien se sont mis à leur ayse. Ce quartier d'ailleurs, n'est pas encore bien peuplé, et il y a beaucoup de terres qui ne sont point défrichées, et tout le reste de la Capesterre depuis le cul-de-sac de la Trinité n'est presque point habitué, c'est néanmoins le quartier de l'isle le plus sain, il est toujours battu des vents d'amont, qui en esloignent les vapeurs de toutes les montagnes du centre de l'isle, et par ce moyen l'air y est plus pur qu'en aucun autre endroit ; il y a lieu de croire que, si les terres y estoient desfrichées, et s'il estoit peuplé, que ce seroit un des plus beaux quartiers de l'isle.

J'ai desja parlé des chemins de communication du cul-de-sac de la Trinité, et j'ay dit que les grandes relations de ses habitans sont avec le bourg Saint-Pierre; ainsy je n'en diray pas autre chose, de peur de tomber dans des répétitions ennuyeuses.

Apres cette division de l'isle de la Martinique, dans laquelle j'ay fait voir l'état present des quartiers principaux, qui en forment le contour, je crois qu'il paroistra evidemment qu'il n'y a point encore d'endroit dans toute l'isle qu'on puisse dire estre plus peuplé que le bourg Saint-Pierre ; en effet c'est le seul de l'isle où l'on voit du monde, du mouvement, du commerce, et on ne trouve encore que l'idée d'un désert dans tous les autres quartiers.

ÉTABLISSEMENS DES HABITANTS DE LA MARTINIQUE.

Il est tems maintenant de parler des établissemens des habitants de la Martinique, et de faire voir en général le mouvement, qu'ils se donnent pour tirer du profit du séjour qu'ils y font.

M'estant proposé de faire seulement connoistre l'état présent de cette isle, je ne remonteray point jusqu'à ceux des François qui ont esté les premiers à y venir desbarquer, et qui y ont fait leur establissement. Il me suffit de faire voir que le fondement de cette colonie ce sont les habitations, dans lesquelles les particuliers travaillent à faire valoir les terres, qui leur appartiennent en propre, et en tirent par leurs soins et leur œconomie tout le profit qu'ils peuvent.

Habitations et habitans. — Sous le nom d'habitations, on entend les terres appartenant aux particuliers, dans chacune desquelles il y a une maison pour le propriétaire avec les commoditez, qu'un chacun se donne suivant ses besoins et suivant le travail qu'il fait sur sa terre. Ces habitations sont presque toutes sur le bord de la mer, ou du moins en sont peu éloignées ; leur estendüe est reglée sur une quantité de pas de largeur et de hauteur, et les particuliers se sont établi des bornes, conformément à ce qui est dans leurs concessions. Il y a des habitations de 200 pas de large sur mil de hauteur ; il y en a qui ont jusqu'à 1200 pas de large sur six mil de hauteur, tirant vers le centre de l'isle. Les habitations se peuvent comparer à de grosses fermes qu'on voit en France, auxquelles sont attachez plusieurs arpens de terres en valeur.

Sucreries. — Les terres de l'isle ont une qualité particuliere pour les cannes à sucre : aussy, les plus grands soins des habitans sont d'en faire venir dans leurs habitations, et d'y en fabriquer des sucres. Pour cet effet, ils sont obligez d'avoir des nègres pour le travail, un moulin, des chaudières, des formes, et autres ustensiles et des endroits propres pour la fabrique de leurs sucres[1]. Il est à remarquer

---

1. Les tentatives pour établir des sucreries dans les Antilles françaises, à la Martinique notamment, remontent à 1639, et ont pour auteur Daniel Trezel, marchand, demeurant en la ville de Rouen et ses enfans, ainsi que nous le montre un acte de la compagnie des Isles du 6 avril 1640.

« Sur les rémonstrances, faictes par le sieur Trezel à ladite compagnie, que pour entrer en exécution du traicté, par luy faict avec lesdits sieurs, audit nom, par contract passé pardevant de Turmenyes et de Monchenault, notaires, le 6ᵉ jour du mois d'avril de l'année dernière, il auroit en ladicte année, faict passer en l'isle de la Martinique deux de ses enfans avec grand nombre d'ouvriers et plusieurs engins et ustensiles propres au dessein, par luy entrepris, d'establir en ladicte isle la manufacture des sucres; l'un desquelz, estant retourné et luy ayant faict rapport de l'estat et constitution de ladite isle, il auroit recogneu plusieurs difficultés dont il n'avoit cognoissance, lors dudit traicté, en sorte qu'après avoir pris conseil de gens expertz en la confection desdits sucres, il se seroit résolu d'abandonner ce dessein et perdre les premières dépenses par luy faictes, plustost que d'exposer sa fortune et celle de ses enfans à une ruyne manifeste dans une entreprise, qui ne peut réussir que dans le cours de longues

que tout le travail se fait en ce pays cy par les nègres; en quoy il diffère beaucoup des autres pays, où les gens du menu peuple travaillent et font travailler leurs femmes et leurs enfans, ce qui n'est pas en usage icy. Les plus riches d'entre les habitans sont ceux qui ont le plus de nègres, car plus ils en ont, plus ils font de sucre, et ce n'est qu'à faire beaucoup de sucre qu'on devient riche en ce pays cy. Ainsy ce qui fait une belle et riche habitation, c'est une terre pourvüe d'un nombre considérable de nègres travaillant, et d'une grande sucrerie avec toutes ses dépendances.

Chevaux et bœufs. — Comme les habitans sont obligez d'avoir des chevaux et des bœufs pour faire tourner le moulin, pour traisner de petites charrettes, qui sont occupées à porter le bois à brusler dont il se fait une très grande consommation, à aller chercher les cannes et autres besoins, ils ont sur leurs habitations une quantité considérable de chevaux et de bœufs, et c'est une richesse d'en avoir beaucoup; on ne les renferme point, on les laisse jour et nuit dans les prez.

Quelques habitans, qui font aller une sucrerie, font outre cela du cacao, mais il s'en trouve peu; car le travail des sucres est si grand, qu'il occupe ordinairement tous les nègres qu'un habitant peut avoir, et ils croiroient les occuper peu utilement, s'ils les détournoient du travail des sucres pour les employer à celuy du cacao; aussy le cacao est le partage des médiocres et petits habitans, parce qu'il y faut peu de travail et de dépense.

Bestiaux, — *Jardins,* — *Boucheries.* — Voilà en général en quoi consistent les habitations de cette isle; la plupart des habitans nourrissent chez eux des moutons, des cochons et des volailles, tant pour vendre que pour leur propre usage; et ils ont des jardins, estant obligez d'avoir chez eux ce qu'il leur faut pour vivre, veu que l'on ne trouve guères à acheter de ces denrées que dans le bourg Saint-Pierre. Dans tout le reste de l'isle, chaque habitant prend soin d'en avoir la pro-

---

années, et après les advances de grandes et notables sommes, s'il ne plaisoit aux seigneurs de ladite compagnie de le favoriser de nouvelles conditions, en considération de ce qu'il hazarde ses biens, dans l'espérance d'un bon succez en ceste affaire, qui rendra ladite isle de la Martinique et toutes les autres de ladite compagnie plus riches et plus considérables à l'advenir qu'elles n'ont esté jusques à présent. A ces causes, etc. »

vision chez luy. La viande salée, qui vient de France, est fort en usage parmy eux, et la raison est qu'il n'y a point de boucherie dans toute l'isle qu'au bourg Saint-Pierre et au bourg du fort royal ; ainsy, au défaut de viande fraische, ils se servent de viande salée.

Nègres. — Les soins qu'il faut avoir dans une habitation pour la bien gouverner sont fort grands et ne cessent point; ils roulent principalement sur l'attention continuelle qu'il faut avoir à la conduite des nègres, qui sont d'un naturel très méchant, très libertins et très paresseux et surtout grands voleurs ; cependant ils sont le premier mobile de toutes les affaires des habitans, dont les biens dépendent absolument des mouvemens de leurs nègres ; car, à compter depuis le desfrichement des terres, la plantation des cannes de sucre et autres plantes, l'entretien, la coupe, le transport, la coupe et la voiture des bois à brusler, le travail pour le façonnage des sucres, tout généralement se fait par les nègres qui sont chargez du soin des bestiaux, et l'habitant n'est aydé ordinairement que d'un raffineur et un commandeur blancs, qui le plus souvent sont fort vicieux, et il est rare d'en trouver en qui on puisse avoir confiance. D'ailleurs le travail de l'habitation est continüel : à peine a-t-on fait une chose qu'il faut en commencer une autre ; ainsy, tout habitant qui veut mettre son bien à profit et le faire valoir utilement, est obligé de faire une résidence continüelle sur son habitation. Il parvient à gouverner ses nègres d'une manière qui luy prospère. Véritablement il se trouve aussy quelques habitans fort déraisonnables, incapables de gouverner des nègres, et de se gouverner eux mêmes, par la faute desquels toutes leurs affaires vont en desordre.

Sur ce pied il est facile de connoistre que tout ce qu'on nomme habitant est homme qui a une terre à la campagne dans l'isle où il est obligé de demeurer continüellement pour la faire valoir.

Il ne faut donc point compter qu'un habitant puisse changer de séjour ; il est dans une nécessité indispensable de demeurer sur son bien, à moins qu'il ne veuille donner, vendre, céder ou transporter sa terre. Aussy n'est-ce point aux habitans qu'il faut s'attendre pour demeurer dans un bourg ou dans une ville, la campagne sera toujours le partage des habitans. L'on ne doit compter pour former un bourg que sur les négocians, les marchands, gens de mestiers et les gens de mer, et c'est en effet ce qui fait aujourd'huy toute la force du bourg Saint-Pierre.

Suivant ce que je viens de dire, l'on peut considérer deux sortes d'établissemens dans la Martinique, les uns à la campagne pour les habitans, les autres dans le bourg pour les négocians et autres. C'est ainsy que cette isle se trouve partagée avec une si grande connexité, que les habitans sont absolument nécessaires aux gens du bourg, et ceux cy de même nécessaires aux habitans, qui vont prendre leurs provisions de farines, de vin, de viandes salées, d'habillemens et autres choses dans le bourg, qu'il faut regarder comme le magasin général de toute l'isle.

Apres avoir donné une idée générale de l'isle de la Martinique, je me propose d'en faire voir les établissemens, tels qu'ils sont à present pour le spirituel, pour la justice et pour le commerce, et c'est par où j'espère achever de donner une connoissance assez distincte de ce pays cy.

DES ÉTABLISSEMENS POUR LE SPIRITUEL.

Ordres religieux. — Les fonctions ecclésiastiques sont exercées dans cette isle par des religieux de trois ordres différens, ce sont les Jesuites, les Jacobins et les Capucins. Ils ont chacun une maison couventuelle dans l'isle où se tient le supérieur, et ces trois supérieurs destinent leurs religieux qui leur sont envoyez de France pour desservir les cures qui dependent de leur maison.

Paroisses. — Il y a dans toute l'estendüe de l'isle qui est habitüée diverses paroisses d'espace en espace [1], elles sont au nombre de 18 à présent, et par ce secours tous les habitans qui resident dans leurs habitations peuvent aller à la messe tous les dimanches et festes, et y faire aller leurs nègres sans faire trop de chemin. Ces paroisses sont desservies, comme je viens de dire, par des religieux de trois ordres susdits qui font leur résidence dans un presbytère estably pour eux et y exercent les fonctions curialles.

---

1. D'après les ordres donnés par le roi d'établir des limites certaines à toutes les cures des Isles Françaises de l'Amérique, de concert avec les supérieurs généraux des missionnaires qui y étaient établis, le comte de

Jésuites. — On ne sçauroit assez loüer la bonne et sage conduite des PP. Jesuites depuis qu'ils sont dans cette isle. J'ay pris soin de m'informer de plusieurs habitans de ce qui les concerne et les autres religieux, tous m'ont dit que les PP. Jesuites ont toujours vécu exemplairement et qu'il ne s'en est pas trouvé un qui ait donné le moindre scandale[1]. En mon particulier, j'ay connoissance, depuis mon arrivée, non seulement que leur conduite est exemplaire et toute édifiante, mais aussy qu'ils font de très grands biens dans cette isle par le grand zèle, avec lequel ils se donnent à tout ce qui est de leur ministère, soit pour exhorter leurs paroissiens à la pieté, soit pour assister les malades, soit pour ayder les pauvres et les soulager par des aumosnes considérables. Il y auroit mille sujets de faire leur éloge, mais il n'en doit point paroistre dans un simple memoire.

J'ay trouvé que deux choses contribuent beaucoup à maintenir une bonne discipline parmi les PP. Jésuites, l'une, leur grande subordination à leur supérieur, auquel ils obéissent en tout avec une soumission aveugle, l'autre est l'usage estably parmy eux, que leurs Pères, qui desservent les cures, ne touchent ny les appointemens du Roy qui leur sont affectez,

---

Blénac, gouverneur, et Michel Begon, intendant, avaient en 1684 partagé ainsi le service spirituel dans l'île de la Martinique :

Cure du fort Royal............................	Capucins.
du cul-de-sac à Vache................	Jésuites.
des anses d'Arlet....................	Capucins.
du Diamant...........................	Capucins.
de Sainte-Luce.......................	Capucins.
du cul-de-sac Marin..................	Capucins.
du cul-de-sac de la Trinité...........	Jacobins.
de Sainte-Marie......................	Jacobins.
du Marigot...........................	Jacobins.
de la Basse-Pointe...................	Jacobins.
du Prescheur.........................	Jésuites.
de Saint-Pierre......................	Jésuites.
du Mouillage.........................	Jacobins.
du Carbet............................	Jésuites.
de la Caze Pilote....................	Jésuites.

1. Des lettres patentes du mois de juillet 1651, permettaient aux Jésuites « de s'establir dans toutes les isles et dans tous les endroits de terre ferme que bon leur semblera dans l'Amérique pour y exercer leur fonctions suivant leurs priviléges et posséder des terres et des maisons pour subsistance. »

ny les casuels de la paroisse; tout va à l'œconome de la maison conventuelle, lequel pourvoit ces Pères de toutes les choses qu'il leur faut pour leur nourriture et leur entretien, et par ce moyen ils ne se meslent point d'acheter leurs besoins, et n'entrent dans aucun maniement.

Jacobins. — Je ne puis pas dire des autres religieux tout à fait les mêmes choses que je viens de dire des PP. Jesuites. A la vérité, les Jacobins ont presentement deux hommes, l'un pour supérieur general des isles et l'autre pour supérieur de la Martinique, d'une grande piété et d'un grand mérite, on n'y peut rien ajouter, mais ils n'ont pas sur leurs Pères la même authorité et ils ne sont pas obéïs comme les supérieurs des Jésuites; d'ailleurs les Jacobins qui sont dans leurs paroisses touchent les appointemens du Roy et leurs casuels; ils achettent eux mêmes leurs provisions, et il semble parce qu'ils exercent les fonctions curiales qu'ils sont dispensez de toutes les règles de leur ordre.

Capucins. — Il en est des Capucins de même que des Jacobins à cet egard, et comme, en sortant d'une vie plus austère, ils se trouvent libres et les maîtres de toutes leurs actions, ils deviennent encore plus relaschez. On voit bien en cela que les hommes accoutumez à vivre dans la sujétion, sont peu capables de retenüe et de se conduire sagement, lorsqu'ils recouvrent la liberté. Cependant, tous les devoirs du christianisme pour les peuples de l'isle sont entre les mains de ces religieux, lesquels estant les curez et les pasteurs des paroisses de l'isle, sont les seuls en place et en état de donner des impressions et des préceptes pour la religion aux habitans et aux peuples.

C'est pourquoy il est absolument nécessaire que les supérieurs de ces deux ordres establis dans cette isle, qui doivent avoir, avec une pieté reconnüe, la capacité de conduire et gouverner leurs religieux, ayent une authorité absolüe sur ceux qui seront établis dans les cures; qu'il ne soit point permis aux religieux curez de toucher leurs appointemens et leurs casuels et d'en disposer, mais que le tout soit renvoyé à la maison conventuelle, et que de la dite maison il leur soit envoyé leurs provisions pour leur subsistance, leurs habillemens et leurs livres, comme cela se pratique parmy les PP. Jesuites; par là on contiendra ces religieux dans une des sujétions de leur règle, à laquelle il est essentiel de les tenir assujettis quoique curez, le plus qu'il se pourra. Il est seur que ce maniement d'argent qui induit ces curez à quelque petit commerce pour augmenter leurs finances, a esté le plus souvent l'origine des aventures scandaleuses qui sont arrivées à quelques uns d'entre eux dans cette isle.

Un autre point essentiel, auquel les provinciaux ne donnent point assez d'attention en France, c'est le choix des religieux qui seront destinez pour les cures de cette isle. Il n'en devroit point estre envoyé qui ne fussent bien examinez, et dont la bonne et sage conduite ne fust tout à fait reconnüe, et géralement on n'en devroit point envoyer qui n'eussent quarante ans passez; ils trouvent icy tant de facilité pour une vie relachée et même desreglée, qu'il faut un vray mérite pour se contenir dans les bornes d'une sage conduite.

Comme ce que je viens de dire des mesures qu'il est à propos de prendre pour la discipline des religieux de cette isle, et pour lesquelles il est très nécessaire d'avertir les provinciaux de ces deux ordres, pourroit donner une impression désavantageuse des religieux qui sont icy présentement, je suis bien ayse de me déclarer que je parle sur cela par rapport à ce qui s'est passé et pour l'avenir; je ne prétends point faire mention des religieux qui sont présentement dans cette isle, n'y blesser leur réputation en général ny en particulier, je ne fais en cecy que proposer seulement des veües générales pour le bien, et dont l'establissement est estimé très nécessaire par les supérieurs mêmes[1].

---

1. Jusqu'en 1773, les religieux eurent l'administration des affaires spirituelles; mais, au mois de mars de cette année, un édit fut rendu, ôtant la direction des missions aux religieux pour la confier aux séculiers sous deux vicaires apostoliques dont l'un devoit faire sa résidence à la Martinique et avoir le gouvernement de toutes les paroisses des isles du Vent, de Cayenne et du continent de l'Amérique. Le second devoit résider à Saint-Domingue et exercer les mêmes fonctions aux isles Sous le Vent. Ces évêques étoient les deux préfets apostoliques, l'abbé Perreau, sacré sous le titre de Triconnie, et l'abbé de la Roque sous celui d'Eumène. L'abbé Perreau avoit 20 000 francs de traitement annuel et 10 000 pour chacun de ses grands vicaires. Cette tentative n'eut pas de suite, les religieux reprirent leurs fonctions et il n'en résulta qu'un relâchement dans leur conduite.

DES ÉTABLISSEMENS POUR LA JUSTICE.

Il y a dans l'isle de la Martinique deux jurisdictions royales, dont l'une est subalterne et l'autre souveraine.

Juridiction subalterne. — La jurisdiction subalterne est exercée par un juge civil et criminel et par un procureur du Roy, et ce juge a un lieutenant, qui connoist des affaires auxquelles il ne peut pas vacquer; le procureur du roy est seul et n'a point de substitut. Toutes les affaires généralement de toute l'isle pour le criminel, pour le civil et pour la police sont portées en première instance devant ce juge ou son lieutenant, dont tous les jugemens sont sujets à l'appel.

Juridiction souveraine. — L'autre jurisdiction est une cour souveraine qu'on nomme le conseil souverain, où sont portées toutes les appellations des sentences du juge et de son lieutenant. Ce conseil souverain est composé de dix conseillers et d'un procureur général; l'intendant des isles y fait la fonction de président, recevant les opinions et prononçant les arrests. Le lieutenant général commandant dans les isles y tient la première place; le lieutenant général au gouvernement, le gouverneur de l'isle et les lieutenans de roy y ont séance et voix délibérative après l'intendant, chacun selon rang.

Leur siége à Fort-Royal depuis 1692. — *Effets malheureux de cette disposition nouvelle.* — Les siéges de ces deux jurisdictions sont establis depuis l'an 1692 dans le bourg du Fort-Royal; ils se tenoient auparavant dans le bourg du Fort-Saint-Pierre[1], où ils estoient à portée des peuples, puisque ce

---

1. Lorsqu'on en parla pour la première fois en 1680, M. Patoulet le 26 décembre écrivait : « La proposition de transporter au Fort Royal la justice ordinaire et le conseil, établys au bourg Saint-Pierre, ne me paroit pas praticable parce que ce transport détruiroit un établissement, formé depuis plusieurs années; et la ruine de la plus considérable et meilleure partie des habitans apporteroit beaucoup de trouble au commerce, qui se fait tant dans ledit bourg de Saint-Pierre, à cause de la commodité de ses rades, de la bonté et abondance de ses eaux et de la salubrité de son air, et causeroit une grosse dépense à Sa Majesté pour remettre les choses au mesme estat qu'elles sont à présent. Les conseillers et surtout le juge auroient beaucoup de peine à s'y porter et y craindroient quelques obstacles

bourg est le seul endroit de l'isle qui soit peuplé, ainsy les particuliers pouvoient avoir recours à la justice sans se constitüer en frais extraordinaires pour des voyages longs, difficiles et d'une grande dépense. Il y avoit dans le bourg Saint-Pierre un palais pour la séance du juge et du conseil souverain fait exprez, et qui convenoit, et proche du palais, des prisons pour tous les gens repris de justice, si bien que le corps de la justice paraissoit alors avec un air de bienséance et même de dignité.

Depuis qu'on l'a transféré au bourg de Fort-Royal, le conseil s'y assemble dans un magasin qui est de niveau à la rüe, où les passans voyent et entendent tout ce qui se fait et se dit, et qui est un endroit très-peu convenable pour l'assemblée d'une cour souveraine.

Il est aysé de faire voir qu'il y a beaucoup d'inconvéniens dans ce changement du siége de la jurisdiction et du conseil souverain.

Le premier consiste en ce qu'on a esté obligé de se servir toujours des prisons du bourg Saint-Pierre pour y retenir les délinquans et les criminels; l'on n'a point eü de fonds pour faire bastir d'autres prisons au bourg du Fort-Royal; de sorte que les prisonniers se trouvent encore aujourd'huy esloignés de huit ou neuf lieües des tribunaux, devant lesquels ils doivent comparoistre pour se voir interroger et juger. Pour instruire leur procez, il faut que le juge se transporte dans les prisons du Fort Royal pour y interroger, récoller et confronter, et pour les juger, et leurs affaires estant portées par appel au conseil souverain, il faut y faire transférer ces prisonniers dans une pyrogue par mer, les chemins estant trop rudes et trop difficiles pour les envoyer par terre.

Si l'on veut faire un peu d'attention à ces difficultez qui causent un si grand esloignement des prisons, on verra

---

à la liberté de leurs suffrages; les marchands ne craignent pas moins ce changement; aussy je ne pense pas qu'il doive se faire. »

Le 8 août 1724, dans une lettre à MM. de Feuquières et Blondel, sur un nouvel exposé des raisons, pour lesquelles M. Blondel pensait que le gouverneur et l'intendant devaient résider à Saint-Pierre, le ministre manifestait le désir du roi, que le gouverneur résidât au Fort Royal, que les séances du conseil continuassent à s'y tenir, l'intendant seul pouvait aller à Saint-Pierre. « Il paroit, disait le ministre, que sa présence y est plus nécessaire que dans aucun autre endroit, parce que c'est le lieu principal du commerce et le séjour des vaisseaux.

facilement combien de peine il se trouve à rendre la justice dans les affaires criminelles, les choses estant establies comme elles le sont à présent, et ces embarras sont fréquens, car il se trouve très souvent des nègres en faute dont il est nécessaire de faire une justice seure. Je laisse aussy à considérer les risques que l'on court d'envoyer ainsy dans un petit canot particulier, tel qu'on peut l'avoir, deux ou trois prisonniers pour crimes atroces, qui méritent la roüe, et près d'y estre condamnez. Il n'y a qu'un mois encore qu'il s'en sauva un, qui méritoit mille supplices avant sa mort. De plus, quand ces prisonniers sont arrivez au bourg du Fort Royal, il n'y a point d'autre endroit à les mettre que dans une mauvaise maison toute ouverte, où ils sont enchaisnez sous la garde de deux malheureux huissiers, qui ne sont point payez pour les garder. C'est une pauvre sûreté pour des nègres, dont la plus part ont constamment des secrets pour rompre les plus grosses chaînes. Voilà cependant ce qui se pratique icy à cet égard; je ne parle point des dépenses extraordinaires que cet esloignement couste, quoique très onéreuses aux juges et grandes pour le roy, je considère particulièrement les risques et les retardemens dans les affaires criminelles, et je laisse le tout à examiner et à considérer.

Le deuxième inconvénient, qui naist de la séance des deux jurisdictions de l'isle dans le bourg du fort Royal, regarde les habitans et les peuples.

J'ai fait voir dans la description que j'en ay donnée cy-dessus, que le quartier du bourg Saint-Pierre, avec ses environs, renferme les deux tiers du peuple de toute l'isle, et que le quartier du Fort Royal est encore très peu peuplé, que le bourg du Fort Royal est très esloigné de plusieurs autres quartiers de l'isle, que les peuples n'y ont point leurs relations et qu'ils les ont toutes au fort Saint-Pierre, qui est le centre des négocians et du commerce de l'isle. Sera-t-il bien difficile, quand on voudra se représenter au naturel cette disposition des lieux, de comprendre combien un habitant souffre de pertes et de peines, quand il est obligé de faire un voyage de douze ou quinze lieües, pour aller chercher des juges et leur demander justice d'un voisin qui l'inquiète dans la joüissance de ses biens, de ses nègres et de ses bestiaux, ou d'un particulier qui refuse de lui payer vingt écus plus ou moins qu'il lui doit, et autres affaires semblables. Il est certain que les frais qu'il est obligé de faire et son absence de sa maison sont plus considérables souvent que le fonds de sa demande; de plus, les longueurs des procédures inévitables, quand les parties sont esloignées, augmentent encore les dépenses, de sorte que l'habitant trouve souvent plus d'avantage à souffrir l'injustice de ceux qui lui font tort, qu'il n'en trouveroit à faire ses diligences pour en avoir justice. Voilà ce que produit l'esloignement de la séance des juridictions, qui, pour estre dans un endroit trop escarté des peuples, ne leur sont d'aucun secours.

Si la présence des juges faisoit naistre les procez, il seroit à propos qu'il n'en fust point establit; mais ce sont les procez entre les peuples qui rendent nécessaire l'establissement des juges, et cela se trouvera toujours de même. L'on voit même, en ce pays cy, que dans les endroits où il n'y a point de juges, le fort opprime le foible, et usurpe sur luy, et l'on ne voit régner dans ces lieux que la raison du plus fort, sans aucune considération de droit et de justice. L'on peut sur cela establir pour principe que, pour procurer le solide establissement d'une colonie, il est absolument nécessaire de la pourvoir des secours de juges équitables et éclairés, pour rendre une prompte et bonne justice aux habitans. C'est sur ces fondemens que les nations étrangères ont establir leurs colonies dans tout le continent de l'Amérique, et, si l'on ne peut pas se passer de juges dans les États les mieux policez, comme on le voit par expérience, à plus forte raison dans des pays qui commencent à se former, qui se peuplent de gens de toutes sortes de pays, qui ne sont jamais connus, et où il n'y a presque point de principes establis pour la discipline.

Puisque la nécessité des juges est manifeste dans une colonie, peut-on s'empescher de trouver estrange que dans l'isle de la Martinique, qui a près de quatre-vingts lieües de circuit, toutes les juridictions qui y sont establies soient placées dans un seul et même endroit escarté du gros des peuples et du centre du commerce qui se trouve toujours le centre des procez. Je m'arreste à ces considérations, sans entrer dans les détails de tous les désordres qui procèdent de cet esloignement des jurisdictions, pour éviter de me rendre trop diffus. Je diray seulement que tous les peuples de cette isle sont divisez, ou pour procez qui ne se terminent point, ou pour inimitiez procédées de ces procès, et que, parce que les juges ne sont point à portée de les terminer on ne voit point la fin de ces discussions ny des procez.

Je sçais, à la vérité, que l'establissement des jurisdictions dans le bourg du Fort Royal, qui s'est fait en l'année 1692, est fondé sur les ordres du Roy, mais j'espère qu'il ne me sera point imputé de manquer de respect aux ordres de Sa Majesté, pour lesquels j'auray toujours une vénération et une soumission parfaite, en faisant voir les inconvéniens de ces establissemens, puisque vous m'avez ordonné, Monseigneur, de vous rendre un compte exact et fidèle de ce pays cy, dont vous m'avez fait l'honneur de me dire que vous n'aviez pas encore une connoissance bien distincte ; ainsy je ne m'attache en cecy qu'à exécuter l'ordre dont vous m'avez honoré, comme je m'y sens obligé.

Il est certain, de plus, que le Roy n'a ordonné ce changement que sur les relations, qui luy ont esté faites, de ce pays cy, et sur les projets, qui ont esté donnez à Sa Majesté. Peut-estre que l'on a fait entendre qu'il seroit avantageux pour cette isle de rassembler le gros de la colonie dans un seul et même endroit, et d'en former une espèce de ville, de prendre pour cet establissement l'endroit où est placé le Fort Royal, sous prétexte que cette place, estant proche du fort, se trouveroit hors d'insulte, et que ce gros de la colonie y seroit en seureté avec leurs effets, que, pour parvenir à l'exécution de ce projet, il estoit nécessaire d'ordonner que les jurisdictions tinssent leurs séances dans ce nouvel endroit, que l'intendant, les autres employez et commis pour les droits du Roy y fissent leur résidence, dans la vüe d'y attirer par ce moyen d'autre monde.

J'aurois de la matière pour un long discours si je voulois reprendre ce projet pied à pied, mais je tâcheray de faire voir en peu de mots, combien il est contraire au bien de la colonie.

Dans la description que j'ay faite de cette isle, j'ay fait voir que le gros de la colonie se trouve rassemblé dans le bourg Saint-Pierre et ses environs, et j'ajouteray qu'il y a dans ce bourg des maisons basties et habitées pour la somme de 1200 mille livres. J'ay fait voir que l'emplacement du bourg du Fort Royal est un marais qui n'est encore desséché qu'en partie, que ce bourg n'est d'aucune defense, et que bien loin de pouvoir avoir du secours du Fort Royal il luy fait préjudice, et enfin que cette situation ne convient point pour l'establissement d'une ville. Pour éviter toutes répétitions, je ne veux point entrer dans un plus grand détail à cet égard, et je m'arresteray seulement à quelques réflexions.

Je suppose qu'il y ait un objet du bien public et du service du Roy, ce qui ne se trouvera pas, pour obliger les personnes establies dans le bourg Saint-Pierre d'abandonner leurs maisons, leurs jardins, leurs terres qu'ils ont pris soin de mettre en bon état, pour aller se transporter à 8 ou 9 lieües de là, où ils n'ont pas un pouce de terre en propre, où il leur faudroit, pour s'y establir, acheter un terrain et se bastir, et je demande s'il est probable qu'on puisse avec raison proposer l'exécution de ce projet dans tout le tems que la France est en guerre contre toute l'Europe, pendant que cette isle est continüellement exposée aux entreprises des ennemis, et pendant que les habitans ne croient avoir de biens assurez, que l'argent qu'ils peuvent avoir remis en France.

C'est une chose bien tost dite que de proposer de transporporter les peuples du bourg Saint-Pierre au bourg du Fort Royal, mais à examiner la chose à fond et sérieusement, c'est obliger chacun de ces particuliers à abandonner sa maison, à perdre souvent la partie la plus liquide de son bien, et se constituer en même tems dans une nouvelle dépense pour se loger, et à rentrer dans toutes les peines et dans tout l'embarras d'un nouvel establissement; il y a plus encore, car ce nouvel establissement du bourg du Fort Royal est encore moins seur et moins en estat de defense que le bourg Saint-Pierre, de sorte que tout ce projet aboutiroit à rüiner les habitans du bourg Saint-Pierre, en leur faisant abandonner leurs maisons, et en leur en faisant bastir de nouvelles qui seroient encore plus exposées aux insultes des ennemys que celles qu'ils ont présentement; et combien y a-t-il de ces gens du bourg Saint-Pierre qui ne pourroient pas absolument se loger ailleurs, n'ayant pas de quoy se faire une nouvelle maison.

Ce projet de transférer les gens du bourg Saint-Pierre au bourg du Fort Royal, qui seroit leur ruine entière, ainsy que je viens de le faire voir, donneroit un grand échec à la colonie, et dont elle auroit bien de la peine à se relever dans la suite, car, si l'on en venoit à l'exécution, tout ce qu'il y a de plus fort et de meilleur entr'eux prendroit le party de se retirer en France ; desjà quelques uns dans la crainte des événemens, sur les bruits qui se sont répandus, ont pris ce party, et, le gros des négocians venant à manquer, toute l'isle en souffriroit extrêmement et pendant longtems. Une colonie devient considérable par le nombre et la richesse des habitans ; elle diminue et s'anéantit à mesure que les habitans diminuent, et lorsqu'une fois elle a commencé à décliner, rien de si difficile que de la rétablir.

Ce n'est pas assez d'avoir fait connoistre que ce projet seroit désavantageux et rüineux en tems de guerre, il le seroit de même et par les mêmes raisons en tems de paix, avec cette différence néanmoins, que les maisons, qu'on bastiroit au bourg du Fort Royal en tems de paix, n'ayant point à craindre d'ennemys, seroient des acquisitions dont on joüiroit avec seureté ; mais c'est une foible consolation à des gens que l'on obligeroit à une dépense considérable et souvent audessus de leur force, dans un tems où ils s'attendroient à joüir tranquillement des douceurs de la paix.

Je conviens qu'il est de l'avantage de cette isle que le gros de la colonie soit rassemblé dans un même endroit, et il se trouve rassemblé, autant qu'il le peut estre, dans le bourg Saint-Pierre ; qu'il est vray que, pour rendre cette colonie florissante, il faudroit qu'il y eust une ville fermée de murailles, dans une situation commode et avantageuse, pour estre le séjour de tous les négocians et de toutes les personnes de l'isle qui ne sont point habitans, veu que ceux cy, comme je l'ay desjà dit, ne peuvent quitter leurs habitations. Mais peut-on souhaiter de plus beaux fondemens pour l'establissement d'une ville qu'un grand concours de peuple, rassemblé dans un mesme endroit et logé dans des maisons ramassées, dont plusieurs bâties en pierres, et qui ensemble valent plus de 1200 mil livres? Que faut-il de plus pour former une ville, si ce n'est quelques ouvrages pour mettre ces maisons, qui forment un très gros bourg, hors d'insulte? et paroistra-t-il raisonnable de vouloir déplacer un peuple, qui se trouve logé chacun dans sa maison, pour les transférer à 7 ou 8 lieues loin de leur demeure ordinaire, pour faire l'establissement d'une ville, choisissant pour cela un emplacement fâcheux, un fonds de marais, où il n'y a point de bonne eau, où il n'y a point de petit peuple pour fournir aux besoins de la vie, tout sur le bord de la mer, où une seule galiotte à bombes peut mettre la ville en ruines, sans compter mille autres incommoditez telles, qu'est par exemple l'emplacement du bourg du Fort Royal. Que si la disposition du bourg Saint-Pierre n'est pas jugée propre pour une ville régulière et qu'il paroisse à propos d'en establir une, ce qui ne se peut faire que lorsqu'on connoistra les habitans en état de faire cette entreprise, n'est-il pas juste de voir si aux environs de ce bourg il y a quelque emplacement qui convienne parfaitement à l'exécution de ce projet, afin que les particuliers, faisant de nouvelles maisons, puissent se servir d'une partie des matériaux qu'ils sont obligez d'abandonner, et qu'ils demeurent toujours sur leurs biens, et dans le seul endroit de l'isle où est l'abondance à cause du concours du menu peuple. Cela paroist raisonnable, et il est certain qu'à 200 pas du bourg Saint-Pierre et jusqu'à 1000 pas en dedans de l'isle il y a des emplacements admirables pour faire la ville du monde la plus régulière et la mieux située. Ce seroit une situation à rechercher, si la colonie estoit en état de commencer l'établissement d'une ville ; mais c'est une entreprise qui demande un tems de paix. Jusques là, l'on ne doit songer qu'à faire quelques ouvrages et quelques batteries pour mettre les peuples en état de se défendre des entreprises des ennemys. Le bourg de Saint-Pierre est le seul endroit de l'isle qui soit riche et qui soit peuplé, cependant il est comme abandonné et sans aucunes defenses. Le Fort Royal est en bon estat, mais il ne sçauroit empescher que le bourg Saint-Pierre et tout le reste de l'isle ne soit pillé, saccagé et bruslé, et les habitans réduits à la mendicité, si les ennemys descendoient dans l'isle un peu forts ; ce qui fait bien voir qu'il ne suffit pas d'avoir une forteresse à l'extrémité de l'isle, mais qu'il faut pour la sureté des peuples quelques défenses dans les endroits propres pour le débarquement, particulièrement dans les endroits où se trouve rasssemblé le gros du peuple, et où les biens du public se trouvent renfermez.

Au reste, puisque l'emplacement du bourg du Fort Royal n'est point propre pour une ville, quel avantage pourroit-il revenir au Roy et à la colonie d'obliger les gens du bourg Saint-Pierre à s'y transplanter, et de les incommoder considérablement dans leurs biens à cet effet ?

Je passe à ce qu'on a fait entendre que, pour attirer du monde dans ce bourg du Fort Royal, dont on prétendoit former une ville, il estoit à propos d'y establir les jurisdictions, et y faire séjourner l'intendant, les employez et les commis pour les droits du Roy ; sur quoy il a esté envoyé des ordres de Sa Majesté.

C'est une nécessité manifeste à ces commis de se tenir dans le lieu où est le commerce, et il vaudroit autant qu'il n'en fust point estably, que de les esloigner de 8 ou 9 lieues.

Il y a icy si peu d'employez pour le Roy que ce n'est pas la peine d'en parler, et ils sont tous establis au Fort Royal.

A l'égard de l'intendant, dont presque toutes les affaires sont affaires de justice, soit pour la police, soit pour le civil et le criminel et pour les affaires du domaine, il est seur que, s'il est escarté du gros du peuple, il sera fort en repos ; il n'aura point de connoissance de ce qui se passera ; il se fera mille désordres, sans qu'il puisse y pourvoir, et les particuliers ne s'engageront pas volontiers à un voyage de neuf lieues pour luy porter leurs plaintes et luy demander justice. Il est constant qu'un intendant, dans cet esloignement, ne seroit d'aucun secours au public, et de même que toutes les jurisdictions, pour estre ainsy escartées, ne luy sont que d'un très petit secours, l'on a fait erreur, quand on s'est imaginé de pouvoir, par ces moyens, engager beaucoup de monde à habiter le bourg de Fort Royal ; les peuples sont bien ayses, quand ils ont besoin de juges ou d'un intendant de les trouver à portée et sans se détourner pour leur faire leurs plaintes ; mais de croire qu'ils se déplacent pour aller demeurer auprès d'eux, et que pour cela ils se constituent en dépenses, c'est ce qu'on ne verra jamais et qu'on ne doit pas croire, car asseurément ils ne voudroient jamais voir ny juges ny intendant, hors quand ils ont besoin d'eux ; et cela est assez naturel, puisqu'il se trouve rarement des gens qui soyent bien ayses de voir des personnes d'un caractère supérieur à eux.

Je ne prétends pas m'estendre davantage pour répondre à ce qu'on a fait entendre, pour insinuer le projet d'establir une ville dans le bourg du Fort Royal, et si ce que j'en ay dit fait connoistre que ce projet n'est pas fondé sur de bons principes, j'espère qu'il fera voir, en même tems, que l'establissement des juridictions dans ce bourg est très désavantageux, très incommode pour les affaires des criminels et tout à fait à charge au public, et qu'il est à propos d'y apporter du changement.

Je considère cette colonie sur le pied qu'elle est présentement et non pas selon qu'elle pourra estre dans la suite, car elle peut s'augmenter dix fois autant qu'elle est à présent, et alors il se formera des bourgs considérables peut-estre dans les quartiers que nous voyons les moins habitez, et suivant les establissements qui se formeront, il sera pourvû aux establissemens des juges et de la justice.

Pour le présent, je crois qu'il seroit à propos, pour le bien de la colonie, que le juge avec le procureur du roy tinst ses séances dans le bourg Saint-Pierre, et que le siége du conseil souverain fust pareillement restably dans ledit bourg Saint-Pierre, dans le palais que le roy y a cy-devant fait bastir à cet effet, auprès duquel sont les prisons.

Que le lieutenant du juge demeurast au bourg du Fort Royal pour y rendre la justice, et qu'il y fust establi avec luy un substitut du procureur du roy. Qu'il fust aussy establi au cul-de-sac de la Trinité un substitut du procureur du roy pour y juger les petites affaires qui arrivent fréquemment entre les petits habitants, qui ne méritent pas qu'ils s'esloignent, et pour instruire des procédures dans les affaires criminelles des nègres, qui sont très fréquentes et pour lesquelles il faut faire venir des témoins de fort loin. C'est le moyen que le public tire du secours des juges, car il ne se peut pas que le peuple ne souffre, quand, dans une isle de près de quatre-vingts lieues de tour, il n'y a qu'un seul endroit où se rende la justice et que cet endroit est à neuf lieues du concours du peuple.

Je sens bien que combattant par ce mémoire les projets qui peuvent avoir esté donnez et en proposant de contraires, je puis n'estre pas crû entièrement, quoique j'avance des faits très véritables et que je n'aye aucun intérest ny aucune passion dans tout cecy. J'ay à répondre à cela que, comme il s'agit des avantages de la colonie, je souhaiterois que quelques uns des principaux habitants, des plus éclairez, gens de probité et désintéressez, fussent entendus sur cette matière[1].
Je suis persuadé qu'ils ne diroient rien de contraire à tout ce que j'avance, et que l'on trouvera les mêmes sentimens dans tous les gens qui ont leur intérest à la seureté, à la conservation et l'agrandissement de la colonie et en toutes les per-

---

1. *Par une lettre du 26 août* 1699, le roi chargea Renau d'Elicagaray, capitaine de vaisseau et ingénieur général de la marine, ainsi que le sieur de la Boulaye, inspecteur général du même département, d'examiner la question, et il y eut en mars 1700, de grands conseils tenus à ce sujet.

sonnes qui connoissent ce pays cy par elles mêmes, tant pour y avoir esté que pour y estre actuellement. Il est bien vray que toutes sortes de gens ne sont pas croyables sur ces affaires, car il y en auroit tels qui trouveroient leur intérest particulier dans la destruction de leurs voisins et qui seroient plus touchez de leur avantage particulier que du bien public. Combien de gens de la Martinique par exemple ont esté bien ayses de la dégradation de l'isle Saint-Christophe, parce qu'ils ont trouvé un débit plus avantageux de leurs denrées. Ainsy, il faut consulter sur ces matières des gens de bien sans passion, attachez au service du roy et touchez d'inclination pour le bien public.

DU COMMERCE DE LA MARTINIQUE.

L'objet des colonies est de procurer de l'utilité au prince et à l'État dont elles dépendent et d'où elles procèdent, et cette utilité se trouve renfermée dans le commerce qui naist de leur establissement ; par cette raison on peut establir pour principe que, plus le commerce de la Martinique sera considérable, plus cette colonie sera utile au roy et à la France.

Productions du pays. — Il faut considérer le commerce de cette isle par rapport aux denrées qu'elle produit et qui passent en France, par rapport à celles qui y sont envoyées de France et qui s'y consomment pour la subsistance et l'usage de la colonie, et par rapport aux mouvemens que ce commerce donne à la navigation françoise. La grande richesse de l'isle consiste dans les sucres qu'elle produit, et ils sont aussy l'âme et la base de l'isle d'autant que si les sucres manquoient, la colonie manqueroit indubitablement et deviendroit à rien.

Après les sucres on regarde le cacao comme un assez grand bien ; il a jusqu'à présent produit des avantages considérables à plusieurs habitants et il peut dans la suite contribuer beaucoup à l'agrandissement de cette colonie.

Les autres denrées qui croissent dans l'isle sont le rocou, le coton, la casse et l'indigo, mais très peu ; le profit qui se fait sur ces denrées estant médiocre, il n'y a guère que les petits habitants qui en fassent, ceux qui sont en état de faire du sucre ne trouvant pas leur compte à s'en détourner pour ces petits soins. On s'attache à la culture du magnoc dont on fait de la farine et de la cassave pour la nourriture des nègres et dont il se fait une très grande consommation, par où ces magnocs font subsister plusieurs petits habitans. Voilà toutes les denrées considérables que l'isle produit, de chacune desquelles je parleray en particulier commençant par les sucres.

Différentes espèces de sucres. — Il y a des sucres de trois espèces[1]. La première est des sucres bruts, et c'est la première forme qu'on leur donne pour estre ensuite raffinez.

La deuxième, celle des sucres raffinez ; c'est la forme qu'on leur donne pour servir à l'usage du public.

Et la troisième est des sucres terrez et blanchis, auxquels on donne même corps et presque la même blancheur qu'aux sucres raffinez par une manière de fabriquer, sans les avoir convertis en sucre brut, en sorte qu'estant terrez et blanchis ils sont aussy bons pour l'usage du public que les sucres raffinez. Depuis que l'on a commencé à faire des sucres dans l'isle, l'usage y a esté général de faire des sucres bruts. M. Colbert, qui donnoit une très grande attention à l'establissement de cette colonie, a escrit plusieurs lettres aux principaux officiers du roy qui y estoient pour lors, par lesquelles il leur ordonnoit d'exciter les habitants à terrer et blanchir leurs sucres ; mais comme la recette de terrer et blanchir les sucres ne leur estoit pas connue, ils ont continué à faire des sucres bruts. Il s'est estably seulement trois raffineries dans l'isle dans lesquelles on raffinoit. Depuis six ou sept ans[2], quelques habitans ayant sçu la manière de terrer

---

1. Le Père Labat cite dix espèces de sucres :

1° Sucre brut ou Moscouade.
2° Sucre passé ou cassonade grise.
3° Sucre terré ou cassonade blanche.
4° Sucre raffiné, pilé ou en pain.
5° Sucre royal.
6° Sucre tappé (sic).
7° Sucre candi.
8° Sucre de sirop fin.
9° Sucre de gros sirop.
10° Sucre d'écume.

On peut comparer avec le mémoire de l'intendant cette partie intéressante de l'ouvrage du père Labat, t. III, p. 297 et suivantes.

2. On dut à l'impulsion de l'intendant Patoulet la création à la Martini-

et blanchir les sucres, ont cessé de faire du sucre brut pour faire du sucre terré. On prétend que cette nouveauté a eu son commencement à la Guadeloupe, et comme, dans la suite du tems, l'on a reconnu qu'il y avoit beaucoup plus d'avantage pour les sucriers à faire des sucres terrez que des bruts, insensiblement les habitans se sont adonnez à faire des sucres terrez, et cette nouvelle manière a tellement prévalu que présentement presque tous les habitans se trouvent avoir fait leurs establissemens pour terrer leurs sucres, et il n'y a que ceux qui n'ont pas le moyen de faire ces establissemens, et qui recueillent des cannes qui ne sont pas propres pour le sucre terré, qui ont continué à faire des sucres bruts. Depuis l'introduction de la fabrique des sucres terrez, les trois raffineries dont il est parlé cy dessus n'ont plus travaillé et ont esté entièrement anéanties.

Cet usage nouveau des sucres terrez donne lieu à la question de sçavoir, si il est plus avantageux aux intérests du Roy et au bien de l'État de faire des sucres terrez, que de faire des sucres bruts; et comme l'on doit s'attacher au party le plus avantageux, parce que les colonies ne sont establies que pour rendre de l'utilité, il s'en suit que si l'on trouve un plus grand avantage au sucre terré, il est à propos d'en continuer l'establissement et de l'authoriser.

Pour expliquer cette question, je n'entreprendray point de dire comment se fait le sucre brut et le sucre terré, afin d'estre moins diffus en me renfermant dans les seules circonstances qui sont essentielles. Je diray seulement que les establissemens pour le sucre terré sont d'une dépense considérable à cause du nombre de chaudières, de formes et de pots qu'il y faut, et à cause qu'il faut aussy de plus grands

---

que de ces trois grandes raffineries : « L'expérience, écrivait-il à Seigne-
« lay, a fait connaître dès le commencement de leur travail le bon succès
« des avantages que je m'estois proposés de ces établissemens. Les mar-
« chandises de France, qui valoient auparavant cent livres de sucre, se
« donnoient à quarante; les sucres se vendoient six francs, six livres et
« demi et sept francs le cent, au lieu d'un écu; les lettres de change es-
« toient en usage; on voyoit bastir partout et on en espéroit plusieurs
« grands avantages, lorsque l'imposition establie de quatre francs par cha-
« cun quintal de sucre raffiné aux isles est venue renverser toutes les belles
« espérances qu'on avoit conceues de l'heureux commencement de ces éta-
« blissemens dont la ruine totale est sans ressource. (*Mémoire de la conduite que j'ay estimé devoir tenir aux isles*... 20 janvier 1683.)

magasins que pour des sucres bruts outre une estuve dont on ne sçauroit se passer ; il faut aussy de plus grands soins ; il y a plus de travail et il se fait une plus grande consommation de bois pour les sucres terrez que pour les bruts.

Mais on ne s'estonnera point que les habitants se soient engagez à cette augmentation de soins et de dépenses, pour faire des sucres terrez, quand on sçaura que la fabrique des sucres bruts ne leur fournissoit pas de quoy subsister ; ils estoient tous chargez de debtes, dont ils ne pouvoient se libérer, et leur crédit estoit si ruiné, que leurs billets estoient descriez à un point, que pas un des négocians n'en vouloit prendre.

Ils ont comme dans leurs sucres bruts une perte manifeste, tant pour les sirops qui en sortoient, pendant que les sucres estoient en purge, estant obligez de jeter et d'abandonner ces sirops en pure perte, que sur les deschets qui se trouvoient dans le transport de ces sucres en France, qui sont justement estimez à 25 pour 100. Ces deschets, joints ensemble, leur causoient une perte du tiers de leurs matières et davantage, et ils y perdoient en même tems le tiers du travail de leurs nègres et de leurs bestiaux, ce qui leur causoit un grand préjudice.

Les habitans, convaincus du tort que leur faisoient ces grandes diminutions, ont appris un moyen de fabriquer leurs sucres, de manière que non-seulement ils n'y souffriroient aucun deschet, mais aussy que l'espèce dont ils le feroient leur seroit bien plus profitable que l'espèce du sucre brut ; c'est le secret de terrer et blanchir les sucres, comme on le pratique à Cayenne, à Surinam et au Brésil ; les plus entreprenans l'ont essayé ; ils y ont reüssy à leur profit, et tous les habitans qui ont veu ces exemples ont fait un effort pour parvenir à faire les establissemens nécessaires pour terrer et blanchir les sucres, et la pluspart doivent encore les frais qu'ils ont faits pour ces establissemens.

Les avantages qu'ils trouvent dans la fabrique des sucres terrés sont :

En premier lieu, qu'ils ne perdent rien de la matière qui se tire des cannes de sucre, estant toute employée utilement.

Secondement, qu'il ne se trouve aucun deschet sur leurs sucres dans le transport ; après qu'ils sont arrivez en France, il n'y en doit point avoir.

Et troisièmement que l'espèce des sucres terrés bons et

marchands rend plus à proportion que l'espèce des sucres bruts de bonne qualité.

A l'égard du premier et second de ces avantages, ce sont des faits avérez et connus; ainsy il n'y faut pas d'autres preuves.

Je passe au troisième, et je dis qu'il est notoire dans l'isle que le prix du sucre brut sur les lieux est réglé avantageusement estant mis sur le pié de 4 livres 10 sous le 100; que le prix du sucre terré bon et marchand est réglé modérément estant mis à 22 livres 10 sous le 100. Ces prix ainsy establys, il est certain que ce qui rend 100 livres du sucre brut rend 66 livres un tiers de sucre terré, et néantmoins chez les habitans qui entendent fort bien à faire le sucre terré, ainsy ce qui ne rendoit à l'habitant en sucre brut que 4 livres 10 sous, luy rend 15 livres en sucre terré. Cette différence au profit de l'habitant est manifeste et certaine, et il la trouve en convertissant loyalement son sucre en sucre terré et le faisant bon, loyal et marchand, et cela, sans aucun deschet, après la confection des sucres. Voilà une augmentation de profit bien considérable.

Après avoir fait voir le profit des habitans dans la fabrique du sucre terré, je dois faire connaître l'avantage qui s'y rencontre pour l'interest du Roy.

Les droits du Roy pour l'entrée en France des sucres terrez et blanchis sont fixés à 8 francs le 100, et ceux des sucres brut à 4 livres. Si sur ce fondement il n'entroit dans le royaume par chaque année que les deux tiers en sucres terrez de la totalité des sucres bruts qui avoient coutume d'y entrer, les droits du Roy s'en trouveroient augmentez seulement du tiers en sus, et pour le prouver :

Trois millions de sucres brut payent de droits d'entrée à raison de 4 livres le 100, la somme de 120 000 livres et deux millions de livres de sucres terrez à 8 livres le 100, payent de droit 180 000 livres. Cette augmentation est évidente; mais si nous ajoutons à cela la diminution, qui se trouve dans le transport des sucres bruts par un deschet du quart desdits sucres, estant arrivez en France, comme les droits ne se payent que suivant le poids des sucres mis et portés en France, on verra clairement que trois millions de sucre brut chargez à l'Amérique, ne rendant, estant en France que 2 250 000 livres, desdits sucres, les droits qui en seront payés au Roy ne se monteront qu'à 90 000 livres, au lieu que cette même matière, dont on a fait à l'Amérique trois millions de sucre brut, y ayant esté convertie en sucres terrez, qui seroient portez en France sans deschet, et qui rendroient au Roy pour les droits 160 000 livres, ce qui fait une augmentation des trois quarts aux droits du Roy sur les sucres des isles, estant fabriquez en sucres terrez, ce qui fait voir aussy, qu'eü esgard aux deschets sur le sucre brut, il entre presque autant de sucre terré en France qu'il y en entroit de brut.

Ce que je dis des deschets d'un quart sur le sucre brut est un fait manifestement connu, et le calcul que je fais des droits des sucres bruts et des droits des sucres terrez est incontestable; par conséquent il est aysé de connoistre que les droits du Roy se trouvent beaucoup augmentez par la fabrique des sucres terrez, et en cela cette fabrique peut être considérée comme avantageuse aux intérests de Sa Majesté.

Il faut voir présentement, comme elle est avantageuse au bien de l'État; et en cela je renferme tout ce qui regarde les marchands des villes de France qui ont icy un commerce estably, l'entretien de la navigation françoise et du concours des vaisseaux en ces isles et l'augmentation de la colonie; ce sont trois points qu'il faut nécessairement concilier pour en tirer l'utilité.

On ne doit point s'arrester à considérer le commerce de la Martinique sur le pied qu'il est aujourd'huy, d'autant qu'il est tout à fait interrompu par la guerre. Nous avons icy plusieurs petits corsaires, qui prennent nombre de bâtimens Anglois, chargez de marchandises propres pour les isles, et ces corsaires les arment icy, où ces marchandises se débitent aux habitans par les flibustiers et armateurs à un prix médiocre, en sorte que l'habitant y trouve mieux son compte et n'a plus besoin de ces mêmes denrées qui sont envoyées de France et qui sont à un plus haut prix. Il vient de ces denrées par les prises, presque autant qu'il en faut pour la consommation de l'isle, et elles consistent en farines, lard et bœuf salé, toutes sortes de poisson salé, beurre, fromage, chandelle, bierre, cydre, vins d'Espagne et vins du Rhin, étoffes, toiles, souliers, bas, selles pour chevaux et autres ingrédiens; et pendant que les habitans trouvent de ces denrées dans les prises, les mêmes qui viennent de France ne sont pas regardées; elles demeurent à perte à ceux qui les envoyent ou qui les apportent, ou qui les font venir ; cela fait bien voir que le commerce de France est entièrement interrompu par ce manque de débit des denrées de France, ce qui ne sera pas de même, quand il faudra que les habitans tirent de France toutes leurs fournitures.

Cependant on ne doit pas se plaindre des secours que donnent icy les prises dans le tems présent de la guerre, car sans cela il seroit fort à craindre qu'il ne vinst pas icy un assez grand nombre de vaisseaux de France, pour fournir aux besoins de la colonie, particulièrement dans les années que le Roy fait de grands armemens par mer, et on courrait risque d'y estre dans une grande nécessité de vivres et autres denrées, veu qu'il s'y en consomme beaucoup.

Mais, sans s'arrester davantage aux raisons qui causent présentement l'interruption du commerce de France en cette isle, je passeray à ce que je dois dire des suites que pourra avoir la fabrique du sucre terré à l'égard des marchands, de la navigation et de la colonie.

Je sçay que la fabrique des sucres bruts qui estoient envoyez en France, donnoit lieu d'y entretenir quelques raffineries, qui se trouvent anéanties par la fabrique des sucres terrez establie dans ces isles.

Je sçais aussy que le transport des sucres bruts fait plus d'encombrement dans les vaisseaux que celuy des sucres terrez, et que sur cela l'on pourra dire que faisant subsister la fabrique des sucres bruts, on donnera matière à un plus grand concours de vaisseaux dans les isles.

Les personnes interressées aux raffineries de France tombent véritablement dans une perte par la destruction de leurs raffineries, mais il ne se trouvera jamais qu'eux seuls qui y perdent, et même il ne leur manquera pas d'autres moyens pour se relever de ces pertes; que si l'on balance la perte que feroient toutes les colonies françoises, si on les réduisoit à faire du sucre brut pour fournir de la matière aux raffineries de France, on verra tous les sujets du Roy establis dans les colonies, qui n'ont d'autres ressources pour vivre que leur travail des sucres, réduits à la nécessité, pour procurer du bien à douze ou quinze personnes, qui peuvent faire aller des raffineries en France et qui peuvent s'en passer.

Si donc l'on balance la perte des raffineries de France avec la ruine des colonies françoises, comme il le faut faire à cet égard, l'alternative estant certaine, je suis persuadé qu'il n'y aura personne, qui ne soit du sentiment de sacrifier les raffineries de France pour sauver les colonies françoises; et de plus, les habitans des colonies ne peuvent-ils pas représenter avec quelque justice, que les cannes de sucre qu'ils font venir de la terre qu'ils cultivent, estant leur propre bien, et le fruit de leur travail, ils ont plus de raison d'en vouloir tirer du profit, que n'en auroient des personnes qui sont en France dans leurs maisons fort à leur ayse, de vouloir s'attirer tout le profit du travail des habitans des colonies, les laissant dans la misère et dans la nécessité outre toutes les peines qu'ils se donnent, et les risques auxquels ils sont continuellement exposez; cela mérite quelque considération.

Je passe à l'entretien de la navigation de France et à ce que l'on peut soupçonner que l'establissement de la fabrique de sucre terré diminuera le concours des vaisseaux françois dans les isles.

C'est une vérité constante que les capitaines des vaisseaux marchands françois ont le plus contribué à l'establissement des sucres terrez; il y a trois ou quatre ans qu'ils ne vouloient que ces sucres, et ne daignoient pas se charger de sucres bruts, en sorte que l'habitant avec quantité de sucre brut dans ses magasins n'en trouvoit aucun débit, et ne pouvoit pas trouver de quoy vivre et de quoy faire subsister ses nègres. Cet attachement des capitaines de vaisseaux marchands à prendre des sucres terrez préférablement aux bruts, fait voir qu'ils y trouvoient mieux leur compte ; et en effet, si l'un fait moins de volume et cause moins d'encombrement, d'un autre costé il donne autant de profit et le transport en est plus commode, car ne payant le fret du sucre terré qu'un denier plus que celuy du sucre brut, par exemple à huit deniers la livre de celuy cy et 9 deniers l'autre, le vaisseau ne tirera que 6 deniers pour une livre de sucre brut qu'il aura embarqué à cause de la diminution d'un quart sur ledit sucre, et il tirera 9 deniers pour une livre du sucre terré, et ostant le tiers de ces 9 deniers pour un tiers qu'il aura embarqué de moins en sucre terré, il se trouvera le même profit que s'il avoit embarqué tout sucre brut, de sorte que les vaisseaux marchands, sans estre si encombrez et sans avoir l'embarras des deschets, feront un aussy grand gain dans le transport des sucres terrez, quoiqu'ils n'en chargent qu'un tiers moins qu'ils n'auroient pris de sucre brut, et ils naviguent bien plus commodément et bien plus seurement.

Sur ce que je viens de dire, on pourroit tirer une conséquence qui est, que puisque les sucres terrez font beaucoup moins d'encombrement que les bruts, parce que ceux-là sont en plus petite quantité, si on remplit les vaisseaux de ces sucres terrez autant que l'on avoit coutume de les remplir de sucres bruts, il faudra beaucoup moins de vaisseaux pour le transport des sucres terrez, qui se feront, qu'il n'en falloit pour le transport des sucres bruts. Ce raisonnement, quoiqu'en apparence vraysemblable, n'est pas juste par rapport au commerce des vaisseaux marchands en ce pays cy.

Cela seroit vray si, dans ces isles cy, il ne se faisoit pas de consommations de denrées de France, et s'il falloit y envoyer des vaisseaux vuides pour en tirer des marchandises qui y croissent et les porter en France. Sur ce pié, il est certain que de six vaisseaux qu'il auroit fallu pour les sucres bruts, il n'en faudroit plus que quatre pour les sucres terrez, ce qui feroit une diminution du tiers des vaisseaux qui auroient esté employez au commerce de ces isles; mais il n'en est pas ainsy de cette isle puisqu'il s'y fait une très-grande consommation des denrées de France, et elle est telle qu'il faut autant de vaisseaux pour les apporter et les contenir qu'il en faut pour porter d'icy en France tous les sucres bruts qui se peuvent faire dans cette isle, cela s'est toujours trouvé de même, et tous les navires qui ont transporté des sucres bruts d'icy en France, sont toujours venus chargez des denrées de France et en cela les vaisseaux qui ont fait ces voyages ont toujours profité sur l'entrée et la sortie, ce qui rend les voyages des isles avantageux pour les vaisseaux marchands.

Puisqu'il se fera toujours dans cette isle une très-grande consommation des denrées de France dont le débit y sera avantageux, il est certain qu'il s'y trouvera toujours beaucoup de vaisseaux qui y en apporteront et qui trouveront du profit à en faire le transport; ainsy les concours des vaisseaux se trouve asseuré de cette part, et il l'est encore par la sûreté du profit dans leurs retours en sucre terrez. Car si un vaisseau venoit tout à fret, quand il ne prendroit que les deux tiers de sa charge en sucre terré, il gaigneroit autant, suivant que je l'ay fait voir cy-dessus, qu'en prenant sa charge entière en sucre brut.

Mais il faut revenir à l'usage ordinaire du commerce des vaisseaux marchands aux isles de l'Amérique.

Les propriétaires des vaisseaux qui les envoyent icy en partagent le chargement, ils en donnent la moitié à fret, et l'autre moitié la chargent pour leur compte de leurs effets, que leurs capitaines vendent aux habitants ; et ces propriétaires ont le profit du fret tant sur leurs marchandises que sur celles des autres, et ils ont outre cela le profit sur le débit de leurs marchandises, le tout aussy bien dans les chargements qu'ils apportent de France, que dans ceux qu'ils y apportent ; et comme il y a un profit beaucoup plus grand dans le débit des sucres terrez que dans celuy des sucres bruts, ils ont beaucoup plus d'avantage d'en charger ; si bien que soit que les vaisseaux viennent à fret, soit qu'ils viennent pour leur compte, ils trouveront toujours mieux leur avantage aux sucres terrez. Cela est si vray, qu'il ne vient pas un vaisseau de France qui ne remporte, dans son retour, la valeur avec profit des effets qu'il a apportez, ce qui n'estoit pas de même autrefois, la pluspart des vaisseaux laissant icy partie de leurs effets, dont ils ne pouvoient pas remporter le produit, à cause de la misère des habitans.

C'est pourquoy il n'y a pas raison de dire que l'usage de faire des sucres terrez à la Martinique empeschera qu'il n'y vienne des vaisseaux en nombre ; et, au contraire, on peut dire avec vérité que si l'on avoit continué de n'y faire que des sucres bruts, il n'y en seroit venu que très peu.

On sçait assez que les sucres bruts, envoyez d'icy en France, ne pouvoient estre vendus qu'aux propriétaires des dix ou douze raffineries des villes de Nantes, la Rochelle et Bordeaux, parce que c'est une matière informe, qui n'est d'aucun débit, et à laquelle on donne dans les raffineries l'espèce dans laquelle elle doit estre consommée et débitée. Les choses en cet estat, les maistres de ces raffineries estant convenus ensemble du prix auquel ils vouloient payer les sucres bruts, leur accord regloit la fixation du prix de ces sucres, et il falloit absolument que les marchands qui avoient fait venir ces sucres bruts, et à qui leurs vaisseaux en avoient apporté, y passassent, ou que leurs sucres leur demeurassent en pure perte, ne pouvant s'en desfaire qu'à ces raffineries. Il arrivoit de cela que ces raffineries faisoient la loi pour le prix des sucres bruts, et les achetoient à vil prix, pendant qu'ils coûtoient cher, tant à ceux qui les avoient fabriquez, qu'à ceux qui les avoient negociez, et c'est la raison pour laquelle les capitaines marchands, qui négocioient dans cette isle, ne vouloient point charger de sucres bruts, et ne les regardoient pas, comme je l'ai desja dit cy-dessus, et qu'ils ne vouloient que des sucres terrez.

En effet, les sucres terrez sont marchandises de débit; tous negociants en France peuvent les acheter et en trouver le débit. Or il est certain qu'une marchandise qui est propre et qui convient à toutes sortes de negocians, aura un cours bien plus avantageux qu'une autre, qui ne peut estre vendue qu'à dix ou douze personnes; par conséquent les vaisseaux trouveront toujours plus leurs avantages au sucre terré qu'au sucre brut, et l'on connoistra même par la suite que cette nouvelle fabrique attirera plus de vaisseaux aux isles qu'il ne s'y en est jamais veu.

Les personnes que leur interest particulier engage à parler et à solliciter pour tascher d'attirer des ordres dans cette isle de restreindre les habitants dans l'obligation de ne faire que des sucres bruts, citent sur cela ce qui se pratique à la Barbade et autres Isles Angloises, et rapportent des exemples, qui, outre qu'ils ne sont point conformes à ce qui se pratique journellement dans les dites Isles Angloises, n'ont aucun rapport à l'estat des Isles Françoises; et sans reprendre ce que l'on a pu avancer là-dessus, je diray en peu de mots qu'il est permis aux habitants de la Barbade de faire leurs sucres comme ils veulent, pouvant faire librement ou des sucres bruts ou des sucres terrez, et même raffinez; ils en font de l'un et de l'autre, et ceux d'entre eux qui font des sucres bruts y trouvent beaucoup de profits, parce que leurs sucres bruts se vendent sur les lieux jusqu'à 18 francs le 0/0, et en Angleterre jusqu'à 40 à 45 francs le 0/0; ils n'y sont point portez aux raffineries, ils sont vendus aux marchands qui les débitent au public dans cette mesme espèce, s'en consommant beaucoup de cette qualité en Angleterre, et le grand profit que les habitants de la Barbade y trouvent est cause que plusieurs d'entre eux continuent à en faire.

Au surplus, les habitants de la Barbade ont des noirs autant qu'ils en veulent, et ne les payent que depuis 50 jusqu'à 200 francs pièce; ils ont les denrées d'Europe à très grand marché, et ils sont tous puissamment riches.

Quel est donc le rapport de cet état avec l'état de la Martinique, où les sucres bruts ne se vendoient que 50 francs le 0/0, où les noirs manquent absolument, et où ils se vendent communément 450 francs et jusqu'à 500 francs pièce, où toutes les denrées d'Europe, hors la conjoncture des prises, sont à un prix très haut et où il n'y a pas un habitant qu'on puisse dire estre riche ; par cette différence on peut facilement juger qu'il n'y a pas lieu de comparer encore les isles françoises aux angloises, puisque les habitants de la Martinique, qui sont encore très foibles, sont obligez à bien plus de dépenses que ceux de la Barbade.

Il est bon de dire icy quelque chose des charges d'un habitant : entre ceux qui auront cinquante nègres, il y en a très-peu qui ne perdent chaque année deux ou trois de leurs nègres et souvent davantage, qui ne perdent aussy quelque cheval ou quelque bœuf, et dont ces pertes n'aillent à près de 2000 francs, outre la dépense pour son entretien et la subsistance de ses nègres, et cet habitant est obligé de trouver un autre fonds de 2000 francs pour réparer ces pertes et se mettre en état de continuer son travail. Cependant tout ce que cet habitant peut espérer en travaillant en sucre brut est d'en faire 150 000 livres qui à 3 francs lui rendent 4500 francs, et ses pertes allant à 4000 francs, cet habitant n'a pas de quoy subsister, et se trouve en moins de rien absorbé de debtes. Telle estoit néanmoins la condition des habitants, lorsqu'ils ne faisoient que du sucre brut, et cela est si vray que, depuis qu'ils font du sucre terré, ils ne sont pas encore parvenus à s'acquitter ; c'est tout au plus s'il s'en trouve dix dans l'isle qui se soient liquidez.

Après cela je laisse à juger s'il y a lieu de comparer les habitants de la Barbade avec ceux de la Martinique, et si, supposé qu'il y eust ordre aux habitants de la Barbade de ne faire que du sucre brut, ce qui n'est pas vray, il seroit juste d'assujettir les habitants de la Martinique et autres isles françoises au même ordre, y voyant leur ruine manifeste et inévitable ; et je demande ce que sera la colonie quand les habitants seront ruinez : y viendra-t-il des vaisseaux de France, quand même on n'aura plus de sucre à leur donner et qu'il n'y aura rien pour payer les marchandises qu'ils apporteraient ?

Il me reste encore à dire à l'avantage des sucres terrez que, si par le secours des compagnies de la coste d'Afrique, ou autrement, l'on parvient à fournir des nègres dans cette isle, il s'y fera aussitost après autant de sucre terré, quantité pour quantité, qu'il s'y est jamais fait de sucre brut; et quand mesme l'abondance en feroit diminuer le prix en France, l'habitant y trouveroit toujours son compte à cause de la grande consommation. Il est certain que, venant à un prix médiocre, il s'en consommera plus que lorsqu'il sera fort cher; et par cette raison particulière et toutes celles que j'ay desjà dites, on ne doit point douter que l'usage des sucres terrez n'attire plus de vaisseaux aux Isles qu'il n'y en est encore venu.

Je ne dois point passer légèrement sur la nécessité de fournir des noirs dans cette isle et les autres Françoises; elles languissent et dépérissent faute de nègres; il ne s'y fait pas la moitié du travail qui s'y pourroit faire, et le peu qui s'y fait va très-lentement et se trouve extrêmement retardé. Depuis six ans, les compagnies qui en auroient dû fournir 12 000, suivant leur traité de 2000 par an, n'en ont pas fourni 1000 en tout; cependant il en a péry quantité; cette perte sans remplacement fait assez connoistre l'extrême besoin qu'on en a, et l'impossibilité de faire de nouveaux desfrichements, lorsque les moyens manquent pour entretenir les terres desjà desfrichées; aussy rien de si nécessaire pour la conservation dess Iles françoises que d'y faire apporter beaucoup de noirs, tout le plustôt qu'il se pourra, et d'en faire continuer les fournitures.

Il est tems que je parle des divers avantages que la colonie retirera de l'usage des sucres terrez.

Jusqu'icy l'isle n'a esté habituée que sur les bords de mer, parce que l'on ne sçauroit voiturer un peu plus loin les barriques de sucre brut; il n'en est pas de même du sucre terré, qu'on peut voiturer si loin qu'on veut. Ainsy, comme il n'y aura plus d'empeschement à la voiture des sucres, on pourra desfricher et placer des establissements pour le sucre terré à deux ou trois lieues de la mer, et de cette manière on pourra parvenir à desfricher le centre de l'isle, et à l'habiter dez qu'on aura des noirs.

D'un autre costé les habitants, trouvant un peu leur compte à faire du sucre terré, auront un plus grand nombre de domestiques blancs, et feront plus de dépense qu'ils ne sont accoutumez d'en faire, ce qui aydera à peupler l'isle de blancs, et la consommation devenant plus grande le commerce sera plus considérable.

Si bien qu'à considérer cet usage du sucre terré par toutes sortes d'endroits, il paroît toujours très-avantageux ; et bien loin qu'il y ait du risque de laisser aux habitants la faculté de terrer et blanchir leurs sucres, l'on y trouvera sûrement l'augmentation de la colonie. D'ailleurs cette liberté n'empeschera pas qu'il se fasse toujours dans l'isle une certaine quantité de sucre brut ; comme il sera plus rare, il maintiendra son prix ; et divers habitants qui auroient peine à soutenir l'embarras du sucre terré, et dont les terres ne produiront pas des cannes propres pour le sucre terré, se contenteront d'en faire du brut, pouvant y trouver leur compte.

Je finis sur cette matière, en disant qu'il y a de la nécessité de laisser aux habitants la liberté de terrer et blanchir leurs sucres, et que si l'on vouloit les en empescher et les réduire à ne faire que du sucre brut, on les verroit aussitost dans la dernière nécessité ; et les colonies de la Martinique et de la Guadeloupe auroient peine à se soutenir, pour ne pas dire qu'elles en seroient entièrement ruinées.

Que si quelques habitants ont manqué de bonne foy dans la fabrique et le débit de sucres terrez, il s'en est bien trouvé de même pour les sucres bruts. On voit aussy tous les jours des tromperies grossières dans les marchandises venues de France ; mais les fautes personnelles des particuliers ne doivent pas estre imputées au public, ny faire tort au général ; on peut establir des règles pour empescher qu'il ne se commette des abus considérables dans le commerce. Il n'est pas surprenant qu'il n'y en ait point encore dans ce pays-cy, comme dans un état bien policé ; ce n'est encore que le commencement d'une colonie, dont les peuples ont ignoré jusqu'à présent la plupart des loix, auxquelles ils doivent s'assujettir ; mais dans la suite, avec un peu de soin et d'attention à la discipline, il ne sera pas difficile de leur faire connoître les règles qu'ils auront à suivre, et de maintenir des ordres qui seront établis.

Autres productions de la Martinique. — Après ce que j'ay dit sur le sujet des sucres, il me reste à parler le plus succinctement que je pourray des autres denrées, qui croissent dans cette isle.

Cacao. — Le cacao est la plus considérable ; il est plus connu et plus recherché et d'un plus grand débit dans tous les États de l'Europe qu'en France ; mais si le chocolat, qui est fait de cacao, peut y devenir en usage, il s'y pourra faire par la suite une très-grande consommation de cacao ; cela pourroit arriver, si on en fixoit les droits et qu'on en laissast l'entrée libre dans le royaume en payant les droits ; on pourroit les régler à deux sols de la livre. Sur ce pié, il se donneroit à bon marché, et comme le chocolat de pur cacao est très-nourrissant, les peuples de France en useroient beaucoup, comme ils font en ce pays-cy, et cette marchandise auroit un grand débit.

Cela engageroit les habitants de cette isle à en faire venir beaucoup, et à planter de nouvelles cacodieres ; c'est un fruit qui croît icy facilement et auquel il y a peu de travail ; il vient encore mieux dans les bois que dans les endroits découverts sur le bord de la mer ; et si le cacao se débitoit aysément, on verroit icy plusieurs habitants desfricher des terres dans le centre de l'isle pour y planter des cacodieres ; par ces desfrichements on parviendroit à descouvrir le centre de l'isle jusqu'à présent inconnu ; on y feroit de grands abatis de bois, et les vapeurs épaisses qui sont retenues dans ces bois impénétrables, et qui contribuent beaucoup au mauvais air de l'isle, après que ces bois seroient éclaircis, seroient chassées par le vent, et l'air seroit beaucoup meilleur et plus sain dans les quartiers de la Basse-Terre.

Outre cela, plusieurs petits habitants peuvent se mettre à leurs ayses par le débit du cacao, qui contribueroit beaucoup à l'augmentation du commerce et de la colonie, c'est pourquoy l'on doit regarder, comme une chose très-avantageuse à cette colonie-cy, les facilités qu'on donnera pour faire débiter et consommer une quantité considérable de cacao, et c'est une affaire qui mérite assurément de l'attention pour le bien de ce pays-cy.

Coton. — Le coton est encore une des denrées qui vient très-bien en cette isle, et il s'en fait encore de plus beau à la Guadeloupe qu'icy ; c'est une marchandise bien connüe en France, et il est certain qu'on en tireroit beaucoup de ces pays-cy, si l'on avoit des nègres pour en destiner à la plantation et à la culture de ces arbres, car les plus mauvaises terres leur sont propres, et il n'y a pas grand travail au coton ; ainsy l'on peut s'asseurer que, sitost qu'il ne manquera pas de nègres, il s'en fera un grand commerce ; le seul inconvénient dans les cotons est que, lorsqu'ils sont à peu près dans leur maturité, souvent le vent les fait tomber des arbres, et estant moüillez de la pluye, il s'en pourrit beaucoup, ce qui en diminüe considérablement la récolte; mais hors cet accident, c'est une marchandise d'un bon débit dans le commerce, et qui contribüera par la suite à faire valoir cette isle-cy.

Rocou. — Nous avons encore icy le rocou, dont on se sert pour les teintures, qui est une marchandise d'un bon débit; il s'en fait une assez grande quantité, et les petits habitants qui s'y sont adonnez se sont mis à leurs ayses en peu de tems. Si le nombre des nègres augmentoit dans l'isle, il se feroit bien plus de toutes ces denrées qu'il ne s'en fait présentement.

Je ne parle point de l'indigo, parce qu'il s'y en fait très-peu, et ce peu n'est pas de si bonne qualité que celuy qui se fait à la Grenade et à Saint-Domingue.

Casse. — La casse vient très-aysément; elle n'est pas si estimée que celle du Levant, et cependant est presque tout aussy bonne; mais ce n'est pas une marchandise dont il se fasse une assez grande consommation pour pouvoir estre de profit notable à la colonie.

Manioc. — A l'égard du magnoc, c'est une marchandise pour l'intérieur de l'isle; il s'en consomme beaucoup, la farine de magnoc servant de pain à tous les nègres et à la pluspart des petits habitants, et, comme elle se maintient à un prix raisonnable, il y a plusieurs de ces petits habitants qui subsistent de ce commerce.

Épiceries. — Après avoir parlé de toutes les denrées considérables, qui croissent dans l'isle de la Martinique, j'espère qu'on n'aura pas de peine à voir qu'elles peuvent fournir les moyens d'establir un commerce considérable. De plus, il n'est pas impossible que, par la suite du tems, on n'y fasse pas venir des denrées qu'on n'y voit pas présentement. Il y a des habitants qui sont persuadez *que le poivre, le gérofle, la muscade et le gingembre y viendroient bien et d'aussy bonne qualité qu'aux Indes, si l'on avoit des graines des Indes* que l'on pust y transplanter, et, en prenant des mesures pour faire venir de ces graines par les vaisseaux qui vont aux Indes et qui ont coutûme de faire leur retour par les Isles, on pourroit en éprouver; et, si cette épreuve réüssissoit, il en résulteroit un grand avantage pour la colonie et pour le royaume, dont il sort beaucoup d'argent pour ces épiceries.

Je n'entreray point dans le détail des marchandises qui sont nécessaires à la Martinique, et dont on ne peut pas se passer, elles sont assez connües; je diray seulement que c'est un bien qu'on ne puisse pas s'y passer des denrées de France ; cette nécessité sera le fondement d'un commerce continüel, et de l'utilité que ces colonies rendront toujours à la France ; car si elles pouvoient subsister par elles-mêmes, n'ayant plus besoin des denrées du royaume, il est évident que le commerce de France avec les Isles diminüeroit de la moitié ; c'est pourquoy il faut que dans les Isles on s'attache uniquement à cultiver et à faire valoir les denrées du pays, sans songer à y faire venir celles de France, dont il est essentiel qu'elles se fournissent toujours en France.

DU COURS DE L'ARGENT ET DES MONNOYES.

Des monnoies. — Le cours de l'argent est absolument nécessaire dans le commerce, et il est important de prendre des mesures pour faire rouler l'argent dans les colonies sans le faire sortir du royaume, attendu que, si peu qu'il en sorte par an, c'est toujours une diminution sur les espèces, qui, dans la suite du tems, devient considérable.

L'on a esté très-longtems dans cette isle sans y voir l'argent dans le commerce, toutes les affaires s'y faisoient sur des billets ou des comptes en sucres[1] soit pour vendre, soit pour acheter, jusqu'aux moindres bagatelles ; on ne parloit que de sucres. Depuis cette dernière guerre, cet usage s'est entièrement aboly ; deux choses y ont contribué, les prises et le besoin des nègres. Les habitants, trouvant à acheter les

---

1. Et avant cela en tabac. La question des monnaies fut pour les colonies l'objet d'une grande préoccupation et surtout dans les premiers temps, comme l'indique la série d'arrêts, de règlements, etc., faits au dix-septième siècle pour les Antilles. En voici la nomenclature.

9 mai 1654. Arrêt du conseil de la Martinique touchant les monnoies. Le cours de l'argent de France est autorisé par cet arrêt, qui règle la valeur des monnoies étrangères proportionnellement à la valeur de celles du royaume.

19 juin 1664. Règlement de M. de Tracy, lieutenant général de l'Amérique, touchant la police des Isles.

19 juin 1670. Déclaration du roi portant qu'il sera fabriqué une monnoie particulière pour les Isles. — Mêmes dispositions.

.... Augmentation des monnoies de France afin de faire rester celle des colonies.

12 septembre 1679. Remontrances du conseil de la Martinique à Sa Ma-

denrées à meilleur marché dans les prises des flibustiers, qui ne vendent qu'argent comptant, se sont mis sur le pied de vendre aussy leurs denrées, argent comptant, pour avoir des fonds, pour acheter leurs provisions dans les prises; et, d'un autre costé, lesdits habitants, estant dans une grande nécessité de nègres, se sont attachez à amasser de l'argent, pour avoir de quoy acheter des nègres, lorsqu'il en arriveroit dans l'isle, et le commerce de l'argent s'y est si bien estably que l'on n'y sçauroit plus rien avoir que l'argent à la main; en sorte que toutes les personnes de France sont obligez de faire venir leur argent de France pour leurs dépenses, au lieu qu'avant la guerre on se contentoit de faire venir des provisions de France; cette différence fait connoistre qu'il doit sortir à présent de France plus d'argent pour ces isles cy qu'il n'en sortoit autrefois; cependant le soin, que les habitants prennent de le garder, et je crois même de l'enterrer, fait qu'il n'en paroist presque point dans le commerce de l'isle; on ne voit que la monnoye d'Espagne qui se prend à poids, et qui fait naistre mil difficultez dans le commerce; outre que ceux qui en ont, trouvant de la perte à ne la donner qu'au poids, ayment mieux l'envoyer à Saint-Domingue, où elle a cours, que de s'en défaire dans l'isle, en sorte qu'il s'y trouve même très-peu de ces espèces d'Espagne, ce qui cause un grand trouble dans le cours du commerce et même dans les affaires du roy.

Cependant, comme il est important de faire trouver des espèces pour le commerce intérieur de l'isle sans attirer les espèces ordinaires de France et les faire sortir du royaume, le moyen d'y parvenir est de donner cours à la monnoye d'Espagne, suivant la valeur des espèces par la marque, sans

---

jesté pour demander qu'il soit porté de la monnoie aux isles. Il la demande carrée, et prie de défendre de la porter hors des isles ni de la recevoir chez les orfévres.

22 août 1687, Arrêt du conseil d'État qui défend d'exposer dans le commerce des isles des piastres et autres pièces légères.

9 septembre 1688. Arrêt du conseil d'État, qui donne à 3 sous 6 deniers la valeur de 3 sous 9 et aux sols marqués celle de 15 deniers. Les autres monnoies restent sur le pied de France.

1ᵉʳ mars 1691. Cours des espèces sur le pied qu'elles ont en France, et les autres en raison du poids et de la valeur.

4 mars 1699. Défenses de transporter des espèces d'or et d'argent dans l'Amérique.

considération du poids, mettant par exemple les pièces de huit ou piastres, tant celles de poids que celles qui sont légères, à 3 francs, les demy piastres à 30 sols, et ainsy des autres plus basses, establissant cet ordre par un arrest du conseil rendu sur ce sujet, par lequel il serait defendu à toutes personnes de refuser lesdites espèces; il est seur que tout l'argent d'Espagne, qui viendroit dans l'isle, s'y conserveroit, il y en auroit suffisamment pour le commerce de l'isle, et les fonds du roy qui sont envoyez tous les ans en espèces, se pourroient facilement remettre par lettres de change, veu que, les habitants n'ayant que ces espèces d'Espagne, ils ne seroient pas attachez à les garder, comme ils le sont, pour l'argent de France; ils aymeroient autant un billet ou une lettre de change que leur argent; ainsy l'argent seroit dans un mouvement continuel et on n'en manqueroit point. Ce n'est pas l'avantage du particulier et de l'habitant, mais c'est le bien public et l'avantage du royaume; le particulier n'y est point lézé. C'est par ce moyen qu'il y a une quantité considérable d'argent d'Espagne dans les Isles Angloises; c'est pourquoy j'estime ce règlement des monnoyes très-juste et très à-propos, et, pour l'establir, il seroit nécessaire d'envoyer icy un arrest du conseil rendu sur ce sujet.

Je pourrois entrer dans plusieurs autres particularitez touchant l'isle de la Martinique, mais je me contenteray, monseigneur, de vous avoir rendu un compte exact des plus essentiels, et de vous avoir fait un rapport fidèle des principaux establissements, tels qu'ils sont au vray. Après que vous aurez connu par mémoire la disposition des quartiers de l'isle, vous jugerez, monseigneur, s'il est de quelque utilité de détruire un establissement, tel que le bourg Saint-Pierre, de faire sortir des particuliers hors de leurs propres maisons, pour les transplanter dans un lieu esloigné où ils n'ont pas un pouce de terre, où ils ne trouveroient pas de quoy vivre, et où ils seroient moins en sûreté qu'ils n'estoient auparavant; vous jugerez, monseigneur, si il est à propos, dans une colonie, de ruiner un establissement considérable, le plus grand qui ait jamais esté dans les colonies françoises, pour, sur ces rüines, travailler à faire un establissement nouveau, qui ne sçauroit jamais estre ny agréable, ny commode, ny seur, ny utile à la colonie, et qui aura toujours des défaults insurmontables.

Vous jugerez s'il est à propos de tenir renfermées dans un

seul endroit toutes les juridictions, et les juges destinez à rendre la justice aux peuples d'une isle de près de quatre-vingts lieues de tour, dispersez dans toute l'isle, quoique cet endroict soit des moins peuplez, pendant que le gros du peuple se trouve rassemblé dans un autre endroict et sans aucun juge.

Aprez que vous aurez connu, monseigneur, tout ce qui concerne la fabrique des sucres, vous jugerez s'il est à propos de réduire les habitants à l'obligation de faire seulement des sucres bruts, ce qui causeroit leur rüine entière, ou si il est à propos de leur permettre de terrer et blanchir leurs sucres, ce qui est avantageux aux intérests du roy et favorable à l'augmentation du commerce de la colonie.

Pour moy, monseigneur, qui regarde ce pays-cy comme un lieu de passage, me flattant que vous ne m'y laisserez pas longtems, ainsy que vous m'avez fait la grâce de me le faire espérer, je me suis cru obligé de vous mander la vérité sur toutes les choses, dont j'ay l'honneur de vous rendre compte; et, si ce que je vous mande est à l'avantage des habitants, ce n'est point que j'aye dessein de les favoriser plus que je ne dois, je n'entreprends point la deffense de leurs intérests, et je ne prétends point me rendre leur intercesseur auprez de vous; mais, estant icy placé de vostre main pour vous informer au juste de ce qui concerne le service du roy et de la colonie, pénétré du zèle de satisfaire à ce que vous pouvez attendre, monseigneur, de la fidélité de mes services, je me suis uniquement attaché à vous mander les choses, comme elles sont et comme je les vois, sans complaisance et sans partialité.

Fait à la Martinique, le 21 avril 1696.

Signé : ROBERT.

SAINT-DOMINGUE EN 1692.

Les Français parurent aux îles Sous-le-Vent peu de temps après avoir colonisé Saint-Christophe. A l'époque, où ils furent momentanément expulsés de cette île par don Federico de Tolède, un certain nombre d'entre eux se réfugièrent à la côte septentrionale de Saint-Domingue (1630). Mais c'est à Levasseur, au chef des Français, trouvés par d'Esnambuc à Saint-Christophe, qu'est dû l'établissement officiel de notre nation dans ces parages. Levasseur, en s'emparant, en 1640, par l'ordre du commandeur Longvilliers de Poincy, de l'île de la Tortue a été ainsi le premier pionnier français des îles du Vent et Sous-le-Vent.

Maîtres définitivement, de « cette motte de terre » qu'ils durent abandonner et reprendre plusieurs fois aux Espagnols, tant elle semblait importante à ceux-ci, nos Français occupèrent, à la côte septentrionale de Saint-Domingue, l'îlet du Port-Margot et la partie de l'île qui correspondait à cet îlet; mais, lorsque la compagnie des Indes occidentales eut désintéressé Jérémie Deschamps, seigneur du Rausset, pour la Tortue, reconquise par lui, les immigrations, amenées ou favorisées par Ogeron de La Bouère, qui lui succédait dans le gouvernement de cette île, se portèrent sur d'autres points.

Leogane, nommée en caraïbe Yaguana, s'éleva sous l'administration de ce chef dévoué. Il y avait alors deux paroisses, l'Esterre et la Petite-Rivière. Vers la même époque naquit le Petit-Goave, dans un lieu où les boucaniers s'étaient montrés dès 1659. Il se forma en même temps le quartier qui comprit les paroisses du Rochelois et de Nippes.

La proximité dans laquelle se trouvait le Port-de-paix de l'île de la Tortue, où résidaient les premiers chefs, avait également donné, dès 1668, une certaine importance à ce poste, dont, en 1685, M. de Cussy, successeur de M. de Pouancey, neveu d'Ogeron, fit sa capitale.

Enfin, en 1670, douze Français ayant à leur tête un sieur Pierre Lelong, dont la veuve[1] épousa l'illustre flibustier Laurent de Graff, vinrent de la Tortue commencer le Cap-Français que l'avantage de son port devait rendre le lieu le plus habité et le plus commerçant de la colonie.

Telles sont les origines de cette colonie si fameuse et que l'on distinguait de nos autres Antilles par ses richesses et son faste. On disait les soldats de la Martinique, les bourgeois de la Guadeloupe, nos seigneurs de Saint-Domingue.

Les premiers habitants, les boucaniers et les flibustiers ne pouvaient faire pronostiquer un si bel avenir, à en juger par le portrait que le P. Le Pers, nous a laissé d'eux dans son histoire, restée manuscrite[2] et qui mérite encore d'être consultée, l'ouvrage, que le P. de Charlevoix en a tiré, ayant été désavoué par le P. Le Pers. — Arrivé au Cap en 1704, successivement curé de Limonade, du Trou, de l'Acul et du Doudon où il mourut en 1743, à cinquante-neuf ans, ce jésuite wallon, qui connaissait parfaitement le pays, nous donne sur cette première population les détails suivants, que nous croyons dignes d'être conservés :

« Les habitants étoient des Européens transformés, en quelque sorte, en laboureurs de l'Amérique ; les boucaniers, en sauvages ; les flibustiers, en vrais brigands. Ils s'étoient réunis en un seul corps, quoiqu'ils se ressemblassent si peu, pour mieux s'opposer aux Espagnols, qui en vouloient également aux habitants, parce qu'ils occupoient leurs terres ; aux boucaniers, comme détruisant leurs bestiaux, qui faisoient toutes leurs richesses, et aux flibustiers, comme troublant leur navigation.

« Presque tous ces gens-là étoient François et la plupart Normands. Comme s'il étoit du sort de ces derniers de renouveler de tems en tems les exploits de leurs ancêtres, ceux-ci poussèrent effectivement les leurs si loin, que toute l'Amérique

---

1. C'était une Bretonne ; elle se nommait Anne Dieu-le-Veut. L'occasion de son mariage avec de Graff avait été une querelle. Ayant cru avoir reçu de lui une injure, elle alla le trouver le pistolet au poing, lui en demander raison. De Graff, jugeant une telle femme digne de lui, l'épousa. La fille d'Anne Dieu-le-Veut valait sa mère ; elle provoqua en duel un jeune homme dont elle n'agréait pas la cour.

2. On trouve au dos de ce manuscrit: « Si on ne peut imprimer sans nom d'auteur, on mettra : par M. Persel, missionnaire à Saint Domingue,

espagnole en trembla pendant plus d'un siècle. Un assez bon morceau leur est enfin demeuré pour fruit de leurs travaux, je veux dire une bonne partie de la noble Isle Espagnole[1], qui auroit dû depuis s'appeler Nouvelle-Normandie si l'usage, qui est toujours le plus fort, ne lui avoit fait prendre celui de Saint-Domingue, du nom de sa capitale ; c'est ainsi que nous avons déjà commencé de la nommer et nous ne la nommerons plus autrement aujourd'huy. Mais il convient peut-être de caractériser un peu plus ces trois corps et d'en faire une espèce d'anatomie, quoiqu'il pourroit suffire d'en dire en général que les habitants étoient d'assez bons chrétiens, que les boucaniers, tandis qu'ils persévéroient dans leur état, sembloient prendre leur religion au croc, et que les flibustiers n'étoient que de vrais scélérats.

« Les habitants étoient surtout recommandables par leur bonne foy, qui les exemptoit de procès et par là leur rendoit inutiles les avocats et les procureurs, dont ils ne pouvoient souffrir l'ombre. S'il naissoit quelques différends parmi eux, ils les terminoient sur le champ à l'amiable, ou par arbitrage, ou par sentence de leur gouverneur, à qui ils s'en rapportoient sans appel. On ne sçait ce qu'est devenue cette ancienne candeur, dont on n'aperçoit plus nul vestige ; mais on voit encore des restes de l'hospitalité, que ces premiers colons pratiquoient si parfaitement, qu'on peut dire que tout étoit commun parmi eux. Il n'y a peut-être pas de pays au monde, où l'on voyage avec si peu de frais, qu'on fait encore aujourd'hui à Saint-Domingue ; on est presque partout bien reçu, bien logé, sans qu'il en coûte rien, mais je ne sais si cette belle vertu n'est point sur le point de disparoître. Pour la religion, nos premiers habitants en avoient beaucoup. A peine avoient-ils fait dans quelques quartiers une vingtaine de défrichés, qu'ils se cotisoient aussitôt pour bâtir une chapelle et avoir un prêtre pour la desservir ; au défaut du prêtre, ils s'y assembloient tous les dimanches et fêtes, et, après avoir chanté en commun quelques hymnes de l'église, le plus habile d'entre eux faisoit quelque pieuse lecture. J'en parle au reste savamment pour en avoir vu quelques bons restes, quand je vins dans

---

1. Les Espagnols la nommaient Hispaniola; les Caraïbes Aitij.
Les noms de nos autres îles étaient, dans la langue des indigènes : *Jouanacacra*, la Martinique; *Camahogne*, la Grenade; *Caaroucaera*, les Saintes; *Caloucaera*, la Guadeloupe; *Aichi*, Marie-Galande.

l'isle. Le travail des mains, auquel ils s'occupoient en ce temps-là, les préservoit d'une infinité de vices, auxquels l'oisiveté livre aujourd'hui leurs enfants. L'endroit seul, par où les pères et les mêmes enfants se ressembloit parfaitement, c'est la fidélité au roy. On ne sauroit rien ajouter. On n'a jamais vu de meilleurs François qu'eux. On les voit toujours prêts à sacrifier leurs biens et leur vie pour sa gloire. S'ils ont paru se démentir quelques fois, ... ce ne fut jamais que parce qu'ils crurent que certaines compagnies de marchands, sans aucun rapport à l'État, vouloient leur oster le pain de la main et s'engraisser de leur substance.

« Les boucaniers faisoient alors le corps le plus nombreux et le firent encore longtemps depuis. Ils n'habitoient pas la Tortue, mais ils étoient répandus sur les côtes de l'isle de Saint-Domingue, celles-là surtout que nous occupons aujourd'huy, où ils vaquoient à la chasse du bœuf sauvage, dont l'isle fourmilloit alors ; ils vendoient ces cuirs, quand ils en avoient un certain nombre, aux vaisseaux Hollandois ou François, qui négocioient le long des côtes et dont ils tiroient en échange leurs besoins. Ces gens-là ne reconnoissoient le gouverneur de la Tortue, ni autres supérieurs, que pour la forme.

« Dans le fond, ils se croyoient tous égaux. Ils se nommoient boucaniers, et ils donnoient le nom de *Boucan* aux endroits, où ils s'assembloient, d'un mot indien, qui signifie *rôtir*, parce qu'ils faisoient cuire leur viande, à la manière des sauvages de l'Amérique, sur des claies qu'ils élevoient environ à hauteur d'appui et sous lesquelles ils allumoient du feu. Ils bâtissoient là même, à la hâte, une espèce d'appentis qui leur servoit de maison, ce qu'ils appeloient *ajoupa* ou *barbacoa*. Leur habillement étoit aussi singulier que leur nom et que leur genre de vie. Il ne consistoit guère qu'en une chemise toute imbue et comme poissée du sang des animaux qu'ils tuoient, et dans un caleçon encore plus crasseux, tout ouvert par en bas en forme de *candale*. Ils se couvroient la tête d'un fond de chapeau, où il n'y avoit qu'un petit rebord, avançant en pointe sur le devant, ce qui leur donnoit une figure tout à fait grotesque. Ils se façonnoient des souliers de peaux de cochon contre les épines. Pour des bas, ils n'en avoient point du tout, parce qu'en cas de blessure, un peu de baume du Pérou, ou de copahu, ou de térébenthine, ou de liquidambar, tous communs dans l'isle, leur raccommodoit aussitôt la chair. Leur armes étoient un fusil de gros calibre, qu'on appelle encore de leur nom *fusil boucanier*, un sabre fort court, qu'ils nommaient d'après les Espagnols *manchette*, et quelques couteaux flamands.

« Chaque boucanier partoit le matin de son boucan, ou seul, ou suivi de ses serviteurs, ou engagés, s'il en avoit. Il ne prenoit aucune nourriture qu'il n'eût tué autant de bœufs sauvages qu'il avoit de personnes avec lui. Après avoir écorché le dernier tué, il lui cassoit les os les plus moelleux ; c'étoit là son déjeuner et celui de ses gens. Après quoi, ils se chargeoient tous chacun d'un cuir, et s'en retournoient au Boucan, où, après avoir dîné et soupé tous ensemble d'un bon morceau de bête qu'ils avoient apporté, ils passoient la nuit à dormir, ou à raconter mille contes plaisants, en fumant leur pipe. Le lendemain ressembloit au jour d'auparavant, jusqu'à ce qu'ils eussent fait la quantité de cuirs qu'ils s'étoient proposée, qu'ils alloient ensuite vendre à la Tortue, si les marchands eux-mêmes ne les leur venoient acheter sur les lieux.

« Comme ils n'avoient ni femme ni enfants, ils s'associoient d'ordinaire deux à deux, ce qu'ils appeloient *s'amateloter*, et ils se traitoient, en conséquence, de matelots ou de *Frères de la côte*, avec droit d'hériter l'un de l'autre. Ces sociétés particulières n'empêchoient pas que tous les biens ne fussent, en quelque sorte, communs parmi eux, ce qui coupoit court à bien des procès. Si, cependant, il leur survenoit quelque différend, que leurs amis ne pussent accommoder, alors ils s'en rendoient juges eux-mêmes et ne menaçoient de rien moins leur partie, que de lui couler un plomb au travers du corps ; telle étoit leur expression et quelquefois leur pratique.

« En toute autre chose, ils se régloient, selon un certain coutumier qui n'étoit qu'un composé de lois bizarres, qu'ils s'étoient faites entre eux. En vain le plus habile jurisconsulte eût entrepris d'y réformer rien ; leur réponse que « telle étoit la coutume de la côte » servoit en pareil cas d'arrêt sans appel. Ils fondoient le droit de vivre ainsi, selon leur caprice, sur ce qu'ils avoient, disoient-ils, passé le tropique, où ils prétendoient avoir noyé toutes leurs anciennes obligations. C'étoit beaucoup pour eux de se souvenir encore un peu du Dieu de leurs pères. A cela près, ils affectoient de mettre tout en oubli, jusques aux noms de leurs familles, auxquels ils substituoient d'autres des plus ridicules, comme Brisegalet, Tourne-au-vent, Passe-partout, Vent-en-panne, Chasse-marée, et mille autres de cette nature ; ce qui faisoit dire, en ces temps-là, qu'on ne connaissoit un homme aux Isles, que lorsqu'il se marioit. Il reste encore aujourd'hui quelque chose de cette vieille mode, qui ne passera pas entièrement sitôt, et une autre encore moins, qui a son origine dans nos anciens aventuriers, savoir, qu'on ne doit pas rechercher un homme en Amérique de ce qu'il a fait en Europe, l'espèce de baptême, qu'il reçoit sous le tropique étant censé de l'avoir lavé de ses iniquités précédentes. Mais on ne dit plus à Saint-Domingue ce que les boucaniers se répondoient assez souvent les uns aux autres, lorsque s'interrogeant sur leur santé : « Comment te portes-tu, mon ami ? — Fort bien, matelot, répondoit-il, je n'ai que la fièvre. » C'est que le pays, depuis qu'il est découvert, est autant sain qu'il était maladif autrefois, jusque là qu'on a dit, en riant, que les chiens y trembloient la fièvre.

« Un troisième corps composoit la petite république de la Tortue : c'étoit celui des Flibustiers, ainsi nommés d'un nom anglois qui signifie *corsaire*[1]. Ces derniers n'étoient à proprement parler que des fainéants et des libertins de profession qui, ne s'accommodant nullement d'un exercice de chasse rude et pénible, tel qu'étoit celui des boucaniers, et aimant encore moins à vivre dans la règle et dans la soumission comme les habitants, ne subsistoient que de brigandage, en pillant presque également l'ami et l'ennemi. Ils s'associoient d'ordinaire une douzaine ensemble, et puis, après avoir enlevé ou fabriqué eux-mêmes un canot, ils se mettoient en mer pour tâcher de surprendre quelque barque et, au moyen de cette barque, quelque chose de plus. Ils se croyoient alors suffisamment montés et en état de tout entreprendre, surtout lorsqu'ils s'amatelotoient, selon leur manière de parler, avec d'autres bâtiments corsaires et que leurs équipages étoient nombreux. C'est ainsi que ces gens-là parvenoient à faire, sans nul fonds, des armements considérables. Avant de commencer tout de bon la guerre, ils passoient un accord entre eux, qu'ils appeloient charte-partie, qui régloit leurs intérêts, et ils appeloient cela faire *la course à compagnon bon lot*. Ils se

---

1. Freebooter.

choisissoient entre eux un capitaine, à qui ils obéissoient assez ponctuellement ; mais il étoit amovible à volonté, et il n'avoit guère plus de prérogatives qu'un simple flibustier.

« Quoiqu'ils en voulussent, pour ainsi dire, à tout le genre humain, ils se délectoient singulièrement dans le mal qu'ils pouvoient faire aux Espagnols, contre qui le ciel sembloit les avoir lâchés, comme autant de furies, pour continuer le châtiment qu'il leur avoit fait déjà ressentir ; d'où il arrivoit que les Espagnols, qui n'éprouvoient que trop ce furieux acharnement contre eux, ne leur donnoient plus d'autres noms que ceux de *ladrones* et *demonios*, de brigands et démons. Les flibustiers eux-mêmes se faisoient souvent honneur de ces noms ; bien loin de s'en choquer, ils souhaitoient seulement que de fréquentes occasions se présentassent de les vérifier par les effets. D'autres fois pourtant ils se fâchoient, quand on les traitoit ainsi, et bien loin de vouloir passer pour des scélérats et pour des voleurs, ils se donnoient sans façon pour les plus honnêtes gens qui fussent dans l'Amérique. Quoi qu'il en soit, tout ce qui leur tomboit sous la main leur paroissoit toujours le mieux acquis du monde.

« C'étoit quelque chose de plaisant que de voir ce qui se passoit parmi ces gens-là lorsqu'ils étoient une fois en mer. Comme ils étoient indépendants les uns des autres, chacun y vivoit à sa manière, chantant et dormant, et portant les autres à faire de même ou les en empêchant, comme bon lui sembloit. Ils n'étoient pas cependant toujours disposés à rire et à folâtrer, parce qu'étant d'ordinaire presque entassés les uns sur les autres dans de petits engins de bâtiments, ils avoient beaucoup à souffrir de cette presse, outre qu'ils n'y étoient guère à couvert du soleil et de la pluie, que la faim les talonnoit souvent, et que le chagrin de ne point faire de prise les réduisoit quelquefois à une espèce de désespoir.

« C'étoit surtout cette rude gêne, où ils étoient dans leurs bâtiments, qui leur inspiroit autant de bravoure qu'ils en faisoient paroître dans l'occasion, car, dès qu'ils apercevoient quelque navire, fût-il gros ou petit, ils l'attaquoient d'ordinaire, sans balancer, et ils s'en rendoient les maîtres ou ils mouroient à la peine. Mais il étoit rare qu'un vaisseau attaqué attendît l'abordage ; il se rendoit le plus souvent, sans seulement se défendre, parce qu'on n'ignoroit pas que, pour peu qu'on refusât, ils ne faisoient nul quartier le plus souvent. Les flibustiers jetoient surtout des yeux de concupiscence sur les galions ou sur la flottille du roi d'Espagne. C'eût été pour eux une entreprise trop hasardeuse d'oser attaquer ces lourdes masses réunies ensemble. Ils se contentoient de les suivre en queue et de voltiger tout autour avec leurs légers esquifs, dans l'attente qu'un gros temps ou quelque autre accident en efflottât quelque bâtiment. Ce fut ainsi que vers ce temps-là Pierre Legrand, fameux aventurier de Dieppe, attaqua le vice-amiral des galions et le conduisit en France, et que le Basque fit encore un coup plus hardi, qui fut d'aller enlever, sous le canon de Porto-Bello, un autre galion chargé d'un million de piastres.

« Les flibustiers conduisoient leurs prises où bon leur sembloit ; c'estoit d'ordinaire à la Tortue ou à la Jamaïque. Avant d'en venir au partage, chacun levoit la main, comme quoi il n'avoit rien détourné du butin et avoit fidèlement apporté tout à la masse. Si quelqu'un étoit surpris en faux serment, on le dégradoit, à la première occasion, sur quelque isle déserte, où il mouroit de faim, si son industrie ou le hasard ne l'aidoit à s'en tirer. Quand la prise avoit été faite avec commission, on levoit avant tout le dixième de l'amiral, ou plutôt du gouverneur qui l'avoit donnée, car ni la France ni son amiral ne s'en mêloient point encore alors ; mais, lorsque la prise étoit illégitime, ils en alloient faire le partage sur quelque côte écartée, et ils en étoient quittes, à leur retour à la Tortue, pour faire quelque présent au gouverneur, qui se trouvoit d'autant plus obligé de dissimuler, qu'il avoit encore moins d'autorité sur eux que sur les boucaniers. Dès que les flibustiers avoient reçu chacun leur lot, ils ne tardoient pas à le dissiper au cabaret, où on les voyoit porter la débauche à un pareil excès, où on les avoit vus réduits par la disette peu auparavant. C'étoient des gens, qui ne se trouvoient jamais dans la vie, dans un certain milieu, leur sort les entraînant presque toujours dans les extrémités d'une joie excessive ou d'une misère insupportable. Ils ne comptoient sur rien moins que sur la vie, mais c'étoit au sens des impies. Mourir ou faire fortune ; en attendant, se divertir, c'étoient là toutes leurs maximes. L'espérance de se voir bientôt plus à leur aise par quelque coup les rassuroit, d'un costé, contre les craintes de la mort qu'ils bravoient en toute occasion ; et, de l'autre, leur impiété presque consommée étouffoit en eux toute pensée de l'éternité. Ce n'étoit pas néanmoins qu'ils ne parussent quelquefois, tout scélérats qu'ils étoient, rentrer en eux-mêmes, et penser à leur salut, et se donner de grands coups sur la poitrine, pour marquer une componction, qu'apparemment ils n'avoient pas, car ils n'étoient pas plutôt sortis du danger, qu'ils continuoient, avec plus de fureur que jamais, leurs blasphèmes et leurs brigandages.

« Aux trois corps précédents, dont nos colonies naissantes étoient composées, on pourroit en ajouter un quatrième qui étoit celui des Engagés. Mais, à proprement parler, ils ne servoient que de recrues aux autres. Ces engagés étoient des jeunes gens, que les capitaines de navires enrôloient en France par de bons contrats par devant notaire, à la charge de servir, pendant trois ans aux Isles, ceux à qui ils seroient vendus, moyennant quinze écus ou un équivalent, qu'on leur donnoit au bout de ce terme.

« On amenoit alors presque autant d'engagés, qu'on fait aujourd'hui d'esclaves noirs, et leur sort y étoit à peu près le même. Nos François et les Anglois ont commis à peu près les mêmes cruautés envers ces gens-là que les Espagnols sur les Indiens; tant il est vrai que l'intérêt rend partout les hommes cruels et barbares[1]. On parle encore aux isles d'un nommé Belle-Teste, habitant de Saint-Christophe, qui se vantoit d'avoir assommé, lui seul, trois cents engagés. Ces derniers, au bout de leur temps, devenoient eux-mêmes habitants, boucaniers ou flibustiers, et ne se dédommageoient assez souvent des cruautés exercées sur eux que par celles qu'ils exerçoient à leur tour sur d'autres. »

Tel était le fonds de la population de Saint-Domingue.— Ogeron commença à en faire une société, MM. de Pouançey, Tarin de Cussy continuèrent à les discipliner, mais non sans révoltes de leur part. « On doit dire à la louange de M. Du-
« casse, écrit le P. Labat, qu'il a été le premier qui ait sçu
« réduire les habitants de la côte et les accoutumer à l'obéis-
« sance, sans leur faire sentir la pesanteur de ce joug. Il
« falloit avoir son esprit, sa fermeté, ses manières nobles et
« généreuses pour discipliner des gens qui étoient accou-
« tumez à une vie libertine et indépendante, dont ils avoient
« passé la plus grande partie dans les bois ou sur la mer. »

---

1. Voir l'ordonnance de l'intendant des îles du 27 janvier 1700, établissant la manière dont les engagés devaient être traités. *Loix des isles*, par Moreau Saint-Méry.

Jean-Baptiste Ducasse, de Béarn, est l'auteur du mémoire que nous allons lire.

Agent d'abord de la compagnie de Sénégal, il était passé du commerce dans la marine royale, en qualité de lieutenant de vaisseau, le 15 mars 1686, à la suite d'un combat, où il avait emporté à l'abordage lui vingtième une grosse flûte hollandoise. Il avoit été nommé en 1691 gouverneur de Saint-Domingue, qu'il quitta en 1702. — Nommé cette année chef d'escadre de l'Amérique, puis lieutenant-général des armées navales le 27 décembre 1707, et commandeur de Saint-Louis, il mourut aux eaux de Bourbonne le 25 juin 1715, après une vie toute pleine d'entreprises glorieuses qu'il seroit trop long d'énumérer ici.

Pierre MARGRY.

LETTRE DE M. DUCASSE,

GOUVERNEUR DE SAINT-DOMINGUE,

A LOUIS PHELYPEAUX DE PONTCHARTRAIN,

MINISTRE DE LA MARINE ET DES COLONIES, 1692.

Quoique je vous aye parlé, Monseigneur, dans mes précédentes lettres, de cette isle, je n'estois pas aussy recueilly qu'à présent, et ayant esté informé qu'on vous en avoit donné une idée toute contraire à la vérité et aux intérêts de Sa Majesté, en establissant pour principe, que la seureté de cette colonie attiroit la ruine de la Martinique, ce sentiment ne peut procéder que d'un intérest particulier ou d'une ignorance crasse, et ce sophisme seroit aizé à confondre. Mais, Monseigneur, vos lumières naturelles discerneront facilement le mérite ou démérite de cette colonie, par la comparaison avec les autres.

Partie françoise de l'île. — Premièrement, elle est d'une grandeur qui surpasse toutes les colonies du Roy, jointes ensemble; située dans un climat plus modéré, et une des portes du golfe du Mexique, remplie des plus beaux ports du monde pour toutes sortes de vaisseaux, ayant de grandes et vastes campagnes et prairies, où il y a un nombre infini de bestes à corne, de chevaux et sangliers, et qui peut subsister par elle mesme avec une partie des commodités de la vie, c'est de quoy composer un beau royaume et quantité de provinces.

Mines et productions. — En outre il est d'une vérité cognue et constante qu'il y a des mines d'or et d'argent, et il n'y eut que la sage politique de Philippe second, qui ne voulut pas quelles fussent ouvertes, parce que les Hollandois, dans leur soulèvement, vinrent ruiner nombre de villes et bourgs dans cette isle, et qu'ayant cognu ces richesses, ils auroient porté leur veue d'en faire la conqueste. La seule preuve n'est pas dans la spéculation historique : il y en a une invincible, c'est qu'on y recueille de la poudre d'or dans quelques rivières qui découlent des montagnes ; les torrens entraînent avec eux la superficie des mines, mais quand elle n'auroit pas cet advantage, elle a celuy de pouvoir faire toutes les mesmes manufactures que les autres, et de fournir au royaume une grande quantité de cuirs, de l'indigo, du tabac, du coton et de la laine, et je suis persuadé qu'on y faira de la soye autant qu'on voudra, le climat et la disposition des terres s'y trouvant fort propres.

Ses avantages militaires. — Mais ce qu'il y a de plus important, en quoy les donneurs d'advis n'ont point fait attention, c'est que si Sa Majesté vouloit jamais porter ses armes contre la monarchie des Indes, ou séparer de l'Espagne ces vastes royaumes, cette isle est à la bienséance et à portée pour prendre les partis, qui conviendront aux armes de Sa Majesté, soit pour l'attaque du Mexique, soit pour celle du Pérou, ou pour prendre les ports de la partie du nord, où le transport ou l'entrepôt de toutes ces grandes richesses se fait, et par là fermer les portes aux thrésors qui sont apportés en Europe et qui se répandent sur tous les Estats. Quoyque ma veue soit grande et estendue et qu'elle approche de la vision, j'espère, Monseigneur, que vous ne la regarderez pas comme telle, vous assurant que les opérations n'en sont pas difficiles ; et, comme il faut de grandes choses à un grand Roy, j'espère que la Providence divine ne mettra point de bornes à ses conquêtes, et que celles dont je parle seront quelque jour de son goust.

De tous les endroits du monde, il n'en est pas de si commode que celuy cy pour les galères, et où elles fussent d'une plus grande utilité. — Cromwell avoit reconnu le mérite de cette isle, lorsqu'il en fit faire l'attaque, mais ses troupes ayant esté repoussées, elles conquirent l'isle de la Jamaïque, qui est dans une pareille situation que celle cy, et dont la nation anglaise tire aujourd'hui des avantages considérables par le grand commerce qui s'y faict par eux mesmes et avec les Espagnols ; et il est évident que leur politique tend à la conqueste d'une partie des terres Espagnoles, si cette monarchie vient à se démembrer.

La Martinique, la Guadeloupe, Cayenne, la Grenade, que le Roy possède, n'ont d'autre mérite ny d'autre utilité qu'à faire des sucres ; elles ne feront jamais d'autres choses, estant remplies de montagnes affreuses, et le sucre est aujourd'huy de peu de valeur, toutes les nations qui possèdent des colonies, en remplissant l'Europe ; ainsy il y en aura toujours la moitié d'inutiles ; elles ont un besoin continuel des secours du royaume, sans quoy elles périroient par elles mesmes. Elles ont un autre désavantage, c'est qu'elles sont faciles à prendre ou à ruiner, ne pouvant y avoir d'autres établissements qu'au bord de la mer, au lieu qu'icy, si les ennemis pressent, on peut se retirer dans le pays. Mon zèle, Monseigneur, n'a conceu de vous donner aucune idée de dégoust, mais je me croy engagé d'honneur et de conscience de vous donner les cognoissances que vingt-cinq ans d'expérience m'ont acquises, et n'ayant d'autre objet que la gloire du Roy et le bien de son Estat, et le desir de vous plaire.

J'ay appris que Sa Majesté avoit détaché de ses armées, l'année dernière, des vaisseaux pour attaquer les galions ; je suis obligé de vous dire, Monseigneur, que, si Sa Majesté reste dans cette volonté, il est fort aisé, lorsqu'ils sont aux Indes, de les attaquer, avant leur départ, lorsqu'ils sortent de Carthagène[1] pour venir à la Havane, qui est le dernier port des Indes, d'où ils débouquent ; et il y a la même facilité pour la flotte qui vient de la Nouvelle Espagne pour chercher le mesme port. Celle là n'a d'ordinaire que deux ou trois galions et le reste, vaisseaux marchands, et qu'on attaquera toujours avec succez avec quatre vaisseaux du Roy. J'aurai soin de vous informer dès que j'apprendray que l'une ou l'autre flotte

---

1. Avant l'entreprise de Pointis sur Carthagène, entreprise dont il fit partie, Ducasse ne pensait pas qu'il fallût attaquer cette ville ; il voulait tenter un coup sur les galions, à Portobello, où, disait-il, la foire, qui allait s'y tenir, devait livrer aux Français les marchandises d'Europe et les trésors du Pérou.

arrivera d'Espagne, estant difficile que quelqu'un de nos corsaires n'en aye cognoissance et par mesme moyen vous demander des vaisseaux pour les combattre.

Quartiers de la colonie. — Je dois encore vous parler, Monseigneur de ces colonies, qui ont esté formées sans ordre et par des gens, qui n'ont jamais eu d'autres vues que pour eux mesmes. La nécessité les ayant fait retirer dans divers quartiers, qui se sont accrus insensiblement, cela cause aujourd'huy un mal considérable, auquel le remède ne peut s'apporter que par la conqueste entière; c'est-à-dire, Monseigneur, d'assembler tous ces peuples, qui sont dispersez en plus de 150 lieues de pays, ce qui fait qu'il n'y a de sûreté pour pas un; lesquels ne se peuvent secourir qu'avec des difficultez presque insurmontables, et je trouve par moy mesme les grandes peines que je ressens d'estre obligé d'aller partout.

J'ai distribué les officiers du Roy.

Au Cap.

Le sieur de Graff.
Le sieur de Beaumanoir, major de saint Cristofle.
La compagnie du sieur Dumesny.

Au Port de Paix.

Le sieur Leclerc de la Boulays.
Le sieur de la Vignolle.
La compagnie du sieur de Niceville.

Au Petit-Goave.

Le sieur de Beauregard.

A Leogane.

Le sieur Dumas.
Le sieur Deslandes.

Tortue. — L'isle de la Tortue n'en a point ny n'en mérite; c'est un rocher comme inaccessible, où il y a environ 60 à 70 hommes, portant les armes; où il ne se fait que pour 7 à 8 mille escus de commerce. Cette isle a esté la première conqueste des François, et la retraite des pirates pendant quarante ans. Elle ne sert aujourd'huy de rien; les gens qui y sont, n'y restent que par fainéantise et pour y vivre avec assez de commodité; je les porteray, autant qu'ils seront sensibles à la raison, à s'établir au Port de Paix, d'où ils ne sont éloignés que de deux à trois lieues.

Cap. — Je suis arrivé depuis quatre jours en ce quartier du Cap, qui est encore dans une grande désolation de la ruine des Espagnols au combat, où M. de Cussy[1] fut tué. C'est un grand bourg, dont il ne paroît plus que les cendres ; toutes les habitations en sont ruinées ; outre plus de 300 hommes qui y périrent, quantité de leurs esclaves furent pris ou se rendirent aux ennemis. Comme ce quartier est le plus considérable, je compte d'y donner le plus d'application, il doit estre regardé comme la clef du pays. Il est muny d'un très-beau port, dont il est aizé de deffendre l'entrée, au moyen des batteries, à quoy je ferai travailler dans peu de temps et au rétablissement du bourg, et les habitants, voyant la protection que le Roy leur donne, se porteront par leur interest à reédifier leurs maisons et à mettre en valeur leurs terres : il est d'une importance extrême d'y faire une forteresse ; sans quoy les Espagnols en tenteront toujours la ruine par la commodité d'y venir par des grands chemins ; et, comme ce lieu est un obstacle à leur sûreté, si vous approuvez ce dessein, Monseigneur, je vous supplie de m'en vouloir donner les moyens. Vingt mil escus accompliront cet ouvrage avec d'autres secours que je tireray des habitants, et que Dieu m'envoyera. Comme je ne suis point ingénieur, je ne puis vous en envoyer les plans ; c'est pourquoy j'ay pris la liberté de vous en demander un, et en attendant qu'il vienne, je feray préparer les matériaux, et commencer les ouvrages, où la dernière régularité n'est pas nécessaire ; après quoy ce quartier pourra résister à tous les ennemis.

Port-de-Paix. — J'ay médité d'achever la fortification du château du Port-de-Paix, qui, en l'estat qu'il est, n'est rien ; et duquel j'espère faire une assez bonne place, avec les fonds que j'ay et ceux que j'espère, Monseigneur, que vous m'envoyrez pour les années 90, 91 et 92. Si ce château n'estoit pas fait, je me donnerois bien de garde d'en faire le projet ; le quartier ne méritant pas cette fortification. Ce qu'il a de plus avantageux, c'est d'estre à portée pour la résidence d'un gouverneur, pour distribuer ses ordres dans les autres colonies et y tenir les magazins d'armes et de munitions.

---

1. A la bataille de Limonade, janvier 1691.

Petit-Goave. — Le Petit-Goave a une maison qui ne peut servir qu'au logement d'une compagnie, et qui n'a aucune deffense. Ce quartier n'a de mérite que la beauté du port, mais peu d'étendue; un grand bourg sans personne; c'est la retraite des corsaires, qui y mènent une vie affreuse et impratiquée par tous les autres hommes; la police y paroît nécessaire, mais les conséquences en sont fâcheuses dans la situation présente. Feu M. de Cussy, qui aimoit la vertu, voulut supprimer ce déréglement[1], à quoy il a succédé un dégradement de tous ces peuples, qui, estant devenus forbans, ont entrepris les voyages les plus esloignez qui les ont tous fait périr. En l'année 1685, il y avoit quatorze navires de guerre, pleins de monde, avec lesquels ils faisoient trembler les Indes, dont les forces ne servirent à rien qu'à causer la ruine de cette colonie, les habitants s'estant espuisés, flattez que cette armée rapporteroit des trésors immenses. Voilà la source de sa ruine, les gens ayant péry en divers endroits. Ce lieu a besoin d'une redoute qui deffende la rade et de très-beaux et bons retranchements que j'y ay fait faire; il y a aussy besoin d'une compagnie d'infanterie pour en faire la garde. C'est dont je parleray dans la suite.

L'Esterre. — L'Esterre est une colonie joignante à Leoganne; c'est où il y a les meilleurs habitants et les plus soumis; ce quartier a besoin d'une redoute qui deffende la rade et le débarquement; j'y ay fait faire une batterie et un retranchement. Leoganne a le mesme besoin que l'Esterre, j'y ay aussy fait faire une batterie et un retranchement; c'est l'endroit où les Anglois se présentèrent l'année dernière, où ils ne firent rien qui vaille. Le sieur Deslandes, major, y commandoit; il y remplit parfaitement son devoir. Ces trois quartiers se peuvent secourir les uns les autres en une journée, et avec ces trois fortifications, qui seront de peu de conséquence, les ennemis ne pourront rien entreprendre qu'avec de très-grandes forces.

L'Isle-à-Vache. — L'Isle-à-Vache, esloignée du Petit-Goave de quatre-vingts lieues, est un des plus beaux pays qu'il y ait dans toute l'Amérique. Il y a un petit nombre d'habitants

---

1. Le roy, dit le Père Le Pers, ne pouvoit souffrir la flibuste, parce qu'elle ruinoit le commerce des galions, où la plupart des nations Européennes et en particulier la France sont intéressées. Cussy suivit en cela les vues du roy, mais il le regretta.

et quelques chasseurs, que la commodité de la vie y entretient. La multiplicité d'establissements énerve les forces; c'est pourquoy je ne concéderay plus aucune terre en ce quartier, et je contribueray autant qu'il dépendra de moy d'en rappeler les gens.

Nippe. — Le Rochelois. — Il y a deux autres petites colonies entre le Petit-Goave et ladite Isle-à-Vache, appelées Nippe et le Rochelois, que la commodité de la vie entretient, où je ne donneray plus de concession, et au contraire employeray la raison pour en retirer les habitants.

Flibustiers. — Dès le moment que les flibustiers ont sceu que le dessein des Espagnols avoit avorté, ils sont sortis avec cinq ou six bâtiments, et je ne les ay retenus qu'avec de grandes peines et par la sévérité. Ce sont de très-meschants sujets qui croyent n'estre au monde que pour exercer le brigandage et la piraterie, ennemis de la subordination et de l'autorité; leur exemple ruine les colonies, tous les jeunes gens n'ayant d'autres veues que d'embrasser cette profession par le libertinage et la facilité d'y gagner du butin. Mais quoyque je cognoisse l'indignité de ces gens-là, ma prudence veut que je me contienne, n'estant au pouvoir de personne de les retenir, ny arrester leur déréglements. Il est bon néanmoins de les mettre aux trousses des ennemis pour les harceler[1]. Ils ont faict desja ressentir bien des craintes aux Anglois, ayant emmené dix ou douze vaisseaux ou barques; mais, comme ils en faisoient un meschant usage, les rendant aux ennemis lorsqu'ils ne les trouvoient pas chargés, et pour ne pas revenir dans le port, de peur d'y estre retenus par quelque ordre du Roy, je me suis servi d'un moyen, celui de les faire profiter de tout, de permettre aux Anglois de les racheter. Par là ils auront leur argent, pourront reprendre ces mesmes bâtiments, et je pourray les retenir et les rappeler lorsque j'en auray besoin. Je n'ay commis en cela rien contre le service du Roy, et je vous supplie, Monseigneur, de me dire si cette pratique est con-

---

1. Cussy, comprenant également l'importance des flibustiers pour la défense d'une île entourée d'ennemis, écrivait le 24 août 1689, à M. de Seignelay : « J'ay détruit icy la flibuste parce que la cour l'a voulu, et je n'en suis à bout qu'avec bien de la peine. Je voudrois à présent n'y avoir point réussy, car il y auroit à cette côte dix ou douze bons navires et quantité de braves gens dessus, qui assureroient cette colonie.

traire à ses intentions, afin qu'il ne m'échappe de ma vie de vous déplaire.

Justice. — Il y a trois charges de conseiller vaquantes. Je vous supplie de m'en envoyer les brevets, supposé que Sa Majesté veuille conserver ce digne tribunal, dont le titre glorieux est déshonoré par la pratique [1]. Les affaires y sont d'une si petite conséquence, qu'ayant assisté à toutes les séances qui se sont tenues, je n'ay point veu d'affaire qui méritast l'attention d'un demy quart d'heure, quoy qu'il n'eust été tenu séance depuis la mort de M. de Cussy; et j'ay jugé plus d'affaires sommairement et accordé d'habitants qu'il ne s'en fera de quatre ans. Ce nom de justice, dont l'emblesme est divin, est un monstre par la pratique en ce pays, où les peuples sont dévorez par les plus petites affaires, et quoy que je sois accablé de soins et de peines, je donneray toute mon attention à la cure de cette playe, sans sortir des bornes des volontez du Roy, et sans oster aux juridictions rien de ce que Sa Majesté desire. Nous vivrons dans une extrême correspondance; je n'ay ny ne veux avoir aucune discussion avec eux, mais je tâcheray, par mon exemple, à les induire à abréger la procédure. Le juge du Port-de-Paix, nommé Luc Danzé, n'ayant point de commission du Roy, vous aurez la bonté de luy en envoyer.

Culte. — Les esglises sont desservies par trois ordres. Il y en a deux à Leoganne, qui sont aux Jacobins, une aux Carmes et tout le reste aux Capucins; une de celles des Jacobins est sans pasteur, celle des Carmes aussy. Il y en a quatre aux Capucins, en ce quartier du Cap, au mesme estat; ce qui procède de pauvreté, de mortalité et d'irrévérence qu'on a eue pour les religieux. J'ay pris des mesures pour l'establissement de ces paroisses et du culte divin, dont j'escris aux Généraux des ordres. Dans un autre temps, il y aura une autre forme à donner, en faisant payer ces religieux par les estats du Roy et éviter les contestes continuelles qui sont entre les religieux et les habitants. Je trouveray moyen de dédommager Sa Majesté de cette dépense.

Hôpital. — Cette colonie n'ayant esté formée que selon le

---

1. En 1685 il fut établi des juges royaux au Petit-Goave et à Leogane, pour la côte de l'Ouest au Port-de-Paix et au Cap-François pour celle du Nord, avec un conseil supérieur à Leoganne, où l'on pût porter les causes d'appel (Le P. Le Pers).

caprice de chaque particulier, et n'ayant jamais eu la protection particulière des ministres, a subsisté dans le désordre, sans hôpital, sans prisons, ny sans juridiction. L'hôpital est urgent, les pauvres mourant sans secours et les blessés languissant sans estre pansez, nombre d'orphelins et de misérables enfans estant abandonnez. Je vous supplie, Monseigneur, de vouloir jeter des regards de pitié sur tant de pauvres, ce bienfait vous sera rendu par la bonté de Dieu. Il vous est aizé de m'envoyer des Pères de la Charité, et de contribuer à leur establissement. Il y a icy quelques gens de bien qui y contribueront, et je m'assure que vous en verrez des fruits dans peu d'années, et, quoy que je sois pauvre, j'y contribueray au delà de mes forces. J'avois emmené avec moy le supérieur de la Charité de la Martinique, qui a trouvé que ce pays-cy valoit mieux que les autres isles; mais il m'a fait cognoistre que ces establissements ne se pouvoient faire sans le secours et la volonté du Roy.

J'avois pris la liberté de vous représenter, Monseigneur, la satisfaction que je recevois de l'attachement du sieur Deslandes, major, et je vous suppliois très-humblement de le vouloir faire lieutenant du Roy. Il estoit major par brevet, avant le sieur de Graff, et l'avoit esté vingt ans de la milice; c'est un homme qui remplit dignement son devoir, fort estimé du peuple. J'espère que vous voudrez bien m'accorder cette grâce pour luy, et la majorité pour le sieur Conart, qui est un fort brave homme. Si je ne cognoissois pas les besoins de la colonie et l'interest du service du Roy, aucun autre motif ne pourroit m'engager à cette liberté, mais il est de mon devoir de rendre ces tesmoignages à ces deux personnes; et, si Sa Majesté ne veut pas augmenter les employs, je vous supplie d'accorder des lettres de noblesse en faveur dudit sieur Deslandes, qui a beaucoup de bien et qui vit noblement. Cette marque de bonté l'attachera plus estroitement au service du Roy.

Troupes. — J'avois aussy pris la liberté de demander trois compagnies d'augmentation. Le besoin en est indispensable: le Cap est un grand quartier, toujours menacé, qui a six lieues d'étendue, où il faut des corps de garde et des postes avancez, et une compagnie pour garder la batterie, lorsqu'elle sera faite, et le bourg. Les habitants ont des vignes à douze ou quinze lieues d'icy, qu'ils entretiennent à leurs dépens. Le Port-de-Paix ne peut se garder avec une seule compagnie. Il y en faudroit plusieurs, mais pourveu que vous l'augmentiez d'une, je vous assure de le mettre hors d'estat de n'estre pris qu'avec de très-grandes forces. Il en faut nécessairement une pour garder le Petit-Goave, où il n'y a pas souvent des habitants pour faire la ronde. Cette compagnie suffira pour les trois quartiers, L'Esterre et Leoganne. Outre la raison naturelle, qu'elles serviront à la défence, l'authorité du Roy le demande. Ces peuples, estant très-mal morigenez, sont capables d'oublier facilement leur devoir.

Le sieur de La Boulays, par mon ordre, estant venu au Cap à dessein d'assembler 5 à 600 hommes, et d'entrer dans le pays ennemy, trouva de grandes difficultés dans l'exécution de cet ordre, dont il a fait de grands procès-verbaux, auxquels il est difficile de rien comprendre. La situation des affaires demande que ma prudence rappelle les esprits par la raison et la douceur, sans commettre l'authorité du Roy ny l'honneur de mon caractère, c'est à quoy je suis parvenu. J'ay tout lieu d'en estre content par les témoignages des sieurs de Graff et de Beauregard, qui ont reconnu dans la dernière affaire beaucoup de bonne volonté; s'il leur arrivoit d'eschapper de sortir des bornes du respect, j'aurois la sévérité nécessaire, mais j'ose vous assurer, Monseigneur, que vous n'en entendrez point parler.

Nègres. — Ledit sieur de La Boulays ayant eu advis dans le mesme temps du dessein formé par des nègres pour se rendre aux ennemis, fit une procédure peu régulière et en condamna deux au feu; et un petit François s'estant trouvé impliqué dans l'affaire, fut fusillé et jeté aussy au feu. Ledit sieur de La Boulays a cru ne devoir point garder d'autres mesures, et remplir son devoir, mais à l'advenir j'éviteray ces irrégularités.

Éloge de M. de Cussy. — Un nommé Cenaye, sans fondement ny caractère, s'estant advisé d'imputer à la mémoire de M. de Cussy des faits contre le service du Roy et le devoir de sa charge. Ledit Cenaye ayant présenté une requeste au Conseil tendant à la permission de saisir les biens dudit sieur de Cussy, et cette affaire estant restée sans poursuite, j'ordonnay au procureur général de développer ce galimatias et d'examiner les faits avancés contre les interests du Roy par ledit Cenaye. Après l'examen, le Conseil l'ayant cité pour répondre par devant un commissaire, il s'est retracté, et a déclaré que, par ressentiment d'un traitement rigoureux, qu'il prétendoit avoir reçu dudit sieur de Cussy, il s'estoit ingéré d'exposer ces faits, quoyque faux, et qu'il recognoissoit ledit sieur de Cussy pour honneste homme. Sur quoy, ledit commissaire l'ayant arrêté, il fut procédé à son jugement, sur lequel est intervenu un arrest, portant qu'il demanderoit pardon à Dieu, au Roy et à la mémoire de M. de Cussy. Il fut emmené au Conseil et ensuite, il doibt l'estre à la porte des églises, et, avant d'estre embarqué, sur le tombeau dudit sieur de Cussy[1]. C'est une énormité peu ordinaire qu'un misérable donne des faits contre la mémoire et la conduite d'un Gouverneur, et un cas qui m'a paru particulier. Beaucoup de juges opinoient à la mort; mon sentiment fut celuy de l'arrest. Je suis bien aize, Monseigneur, de vous en rendre compte, m'ayant paru que ces idées avoient esté portées jusqu'à vous. Ledit sieur de Cussy ne mérite nullement de telles impressions, sa mémoire doibt estre, comme sa conduite, sans reproche[2].

Fortifications et munitions pour le pays. — Vous m'aviez faict espérer, Monseigneur, par la première lettre que vous me fistes l'honneur de m'escrire, que je devois recevoir des munitions, armes et canons par un vaisseau du Roy, qui devoient estre embarqués à Rochefort; cependant il n'en est rien venu icy, et sans la barque que j'ay envoyée aux isles, je serois sans un grain de poudre; je n'ay point de farine pour les soldats, ne m'en ayant esté envoyé que pour quatre mois de M. l'Intendant; je n'ay pas non plus le fonds des soldats ny de l'année 91 ny 92, et sans que j'ay avancé 90, il auroit fallu congédier les soldats. Ces choses arriveront toujours, si vous n'avez pas la bonté de nous les faire envoyer en droiture. Nous n'avons aucun commerce avec les Isles, et à moins que d'envoyer des bâtiments exprès, ou que le hazard ne fournisse quelque occasion, l'on est obligé de se servir de la voye de France. Je joindray à cette lettre un mémoire des choses dont j'ay indispensablement besoin, et que je vous supplie de vouloir m'envoyer.

Marine. — Sa Majesté a remply ses autres isles de ses bien-

---

[1]. Voir Moreau de Saint-Mery. Loix et constitutions des colonies françaises Sous-le-Vent, Ier v., p. 507.

[2]. Le P. Le Pers critiquant l'histoire du P. Charlevoix, à propos de M. de Cussy, dit : Il ne blâme en rien le gouvernement de M. de Cussy qui a été si blâmable presque en tout, surtout en ce que ce gouverneur a pensé tout perdre, pendant qu'il pouvoit tout gagner.

faits, pendant que je suis sans aucun secours. Je prendray la liberté de luy demander deux vaisseaux du Roy, desquels je luy promets de faire un bon usage. La navigation est sans trouble dans toutes ces Indes ; les Anglois et les Hollandois profitent du commerce Espagnol sans trouble ; la Martinique, estant en sûreté, n'a plus besoin de vaisseaux ; et cette colonie ne s'en peut jamais passer. Pour moy, je suis engagé à vous dire que je seray pris, en traversant d'un quartier à un autre, estant obligé d'aller dans des barques, et de faire des voyages de quinze jours. Je vous demande en grâce, Monseigneur, si Sa Majesté en envoye, de trouver bon que je m'embarque dessus, lorsque je jugeray nécessaire, soit pour aller chercher les ennemis, soit aussy pour aller recognoistre la ville de Saint-Domingue[1], sa rade et les moyens certains d'y faire un débarquement. Les sentiments sont si différents, et il est impossible de recueillir rien de certain; mais ce qui m'en paroît du recueil de tous les prisonniers, c'est que cette ville n'est pas ce qu'on s'imagine, et qu'il y a très-peu de monde. M. Dumaitz vous en a escrit ce qu'il avoit recueilly d'un valet, d'un vendeur de limonade de la Martinique, Espagnol de nation et soldat déserteur de cette ville, qui m'avoit dit aussy à moy mille absurditez. S'il y a quelque difficulté dans la conqueste de cette place, elle procède de sa situation et de nostre esloignement, plustost que de sa force; mais je vous assure que je parviendray à un moyen d'exécuter ce projet, pourveu que vous m'envoyiez deux vaisseaux, pour en aller examiner au vray les moyens.

Laurent de Graff. — Le sieur de Graff que Sa Majesté a fait lieutenant de Roy, est un homme qui rempliroit beaucoup mieux son devoir dans un vaisseau. Il n'a aucune notion de notre manière ; c'est un estranger Hollandois, qui a servy les Espagnols, et après se jeta parmy les François, parmy lesquels il a fait nombre de belles actions; il a pris deux ou trois vaisseaux de guerre sur les Espagnols, qui, pour le rappeler, le vouloient faire vice admiral des Indes ; mais il estoit trop scavant dans leurs maximes pour y devoir prendre

---

1. Seignelay excitait ainsi Cussy à la prise de la partie espagnole de l'île. « Vous pouvez croire que vous n'aurés, de votre vie, rien de plus grand à exécuter, et vous pourrés compter, en réussissant, sur des grâces particulières de Sa Majesté, surtout qu'Elle vous en donneroit le gouvernement. Je vous prie de m'informer des mesures que vous prendrés pour l'exécution de ce projet. » (Lettre du 13 janvier 1689.)

confiance. Je suis obligé de vous dire, Monseigneur, qu'il est un des plus dignes officiers de mer qu'il y ayt dans l'Europe et que si vous le mettez en pratique, il vous en donnera des marques évidentes.

Armes blanches. — Il est nécessaire que Sa Majesté fasse envoyer des bayonnettes, espées et sabres. Les Espagnols gagneront tous les combats qui se donneront icy dans les plaines; ils ont des gens armés de lances, qu'ils font suivre après eux pour charger après la décharge des mousquetaires. Ce sont des gens vigoureux et adroits, qui se meslent parmy les François, qui n'ont plus aucune arme, et jettent la terreur et le désordre. La perte du combat du Cap n'a procédé que de là. Il vous est aysé, Monseigneur, pour éviter l'embarras et la dépense, d'engager chaque vaisseau marchand d'apporter vingt-cinq espées à la *connismaq* (sic)[1] et autant de bayonnettes. Je les feray achepter par les particuliers, auxquels on apprendra à se défendre contre ces lanciers, qui n'auront pas tant de hardiesse à se mesler, ny les François tant de crainte.

Il y a plus de 400 hommes non armés dans toute la colonie, et encore quelques-uns de Saint-Christophe, c'est pourquoy il est fort nécessaire d'envoyer des armes.

Habitants de Saint-Christophe. — La plus grande partie des hommes de Saint-Christophe ont remonté aux Isles, attirez par l'espérance que les escadres du Roy les restabliroient dans leurs biens, ou fairoient quelque autre conqueste. Il n'en est resté que faute d'occasions, mais il y a nombre de femmes et d'enfants, qui sont restés abandonnés de tout secours, et réduits à la charité publique. Sa Majesté ayant départy de nouvelles grâces dans les isles, cela n'a pas rejailly jusqu'icy; je leur ay fait donner néanmoins leur portion de farine, et, à moins que vous ne donniez des ordres exprès, que l'intention du Roy est de les répartir pour icy également, ils en seront toujours privés.

Commerce et culture. — Le commerce n'a rien valu cette année par une sécheresse qu'il a fait pendant cinq mois, et il y a grand nombre de vaisseaux, qui sont obligés de retarder au delà du temps ordinaire; ceux de Saint-Malo, ayant esté employez pour le service du Roy, ont été recullez de leur négociation, mais particulièrement *la Prudence* et *l'Éveillé*

---

1. Il veut dire sans doute Kœnigsmark, nom d'un général suédois.

que j'ay armés deux mois, dont les capitaines ont tesmoigné du zèle et de l'application.

J'escris à MM. les fermiers généraux au sujet d'un mémoire qu'ils m'ont envoyé avec une de vos lettres concernant la manufacture des tabacs, à quoy je donneray mon application entière, puisque vous le désirez, Monseigneur, et j'espère que lesdits sieurs fermiers voudront favorablement traiter les habitants, que j'ay engagez de restablir cette culture, qui estoit abandonnée.

M. de Blénac m'a donné advis de la Rochelle de son retour aux isles, et qu'il devoit envoyer un vaisseau du Roy pour scavoir l'estat de cette colonie pour vous en rendre compte, je n'en ay point eu d'autres nouvelles. Je ne manqueray pas de l'informer de toutes choses.

Nègres et engagés. — Cette colonie dépérit annuellement et continuera, si vous n'avez la bonté de la regarder des yeux de votre protection. Les vaisseaux y apportoient, d'ordinaire, grand nombre d'engagez, ce qui a cessé depuis la guerre, mais ce qu'il y a de plus fâcheux, c'est que les compagnies n'y fournissent aucun nègre. Depuis qu'elle est fondée, il n'en est pas venu mille; et ceux, qui y sont, viennent de l'industrie des habitants, qu'ils ont eus des étrangers ou de rapine des corsaires. Ou il me paroît nécessaire d'obliger lesdites compagnies d'en porter, ou de laisser la liberté aux habitants d'en tirer, d'où ils pourront, puisque la colonie ne peut subsister sans cela[1], et que ce retardement diminue les

---

1. Lorsque l'on considère, comment nous devions perdre cette colonie, on ne peut s'empêcher de rapprocher de ce passage l'extrait d'une lettre de Cussy, où nous voyons, comment ce désastre eut pu être évité, si l'on eût eu plus d'esprit de suite dans l'administration.

« Je n'aurois pas manqué de faire publier et mettre à exécution l'ordonnance du roy du 30 septembre 1686, portant que tous les habitants sans exception seront tenus d'avoir autant d'engagés que de nègres; mais Votre Grandeur m'ayant permis d'en surseoir l'exécution, si je l'estimois à propos, au moyen que lui fisse connoître les raisons qui m'y auroient obligé.

« Je diray, en premier lieu, qu'il est impossible, dans la première année et même dans la seconde, que les habitants puissent accomplir cette ordonnance, bien qu'elle leur paroisse fort avantageuse; que, de plus, lorsque la dite ordonnance arriva, tous les navires étoient partis de cette côte, par lesquels ils eussent pu écrire à leurs correspondants de leur envoyer des engagés; que, d'ailleurs, s'ils avoient été obligés de suivre cette ordonnance, tous les marchands n'auroient pas manqué de s'en prévaloir, en leur faisant acheter le double de ce qu'ils ont accoutumé; et bien que les navires, qui viennent en cette côte, en apportent le plus qu'ils peuvent, cela n'auroit pas été suffisant; en sorte que les principaux habitants, auxquels j'ai

droits du Roy, ne remplit point le commerce et conserve l'habitant dans un estat de pauvreté, et esloigne les pauvres du dessein de s'establir. L'exemple des estrangers est un objet toujours présent à leurs yeux; l'isle de la Martinique voisine de celle-cy en a cent contre un; aussy le commerce qui, s'y fait y est proportionné. L'estat de l'Angleterre d'aujourd'huy fait voir l'importance des colonies, estant aizé de justifier qu'elle occupe plus de quinze cents vaisseaux de commerce actuel, sans compter nombre de bastiments dont ils se servent à la Jamaïque pour le commerce espagnol; et nous sommes icy dans une indigence générale, où à peine peut-on charger sept à huit vaisseaux. Cette colonie est digne de vous, Monseigneur, et ce sera purement vostre ouvrage, parce qu'en l'estat où je l'ay trouvée, c'est une misère; et pour peu de bonté que vous ayez pour elle, elle effacera toutes les autres; et vous en verrez des fruits soudains, je prendray la liberté de vous en faire des demandes pressantes, jusques à ce que je scache que vous l'improuverez.

J'avois espéré de la continuation de vos bontés d'estre fait capitaine de vaisseau, plus par rapport au service du Roy qu'au soin de mon élévation; ne trouvez pas mauvais, Monseigneur, que je vous fasse la mesme prière, et de vous dire que j'attends cette grâce et je seray toute ma vie d'un respect soubmis.

Monseigneur,
Vostre très humble et très obéissant serviteur,
Du Casse.

---

communiqué cette affaire, m'ont prié de représenter très-humblement à Votre Grandeur leur impossibilité en ce rencontre, en me faisant connoître que la chose leur étoit si avantageuse que, quand bien même ils n'y seroient pas obligés par une ordonnance, ils s'y porteroient d'eux-mêmes; et que, pour la première année, ils auroient le quart; la seconde, la moitié; et les autres de même, jusqu'à l'accomplissement. Il y a des quartiers comme ceux du Cap, où il n'est pas besoin de cette ordonnance, y ayant trente blancs pour un nègre, ce qui rend ce quartier le plus fort; mais je suis aussi obligé d'informer Votre Grandeur que, si cela se fortifie, il en coûte la vie à plusieurs par le mauvais traitement de leurs maîtres, quelque soin que je prenne à les châtier; ce qui arrive souvent par la pauvreté du maître, qui en veut tirer du travail, et aussi par l'obstination de l'engagé qui refuse de le faire, la pluspart que l'on envoye estant vagabonds et fainéants que l'on a peine à assujettir.

(*Extrait de la lettre de M. de Cussy au ministre,*
datée du fort du Port-de-la-Paix, le 27 août 1687.)

LES ILES

DE FRANCE ET DE BOURBON

SOUS LE GOUVERNEMENT

DE MAHÉ DE LA BOURDONNAIS.

(1735-1740)

Les îles de Bourbon et de France, qui font l'objet du mémoire que l'on va lire, ont été occupées par la France à des époques différentes.

Tout d'abord appelée, par les Portugais, île de Mascarenhas, du nom de don Pedro de Mascarenhas, qui l'avait découverte en 1513, l'île de Bourbon est la première sur laquelle nous ayons acquis des droits.

Le capitaine Goubert, de Dieppe, en juin 1638, pour le compte d'une Compagnie composée d'associés de Paris et de Rouen ; le sieur de Pronis, en 1643, pour la Compagnie du capitaine Ricaut ; en octobre 1649, le capitaine Roger le Bourg, envoyé par le sieur de Flacourt, commandant de Madagascar, prenaient successivement possession de cette île, à laquelle Flacourt donnait le nom de Bourbon. « Je lui ay imposé ce nom, écrit ce dernier, n'en pouvant trouver qui peust mieux quadrer à sa bonté et à sa fertilité. »

Les rapports favorables que la Compagnie des Indes orientales, créée par Colbert, eut également sur cette île, la lui ayant fait demander dans ses priviléges, une partie des vaisseaux qui venaient à Madagascar avec M. de Beausse, directeur de la Compagnie, eurent ordre de s'arrêter à Bourbon et d'y déposer des habitants pour y fonder une colonie.

Ces vaisseaux, en quittant l'île vers le 5 août 1665, après plus d'un mois de séjour, y laissèrent vingt personnes de divers emplois, sous les ordres du sieur Étienne Regnault, de Paris. Étienne Regnault a été réellement le premier pionnier de Bourbon, et son nom se rattache à la création des trois grands quartiers de l'île.

De 1665 à 1671, il ne cessa de chercher le meilleur emplacement pour y fonder un établissement durable. Il fit cinq fois le tour de l'île à cet effet.

Il s'établit d'abord dans l'anse de Saint-Paul qui offrait un bon mouillage pour quelques navires. En 1667, trouvant Saint-Paul incommode, il fit passer quelques gens du côté de l'est, sur le bord de la rivière Sainte-Suzanne, pour défricher la terre qui s'y trouve très-bonne. Notons que Sainte-Suzanne semble avoir eu un commencement antérieur, et qu'il existe à cette place, sur la carte de Flacourt, une habitation dite de l'Assomption.

En 1669, Regnault quitta lui-même Saint-Paul et alla s'établir au nord de l'île, sur le bord de la rivière Saint-Denis, dont il donna le nom au poste qu'il fonda et où il résolut de faire le siége du gouvernement.

Étienne Regnault faisait venir en même temps des hommes des plantages, des outils, et il se promettait d'avancer fortement la colonie, quand Jacob de la Haye, qui s'en allait dans l'Inde en qualité de lieutenant général, mouilla le 27 avril 1671 devant l'habitation de Saint-Denis, par trente brasses d'eau, et prit pour la quatrième fois possession de l'île, le 6 mai. Il y avait alors cinquante habitants. En 1667 il n'y en avait que 12.

Le gouverneur, le sieur de la Hure, par lequel M. de la Haye remplaça Étienne Regnault, si intelligent et si dévoué à son œuvre, commença la série de vexations d'un côté, de révoltes de l'autre, qui ne cessa qu'au gouvernement de Jacques de la Cour, sieur de la Saulais, ou pour mieux dire que sous celui de M. de Villers (1701).

Il serait inutile de rappeler ici cette longue agitation, ces désordres de près de trente années pendant lesquelles la colonie, comme abandonnée à elle-même, nommait ses chefs et se révoltait contre ceux qu'on lui envoyait. Dans cette période, deux capucins de Quimper se distinguèrent et furent presque les maîtres du pays : l'un, le P. Bernardin, de 1678 au 30 novembre 1686, et l'autre, de 1690 à 1696, le P. Hyacinthe Kerbiguet de Kerguelin, fils d'un conseiller au présidial de Quimper.

Sans entrer dans plus de détails, il suffit de dire qu'à partir du commencement du dix-huitième siècle, les mémoires d'un sieur Feuilley, mais ceux surtout d'Antoine

Boucher, qualifié alors de secrétaire de la Royale Compagnie des Indes, donnèrent à celle-ci le moyen de mieux connaître cette île, de s'y intéresser et de la faire valoir. Un directeur, du nom de Foucherolles, paraît avoir eu alors le plus de part au bien qui se fit depuis 1703.

A cette époque, la religion, la justice, la police commencèrent à régner avec suite, et l'on peut dire qu'une nouvelle société était formée à l'honneur et pour l'avantage de la France.

La religion catholique a été introduite à Bourbon, si je ne me trompe, par un cordelier et par un lazariste. Le cordelier se nommait Louis de Matos, embarqué au Brésil sur la flotte de M. de Mondevergué. Il s'offrit pour rester quelques mois à Bourbon. Il y fut suivi de l'abbé Jourdié, de la Congrégation de la Mission que ses confrères du fort Dauphin y envoyèrent. Regnault avait fait construire à Saint-Paul une chapelle sous l'invocation de saint Jacques et de saint Philippe. L'abbé Jourdié la desservit de 1667 à 1671 ; il y était visité par M. de Montmasson, supérieur des missionnaires de Madagascar.

Le premier hospice fut créé par le P. Bernardin, sous les gouverneurs Henry Esse d'Orgeret et de Fleurimond.

Lorsque la Compagnie des Indes recommença à s'occuper de l'île, au mois de septembre 1698, MM. de la Vente et de Calvarin, prêtres des Missions étrangères, munis de lettres des grands vicaires du cardinal de Noailles, archevêque de Paris, vinrent gouverner le spirituel. Ils y vécurent en véritables pasteurs, sans appointements, et laissèrent à la colonie le regret de les avoir perdus par un caprice du gouverneur, M. de la Cour ; mais les administrateurs qui succédèrent à celui-ci réparèrent le mal, et l'esprit religieux qui, en 1686, sous l'influence du P. Bernardin, avait produit l'établissement de la confrérie de Notre-Dame du Mont-Carmel, se releva, par le fait d'abord d'un gouvernement meilleur, puis aussi à la suite du passage, en 1703, du cardinal Thomas Maillard de Tournon, patriarche d'Antioche, nommé commissaire pour la mission de la Chine. Le prélat était descendu le 5 août à Saint-Denis, le 12 à Saint-Paul ; le 15, il administrait dans ce dernier lieu le sacrement de la confirmation, et y excitait les habitants à construire une église en maçonnerie et à donner au culte plus de dignité. Le cardinal fut écouté. En 1705, il y avait une église dans chacune des trois paroisses, et deux chapelains les desservaient : l'abbé Pierre Marquer dirigeait la paroisse de

Saint-Paul, qui était la plus grande; le sieur de Saint-Germain, les paroisses de Saint-Denis et de Sainte-Suzanne. En 1705, M. de Villers donnait à l'église de Saint-Denis un saint-ciboire et un encensoir avec ses chaînes d'argent, une lampe et un bénitier de cuivre. A Saint-Paul, il se faisait mieux encore. En 1703, François Mussard, avec les quêtes dans la paroisse, et comme prieur de la confrérie du Mont-Carmel, avait fait bâtir une chapelle; mais en 1708, le 18 octobre, le curé Pierre Marquer bénissait la première pierre de l'église de Saint-Paul. L'entrepreneur en était Jacques Aubert, capitaine du quartier.

Le culte, comme on le voit, s'établissait; mais si on le laissait exposé à ne recruter ses desservants que parmi les aumôniers de vaisseau, comme cela avait eu lieu trop longtemps, outre que la colonie pouvait à certains moments n'avoir personne pour le spirituel, on risquait aussi de le voir tomber aux mains de gens tels que s'était montré l'abbé Camenhen, de 1686 à 1690. Les habitants l'avaient senti, et sur leurs instances, le cardinal de Tournon leur avait promis de faire ses efforts à Rome pour leur assurer des curés d'une manière constante et régulière. Malheureusement, ce vœu des habitants ne se réalisa qu'en 1714, quatre ans après que la Compagnie eut songé à donner à Bourbon quatre prêtres, trois comme curés des paroisses et un pour suppléer en cas de maladie, ou pour vaquer à quelques offices qui avaient à la fois pour objet d'éclairer l'esprit, de l'élever et de le diriger.

Interrogés sur les prêtres qu'ils souhaitaient et s'ils ne préféraient pas des communautés à des prêtres séculiers, les habitants, dont le souvenir de MM. de la Vente et Calvarin était encore récent, avaient demandé Messieurs des Missions étrangères, mais les prêtres de la Congrégation de la Mission, anciens missionnaires de Madagascar sous saint Vincent de Paul, rappelèrent à Rome des titres qui prévalurent, et, par un premier traité du 22 septembre 1712, la Compagnie leur confiait la direction spirituelle de l'île. Ce fut en 1714 que les premiers prêtres lazaristes y arrivèrent.

Dans les vues de la Compagnie, l'instruction devait suivre l'éducation religieuse. Ainsi le quatrième prêtre devait tenir une espèce de petit collége, où les petits garçons seraient élevés dans la connaissance de la religion, l'étude des lettres et des principes des sciences.

La Compagnie se proposait sur ce point, pour compléter

son œuvre, d'envoyer trois maîtres et trois maîtresses d'école pour enseigner aux enfants à prier Dieu, à lire et à écrire, et aux filles à travailler en linge, en tapisserie, en habits de femme, à tricoter et à d'autres petits ouvrages convenables à leur sexe; ce que faisait alors par dévouement et gratuitement Louise Payet, femme du sieur François Cauzan, qui pouvait être l'exemple des femmes, comme son beau-frère, Étienne Hoareau, pouvait en servir aux hommes. « Boucher disait ce dernier la perle des créoles. »

En même temps que la Compagnie préparait l'établissement du spirituel et de l'éducation, les règlements de police du 18 janvier 1709, faits par les directeurs généraux; la création, en mars 1711, du Conseil provincial, autorisé à juger les procès civils et criminels; l'ordonnance du 15 janvier 1711, qui interdisait tout commerce des habitants avec les forbans, dont les équipages avaient plusieurs fois servi au peuplement de l'île, donnaient de nouvelles garanties à l'ordre et à la moralisation de la colonie.

La Compagnie allait aussi aviser au développement de son bien-être, en faisant valoir toutes les ressources du pays. En décembre 1703, elle ordonnait à M. de Villers de faire la visite de l'île, de la lui décrire et de lui exposer tout ce qu'on en pouvait tirer; si l'on y faisait du sucre brut ou blanc, en quel lieu étaient plantées les cannes à sucre, les vignes. Le P. Bernardin avait parlé de la possibilité d'avoir du sucre et du coton. Qu'en fallait-il penser?

La Compagnie mandait aussi au sieur de Villers de découvrir un endroit qui pût former un port, rien ne pouvant lui être plus avantageux que d'établir dans l'île Bourbon l'entrepôt de son commerce d'Europe aux Indes et des Indes en Europe. Étienne Regnaut s'était occupé de cette recherche dès 1669 et avait indiqué la rivière Saint-Gilles. Un mémoire de 1675, déclarant qu'il ne fallait pas penser à ce lieu, proposait la rivière d'Abord. Ceux qui depuis avaient examiné l'île avaient proposé deux ports, l'un à la rivière du Marsouin, l'autre à la rivière d'Abord [1].

La Compagnie, en voulant construire ce port, n'avait pas en vue que sa seule utilité, mais aussi celle des habitants, à

---

1. On sait qu'en 1858 c'est sur ce dernier point qu'on s'est décidé à exécuter un premier travail, le port Saint-Pierre.

qui, dans ce cas, elle devait permettre de construire des barques et d'autres bâtiments, pour aller négocier par eux-mêmes aux côtes de Mozambique et partout où ils pourraient le faire avec avantage.

En 1710, la Compagnie, élargissant son plan sur les bases que lui présentaient deux de ses agents, l'un nommé Feuilley, et l'autre, Antoine Boucher, donnait de plus amples instructions au sieur Parat, qu'elle nommait gouverneur. Elle concluait aussi, avec certains rapports, que la situation de l'île Bourbon, par 21 degrés et demi au sud de la ligne, permettait de penser que ce qui croissait dans la partie de l'Arabie la plus septentrionale pouvait réussir également dans l'île, et alors elle demandait aux habitants les moyens praticables pour le transport d'un certain nombre de caféiers, de cannelliers, de girofliers, d'arbres à gomme, de poivriers. Sachant qu'un colon, Julien Daillau, dit la Rose, avait eu un pied de giroflier, et qu'en 1702, un autre, nommé Jacques Aubert, avait élevé un pied de poivrier, elle les excitait aussi à tirer parti des cotonniers qui naissaient dans l'île, l'échantillon qu'elle avait reçu en 1705, disait-elle, étant plus beau, plus blanc et incomparablement plus net que celui de l'Amérique et du Levant, et le coton, produit par les petits cotonniers, étant aussi et même plus fin que le plus fin coton des Indes. Elle renouvelait son avis de planter des cannes à sucre, disant qu'il en croîtrait tant qu'on en voudrait, puisqu'il y en avait de grosses comme la jambe d'un homme. Elle n'ignorait pas d'ailleurs qu'on perdait l'avantage qu'on en pouvait tirer, en coupant les cannes jeunes, pour en tirer le suc qu'on mêlait avec de l'eau et en faire une liqueur qu'on appelait dans l'île *frangorin* et ailleurs *vin de cannes*. « Si on cultivoit, dit le remarquable mémoire du 31 octobre 1710, remis à M. Parat, si on ne coupoit les cannes à sucre qu'à la fin d'une année, leur suc mieux formé feroit du sucre en telle quantité qu'on en enverroit en France, comme les Portugais en envoient du Brésil chez eux, d'où ils le distribuent en Europe, c'est-à-dire par année commune cinquante mille quintaux. »

La Compagnie donna suite elle-même à ces premières vues. En 1714, elle envoyait un bâtiment charger des plants des arbres qui produisent le café. Déjà un des chirurgiens de l'un des derniers vaisseaux, qui étaient allés à Moka, avait emporté un plant de caféier, dont il avait eu grand soin;

mais comme il avait été obligé de passer sur un autre navire, ce plant, négligé, avait péri, faute d'être arrosé.

Le même navire, que la Compagnie envoyait, devait aussi prendre des plants des arbres qui produisent les gommes de myrrhe et d'encens, des plants de poivrier, de cannellier, et aussi des oiseaux et des bêtes propres à acclimater. « C'est servir sa patrie, écrivait le directeur, M. de Foucherolles, que d'enrichir une de ses îles de ce qu'on trouve ailleurs et principalement des choses utiles à la vie et aux arts, comme des bestiaux aisément portatifs, des plantes pour la médecine, des bois et drogues pour la teinture. »

C'est au sieur de la Boissière, commandant l'*Auguste*, qu'échut l'honneur de cette commission, antérieure de près de cinquante ans aux entreprises de Poivre. Ce commandant se trouvait avec son vaisseau, le 25 mai 1715, à Moka, où il rencontrait Guillaume Dufresne Darzel, commandant le *Chasseur*, et il y était encore le 29 juin, lorsque Dufresne appareillait pour aller prendre possession de l'île de France.

Nous ne savons pas ce que fit M. de la Boissière pour les autres points de ses instructions. Mais un document nous apprend qu'en 1715, il transporta de Moka à Bourbon six plants de café « duquel nombre il n'en réussit qu'un, duquel dérive tout celui qui est aujourd'huy sur l'isle. » En 1718, il y en avait encore deux.

En quittant Bourbon, M. de la Boissière emmenait M. Parat, qui, d'après une délibération du Conseil provincial, avait à entretenir la Compagnie de la découverte qu'on venait de faire également d'un café indigène et des avantages que cette découverte pouvait apporter au royaume.

En 1717, Henri Justamont, laissé par Parat pour gouverner en sa place, écrivait que de tous les arbres à café apportés de Moka, il n'y en avait que deux pieds qui eussent repris et poussé du bois, que tous les autres étaient morts. Dans une lettre du 19 septembre de cette année, il ajoutait que les deux « arbres à café venus de Moka étoient pour lors en fleur, mais qu'il ne sçavoit pas encore s'ils retiendroient fruit; qu'en ce cas, il auroit soin de le faire ramasser et de le faire planter dans les meilleurs endroits de l'isle. » Il déclarait qu'on voyait bien alors la différence de ces arbres de Moka à ceux du cru de l'île, « parce qu'il ne falloit que peu de temps aux premiers pour rapporter du fruit et que le bois et la feuille étoient différens. »

Les premières plantations du café de Moka furent faites, dit M. le curé Davelu, dans ses notes restées manuscrites, chez le curé de Sainte-Suzanne et chez un habitant du même quartier. On en vendait d'abord seize grains pour une piastre, et ensuite le pied fut vendu un réal. Dix ans après l'époque à laquelle Justamont écrivait, le 24 août 1727, le gouverneur Dumas annonçait qu'il ne pouvait se voir rien de plus beau que les plantations de caféier, qu'il en enverrait sept cents balles, et il ajoutait : « J'ose assurer Votre Grandeur, qu'à moins de quelque malheur au-dessus des connoissances humaines, cette isle sera, dans peu, capable d'en fournir au delà de la consommation du royaume. »

La colonie, comme on le voit, sous une habile direction, était entrée dans la voie de prospérité pour elle comme pour la France. Sous quelque aspect qu'on la considérât, on pouvait dire que la colonie était fondée, que cette petite société était organisée et qu'elle entrait en quelque sorte dans l'âge viril. Elle le témoigna par un autre côté. Ce fut alors qu'elle donna naissance, à son tour, à l'île de France.

Quelques mots sur les commencements de cette dernière île sont encore nécessaires pour faire comprendre le mémoire qui suit, et apprécier l'œuvre que la Bourdonnais va nous exposer.

Découverte par les Portugais et nommée par eux île de Cerné, cette île, en 1598, le jour de la Kermesse d'Amsterdam, avait été appelée île Maurice par les Hollandais en l'honneur du prince de Nassau, protecteur de la république des Provinces-Unies.

En 1637, elle n'avait encore servi que de lieu de relâche pour leurs vaisseaux, quand la Compagnie hollandaise des Indes orientales y envoya deux bâtiments, *le Maen* et *le Swall*, sous le commandement de Cornelis Symonszoon Gooyer, pour en prendre possession. En 1638 l'établissement des Hollandais était commencé, lorsque le vaisseau du capitaine Goubert, de Dieppe, après avoir pris possession de Bourbon, se dirigea vers Maurice pour en faire autant.

A la fin de 1710, les Hollandais, qui avaient abandonné cette île déjà une fois, l'ayant laissée définitivement, le gouverneur de Bourbon en fut averti, et deux ans après, au mois de décembre 1712, il proposait d'occuper cette île. Parat renouvelait la proposition, le 19 septembre 1714, d'y faire passer une partie des habitants de l'île Bourbon, « qui commençoient, disait-il, à estre en grand nombre et avoient de la peine à vivre. »

La proposition ayant été soumise à M. de Torcy, ministre des affaires étrangères, en 1713, par la Compagnie française des Indes orientales, le capitaine Guillaume Dufresne Darzel, de Saint-Malo, commandant *le Chasseur*, en vertu de la lettre du comte de Pontchartrain, datée du 31 octobre 1714, que lui avait remise à Moka le sieur de la Boissière, commandant *l'Auguste*, — prenait possession de Maurice le 20 septembre 1715, et lui donnait le nom d'île de France, suivant l'intention de Louis XIV, qui mourait au commencement de ce mois (1er septembre). La Compagnie des Indes, en 1716, demanda que l'île Maurice s'appelât l'île d'Orléans, en l'honneur du régent; mais la seconde prise de possession par Garnier Dufougeray, de Saint-Malo, commandant *le Triton*, lui conserva le nom que Dufresne lui avait donné.

La Compagnie, le 31 mai 1721, nomma le sieur de Nyon gouverneur de sa nouvelle possession; toutefois elle avait ordonné déjà au sieur de Beauvollier, gouverneur de Bourbon, d'engager les habitants de cette colonie à passer à l'île de France pour s'y établir.

En conséquence, lorsque M. de Nyon arriva, il y trouva quelques colons qui y étaient depuis le 24 décembre de cette année, sous le commandement du sieur du Rougouet le Toullec, aide-major de Bourbon.

Cet officier, ayant fait le tour de l'île du 14 janvier au 5 février avec quinze des habitants, l'avait jugée inhabitable, et dans la pensée qu'il ne pourrait rien s'y cultiver, il avait rendu dix de ses habitants au capitaine du *Courrier de Bourbon*, pour les ramener à Saint-Denis, jusqu'à la réception de nouveaux ordres de la Compagnie.

Heureusement celle-ci persista dans son dessein d'occupation, par rapport, disait-elle aux ports de l'île, les seuls qu'elle eût dans les mers de l'Inde.

Aussi ces deux ports occupèrent-ils vivement son attention tout d'abord.

Le premier, occupé par de Nyon, fut le port du sud-est, qu'il trouva de beaucoup supérieur à celui du nord-ouest; il laissa dans ce dernier le sieur de Hauville. Le port du sud-est fut dès lors nommé Port-Bourbon, et celui du nord-ouest, Port-Louis.

Après avoir longtemps balancé dans le choix de celui

qu'elle devait adopter de préférence, la Compagnie se décida, en 1730, sur le rapport du commandant Maupin, à former son principal établissement au Port-Louis, elle donna ordre d'y mouiller à tous ses vaisseaux qui devaient toucher à l'île de France.

En 1735, la colonie était à peine ébauchée, quand la Compagnie envoya, pour gouverner les îles de Bourbon et de France, Bertrand-François Mahé de la Bourdonnais, né à Saint-Malo le 11 février 1699.

On a vu à peu près à quel degré Bourbon était parvenu. Mais dans l'île de France tout était à faire.

Le mémoire de la Bourdonnais nous montrera comment cet homme illustre, mais d'une réputation surfaite, suivant moi, a créé la colonie de l'île de France, en même temps qu'il concourait à perfectionner l'œuvre de ses prédécesseurs à Bourbon.

PIERRE MARGRY.

MÉMOIRE

TOUCHANT LES ÎLES DE FRANCE ET DE BOURBON PENDANT LA RÉGIE DE M. MAHÉ DE LA BOURDONNAIS, GOUVERNEUR GÉNÉRAL DES DITES ÎLES, PRÉSENTÉ PAR LUI-MÊME A M. ORRY DE FULVY, CONSEILLER D'ÉTAT, INTENDANT DES FINANCES.

Monsieur,

Je ne saurois, je crois, mieux occuper le loisir de ma traversée, qu'en travaillant à des mémoires utiles aux îles de France et de Bourbon, qui doivent être des plus sûres, puisque cinq ans de gouvernement m'ont appris à connoître parfaitement le local de toutes les parties, dont je dirai d'autant plus volontiers le fort et le foible, que je suis dans une indifférence et une sécurité parfaites pour l'avenir; ainsi, monsieur, comme rien ne m'anime ici que la seule envie de vous faire connoître ma façon de penser et de mériter votre estime, et que sûrement je sais que le seul moyen d'y parvenir est de vous parler vrai, attendez-vous à une parfaite sincérité.

Pour donner quelque ordre à ces mémoires, je commencerai par vous faire connoître l'état où étoient les îles en 1735, quand j'en ai pris le gouvernement et celui où je les ai laissées en 1740. La différence que vous trouverez en chaque partie vous apprendra de quelle façon j'ai employé les hommes et les fonds que la Compagnie m'a confiés; j'ose me flatter que cela seul suffira pour vous faire approuver ma conduite, d'autant plus que les faits n'y seront point vagues, mais appuyés sur les livres de la Compagnie et des délibérations, ou sur des autorités si publiques qu'ils ne pourront être révoqués en doute; cependant, comme ces calculs et ces citations interromproient trop le discours, souffrez que je vous renvoie à un cahier particulier, où vous verrez au long le détail de chaque partie.

Pour éviter la confusion, je distinguerai les parties et commencerai par vous parler : 1° du gouvernement et de l'administration de la justice; 2° des troupes; 3° des habitants, du payement de leurs dettes, de leurs plantations et du marronnage de leurs esclaves; 4° des hôpitaux; 5° de la marine d'Europe et des vivres qu'on lui fournit; 6° de celle des îles et de la construction; 7° des travaux de terre; 8° du commerce intérieur; 9° du commerce illicite et frauduleux; 10° de vos comptes et livres; 11° nous finirons par faire un compte de vos dépenses et profits.

Outre ces distinctions, je ferai encore des subdivisions dans chaque partie, afin de rendre les choses les moins obscures qu'il me sera possible.

DU GOUVERNEMENT ET DE L'ADMINISTRATION DE LA JUSTICE.

Dans les citations que j'aurai l'honneur de vous faire sur le passé, il ne faut pas toujours confondre l'île de Bourbon avec celle de France; cette première étoit beaucoup mieux réglée que l'autre, surtout dans le gouvernement, l'administration de la justice et la subordination; mais il régnoit entre elles une espèce d'antipathie qui influoit sur toutes les affaires qui leur étoient communes, et la Compagnie étoit, toutes les années, accablée de mémoires aussi ennuyeux qu'infructueux à son service. Présentement, soit par la forme du nouveau gouvernement, soit mon bonheur, la justice se rend également dans les deux îles; un chacun est dans la subordination où il doit être; elles s'aident de tout ce qui leur est possible, et il est de fait que la Compagnie n'a point reçu de plaintes de l'une contre l'autre, depuis que je les gouverne.

DES TROUPES.

A l'égard des troupes, il ne faut pas encore confondre l'île de Bourbon avec l'île de France.

Vous savez, monsieur, qu'elles étoient si mal disciplinées dans cette dernière, qu'elles se sont révoltées plusieurs fois et ont poussé l'insolence jusqu'à arborer pavillon hollandois et faire capituler le commandant de l'île ; de là, jugez les désordres d'une soldatesque sans discipline; elle se faisoit craindre de tout le monde, même de quelques officiers, et il s'en est trouvé d'assez foibles pour n'oser la reprendre et d'assez misérables pour oser la soutenir dans ses crimes.

Présentement, les troupes sont dans une subordination si parfaite, que dès que l'on en a besoin pour des travaux publics, elles y marchent avec toute la docilité nécessaire dans les troupes ; d'ailleurs on les emploie à garder tous les quartiers de l'île, à aller contre les noirs marrons; journellement on apprend aux nouveaux venus le maniement des armes, et tous les dimanches ils font l'exercice en général, et les mouvements qu'il est nécessaire qu'ils sachent; aussi bien que les habitants et les ouvriers, dont j'ai formé deux compagnies qui s'assemblent tous les premiers dimanches du mois, où on leur apprend les évolutions, afin qu'à l'occasion ils puissent faire corps avec les troupes.

DES HABITANTS, DU PAYEMENT DE LEURS DETTES, DE LEURS PLANTATIONS ET DU MARRONNAGE DE LEURS ESCLAVES.

L'article des habitants demande plusieurs subdivisions; d'abord, je vous ferai connoître leur façon de penser en général, ce que j'ai fait pour les obliger à entrer en payement avec la Compagnie, à élever de la volaille pour ses vaisseaux, à cultiver des vivres pour la subsistance des îles, de quelle façon je me suis pris pour faire les grands chemins et parvenir à la destruction des noirs marrons.

Généralement partout, tous les François qui sont aux îles songent à amasser du bien pour retourner dans leur patrie ; cette idée, quoique éloignée et souvent sans probabilité, les flatte toujours, et le pis est qu'ils agissent en conséquence, tellement qu'ils ne pensent qu'au présent et ne forment aucun établissement solide pour l'avenir ; car dès qu'ils ont une espèce de fortune, ils ne manquent point de quitter et de s'en retourner ; d'ailleurs, les créoles sont fainéants, ou n'ont point assez de connoissances pour concevoir le dessein de s'établir mieux que leurs pères ; de là vient que nos colonies ne sont toujours habitées que par des colons pauvres ou peu industrieux, et ressemblent toute la vie à des colonies nouvelles ou que l'on abandonne, plutôt qu'à des colonies formées.

Comme j'ai reconnu l'erreur de cette façon de penser, qui est particulière aux François et très-préjudiciable à leurs établissements, j'en ai cherché le principe et en même temps le remède.

Né dans un pays où, quand on a du bien, on se procure non-seulement le nécessaire, mais même l'agréable, rien n'est si naturel que de vouloir y retourner, parce que rien n'est si charmant que de vivre avec agrément ; ainsi, pour retenir ou retarder au moins le départ des colons, il faut donc nécessairement leur procurer non-seulement l'utile, mais encore l'agréable. C'est pourquoi j'ai commencé par les engager à bâtir solidement à la ville et à la campagne. J'ai procuré ce qu'il falloit, et des ouvriers à tous ceux qui étoient en état de faire quelques dépenses. J'avois même entrepris de faire des maisons commodes au quartier, mais mon départ a empêché cette entreprise ; d'ailleurs j'ai eu soin qu'ils ne manquassent pas de vivres ; j'ai établi un marché public, où les uns trouvent à vendre et les autres à acheter ; mettrai-je en ligne de compte le soin de faire venir à mes dépens des tailleurs des Indes, d'avoir fourni des fonds à plusieurs ouvriers pour lever boutique, d'avoir établi des *orfévres*, des *cordonniers*, fait tanner des *cuirs* et d'avoir taxé toutes choses, de façon à ce que chacun y trouve son compte. En un mot, dirai-je que je n'ai point négligé la moindre partie de ce qui pouvoit être utile et commode aux colonies ; d'un autre côté, tant que mon épouse a été vivante et que j'ai été capable de plaisir, je n'ai épargné ni dépenses ni peines pour procurer à la colonie tous ceux qu'il m'étoit possible ; et, afin de former des ménages d'une certaine espèce, j'ai élevé chez moi des demoiselles de l'île Bourbon que j'ai bien établies ; il y en a telle, à qui j'ai donné dix mille livres en mariage.

Les habitants des îles pensent différemment sur ce qu'ils doivent à la colonie. Ceux qui veulent véritablement s'en aller regardent comme une nécessité de payer ; mais ils ne comptent le faire que dans le temps qui conviendra le mieux à leurs intérêts. Quand l'escompte a été fait, quelques-uns en ont profité ; mais maintenant ils préfèrent les affaires particulières à l'avantage de ne gagner qu'un cinquième ou un sixième, en payant la Compagnie qui sera toujours dans la nécessité d'attendre leur commodité.

Ceux qui sont dans l'incertitude de leur retour et ceux qui comptent rester toute leur vie aux îles pensent qu'il est de leur politique de devoir toujours à la Compagnie. D'ailleurs, tous sont dans une parfaite sécurité sur ce qui leur est personnel, parce qu'il ne peut leur arriver, disent-ils, que d'être sujets à un événement général qui ne sauroit être mauvais, parce que la Compagnie ne se déterminera ni ne peut prendre un parti violent contre une colonie entière.

D'un autre côté, on avoit établi à l'île de France de retenir les deux tiers des denrées que les habitants apportent aux magasins en acquit de leurs dettes, et l'autre tiers leur étoit payé comptant pour fournir à leurs nécessités ; qu'en est-il arrivé ? Les habitants de mauvaise volonté remettoient sous des noms empruntés de gens qui ne devoient rien et vendoient même à vil prix le fruit de leur récolte plutôt que de le donner à la Compagnie. Pour remédier à cet abus, j'ai fait faire une délibération par laquelle chaque habitant est obligé de payer, par année, au moins trente livres par tête de noir, pièce d'Inde, et ceux qui y manqueront, on leur prendra des noirs pour la valeur, qui seront vendus à l'encan, où aucun colon ne pourra renchérir qu'après qu'il aura payé pour ses noirs les derniers trente francs ; cette règle fera qu'insensiblement les bons habitants acquerront les esclaves des mauvais, et en dix ans la Compagnie a la perspective d'être payée d'un noir qu'elle vend trois cents francs. Je n'ai pas jugé qu'il fût de la prudence d'introduire cette ordonnance à l'île Bourbon, parce que je sais par expérience que l'esprit de cabale empêcheroit que personne n'achetât à l'encan les noirs saisis et qu'il faudroit que la Compagnie en restât adjudicataire ou qu'elle renonçât à faire exécuter cette délibération, ce qui mettroit son autorité en compromis; d'ailleurs, ayant fait toutes les réflexions qui sont naturelles à ce sujet et combiné tout le possible, j'ai pensé que, pour faire payer la Compagnie, il ne falloit point paroître attaquer la colonie en général ni avoir besoin du public, mais prendre les choses en détail. J'ai proposé l'année dernière mes idées à la Compagnie, et les conseils les ont regardées comme le seul moyen de faire entrer les colons en payement; et si la chose est exécutée avec art et fermeté, je répondrois quasi du succès en trois ou quatre ans; j'aurai l'honneur de vous assurer ailleurs de la réussite.

Avant mon arrivée aux îles on donnoit à crédit aux habitants tout ce dont ils avoient besoin. Je considérai que cette bonté ne pouvoit plus être utile à la Compagnie, et que même elle étoit nuisible à plusieurs colons, d'abord en ce que l'île de Bourbon étoit assez habitée et qu'elle ne produisoit déjà que *trop de café*; que d'ailleurs les habitants qui trouveroient à crédit tout ce qu'ils vouloient faisoient bien plus de dépenses que quand ils étoient contraints de payer comptant; ces réflexions me firent interdire tout crédit à l'île Bourbon.

Je remarquai ensuite qu'à l'île de France une quantité de personnes se faisoient habitants, seulement pour vivre des avances que la Compagnie donnoit aux nouveaux colons, et que, lorsqu'il s'en trouvoit de fainéants, tous tomboient en pure perte pour la Compagnie, ce qui me fit déclarer qu'elle ne feroit plus d'autre crédit aux nouveaux habitants que celui de quatre mille francs en noirs; par ce moyen, il ne se présente plus personne pour prendre des habitations qui ne soit en état de se procurer par lui-même le nécessaire, pour la former et se nourrir jusqu'à ce qu'elle soit en rapport. Ainsi, nous ne recevons plus d'habitants que d'une certaine aisance, avec lesquels la Compagnie ne peut perdre ses avances. Cependant, l'île a beaucoup augmenté en habitants et bestiaux; cela est facile à voir dans la comparaison du recensement de 1735 avec celui de 1740 dont voici la récapitulation.

	FAMILLES.					ESCLAVES.			
Ile de France.	Homm.	Fem.	Garç.	Filles.	Econs.	Noirs.	Négses	Négllo	Négtes
Année 1740...	112	70	79	81	37	1263	613	458	278
Année 1735...	61	39	54	18	18	272	222	106	48
Différence...	51	31	25	63	19	991	391	352	230

	BESTIAUX.				VOLAILLES.			
Ile de France.	Bêtes à cornes	Moutns.	Cabrits	Cochns	Poules.	Dindons	Oies.	Canards
Année 1740...	2068	659	224	341	8820	1611	24	1322
Année 1735...	426	240	»	339	2730	549	58	429
Différence...	1642	419	224	2	6090	1062	34 moins.	893

Autrefois, à l'île de France, vos vaisseaux ne trouvoient point de volailles, et comme il y en avoit peu, vos capitaines, à l'envi les uns des autres, les payoient beaucoup plus cher que la taxe, ce que le conseil représenta à la Compagnie, qui défendit aux capitaines d'en acheter et chargea le conseil de leur fournir le nécessaire, à quoi il ne pouvoit réussir, parce qu'il n'en avoit point. Cela m'engagea, à mon arrivée, à représenter pathétiquement aux habitants que la Compagnie n'avoit établi cette île uniquement que pour fournir des rafraîchissements à ses vaisseaux; ils convinrent de cette vérité, mais ils ne s'en hâtèrent pas davantage d'élever de la volaille, ce qui me fit songer à attacher leurs intérêts à cette production.

D'abord, je taxai le prix des noirs et de toute autre chose, comme à l'île de Bourbon, et convins avec ces habitants qu'ils payeroient leurs redevances en volailles ; je remarquai ensuite que d'empêcher les habitants de vendre aux capitaines, c'étoit les gêner les uns et les autres, parce qu'ils font des trocs qui réciproquement leur conviennent; je leur laissai donc une liberté entière ; mais pour savoir celui qui fournissoit le plus de volailles, je fis des billets que je donnois aux capitaines selon leurs besoins ; ces billets n'avoient aucune valeur, mais ils justifioient seulement que l'habitant avoit fourni six volailles par billet.

A la première distribution de noirs, je fis assembler tous les habitants; je leur demandai qui d'eux avait le plus de billets, et sur-le-champ je lui donnai un noir à choix dont la valeur étoit portée au débit de son compte. Après cela, je fis une espèce d'encan, où celui qui fournissoit le plus de billets de volailles avoit la préférence d'un noir, et j'y déclarai publiquement que désormais on n'auroit ni noir ni autre chose que proportionnellement aux billets de volailles que l'on avoit, ce qui fit que tel habitant qui n'avoit point de basse-cour en forma bientôt plusieurs ; par ce moyen, je me suis vu en état de fournir à vos vaisseaux tout ce qu'ils ont voulu de volailles (ce que j'ai signé d'eux), excepté dans des temps malheureux, comme après des ouragans, où il y a des destructions générales que la sagesse humaine ne sauroit prévoir.

De tout temps, il étoit comme d'une règle annuelle que les soldats, les ouvriers et les habitants de l'île de France fussent une partie de l'année dans les bois à vivre de la chasse; il n'y avoit pas deux mois qu'ils en étoient revenus quand j'y suis arrivé, et il n'y avoit guère plus de temps que l'île Bourbon avoit été dans une disette qui l'avoit contrainte d'avoir recours à un pareil expédient, ce qui interrompoit tout le cours des opérations et ruinoit la santé des hommes.

Je cherchai quelle pouvoit être la cause d'un malheur si fréquent ; il me fut facile de m'apercevoir que l'on avoit manqué de précaution et surtout de ménagement à l'île de France, et qu'à l'île de Bourbon on ne songeoit qu'au café ; je commençai par ménager le peu de vivres que j'avois en magasin, et, pour l'exemple, je fis manger du pain de *mahis* à ma table ; ensuite je fis tout ce qui étoit en moi pour me procurer du secours d'ailleurs, et comme il étoit honteux qu'une île aussi bien établie que celle de Bourbon ne pût se nourrir, je déclarai qu'aucun habitant n'auroit de vin ni autre chose aux magasins que payable en vivres. Cela en fit beaucoup planter, mais comme dans la suite je remarquai que plusieurs colons n'en gardoient ni n'en pouvoient avoir assez pour leurs noirs, je fis faire une autre délibération par laquelle il étoit ordonné que chaque habitant auroit une certaine grandeur de terrain destiné pour planter des vivres, et que ceux qui ne se trouveroient pas aux termes de l'ordonnance, on les obligeroit d'avoir moins de café. Soit ces précautions ou bonheur, il est certain, monsieur, que depuis que je gouverne les îles, nous ne nous sommes point trouvés en disette, quoiqu'il y ait eu beaucoup d'ouragans et de rats qui ont détruit nos récoltes, et qu'une partie des secours étrangers nous ait manqué et qu'il m'ait fallu nourrir plusieurs vaisseaux qui n'avoient pas passé le cap de Bonne-Espérance et leur donner des vivres pour leur retour en France, comme il est arrivé cette année à *la Paix* et à *la Thétis*. Cependant, malgré tous ces contre-temps, en quittant ces îles, j'ai laissé les magasins garnis pour neuf mois et la récolte, prête à faire, et les secours des Indes et d'Europe près d'arriver; ce fait n'est pas un des moins grands services que j'ai rendus à la Compagnie et aux colonies; ce qui m'a beaucoup soulagé est d'avoir payé les vivres des ouvriers de terre en argent; quand on les leur fournissoit en nature, il en sortoit bien plus des magasins qu'à présent, que partie d'eux vivent des productions de l'île, et ils n'ont pas sujet de se plaindre, puisque l'argent qu'on leur donne suffit pour acheter à la boutique et à la cantine de la Compagnie tout ce qu'elle leur doit pour leurs rations, conformément aux ordonnances du roi.

Le terrain de l'île de Bourbon produira ce que l'on voudra, pour peu que l'on s'applique à choisir le climat qui convient aux différentes plantations ; comme je doutois de celui de l'île de France et que d'ailleurs il n'y avoit aucun habitant en état qui voulût entreprendre des épreuves, j'ai planté à mes dépens de l'indigo et du coton et en ai assez recueilli pour voir que l'un et l'autre y viendront bien ; mais que l'habitant (surtout dans les commencements) ne sauroit se retirer au prix que la Compagnie les paye ; c'est ce que j'aurai l'honneur de vous détailler dans son temps. D'ailleurs je crois qu'il ne convient pas d'avoir un objet de commerce à l'île de France jusqu'à ce qu'elle ne soit en état de fournir tous les vivres nécessaires à sa consommation et à celle des vaisseaux.

Comme j'ai déclaré aux habitants que l'on ne recevra que deux cents livres de haricots par tête de noir, mais tout le bled qu'ils pourroient fournir, cela les a engagés d'en semer, et je crois que l'on en recueillera cette année plus de cent milliers; le pain en est fort bon.

L'île de Bourbon sera aussi en état d'en fournir beaucoup; mais quant au café, la récolte en sera sûrement de quinze à dix-huit cent milliers. Comme de sa bonne qualité dépend sa valeur, j'ai engagé les habitants à y donner tous les soins possibles, et comme les plates-formes en argamasse, pour le sécher, contribuent beaucoup à l'améliorer, j'ai cherché une personne capable de se donner les soins d'en faire; je l'ai pour cela aidée de noirs et d'ouvriers, et ai passé un marché avec elle, suivant lequel elle doit y travailler pendant trois années. Ainsi cette denrée se perfectionnera de plus en plus et se multipliera extrêmement; j'en ai représenté l'inconvénient aux habitants et leur ai fait sentir qu'il étoit de leur intérêt de s'appliquer à la culture de l'indigo et du coton; ils conviennent bien du fait; mais personne ne veut commencer et s'attacher à un nouvel objet dont la réussite leur paroît incertaine; et ils préfèrent le café, dont le produit et le débouché sont assurés; c'est de quoi j'aurai encore l'honneur de vous entretenir ailleurs.

On n'avoit autrefois pour tous chemins dans les îles que des petits sentiers faits au hasard, selon que les passants les avoient frayés, et c'est par ces chemins que tout venoit des habitations sur le dos des noirs. Figurez-vous, monsieur, quel travail c'est de transporter à force d'hommes par monts et par vaux deux ou trois millions de livres pesant par année, soit en café ou autres denrées, de dix, quinze et même vingt lieues de distance. Ce n'est encore rien en comparaison du travail qu'il falloit pour tirer une pièce de bois utile pour les bâtiments; une poutre coûtoit deux ou trois jours de tirage à quarante et cinquante noirs, ce qui faisoit à peu près cent vingt francs de frais, et ainsi du reste à proportion.

Ces peines et ces dépenses exorbitantes ont d'autant plus été le sujet de mes spéculations que je sais que de la facilité des transports dépend la richesse des habitants de tout pays; mais l'idée de se procurer cette commodité paroissoit impossible, surtout à l'île Bourbon, par rapport aux montagnes; c'est ce qui me fit prendre le parti d'aller visiter tous les quartiers de l'île où il falloit des chemins; j'en conçus la possibilité, avec du temps et des hommes; mais le pis étoit que je manquois de l'un et de l'autre, car les chemins me paroissoient bien éloignés pour des besoins pressants, d'autant qu'il y avoit des quartiers, comme celui de la rivière d'Abord, qui se trouvoient dans une impossibilité actuelle de fournir leurs récoltes; cela me détermina à former une délibération pour obliger les habitants de fournir des noirs; d'abord je les employai à tracer les chemins par un sentier praticable aux chevaux, après quoi je m'attachai à former une messagerie qui n'a pas eu toute la réussite que j'en attendois par la négligence et le peu d'activité des entrepreneurs, qui l'ont toujours mal menée ; c'est ce qui m'a déterminé à commencer plus tôt les chemins de charroi, et j'emmenai de l'île de France des charretiers, des bœufs dressés à tirer et des hommes pour en former d'autres, et on vit pour la première fois avec étonnement rouler à Bourbon des machines dont les créoles avoient jusque-là ignoré l'usage et l'invention.

On a toujours depuis continué à travailler aux grands chemins. Celui de Saint-Denis à Sainte-Suzanne sera bientôt achevé ; l'on commence à travailler à celui de Saint-Paul à la rivière d'Abord.

A l'île de France, j'ai fait accommoder celui de Moka et tracer celui de Pamplemousses, qui est actuellement trèsbeau, de sorte que présentement, dans les deux îles, une pièce de bois ne coûte que trente-cinq sous, rendue au port, bois et charroi compris, tandis qu'elle coûtoit autrefois des cent vingt journées de noirs de tirage seulement et quelquefois plus ; c'est une chose incroyable qui est cependant vraie; j'aurai l'honneur de vous en expliquer les raisons dans l'article des travaux.

Malgré ce que je viens d'avoir l'honneur de vous dire, monsieur, ne croyez par pour cela que les chemins soient un ouvrage prêt à finir ; il s'en faut bien. C'est encore un travail de quinze années et de deux cents noirs, pour avoir dans les îles tous les chemins qui sont nécessaires à la commodité publique. J'ai chargé M. de Saint-Martin de les faire continuer, et, en cas qu'il vînt des noirs pour la Compagnie, de les employer à cet ouvrage, tant pour soulager les habitants que pour les dédommager des corvées extraordinaires qu'ils nous ont fournies pour les travaux de la Compagnie.

Vous savez, monsieur, tout le mal que les noirs marrons ont fait à l'île de France ; il n'y a moyen que je n'aie mis en usage pour les détruire. Voyant que les soldats n'y réussissoient pas, j'ai fait venir des créoles de l'île Bourbon, qui n'ont pas mieux fait ; j'ai formé plusieurs détachements généraux, et cela encore sans aucun fruit ; c'est ce qui m'a déterminé à armer noirs contre noirs ; j'en cherchai d'abord dix fidèles ; je les ai envoyés, à plusieurs reprises, chercher les marrons, desquels ils ont presque toujours trouvé le camp, et, une fois entre autres, quoiqu'ils ne fussent que cinq de ces noirs, ils attaquèrent leur camp, prirent le second chef et deux négresses en vie ; voyant qu'ils réussissoient si bien, j'en ai fait une compagnie de vingt-quatre, que j'ai fait habiller d'uniformes et leur donnai la paye de topases ; ils sont continuellement dans les bois, et je fais garder les bords de la mer par des troupes qui sont dans des postes fixes et font une ronde continuelle de l'un à l'autre, tellement que la crainte des noirs hussards empêche les marrons de camper ; ils ne peuvent d'ailleurs vivre au bord de la mer, que nos soldats gardent. Ainsi ils sont contraints d'être errants et pâtissent beaucoup, ce qui les accable de fatigue, et certainement les maladies en détruisent une grande quantité, de sorte que, actuellement, on fait compte à l'île de France de vingt noirs marrons et vingt-cinq négresses au plus ; il y en a davantage à l'île Bourbon, quoique, dans ces derniers temps, on en ait beaucoup détruit ; mais il faut, en cette dernière île, former une maréchaussée de gens expérimentés, propres au bois et qui fassent des détachements réguliers. C'est de quoi j'aurai l'honneur de vous entretenir ailleurs.

DES HÔPITAUX.

Nous voici arrivés à l'article des hôpitaux. Je vais d'abord, monsieur, avoir l'honneur de vous parler des bâtiments ; ensuite je vous dirai le vrai sur les vivres que nous avons pu leur fournir dans les différents temps et la police qu'on y observe.

En 1735, il y avoit, pour tout hôpital, à l'île de France, une salle de bois debout qui pouvoit contenir 35 à 40 lits. Le lendemain de mon arrivée, je fis travailler à en faire trois autres pareilles, avec une cuisine de pierre ; je comptois que ce bâtiment dureroit assez pour me donner le temps d'expérimenter en quel lieu il convenoit de bâtir l'hôpital, tant pour l'air que pour la commodité des eaux et des autres nécessités.

Au bout d'un an, voyant que les scorbutiques ne guérissoient point au port du N. O., je fis faire un hôpital à la *Baie des Tortues*, où les malades se rétablissoient mieux qu'au port, mais pas encore aussi bien qu'aux *Pamplemousses*, où plusieurs officiers que j'avois envoyés chez moi s'étoient guéris radicalement et promptement; ce qui m'avoit d'abord fait concevoir l'idée d'y bâtir un hôpital sur le terrain que j'ai cédé à la Compagnie pour cet effet, lequel est entouré d'eau et très-commode pour cela. J'avois déjà tracé ledit hôpital, quand la Compagnie me manda qu'elle achèteroit, si je voulois, mon habitation des Pamplemousses; malheureusement, en ce temps, mon épouse y mourut[1], ce qui m'en dégoûta tout à fait; mais au lieu de la conserver comme une maison de plaisance, j'en fis accommoder les logements pour servir d'hôpital, tellement que dans les écuries, offices, dépenses, poulaillers, remises et logements des noirs et des bestiaux, en faisant abattre toutes les cloisons et les murs de refend, je trouvai à placer cent soixante lits pour les malades, et dans la maison principale, il y a douze petites chambres propres pour des officiers, avec salle et salon; par ce moyen, je me suis épargné la peine et à la Compagnie les frais d'un nouvel hôpital; cependant tôt ou tard, il en faudra venir là, car, à dire vrai, cette maison convient au gouverneur, d'autant que les jardins y sont immenses et produisent de bons légumes, parce que l'eau qui y est conduite par des canaux, s'y trouve partout à propos et commodément, et que les matelots détruiront toujours une grande partie de ces jardinages. D'ailleurs l'hôpital des Pamplemousses n'empêcheroit pas qu'il n'en fallût construire un très-grand au port.

La première difficulté étoit de placer ce dernier convenablement aux desseins de la Compagnie sur cette île. Elle me marqua positivement en ce temps l'éloignement qu'elle avoit pour un entrepôt; il falloit donc placer une aussi grande maison que celle d'un hôpital dans un endroit où elle ne pût nuire aux petites fortifications de notre loge. D'ailleurs il étoit absolument nécessaire d'occuper le terrain où nous avions formé le dessein de bâtir la citadelle, parce qu'il nous commande de toutes parts. Je me déterminai donc à y bâtir l'hôpital; cependant je ne pouvois totalement renoncer à l'idée de l'entrepôt; ainsi, pour ajuster tous ces différents intérêts, je me suis avisé de construire cet hôpital, de façon que, si un jour on pensoit autrement sur l'*entrepôt*, les deux ailes

---

1. Elle fut inhumée à Port-Louis le 9 mai 1730. Elle se nommait Marie-Anne-Joseph Lebrun de la Franquerie. L'acte d'inhumation de son fils, François Mahé de la Bourdonnais, âgé de vingt-deux mois, est du 16 février de la même année.

de ce bâtiment pussent servir de deux magasins situés et bâtis conformément au plan arrêté; je sentois bien que cela gêneroit mes distributions pour l'hôpital; mais à force de me retourner, j'ai cependant placé toutes choses assez commodément pour ne pas sacrifier le seul endroit dans le port du N. O, propre à situer une citadelle.

Outre ces difficultés, il s'en rencontre une, que tout le monde, et même le corps du génie, trouvoit insurmontable : c'étoit l'eau. Il n'y en a que de très-mauvaise dans ce port; encore est-elle éloignée de cet endroit et même tarie dans les sécheresses; il falloit donc la tirer de la grande rivière, qui est éloignée du port d'environ une petite lieue, et encore y a-t-il sur le terrain plusieurs petites hauteurs par-dessus lesquelles il falloit la faire passer.

Pour y réussir, il falloit, disoit-on, des machines dans le goût de celles de Marly ou du moins de la Samaritaine, et nous n'avions ni pompes, ni tuyaux, ni gens qui fussent au fait de ces sortes d'ouvrages. Cependant, je ne pouvois situer l'hôpital dans l'endroit qui nous convenoit, par l'incertitude où j'étois si on réussiroit à y conduire l'eau; c'est ce qui m'empêchoit de commencer un ouvrage aussi pressé que nécessaire, mais qui nous deviendroit presque inutile, si cette commodité nous manquoit. Plein de ces réflexions, je me transportai seul à la grande rivière, que je suivis en montant près d'un tiers de lieue, et là je rencontrai une chute d'eau, qui étoit élevée au-dessus de la surface de la mer de vingt-huit à vingt-neuf pieds; dans ce moment, je ne doutai point qu'il ne fût possible de la mener au port sans aucune machine, en conservant seulement dans la pente nécessaire assez d'élévation pour la pouvoir conduire dans la cour de l'hôpital, qui est à vingt-trois pieds au-dessus du niveau de la mer. Mais comme je n'avois point de tuyaux, il falloit faire un canal couvert de maçonnerie cimentée, et pour que ce travail fût solide, il falloit bien du temps, ce qui me faisoit prévoir que le commençant dans ce goût, ce serait bien du travail et de la dépense perdus, si, par quelque événement, il ne réussissoit pas; d'ailleurs j'étois pressé de faire l'hôpital. Toutes ces raisons me firent donc prendre le parti de ne faire qu'une rigole d'épreuve, qui pût cependant durer assez pour pouvoir attendre un temps plus propre et plus commode pour perfectionner cet ouvrage.

Je commençai donc par faire couper et escarper les *mon-*

tains, à former des aqueducs et des murailles de pierres sèches pour remplir les fonds, de façon à garder le niveau sur lequel j'ai fait construire un canal à chaux et à sable de quinze pouces sur douze, que j'ai enterré de trois pieds partout où le terrain me l'a permis. Bref, monsieur, en trois mois il donnoit de l'eau au port. Aussitôt je fis travailler à l'hôpital, qui contiendra deux cent quarante lits; et si bien nous en a pris qu'une des ailes fut prête en janvier 1740, car l'ouragan que nous avons reçu en ce temps, ayant entièrement abattu l'ancien hôpital, nous avons été contraints de transporter les malades dans le neuf, qui sera parfaitement achevé en juin 1740, avec l'eau au milieu de la cour et toutes les autres commodités nécessaires à de pareilles maisons. Ainsi vous avez à présent des hôpitaux à la ville et à la campagne pour quatre cents hommes; c'est tout ce qu'il vous en faut, tandis que l'île de France ne sera qu'une simple relâche.

Mes soins ne se bornèrent pas aux seuls bâtiments; j'eus attention à faire venir des Indes des lits et le linge nécessaire aux hôpitaux, et il est de notoriété publique que les malades ne peuvent être mieux couchés, ni plus proprement entretenus, qu'ils le sont à l'île de France. Il seroit à souhaiter qu'ils y fussent aussi bien pour les vivres; ils ont été plus ou moins abondants, suivant les événements. Je sais, monsieur, qu'ailleurs les hôpitaux n'y sont point sujets; mais aussi trouve-t-on ailleurs des boulangers, des marchands de vin, des bouchers et des apothicaires, qui fournissent tout ce qui est nécessaire. Il n'en est pas ainsi d'une île déserte, où on ne trouve rien que ce que l'on apporte soi-même; ce qui a fait qu'avant mon arrivée, les malades ont souvent manqué de pain et de vin et n'avoient pour toutes ressources que la chasse du cerf, qui étoit encore bien incertaine. C'est pourquoi ma première attention fut de retirer sur nos provisions de l'année le vin et la farine, nécessaires à la subsistance des malades; ainsi, soit pain ou riz, ils n'ont jamais manqué de ce côté; mais souvent le vin a aigri au point de n'être pas potable, c'est pourquoi j'ai demandé à la Compagnie quelques vins blancs; quoiqu'ils ne soient pas des plus sains, cela vaut mieux que rien. Par ces secours, je puis vous assurer que les malades des vaisseaux d'Europe ont toujours eu par jour une chopine de vin par homme, et quand nous nous en sommes trouvés courts, nous n'avons ménagé que sur nos malades de terre.

A l'égard de la viande, comme l'on ne peut fournir que ce que l'on a, et que dans les commencements je ne pouvois avoir d'autres secours que de la chasse et de la pêche, je formai plusieurs escadres de chasseurs et de pêcheurs, ce qui rendoit les événements contraires un peu moins fréquents. Mais pour avoir quelque chose de plus assuré, aussitôt qu'il m'a été possible, j'ai envoyé à Rodrigue chercher des tortues et à Madagascar traiter des bœufs ; de sorte que pendant que j'ai gouverné les îles, je puis vous assurer que, régulièrement, on a donné à l'hôpital, les trois quarts du temps, une livre de bœuf ou de tortue à chaque homme, et dans les disettes toujours une demi-livre, plus ou moins, selon que les traites et que les événements ont été plus ou moins favorables. Ajoutez à cela qu'on ne l'a pas laissé manquer d'œufs et de légumes, autant qu'il est possible d'en trouver dans une colonie nouvellement établie ; après tout, mon économie s'est toujours rencontrée si juste avec ce que je pouvois donner, qu'après les hivernages, à peine me restoit-il de quoi attendre les nouvelles traites. Cela est si vrai, que cette dernière année, l'ouragan ayant fait périr quatre à cinq mille tortues, j'ai été contraint de faire tuer plus de soixante-dix vaches pour fournir des vivres aux vaisseaux et à l'hôpital ; ce qui prouve que j'ai toujours donné ce que j'ai pu, et c'est beaucoup de n'avoir jamais manqué.

Tout ce que je puis vous assurer, monsieur, c'est que cette partie m'a causé plus de peine que toutes les autres ensemble ; et malgré mon activité, mon industrie et, je l'ose dire, ma sensibilité pour les équipages, j'ai eu le chagrin d'apprendre que des personnes en France ont attribué à dureté l'économie que j'ai été contraint d'avoir dans la distribution des vivres, sans considérer qu'il falloit un miracle pareil à celui des cinq pains dans le désert pour pouvoir mettre tout à coup l'abondance dans des lieux inhabités, et qu'au moins il falloit me donner le temps que la nature a fixé à chaque production.

J'ai vu un des capitaines, assez inconsidéré, pour demander qu'outre une livre de viande (bœuf), que l'on donnoit en ce temps à chacun de leurs malades, on leur donnât des volailles, sans penser qu'il en faut 14 à 15,000 pour l'avitaillement et le relâche des vaisseaux, et qu'il étoit moralement impossible qu'une île nouvellement établie pût fournir à toutes ces sortes de choses. Enfin, monsieur, quand on a pu se refuser à l'évidence de ces vérités, l'on s'en est pris aux administrateurs des hôpitaux. Je ne voudrois pas répondre de leur bonne foi; mais je puis assurer que je les ai suivis et vus, autant qu'il est possible, sans m'être jamais aperçu de malversation outrée. Ce n'est pas aussi à dire pour cela que j'aie jamais été parfaitement content des personnes qui gouvernent cette maison : tant s'en faut bien ; mais, manquant de sujets pour les changer, j'ai été dans la nécessité de m'en servir; et pour en tirer tout le parti possible, je me suis fait une règle cette dernière année d'aller tous les jours, à huit heures du matin, à l'hôpital, et y emmenois le major de semaine, un officier des troupes et un de chaque vaisseau. Je visitois les malades, je jugeois des différends, voyois la nourriture du jour et commandois un officier de terre et de marine pour se trouver à la distribution qui s'en faisoit, lesquels le lendemain m'en faisoient leur rapport. Par cette assiduité, les choses étoient en meilleur ordre. J'ai chargé M. de Saint-Martin d'avoir le même soin ; mais à dire vrai, cela est très-pénible pour un chef, car, sans compter le mauvais air qu'il respire dans ces lieux, il a souvent des occupations plus sérieuses. Cependant l'on sera contraint de s'assujettir à cette règle, jusqu'à ce que l'on ait des personnes capables de gouverner cette maison sans reproche; c'est de quoi j'aurai l'honneur de vous parler en temps et lieu.

DE LA MARINE D'EUROPE ET DES VIVRES QU'ON LUI FOURNIT.

Comme je vais avoir l'honneur de vous parler de la marine d'Europe, ne perdez pas de vue, je vous prie, ce que vous venez de lire au sujet des vivres et ce que j'ai eu l'honneur de vous dire touchant les volailles, au chapitre des habitants, parce que ces idées réunies vous prouveront que j'ai fait tout le possible pour mettre l'abondance dans les îles et l'y entretenir. J'ai poussé mes soins jusques à y établir des auberges pour que MM. les officiers et les équipages trouvent à vivre, quand ils descendent de leurs vaisseaux. Je n'ai pas été moins attentif à procurer le bois et l'eau aux vaisseaux de la façon la plus commode qu'il m'a été possible dans les différents temps, jusqu'à celui auquel j'ai fait venir par un canal de l'eau de la grande rivière dans le port, où elle coule quand on veut dans un bateau qui en contient la valeur de deux cents barriques, que l'on porte tout d'un coup à bord des navires; et le bois se trouve pareillement tout coupé dans le port, d'où il est transporté à bord des vaisseaux, par vingt-cinq et trente cordes à la fois, dans un chaland, facilités que l'on trouve rarement réunies en quelque endroit que ce soit. Ajoutez à cela les soins que je me suis donnés pour procurer des vivres aux vaisseaux. Ces attentions, dis-je, sont, ce me semble, tout ce que l'on peut raisonnablement demander d'un chef ; cependant je me suis facilement aperçu que l'on ne compte pour rien nos peines, si les événements ne répondent pas aux espérances. Et pour preuve de ce que je vous avance, c'est que la Compagnie a cru ceux qui lui ont dit qu'à l'île de France on ne trouvoit rien de ce qui étoit nécessaire à ses vaisseaux, et elle m'en a fait des reproches, comme si je devois en être responsable; et sans examiner, d'ailleurs, que la plupart des capitaines qui se plaignent sont inconsidérés dans leurs demandes, qu'ils voudroient trouver dans une île, nouvellement établie, toutes choses à choix, comme s'ils étoient à Paris; que peu ou point savent s'accommoder à la nécessité des temps et des lieux ; que d'autres craignent la dépense, et que pour l'éviter sans en être soupçonnés, ils demandent précisément ce que l'on ne peut leur fournir et ne veulent point ce que l'on peut leur donner ; que ceux qui forment le dessein d'aller à Sainte-Hélène prennent peu de volailles, pour éviter la mortalité au Cap et avoir une espèce de prétexte de relâche qui leur convient, parce que cela leur procure une abondance d'eau et des bœufs dont la Compagnie paye la plus grande partie ; et ensuite, pour s'en excuser auprès d'elle, ils sont accoutumés depuis un temps immémorial à dire que c'est faute de rafraîchissements, et on les croit sur leur parole. Je le passerois dans les premières années, où, n'osant prévoir que l'on eût été contre des faits avérés, je n'avois pris aucune précaution pour le justifier; mais depuis 1737, j'ai fait prendre des certificats de tous les capitaines, comme on leur avoit fourni tous les rafraîchissements dont ils avoient besoin, et que même on leur en avoit offert de plus. J'ai envoyé ces certificats à la Compagnie, et il est étonnant que, malgré ces précautions, elle semble m'imputer encore les relâches de ses vaisseaux.

Avant mon arrivée à l'île de France, comme on ne fournissoit presque rien à vos capitaines, le commandant de l'île par foiblesse ou bonté, les laissoit maîtres d'agir à leur volonté. Cela les avoit accoutumés à une si grande indépendance que dans les choses les plus essentielles, ils ne faisoient aucun compte des ordres. On en a vu ne vouloir pas aider à entrer un autre vaisseau, dont l'équipage étoit entièrement malade, et refuser pendant un hivernage quelques hommes pour s'opposer à l'ennemi, qui est les noirs marrons. Le croiriez-vous, monsieur, on en a vu venant de Rodrigue avec 7 à 8 cents tortues, ne vouloir pas en donner pour faire des bouillons aux malades des autres vaisseaux, et aller à Bourbon les vendre ou les troquer pour des volailles; vous dirois-je que la plupart ne considèrent qu'eux dans tout ce qu'ils font, que les intérêts de la Compagnie ne leur sont chers qu'autant qu'ils leur sont relatifs, et que d'ailleurs ils se soucient peu qu'elle perde sur les parties dont ils ne sont point chargés; je ne veux citer, pour exemple de cette vérité, que l'enlèvement continuel qu'ils font dans les îles des ouvriers de toutes espèces, sans considérer que la plupart d'eux doivent à la Compagnie qui les fait soutenir à grands frais. Que l'on ne vienne pas dire qu'ils se sont embarqués à l'insu des capitaines, car si cela peut être pour un ou deux hommes, cela est impossible pour dix, quinze et vingt que l'on a enlevés à la fois, surtout quand, pour faciliter leur évasion, il y a des navires qui louvoient toute une nuit à l'entrée du port.

Je vous fatiguerois, monsieur, si je vous disois le quart de ce qu'il y a à dire à ce sujet; en voilà assez pour prouver que j'ai eu raison de penser qu'ils n'étoient pas en règle; peu à peu j'ai tâché de les y mettre, en ce qui dépendoit de moi; ce n'est pas que je ne me sois aperçu que cela leur étoit plus ou moins sensible, surtout à ceux qui me regardoient avec jalousie; mais j'ai toujours mis la raison si forte de mon côté, que je n'ai eu d'altercation qu'avec M. Boisron, sur quoi la Compagnie m'a donné raison entière. Pour M. de la Garde, il a mal entendu et s'est obstiné à vouloir mal entendre un mot qui, pris dans le pis, n'avoit tout au plus qu'un sens captieux; du reste, monsieur, aucun capitaine jusqu'ici ne m'a paru avoir sujet ni dessein de se plaindre; ils ont même tous certifié le contraire.

Cela n'a pas empêché que plusieurs d'entre eux aient dit en France que *j'étois dur et haut;* mais je les défie de citer des faits; à moins qu'ils n'appellent dureté et hauteur ce qui n'est que de la règle d'une juste, je dis même d'une douce subordination, mais à laquelle ils ne vouloient point être assujettis et à laquelle cependant il a fallu qu'ils se conformassent, de façon qu'à présent tout va de suite.

DE LA MARINE DES ÎLES ET DE LA CONSTRUCTION.

Me voici arrivé au moment de vous parler de la retenue forcée des équipages, qui est ce qui m'a causé le plus de peine, d'autant que cela porte toute la populace à crier contre moi ; mais examinez, s'il vous plaît, le cas forcé où je me suis trouvé.

Vous savez que la Compagnie a des vaisseaux pour la traite des noirs et des bestiaux que l'on fait à Madagascar et à Mozambique, où nécessairement il faut des équipages européens. Quand ils ont servi deux ou trois ans dans les îles, ils demandent à s'en aller, n'est-il pas juste de les renvoyer ? cela est sans contredit ; en ce cas, je n'avois, monsieur, que deux partis à prendre, celui de désarmer les vaisseaux ou d'échanger les anciens équipages pour des nouveaux venus.

Le premier expédient n'est pas proposable, parce que sans vaisseaux je ne pourrois avoir ni bestiaux ni noirs, et par conséquent je ne pouvois rafraîchir, ni avitailler vos vaisseaux d'Europe, ni établir les colonies, ce qui m'étoit le plus recommandé ; il ne me restoit donc que le parti de l'échange des équipages, ce qui étoit précisément l'intention du Ministre de la Marine, expliquée à la Compagnie dans une lettre dont copie est à l'île de France, dans laquelle il dit : « Vous retiendrez d'abord ceux qui se trouveront de bonne volonté, ensuite les garçons et puis les nouveaux mariés. » Ai-je fait autre chose que de mettre cet ordre à exécution ? je dirai même que je l'ai adouci, car pour inspirer aux matelots l'envie de rester, je les ai fait payer d'un quart, et cette dernière année d'un tiers en sus de leurs gages, et les ouvriers comme les charpentiers, les calfats, une moitié et même plus, selon leur capacité et conduite, et en outre les vivres comme au service du roi. Malgré cela, l'amour de la patrie est si fort que souvent, n'en ayant pas trouvé de bonne volonté autant qu'il en falloit, j'ai été contraint d'en prendre de force, cette dernière année moins que les autres, parce que la Compagnie a commencé à en envoyer des engagés pour les îles, ce qui m'a fait d'autant plus de plaisir que souvent ceux qui ont demandé et sollicité même pour rester, ont été les premiers, pour s'excuser auprès de leurs familles, à mander qu'on les avoit retenus de force. D'ailleurs les capitaines, qui sont toujours mécontents, quand un bon homme se débarque de bonne volonté de leur vaisseau, crient à leur tour, ce qui fait des plaintes générales d'autant plus dures pour moi qu'elles sont injustes, et le pis est que les gens indifférents, sans examiner, se laissent emporter au torrent de *Vox populi, vox Dei,* inconvénient malheureux auquel je ne voudrois pas m'exposer dorénavant pour toute chose au monde.

Il semble que ce seroit ici le lieu de vous dire un mot du radoub que nous avons fait à nos vaisseaux d'Europe, sans quoi plusieurs d'eux ne seroient pas retournés en France; mais j'attendrai à vous en faire sentir tout l'avantage en vous parlant de la construction. Passons à la marine des îles.

La navigation des îles, la marine du port et la construction sont trois parties si relatives les unes avec les autres que je ne puis en faire de distinctions marquées, sans m'exposer à des répétitions inévitables; c'est pourquoi je vais, dans le même chapitre, avoir l'honneur de vous parler du tout en général, sans cependant les confondre, de façon à ne pas les distinguer.

Avant mon arrivée aux îles, les vaisseaux arrivoient à Bourbon comme au lieu principal, et cet endroit n'étant pas propre à en faire les radoubs, on n'en faisoit presque point, aussi, en quatre à cinq années, un navire étoit-il hors de service; je ne l'ai que trop éprouvé, puisque je puis dire avec vérité que de toutes les embarcations que j'ai trouvées aux îles, il n'y en avoit pas une qui ne fût dans un état pitoyable, et sans le besoin pressant que j'en avois, je ne m'en serois pas servi qu'auparavant je ne leur eusse fait donner un radoub considérable que, dans les premiers temps, je n'étois pas en état d'entreprendre; d'ailleurs on les envoyoit à Madagascar où souvent ils hivernoient et restoient des neuf et dix mois dans un seul voyage, ce qui faisoit manquer les occasions de pouvoir en échanger les équipages avec ceux des vaisseaux d'Europe; d'ailleurs, comme la Compagnie faisoit la table du capitaine, c'étoit une consommation et un embarras infinis, surtout en vin; de plus, n'y ayant point de bureau de marine dans les îles, les capitaines et les écrivains donnoient les décomptes à leurs équipages qui les perdoient ou les vendoient souvent pour boire, et même à vil prix, ce qui ruinoit ces misérables, et s'ils mouroient, leurs familles demandoient des comptes dont on n'avoit aucune connoissance, ce qui causoit une confusion infinie dans les écritures de cette partie.

D'un autre côté, le port du N. O. étoit tel que la nature l'avoit formé, à l'exception que l'on avoit échoué *le Bourbon* et *la Danaé*, vaisseaux condamnés, dans le lieu le plus propre à faire un carénage, et le pis est que cela forme une fourmillère de *vers;* d'ailleurs, il n'y avoit ni corps morts pour entrer les vaisseaux, ni pontons pour les carènes, ni gabarres ni chalands pour les décharges, ni même de chaloupes en état de les servir ; je trouvai pour tout bien deux à trois bateaux que l'on ne pouvoit radouber; car avant moi on ne s'étoit point avisé de penser que l'on pût construire aucune embarcation dans le port ; cela est si vrai que la Compagnie avoit permis de retenir les chaloupes ou canots des vaisseaux ; ensuite elle en a envoyé exprès.

Il y avoit pour tout magasin de marine, une case couverte de feuilles, sur l'île aux *Tonneliers*, qui d'un moment à l'autre pouvoit être consumée ; pour tout équipage, dix-huit à vingt misérables qui à peine pouvaient suffire pour porter le pilote à bord des vaisseaux et entretenir les marques de l'entrée du port. Le constructeur et les charpentiers travailloient après un bateau que la Compagnie avoit envoyé démonté dans des navires exprès. Quels frais pour porter du bois dans une île qui n'est que bois et où il ne manquoit que de l'industrie !

Quand j'eus examiné toutes ces choses et le possible, je fis mon plan et aussitôt je pris des arrangements et les précautions nécessaires pour parvenir à ma fin, qui étoit de former une marine où il y eût de l'ordre et de la suite, et à établir un port où les vaisseaux trouvassent tous les secours, tant du côté des radoubs et de la construction que des autres parties.

Je vous fatiguerois, monsieur, si je vous détaillois tous les soins préalables qu'il m'a fallu prendre dans les différents temps et les difficultés qu'il m'a fallu surmonter. Pour vous en donner une idée, imaginez-vous, monsieur, que tout étoit à faire dans cette île et qu'une infinité de choses y sont si relatives entre elles, que l'on ne peut travailler à l'une sans penser à l'autre, ce qui m'a obligé d'entrer tout d'un coup dans les plus petits détails de toutes les parties.

Par exemple, personne avant moi n'avoit fait couper du bois tors, ni scié des bordages, formé des grands chemins, attelé des charrettes et fait des quais pour construire des bateaux et des navires. Quel amas de difficultés et de travail, quand il faut commencer par tout ce que l'on a fait ailleurs, depuis que le monde est monde, pour parvenir par gradation à tout ce que l'on y fait à présent, et ce, dans une île déserte, où l'on manque des choses les plus nécessaires, et surtout de sujets intelligents et laborieux et propres aux différentes parties, et où l'on ne peut attendre de secours que de sa seule industrie. Ajoutez à cela des inconvénients de toutes espèces et l'envie d'aller vite en besogne, afin de me faire honneur de mon gouvernement. Vous sentez bien, monsieur, que le détail de toutes ces choses prises dans l'ordre des temps, seroit trop long; je ne vous en dirai donc que le principal, et si vous êtes curieux du reste, quelques conversations achèveront de vous instruire de ce que je ne vous aurai pas appris ici.

Je commençai par fixer les armements dans le port du N. O. et les radoubs dans les temps critiques des ouragans; je formai une marine d'un nombre compétent d'officiers pour notre navigation; je fis passer une délibération suivant laquelle les capitaines seroient tenus de faire leur table, moyennant 25 sous, qu'on leur donneroit par jour pour chaque officier, ainsi que les capitaines des vaisseaux d'Europe; je formai des ordonnances pour les choses qui étoient particulières à notre navigation; j'établis un bureau de marine qui a soin de faire changer les anciens qui sont dans les îles avec les nouveaux venus dans les vaisseaux d'Europe, et d'envoyer à M. le directeur, à Lorient, les décomptes de ceux que l'on renvoie; je fis radouber nos vaisseaux autant qu'il me fut possible, et à proportion que je me trouvois en charpentiers et en agrès et apparaux; je donnai des ordres conçus de façon que les voyages de Madagascar n'étoient plus que de trois mois, ce qui a fait que malgré la perte de *l'Atalante* et de *la Subtile* qui ont péri dans les tempêtes, notre navigation a été assez profitable puisqu'elle nous a mis dans les îles, en quatre années, trois mille cinq cents noirs, cinq à six mille bêtes à cornes et plus d'un million de riz; c'est un détail que je vous ferai au juste dans la carte du commerce extérieur.

J'établis dans le port du N. O. un capitaine, un lieutenant, deux enseignes ou pilotes, deux maîtres, deux contre-maîtres, huit patrons, quatre gardiens de pontons et assez de matelots pour armer trois chaloupes destinées à amarrer des navires et faire leur eau, et deux autres leur bois à feu; et pendant que les équipages n'étoient pas occupés à ces travaux, ils faisoient du lest et du sable pour nos ouvrages de terre ; en outre, trois canots étoient journellement destinés et employés pour le transport de la chaux, et deux autres canots pour les capitaines et les pilotes du port.

Pour remplir ces différents objets, il nous falloit (les malades compris) près de cent cinquante hommes ; comme cette dépense alloit loin avec des Européens, je fis venir des lascars et renvoyai les premiers, et dès que j'ai pu avoir des Cafres, j'y en ai mis soixante et ai réformé une partie desdits lascars ; je faisois même compte, dès que ces premiers noirs se seroient mis au fait, d'en mettre encore quarante et de ne garder que les officiers mariniers blancs et vingt à trente lascars, ce qui suffiroit pour le travail du port, d'autant que l'eau et le bois s'y font actuellement avec une si grande facilité qu'il n'est plus besoin de personne pour en fournir les vaisseaux.

Comme *la Diane* et *le Duc d'Anjou* se sont trouvés hors d'état de naviguer, j'en ai fait faire deux pontons amarrés avec des chaînes où les navires carènent commodément ; j'ai fait mettre des corps morts pour entrer les vaisseaux et ai fait faire des magasins grands et spacieux pour loger nos agrès et apparaux, desquels on a soin de ne dépenser et faire servir que ceux qui sont le plus anciennement dans l'île ; mais comme nous n'y avons pas toujours le filain de la grosseur que nous le souhaiterions, j'ai établi une corderie, où l'on défait ce qui nous est inutile pour en faire ce dont nous avons besoin ; j'ai un poulayeur qui nous fournit d'excellentes poulies et surtout des pompes meilleures que celles de France, par rapport au bois qui y est plus propre ; mais tout cela n'auroit encore rien été sans l'art de construire que j'ai établi en rassemblant peu à peu des charpentiers de marine auxquels j'ai trouvé le moyen de fournir assez de bois pour les occuper toujours.

Dans le principe, nous avons commencé par faire des canots et ensuite des chaloupes ; après qu'il y en a eu assez de construits pour en garnir le port et en fournir aux pêcheurs, nous en avons envoyé à l'île de Bourbon ; il y a telles années où l'on a bâti dix-huit bateaux ; après cela, on a monté un chaland de 100 tonneaux, ponté, pour décharger les vaisseaux sans craindre la pluie, deux gabares pour le lest et le sable, une autre, dans laquelle il y a un puits, que l'on met à remplir tous les tuyaux qui nous amènent l'eau de la grande rivière, laquelle gabare en contient 200 barriques, que l'on porte à bord d'un vaisseau qui, avec le secours d'une pompe, remplit ses futailles à l'eau avec autant de facilité que s'il étoit dans une rivière ; j'ai, de plus, fait faire un chaland pour porter plus promptement leur bois à feu et une *pigoulière* pour chauffer le bray ; outre tous ces avantages, j'ai fait monter la machine à curer le port avec la salope[1], dont on se sert tous les jours ; j'ai fait radouber annuellement nos navires, refondu tout à neuf les hauts de *la Subtile*, de *la Légère* et du bateau *l'Hirondelle*, fait bâtir une goëlette de 80 tonneaux, qui marche extrêmement bien et est une des plus jolies embarcations que l'on puisse voir ; mis sur chantier un vaisseau de cent pieds de quille, qui étoit élevé et vaigré à mon départ de l'île, et que je compte devoir être lancé à l'eau au mois d'août 1740 ; ce sera un très-beau navire, au dire de tous les connoisseurs, et qui auroit été bien plus tôt fini, si nous n'avions été contraints de faire des radoubs considérables aux vaisseaux d'Europe ; vous savez que nous en avons caréné et doublé plusieurs ; cette dernière année, nous avons raccommodé *la Thétis* et le vaisseau *la Paix* qui n'eût jamais retourné en France, si nous ne l'avions radoubé et renforcé de cinquante-six courbes et sept faux barreaux.

Ne dois-je pas mettre en ligne de compte des ouvrages de marine, le pont que j'ai fait faire à l'île Bourbon, lequel saille sur la mer de 150 pieds et est soutenu par une mâture, qui l'est elle-même par de bonnes chaînes qui rendent cette machine si solide, qu'elle n'a été nullement ébranlée dans les deux derniers ouragans qui ont passé, ce qui rend la descente à Saint-Denis aussi sûre à présent qu'elle avoit été jusque-là dangereuse et difficile.

Ne dois-je pas aussi citer la machine que j'ai fait faire à à l'île de France, au moyen de laquelle seize hommes dans une demi-heure, enlèvent à six pieds au-dessus de l'eau un ponton pesant trois cent milliers et le mettent en état d'être radoubé à l'abri de la pluie et du soleil, ouvrage aussi nécessaire qu'il est simple et solide.

Vous sentez bien, monsieur, que pour fournir à tous ces

---

1. Mot grossier pour désigner une curemolle (Jal, *Glossaire nautique*), ou un cure-môle (*Dict. de l'Académie*).

travaux, il m'a fallu bien des charpentiers, des calfats et des forgerons; comme je n'aurois jamais pu en avoir assez, j'ai mis pour chaque maître une quantité de noirs proportionnée aux ouvrages pour apprendre leur métier; vous verrez le détail dans la copie de l'état que j'ai signé en quittant les îles. Tout ce que je puis vous dire ici, c'est qu'il est constant que, dans ce qui regarde la marine seulement, il y aura plus de cent soixante noirs ouvriers, ce qui fait qu'en deux ou trois ans, il ne faudra pas la moitié des ouvriers blancs qu'il y a à présent et qu'en quatre ou cinq ans les principaux maîtres suffiront; pour lors on fera de beaux navires et à grand compte; mais il faut au moins le temps de l'apprentissage. Comme tout ce que je viens d'avoir l'honneur de vous dire, monsieur, est de notoriété publique, que le plus grand de mes ennemis rassemble ces ouvrages et ces difficultés; malgré lui, il avouera qu'il n'étoit pas naturel d'attendre une si prompte réussite dans une île déserte où, il y a quatre ans, l'on ne pouvoit se procurer une seule planche pour raccommoder un bateau.

DES TRAVAUX DE TERRE.

On avoit un peu plus pensé aux travaux de terre qu'à ceux de mer; mais, à dire vrai, il est étonnant que depuis 1731, qu'il y avoit dans les îles quatre ou cinq ingénieurs et pour 125 mille livres de dépenses en ouvriers, il n'y ait eu aucun ouvrage achevé; si vous m'en demandez la raison, je vous dirai que je ne l'attribue qu'à une autorité partagée, à l'incertitude où l'on étoit sur les bâtiments que l'on devoit entreprendre dans l'une et l'autre île, à l'idée de transporter le quartier de Saint-Paul en entier sur un autre terrain, aux différentes expériences qui consommoient du temps et au faux, dans lequel on avoit donné à l'île de France, de vouloir bâtir en briques, dans ces lieux où les monceaux de pierres roulantes empêchoient de prendre les fondements, et ce qu'il y a de particulier, c'est qu'on s'en servoit pour pierres de taille et non pour moellons. On s'étoit même imaginé, à l'île de Bourbon, que la pierre étoit froide et on en a envoyé tirer à trois lieues du quartier sans avoir d'incommodités pour les transporter, ce qui rendoit pareillement la chaux rare, difficultés qui avoient paru jusqu'à mon arrivée si insurmontables, que l'on s'étoit déterminé à l'île de France à bâtir le

Gouvernement en bois, avec des maçons et des tailleurs de pierre; ajoutez à tout cela l'entreprise de l'établissement de l'île Marotte, les querelles continuelles de M. Cossigny avec les chefs qui l'ont contraint de passer en France en 1735; sur quoi les autres ingénieurs abandonnèrent les travaux, qu'à mon arrivée je n'ai trouvés être conduits que par le sieur Gerbaud, créole de l'Inde; je n'ai trouvé pour tout ouvrage fait à l'île de France qu'un magasin commencé en 1731, qui contenoit à peu près cent vingt-cinq toises de maçonnerie courante. La maison de M. Cossigny, qui en peut bien contenir autant et un petit moulin dont la maçonnerie étoit à peu près à la moitié de sa hauteur et pouvoit être d'environ trente-cinq toises, c'est-à-dire que tous les ouvrages réunis, il pouvoit y avoir deux cent cinquante à trois cents toises de murailles faites à l'île de France, et peut-être autant à celle de Bourbon, travail qui a coûté les dépenses et le temps de quatre années.

Dès que j'eus connu les abus du passé et le possible du présent, je m'arrangeai pour l'avenir. Mais, monsieur, ce détail seroit encore trop long, si j'entreprenois de le circonstancier; il vaut mieux que vous vous rappeliez ce que j'ai eu l'honneur de vous dire touchant les difficultés que j'ai rencontrées dans l'exécution des travaux de la marine; le même principe m'en a fait trouver autant dans ceux de terre; ajoutez-y que les ouvriers étoient accoutumés à l'ivrognerie et à la licence, fruits d'une grande oisiveté; d'ailleurs, je ne trouvai ni plans ni ingénieurs. Falloit-il pour cela rester à ne rien faire? Non! Au hasard de réussir ou de ne pas réussir, je me fis ingénieur par nécessité et formai des plans de tout ce qui me parut alors convenir aux colonies, selon les idées que j'en avois conçues sur les intentions de la compagnie; mon premier soin après cela fut d'assujettir les ouvriers à des règles que je leur fis observer avec fermeté; mais leur indocilité me contraignit de me servir de la rigueur. Cependant, j'en vins à bout peu à peu, de façon que plusieurs d'entre eux prirent des ouvrages à l'entreprise; je formai les ateliers plus ou moins forts de maçons, proportionnellement aux matériaux que je prévoyois pouvoir leur fournir avec le reste de mon monde; j'eus grand soin qu'ils ne manquassent pas de vivres ni de pierres (dont je pris le parti de me servir au lieu de briques) ni de chaux ni de bois, en un mot, je fis en sorte que rien n'arrêtât l'ouvrage; ainsi travaillant sans interruption, je trouvai que nous allions vite, ce qui m'engagea à mander à la Compagnie, en lui envoyant mon plan qu'elle a approuvé, qu'en 1739 je comptois que le principal de l'ouvrage seroit fini ; mais je m'étois trompé dans mes spéculations, comme il arrive souvent aux plus habiles architectes, par la difficulté de prévoir tous les événements, ce qui est d'autant plus difficile dans une nouvelle colonie que les différents obstacles qui s'y rencontrent sont sans nombre et bien difficiles à lever.

Dans le dernier plan que j'ai envoyé à la Compagnie, vous verrez le détail de huit mille sept cents toises de maçonnerie courante, à deux pieds d'épaisseur, qui forment cinq cent soixante toises, de bâtiments sur la largeur de trois toises et demie, couverts en argamasse ; outre cela, il y a à l'île Bourbon, savoir : une batterie à Saint-Paul de trente-six toises ; à Saint-Denis, une loge qui sera parfaitement achevée en 1741, laquelle contient le logement du commandant, tous les bureaux, les magasins des vivres, des marchandises des Indes et d'Europe et des cafés, les casernes et les boutiques d'ouvriers et les batteries et fortifications nécessaires dans ledit lieu, lesquels ouvrages ont été faits en quatre ans et demi, sans que le nombre de nos ouvriers ait augmenté d'un quart en sus de ce que j'en ai trouvé dans les îles, qui consistoit en dix-huit maçons européens et vingt tailleurs de pierres ; il est vrai que l'envie de diminuer les dépenses et d'avancer les ouvrages m'a fait mettre en apprentissage des noirs dans tous les différents ateliers ; vous en verrez le détail à la remarque. Il suffit de vous dire ici que dans cette partie il y a cent quarante apprentis dont la moitié sont déjà capables, ce qui produira le même effet que dans la marine, c'est-à-dire qu'en deux ou trois ans il ne faudra pas sur les travaux la moitié des ouvriers blancs qui y sont présentement ; cela est si vrai que dans les apparences de guerre dont j'ai reçu nouvelle par *la Fière*, j'avois pris mes arrangements pour ne conserver que dix maçons et dix tailleurs de pierre européens, et en quatre à cinq ans, il ne sera nécessaire d'y entretenir que les principaux maîtres pour entreprendre toutes sortes d'ouvrages, fût-ce même une forteresse, que l'on feroit à d'autant meilleur compte que la chaux qui valoit 2 f. 10 s. la barrique quand je suis entré dans l'île, ne vaut maintenant que 10 s. et le bois, que l'on payoit à 2 et 3 s. le pied de planche ne coûte à présent que 6 à 7 d., et ainsi du reste à proportion. Par exemple, une poutre de vingt et un pieds qui revenoit à la Compagnie à plus de 25 à 30 fr. quand on les apportoit de Bourbon et à 5 fr. quand on les faisoit à l'île de France, sans compter le tirage du bois au port, ne coûte présentement que 35 s. rendue au pied de l'ouvrage. Cette différence paroît incroyable ; elle n'en est cependant pas moins vraie et la délibération du 22 avril 1738 vous le prouvera ; mais comme c'est le fruit de mes soins et surtout de mon désintéressement, j'attendrai un autre temps à vous en faire le détail.

DU COMMERCE INTÉRIEUR ET EXTÉRIEUR DES ÎLES DE FRANCE ET BOURBON.

Le commerce extérieur des îles a été bien peu de chose pendant mon gouvernement ; il consiste seulement en deux envois de café faits en Perse dans un petit navire de cent vingt tonneaux, qui ont assez mal réussi, parce que les naturels ne l'ont pas goûté et que notre subrécargue y est mort pendant l'hivernage, ce qui a été cause que la vente en a été négligée ; d'ailleurs, le peu de navires que j'ai eus à ma disposition m'a obligé de ne penser qu'au plus pressé, qui étoit de nous procurer des noirs, des bestiaux et du riz ; nous aurions pu en même temps faire quelque....., mais Bengale, qui s'est obstiné à y envoyer tous les ans, a détruit nos espérances de ce côté. Cependant, malgré ces inconvénients et la perte de *l'Atalante* et de *la Subtile*, les profits de notre navigation ont de beaucoup surpassé ces dépenses, puisque suivant l'état de marine que j'ai signé en sortant des îles, notre navigation a fait de frais par année, en appointements et vivres pour 67 911 fr. 18 s., qui pour quatre années feroient 271 646 fr. 12 s., ce qui est en plus, parce que nous n'avons pas toujours eu tant d'embarcations qu'à présent, mais avec les agrès et les apparaux, j'estime le tout à 300 mille livres, pour laquelle somme nos navires nous ont réuni ce qui suit, savoir :

	livres.
2615 esclaves qui sont entrés dans les îles, suivant le détail à la remarque, partie Mozambique, partie Madagascar, etc., lesquels tous estimés l'un dans l'autre, grands et petits, à 250 fr., feroient la somme de..................	653 750
5000 bêtes à cornes ou environ, estimées à 25 fr. l'une dans l'autre..	125 000
A reporter.........	778 750

	livres.		
Report.........	778 750		
500 000 livres de riz à 2 sous, ci..................	50 000		
	828 750		
Sur quoi il faut déduire les frais de navigation ci-dessus, estimés...	300 000		
Reste de profit en cette partie..............	528 750		

Ceci, monsieur, n'est qu'un à peu près qu'il est cependant facile d'avoir au juste sur les livres des îles ; d'ailleurs il est bien mort des noirs et des bestiaux, mais toutes pertes diminuées, il est bien certain que ce sont les profits de notre navigation qui ont procuré la plus grande partie du bénéfice, que les îles ont fait depuis que j'y suis, savoir :

	livres.	s.	d.
A l'île de France, de 1735 à 1740.................	527 124	8	10
A l'île Bourbon, — —.................	297 310	18	5
Bénéfice des deux îles de 1735 à 1740......	824 435	7	3

Cette somme est détaillée sur les livres des îles de différentes années, ainsi qu'il est porté au compte général ci-joint ; par conséquent, c'est un fait qui n'est point à révoquer en doute.

A l'égard du commerce intérieur, j'ai déjà eu l'honneur de vous dire à l'article des habitants que j'avois fait semer à l'île de France de l'indigo et du coton, qui y viennent fort bien, qu'à l'île de Bourbon, la terre y produira toujours ce qu'on voudra y semer ; mais j'ai eu l'honneur de vous dire en même temps que je n'avois pas cru devoir donner à cette première colonie un objet de commerce, parce qu'il faut auparavant qu'elle produise assez de vivres pour sa subsistance et la consommation des vaisseaux qui est l'objet principal de la Compagnie ; qu'à l'égard de Bourbon, je croyois que les habitants n'abandonneroient pas volontiers la culture d'une partie de leur café, parce qu'ils sont, pour ainsi dire, assurés de sa production et de son débouché et qu'il ne paroît pas naturel qu'ils s'attachent à un nouvel objet dont ils ignorent le travail et la réussite, à moins que leurs intérêts personnels ne les y engagent. Il faudra cependant que tôt ou tard ils prennent ce parti, parce qu'en deux ou trois ans l'île produira deux millions de livres de café et en cinq ou six trois millions, qui seront plus que la Compagnie ne pourra déboucher ; par conséquent, il est de la prudence d'engager au moins une partie des colons à jeter leur vue sur un autre objet : c'est de quoi j'aurai l'honneur de vous entretenir dans un autre temps[1].

DU COMMERCE ILLICITE ET FRAUDULEUX.

Nous voici arrivés au commerce illicite et frauduleux qui se fait aux îles de France et de Bourbon.

1° La Compagnie appelle commerce illicite et frauduleux tous les effets que les particuliers font entrer dans les îles, parce qu'elle s'est réservé ce commerce exclusif, qu'elle ne fait pas à moitié et qu'elle ne veut pas que l'on fasse.

Combien en ai-je entendu crier contre un pouvoir qui ne veut pas fournir, en payant, les besoins des colons, ni la liberté de se pourvoir ailleurs; ils ne craignent pas de dire que si, par un accord réciproque, on les engage dans les îles à n'acheter que de la Compagnie, par toutes lois de justice, elle doit être tenue de fournir tout ce que l'on veut acheter, et que si elle manque à cette condition, ils peuvent d'autant mieux manquer à la leur que la nécessité n'a point de loi; cette nécessité est si continuelle que, toutes les années, nous sommes contraints de faire une liste de distribution de ce que nous pouvons donner proportionnellement à un chacun, qui n'a pas le quart de ce qu'il a besoin, et s'il se le procure d'ailleurs, c'est ce que la Compagnie appelle commerce frauduleux.

2° La Compagnie, par la conduite qu'elle tient, a dû prévoir que le commerce particulier étoit indispensable; voici comme je le prouve : Toutes les années, elle compte par spéculation ric à ric les dépenses des îles et nous fait à peu près le raisonnement qui suit : je suppose qu'elle estime nos dépenses et achats de café à douze cent mille livres, elle nous dit : nous vous en envoyons le quart en marchandises d'Europe, un quart en argent comptant, et un quart en lettre de change que vous tirerez sur nous; voilà de quoi payer toutes vos dépenses; je suppose encore que toutes ces marchandises arrivent à bon port, qu'il n'y en ait ni d'avariées ni d'invendues, en un mot, je suppose que toutes ces combinaisons réussissent et que nous, de notre côté, nous donnions

---

1. La Bourdonnais paraît avoir donné l'exemple des sucreries. — En 1750 celle qu'il avait établie à l'île de France produisait plus de 60 000 livres de rente à la Compagnie.

en payement tout ce qu'elle nous a envoyé, n'est-il pas vrai, monsieur, qu'au bout de l'année il ne doit rien rester en magasin ni en caisse, et que, de nécessité, les particuliers sont en possession de l'argent comptant et des lettres de change, qui ont été destinés à ces payements; ce qui leur appartient; que veut-on qu'ils en fassent? il n'y a plus rien à vendre, cependant ils ont besoin; n'est-il pas naturel qu'ils cherchent à se pourvoir? avouez donc, monsieur, que la Compagnie, n'envoyant dans les îles que la moitié des marchandises que leurs revenus peuvent payer, elle n'a pas prétendu retirer ce qu'elle donne en argent comptant et en lettres de change, et que, de nécessité, il faut que ces fonds passent ailleurs; j'ai donc eu raison de dire qu'elle a dû prévoir, par sa conduite, que le commerce particulier en étoit une suite indispensable et nécessaire, car, que feront les îles de la moitié de leurs revenus, si ce n'est pour se procurer les nécessités et même les aisances qu'elle ne veut pas leur fournir? De quoi se plaint-elle donc et que lui importe que Jean, habitant, ait 1000 piastres dans son coffre ou qu'il les donne à Pierre, officier? Le but de la Compagnie n'a pas été de retirer ces 1000 piastres, puisque, si elle avoit tendu à cette fin, elle auroit cherché les moyens d'y parvenir.

Si vous me dites, monsieur, que m'étant aperçu de cette suite nécessaire, j'ai dû en avertir la Compagnie et agir en conséquence, je répondrai, combien n'ai-je pas importuné la France et l'Inde de mes demandes, je n'en veux pour preuve que les lettres générales et particulières par lesquelles on me reproche, même d'un air inquiet et de mauvaise humeur, l'immensité de mes demandes; « nous avons été effrayés, me dit-on, par vos états de demandes; voulez-vous ruiner la Compagnie? Comptez que passé cette année nous ne vous enverrons plus que le simple nécessaire. » Cependant je n'ai jamais demandé que ce qu'il falloit pour l'usage de la Compagnie ou pour vendre; malgré cela on m'a, pour ainsi dire, fait un crime de la quantité de mes demandes, comme s'il y entroit de l'intérêt personnel, ce qui m'a si fort rebuté, que cette dernière année, en ayant retranché tout ce qui m'a été possible, je n'ai pas envoyé d'état de demandes, mais seulement un mémoire de ce qui étoit indispensablement utile et nécessaire aux îles; la seule chose dont j'ai prié la Compagnie est, que par préférence, on nous envoyât de la farine, du charbon de terre, des agrès et apparaux et d'ailleurs tout ce qu'on voudroit, en la prévenant cependant que moins elle enverroit, plus les pacotilleurs vendroient : ce sont les termes dont je me sers; ne l'ai-je pas d'ailleurs avertie de tout le commerce qui se faisoit dans les îles par un mémoire des plus circonstanciés, où je lui donne les moyens de tirer le parti le plus avantageux de toutes choses?

A l'égard de l'Inde, la Compagnie me dit affirmativement l'année passée qu'il ne tenoit qu'à moi d'en tirer toutes les marchandises que je voudrois, que j'avois des fonds pour cela, et qu'ainsi je devois faire venir tout ce que je croirois pouvoir vendre, et, sur cet ordre, elle me rend pour ainsi dire responsable de tout ce qui manquera; si j'avois été assez près d'elle, je lui eusse fait cette question : Mais, messieurs, si j'envoie tous mes fonds aux Indes, avec quoi payerai-je les appointements de chaque mois? D'ailleurs un chacun veut de l'argent comptant, et dites-moi encore, la valeur des lettres de change, est-ce un fonds que je puisse faire circuler? Au moins la Compagnie avouera qu'elle n'a jamais pensé à le retirer et que les propriétaires, suivant toutes les lois divines et humaines, doivent en être les maîtres; que lui importe donc que Pierre donne sa lettre de change à Jean : en paye-t-elle davantage? Mais si cela paroît juste, la Compagnie ne peut pas se plaindre des affaires qui se font, au moins pour les lettres de change.

Mais, supposé un moment que la Compagnie eût pensé à tous les moyens nécessaires pour faire le commerce général des îles, ayez la bonté de vous souvenir que l'on m'a dit bien des fois : « nous ne pouvons suffire à vous envoyer toutes vos demandes. » Car quoique nous ayons armé un vaisseau de plus, il reste encore bien des choses que l'on n'a pu embarquer, combien donc en fût-il resté de plus si on eût embrassé un commerce général, car sans doute qu'on eût toujours donné, lors de l'embarquement, la préférence à tout ce qui auroit concerné les opérations de la Compagnie, comme le plus utile pour l'établissement des colonies; il en est ainsi du côté de l'Inde, ce sont toujours les vaisseaux qui ont manqué. Combien ne m'en suis-je pas plaint? Cette année même, on a dit que ledit *Saint-Joseph* et *le Saint-Pierre* n'ont point paru à Pondichéry ni à Bengale; si cela est vrai, les îles vont être dans une disette affreuse des choses les plus nécessaires à la vie. Vous voyez, monsieur, que cet obstacle seul suffit pour devoir faire penser à la Compagnie que le commerce particulier est non-seulement indispensable, mais même nécessaire, à moins de vouloir que les colonies vivent dans la misère et dans la nécessité de toutes choses ; cette dureté pourroit, dans la suite, devenir dangereuse.

3° En prouvant que la Compagnie n'a point pensé, ou n'a réellement pas voulu faire jusqu'ici tout le commerce des îles en général et que celui qu'elle a entrepris a eu une entière réussite, puisqu'il n'est jamais rien resté d'invendu dans les magasins, si ce n'est des garde-boutiques ; en prouvant, dis-je, toutes ces choses, ne prouve-t-on pas que lé commerce particulier n'a pu nuire à celui de la Compagnie ; or, il aide à l'entretien, à l'augmentation et au repos des colonies.

4° D'ailleurs, il y a plusieurs années que j'ai eu l'honneur de vous dire, monsieur, et à la Compagnie, que de tout temps on avoit fraudé dans l'Inde, que l'on y frauderoit toujours par une suite naturelle et nécessaire des arrangements de la Compagnie et qu'il n'étoit pas possible de l'empêcher.

5° Elle a donné les ordres qu'elle a voulus, et je puis vous répondre qu'ils ont été exécutés à la rigueur ; j'ai mis des gardes de soldats, de pions et de noirs au bord de la mer pour veiller l'une sur l'autre, et on leur donne en entier toutes les confiscations qu'elles font ; nous avons fait des ordonnances d'une rigueur infinie ; ayez la bonté de voir la délibération du 23 septembre 1739, et vous conviendrez qu'il n'est pas possible de prendre sur le papier de plus justes précautions, mais en même temps plus inutiles, parce que des ordonnances qui sont contre le bien ou l'opinion générale n'ont aucun effet, dès qu'on n'est pas en état de les faire exécuter, car on n'amène le public au point, que l'on le souhaite, que par ses intérêts particuliers ou par une force et une contrainte supérieures.

La Compagnie, ne s'étant servie ni de l'un ni de l'autre moyen, n'a donc pas dû s'attendre à réussir ; si elle veut que l'avenir aille autrement que le passé, il y a plusieurs façons de parvenir à sa fin ; j'aurai l'honneur de vous les dire dans le temps ; il me suffit quant à présent de vous avoir fait sentir le vrai par plusieurs bonnes raisons et de vous assurer que j'en ai encore d'aussi fortes pour vous prouver que la Compagnie ne doit se plaindre que pour la forme du commerce particulier, car on ne sauroit croire qu'elle ait jamais véritablement voulu l'empêcher, puisque si elle avoit véritablement souhaité de le détruire ; elle est trop sage et trop éclairée pour n'avoir pas combiné tout le possible; et si sa douceur et sa justice l'ont empêché d'employer les moyens violents, c'est qu'elle a sans doute pensé que l'unique moyen de faire le commerce général de tous les endroits du monde, c'est d'y envoyer sans interruption et abondamment toutes les nécessités assorties proportionnellement aux revenus et aux consommations du lieu et surtout de donner, à meilleur compte que les autres, ce qui, joint aux priviléges particuliers que la Compagnie a dans les îles, l'assure d'une préférence certaine ; ainsi, monsieur, comme elle n'a pas agi en conséquence de tant de raisons solides et naturelles, ce seroit se refuser à l'évidence de ne pas conclure que, puisque la Compagnie n'a pas fait le commerce général des îles, c'est qu'elle n'a pas voulu le faire; elle a donc tacitement consenti que les particuliers en fissent une partie, parce que c'est une suite naturelle qu'elle a vu être indispensable, mais qu'elle souffre (il est vrai), sans vouloir paroître la souffrir crainte d'abus, jusqu'à ce qu'elle soit en commodité de prendre des arrangements qui le détruisent entièrement.

DES COMPTES ET LIVRES DES ÎLES.

Vous savez, monsieur, qu'avant que je fusse à l'île de France, la Compagnie n'en a pas reçu de livres de comptes. Bourbon, plus en règle, les envoyoit d'une année à l'autre, c'est-à-dire que les livres de 1730 arrivoient en août 1732.

Aussitôt mon arrivée à l'île de France, je fis travailler aux anciens comptes ; mais comme je ne voulois pas laisser ceux de ma régie en arrière, j'ai été souvent en disette de commis ; d'ailleurs il manquoit tant de pièces pour former les anciens comptes dont la recherche a été d'une longueur infinie, que ça n'a été qu'après bien des peines que l'on a approché du vrai ; enfin, le principal étoit de convenir avec les habitants de leur debet ; cette opération finie, les anciens comptes ont entré dans les livres de 1738, cotés DD ; mais comme j'ai pensé que les livres, retardant d'une année à l'autre, éloignoient les idées de la Compagnie du courant des affaires et qu'il seroit bien mieux qu'elle les reçût en même temps que nos lettres, afin que, relativement, cela lui donnât une plus parfaite connoissance de notre situation ; j'ai ordonné dans les deux îles d'envoyer au mois de mars de chaque année les livres de la précédente ; j'emporte avec moi ceux des deux îles de 1739, que la Compagnie aura en août 1740, en même temps que les lettres des conseils. Cette régularité convenoit à ma façon de penser, qui est de rendre les affaires les plus claires qu'il est possible ; au moins cela nous épargnera le chagrin de voir la Compagnie inquiète sur l'emploi de ses fonds et la nature de ses dépenses.

DES DÉPENSES ET DES PROFITS.

Me voici arrivé à l'article des dépenses que la Compagnie a faites aux îles pendant le temps que je les ai gouvernées ; la façon générale dont on en parle m'engage, par honneur, dans un détail qui, en vous faisant connaître le local, vous apprenne que ceux qui ont trouvé à redire à ces dépenses, n'ont sans doute point approfondi la matière, puisque tout balancé, je puis dire que chaque île n'a guère coûté par année que 100 000 francs à la Compagnie, c'est ce que je vais avoir l'honneur de vous prouver clair comme le jour ; mais, afin de bien connoître le pour et le contre de toutes les dépenses, allons pied à pied et de principes en conséquences.

En 1735, l'on m'a envoyé aux îles de France et de Bourbon pour établir ces colonies au mieux et en tirer tous les avantages qu'il me seroit possible, surtout y former un relâche aussi bon qu'il puisse être dans un port où les vaisseaux doivent trouver tous les secours nécessaires contre toutes sortes d'événements ; n'est-ce pas là, monsieur, à peu près quelle étoit ma mission ? il s'agit donc présentement de savoir si les dépenses que la Compagnie a faites sont utiles, et si c'est une suite naturelle de son entreprise, ou bien si c'est mon incapacité qui les a occasionnées ou multipliées.

Quand on établit des colonies, on doit s'attendre à bien des sortes de dépenses ; mais d'abord j'en distingue trois principales ; la première, que j'appelle dépense *de colonie*, consiste dans les *ustensiles*, qu'il faut y envoyer pour que toutes les différentes parties de cette colonie soient pourvues d'un ample nécessaire.

La seconde consiste dans les effets de commerce, tant pour celui qui s'y fait intérieurement que pour celui à faire avec ses voisins.

La troisième consiste dans les dépenses annuelles auxquelles on est obligé pour la régie, la garde et l'établissement des colonies.

Les dépenses de colonies coûtent d'abord beaucoup, parce que la nécessité de toutes choses y est immense; mais c'est une fois pour toujours. Ainsi avant de s'en plaindre, on doit avoir examiné les inventaires des îles pour juger si toutes les parties, et surtout les magasins, sont pourvus de tout ce dont l'on peut avoir besoin dans les cas les plus pressants et les plus imprévus, voilà la fin de cette dépense.

Quand la Compagnie voudra entrer dans ce détail, je la ferai tomber d'accord elle-même, qu'elle est encore bien éloignée de cette précaution nécessaire pour former de bons et solides établissements; ainsi elle ne doit pas se plaindre d'une dépense qui n'est pas finie, et qu'elle a dû prévoir dans son entier.

D'ailleurs, elle doit regarder comme une valeur réelle ces sortes d'ustensiles, et elle en a dans les deux îles pour la somme de 944,584 fr. 12 s. 40 d., ainsi que vous pouvez le voir dans le compte général ci-joint, extrait des livres des îles depuis 1705 jusqu'à 1740, lequel servira de preuve à tous les faits que j'avancerai dans cet article.

A l'égard des avances qu'il faut faire pour le commerce, ce n'est point une dépense, mais une opération de négoce susceptible, comme partout ailleurs, de plus ou moins de profits. Cependant, quoique j'aie manqué de vaisseaux, et que par conséquent je n'aie pu entreprendre que peu d'affaires, les colonies ont encore gagné, de 1735 à 1740, la somme de 824,435 fr. 7 s. 3 d., suivant le compte ci-joint dont le détail est aux livres de la Compagnie; en outre, il lui reste en magasin pour 1,671,867 fr. 5 s. 10 d. d'effets de commerce; j'entends quelqu'un qui me fait l'objection suivante : pourquoi avez-vous donc avancé à l'article du commerce frauduleux qu'il n'y avoit rien à vendre dans les magasins de la Compagnie aux îles?

Encore un coup, entrez dans le détail et voyez les inventaires faits à la fin de 1739; vous y verrez qu'une grande partie des effets restant en magasin, pour la somme ci-dessus, consistent en effets destinés pour le commerce extérieur;

qu'une autre partie provient des marchandises de rebut qui se sont amassées dans les magasins depuis que les îles sont îles; que le reste est en grains, farines, boissons, salaisons ou argent comptant à la caisse, et effets restant en magasin, qui se vendent à l'occasion, mais qui ne sont pas marchandises courantes. Après tout sur ce chapitre, on est aux îles dans le cas des autres correspondants de la Compagnie, auxquels elle envoie des effets; ils en vendent ce qu'ils peuvent, et le surplus reste pour son compte en magasin, et elle n'a rien à y dire, à moins qu'elle ne s'en prenne aux événements.

Pour ce qui regarde les dépenses annuelles dans un commencement de colonie, il en faut considérer de trois espèces, savoir une qui augmentera, une qui sera toujours la même, et une qui peut diminuer.

Les dépenses qui augmenteront sont celles des hôpitaux et l'avitaillement des vaisseaux, parce que plus les îles deviendront abondantes, plus l'on sera en état de fournir des rafraîchissements aux vaisseaux et aux malades; comme ce sont les ordres de la Compagnie, elle s'attend sans doute à cette augmentation.

Par les dépenses que je compte devoir toujours être les mêmes, j'entends le payement annuel des employés, troupes, cures, artillerie et marine du port. Comme la Compagnie n'a donné aucun ordre de retrancher aucune de ces parties, et que d'ailleurs cela n'est pas possible, elle ne doit s'attendre à aucune diminution de ce côté.

Les seules parties susceptibles de quelque diminution seroient donc notre navigation des îles et les travaux de terre.

Quant à ce qui concerne la navigation des îles, comme j'ai fait voir ci-devant qu'en général elle avoit donné du profit, la Compagnie ne doit pas y attendre de diminution de dépense, d'autant que si elle en vouloit faire quelqu'une, elle ne le pourroit tout au plus que sur les parties qui lui donnent du bénéfice, car celles de la communication des îles et pour le transport de la tortue, quoiqu'à charge, sont absolument nécessaires; cette dépense est donc de la nature de celles qui ne diminueront point.

Il faut donc conclure, monsieur, que de toutes les parties de dépenses dans les îles, il n'en est aucune de susceptible de diminution que celle des travaux de terre qui font à peine un cinquième de la dépense générale, c'est-à-dire un objet de 200 à 230 000 livres par année.

J'ai eu l'honneur de vous dire, à l'article des travaux, que je m'étois trompé sur la quantité qu'il y en avoit à faire ; mais quand même j'eusse rencontré juste, je n'ai jamais flatté la Compagnie de diminution qu'en 1739 ou 1740 : ainsi elle n'a pas dû s'y attendre avant ce temps. Présentement, qu'elle examine les plans, elle conviendra que tout ce qui a été fait étoit des plus nécessaires ; par conséquent jusqu'ici, elle ne sauroit se plaindre d'une dépense qui a été utilement employée, et même avec économie : pour en juger, il faudroit parfaitement bien connoître le local des colonies.

Si on pouvoit exposer à d'habiles architectes toutes les difficultés qui se rencontrent dans une île déserte où il faut payer les ouvriers au double, se procurer soi-même de la chaux, de la pierre, du bois, former des charrois, faire des chemins, élever des bœufs d'attelage, et en un mot faire tout ce qui a été fait ailleurs depuis que le monde est monde, et qu'après cela on leur dît que, malgré cet amas de difficultés, ont été bâties dans les deux îles, en moins de cinq années, dix mille toises de bâtiments finis, la clef à la main ; fait un canal, qui amène l'eau d'une lieue ; un petit port formé par 250 toises de quai, qui avance sur la mer de 20 à 25 toises, de 8 à 10 pieds de profondeur qu'il a fallu combler, et que tous ces ouvrages n'ont coûté que 1171404 fr. 16 s. 6 d., c'est-à-dire environ 120 fr. la toise courante. Si, dis-je, on leur exposoit toutes ces vérités, ne seroient-ils pas avec raison aussi étonnés du prix que du travail ; mais sans vouloir tirer vanité de leur décision, il me suffit que mes ennemis mêmes ont été surpris de la rapidité avec laquelle se sont faits tous ces ouvrages, ce qui ne m'a pas empêché de diminuer le prix des matériaux des 4/5 de ce que l'on les payoit avant mon arrivée. Si l'un est une preuve de mon activité, l'autre en est une bien certaine que j'ai d'autant mieux servi la Compagnie en cette partie, que c'est aux dépens de mes propres intérêts que j'ai fait ces diminutions ; c'est ce que j'expliquerai dans son temps ; il me suffit ici de vous avoir fait voir la nature et le détail de toutes les dépenses des îles.

Y en a-t-il une seule que j'aie pu retrancher, et ne sontelles pas une suite nécessaire de l'entreprise de la Compagnie ? pourquoi donc se plaindre d'une chose qui n'est pas finie et que l'on a du prévoir en entier ! Sans doute que les personnes, qui pensent ainsi ne connoissent rien au détail des colonies et ne voient les affaires que superficiellement. Étonnées des envois, elles ont demandé pourquoi tout cela, que fait-on aux îles? On bâtit, et sans approfondir davantage, elles ont fixé l'œil sur les seuls bâtiments et ont pris cette partie pour le tout. Mais si, avant de juger, elles avoient approfondi tous les détails que je viens de vous faire, ces personnes auroient vu que, depuis mon gouvernement, il n'est entré dans les îles que pour 862,966 fr. 19 s. 7 d. d'effets de plus que n'ont monté les dépenses, et que cependant j'ai laissé pour solde de ma régie, 2,858,807 fr. 3 s. 6 d. en différentes choses détaillées à la solde générale du compte ci à côté, ce qui, joint à l'achat des cafés montant à 1,151,596 fr. 13 s. 3 d., qui est un fonds que la Compagnie a reçu, fait 4,010,403 fr. 16 s. 3 d. à déduire sur l'envoi général fait depuis que je suis aux îles, qui est de 5,029,039 fr. 17 s. 10 d.; reste 1,018,636 fr. 1 s. 1 d., qui est actuellement, profit balancé, tout ce qu'il en coûte à la Compagnie de son capital pour l'entretien depuis cinq ans des îles de France et de Bourbon, ce qui feroit par année 101,863 fr. 12 s. 1 d. pour chaque île, et si je comptois les profits que la Compagnie a faits de la vente à l'achat des cafés, les îles ne lui coûteroient pas grand'chose pour leur entretien, tout au plus les frais des transports des cafés.

D'ailleurs, à prendre toutes les régies ensemble, l'inventaire général des deux îles, fait le dernier décembre 1739, monte à 5,769,115 fr. 1 s. 4 d. d'effets réels qui peuvent entrer dans le bilan général de la Compagnie, ce qu'elle peut voir en gros dans le compte ci-après.

Enfin, monsieur, voilà une partie de ce que j'ai à dire sur le passé, et malgré que j'aie retranché bien des détails, j'ai encore été plus long et plus obscur que je n'espérois; mais jugez, par ce précis embrouillé, des difficultés qui se sont rencontrées dans l'exécution; tout ce que je puis vous répondre, c'est que, depuis cinq ans, je me suis toujours levé à quatre heures du matin; j'ai employé toutes les journées à la suite des opérations et la nuit dans mon cabinet, et quoique accablé, depuis deux ans, de la perte de mon épouse et de ma famille et de maladies, les choses ont toujours été leur train, et dans le temps que j'avois lieu d'attendre des remerciements, qui me tinssent lieu de consolation, je vois au contraire que l'envie de mes ennemis, ne pouvant se refuser à l'évidence de tout ce que j'ai fait, crie sur des dépenses que je vous ai prouvées indispensables.

Signé MAHÉ DE LA BOURDONNAIS.

Dépenses faites par la Compagnie pour les îles de France et de Bourbon.

ANNÉES des ÎLES.	DÉPENSES des employés.	DÉPENSES des troupes.	DÉPENSES de l'hôpital.	DÉPENSES de marine et de petits bâtiments.	DÉPENSES des vaisseaux.	DÉPENSES des travaux des ouvriers françois et indiens.	ACHATS des cafés.	DÉPENSES générales et des noirs.	TOTAL des dépenses.
1735	liv. s. d.	liv. s. d.	liv. s. d.	liv. s. d.	liv. s. d.	liv. s. d.	liv. s. d.	liv. s. d.	liv. s. d.
Ile de France..	18,378 03 08	31,152 03 06	12,362 19 11	77,023 14 05	54,883 01 04	85,373 18 02	»	20,287 16 11	279,466 09 11
Ile Bourbon...	48,483 03 06	25,662 00 00	5,833 02 00	6,595 10 00	20,937 02 08	52,987 00 08	28,629 06 00	36,053 14 04	225,206 10 02
1736									
Ile de France..	36,427 01 08	56,897 02 03	23,786 10 05	84,700 08 08	18,114 13 06	187,795 19 04	»	33,343 15 11	441,065 11 11
Ile Bourbon...	46,234 03 07	23,058 13 06	5,411 10 03	4,076 16 01	12,316 16 06	29,320 19 04	203,628 00 00	31,218 09 05	355,285 08 08
1737									
Ile de France..	29,063 06 06	58,123 00 11	21,734 03 02	42,004 15 04	23,549 07 03	210,386 03 04	»	42,112 14 04	426,973 12 10
Ile Bourbon...	55,916 13 04	20,226 04 03	8,603 19 09	3,504 11 02	9,827 16 02	47,874 04 11	277,620 00 00	31,170 14 02	454,834 03 06
1738									
Ile de France..	31,380 11 00	73,682 06 00	32,239 07 06	21,343 17 05	60,955 09 00	212,436 15 10	»	32,533 05 02	464,621 11 11
Ile Bourbon...	53,125 18 02	25,632 06 02	3,529 08 11	12,617 05 07	6,509 02 08	49,197 08 07	450,675 00 00	20,262 11 11	621,549 02 00
1763									
Ile de France..	31,831 13 04	64,303 15 09	35,471 19 05	55,449 08 02	56,667 19 07	251,256 03 11	»	32,850 19 04	527,851 17 06
Ile Bourbon...	59,487 09 03	23,730 17 04	8,656 02 11	11,276 19 02	10,044 00 00	44,776 12 07	191,444 07 03	20,212 03 01	366,219 00 10
	440,323 05 11	402,488 07 08	157,679 06 03	318,588 06 00	253,845 17 11	1,171,404 16 08	1,151,596 13 03	300,046 04 07	4,168,072 48 03
Pour solde il est entré dans les îles, depuis le gouvernement de M. de la Bourdonnais, plus d'effets que de dépenses, ci..........									862,966 19 07
									5,029,036 17 10

LE SÉNÉGAL

ET LES ILES ORIENTALES D'AFRIQUE

SOUS LE GOUVERNEMENT DE P. DAVID.

(1729-1752.)

La Compagnie des Indes, depuis 1719 jusqu'à 1751, a eu la singulière bonne fortune d'être servie au dedans et au dehors par une succession d'hommes habiles, qui comprirent parfaitement la nature commerciale et politique de son institution. Elle dut son éclat à leur intelligence de ce double caractère ; mais aussi elle devait périr le jour où des directeurs, d'un esprit moins pénétrant, ne voyant en elle que son côté commercial et les intérêts du moment, voulurent arrêter le génie de Dupleix, profitant de l'anarchie de l'Inde pour y acquérir des terres et faisant la guerre en vue d'assurer au commerce de la Compagnie des revenus fixes et assez considérables pour régulariser l'envoi des cargaisons en France. Ce fut ainsi que ce que l'on appela la disgrâce de ce grand homme annonça la destruction de cette Compagnie.

Un des personnages qui ont le mieux répondu à ses besoins et l'ont le mieux servie dans son époque la plus glorieuse, c'est le fils d'un de ses directeurs, Pierre-Félix-Barthélemy David, qui s'est trouvé mêlé à tout ce que la Compagnie des Indes a fait de grand de 1729 à 1752. Son nom, cependant, est presque effacé par ceux de Dupleix, de La Bourdonnais, de Dumas et de Poivre; mais ses services au Sénégal, comme dans les mers orientales, ne méritent pas cet oubli.

Au Sénégal, David, nommé, en 1738, directeur général et chef des conseils de la concession, plus tard qualifié du titre exceptionnel de gouverneur, signala sa présence dans cette colonie en augmentant la puissance de la Compagnie, en délivrant son commerce des interlopes, puis en l'étendant par ses explorations et de nouveaux établissements.

En 1744, par exemple, il montait au Galam, s'abouchait avec toutes les puissances de la rivière jusqu'au rocher Felou, concluait divers traités avec les Maures, les Cassous et toutes les nations qui pouvaient aider ou s'opposer à son dessein de s'établir près des mines du Bambouk. Enfin il y passait, seul d'Européen, avec un détachement de 150 nègres, et là, après s'être acquis la bienveillance de ces peuples, il obtenait pour la France le droit de s'établir sur le territoire des Mines, et y formait aussitôt un premier comptoir à Farbana et un second à Nataco. Enfin, en 1745, il élevait un fort, malgré les Braknas, à Podor, lieu le plus haut où le fleuve puisse porter des bateaux dans la saison des basses eaux.

Ces premiers services de David étaient de nature à l'indiquer pour une tâche difficile. La Compagnie pensa, en 1746, qu'il était capable de remplacer dans le gouvernement des îles de France et de Bourbon La Bourdonnais, alors détaché dans l'Inde avec l'escadre qui prit et rançonna Madras.

David ne se montra pas au-dessous de ce qu'on attendait de lui, quoique l'Angleterre dirigeât alors contre la Compagnie les coups les plus violents.

A cette époque, cette puissance, qui avait commencé la guerre pour ses prétentions à commercer dans les colonies espagnoles, malgré la volonté de leur métropole, voyait avec jalousie le succès de nos colonies et surtout celui de la Compagnie, dont elle rencontrait partout la concurrence. Aussi, lorsque nous rompîmes en 1744, par suite de l'attaque des Espagnols, dans nos propres eaux, par l'amiral Mathews, l'Angleterre attaqua-t-elle la Compagnie dans ses postes principaux. Mais les Anglais, repoussés à Lorient, le furent également à Pondichéry et à l'Ile-de-France. Or, ce fut à David que revint principalement l'honneur d'avoir sauvé les Iles orientales et en partie nos possessions des Indes.

Ce double succès lui mérita, en 1749, en même temps, la croix de Saint-Louis et celle de Saint-Michel, avec des lettres de noblesse pour son père. David justifia ces distinctions, après la paix d'Aix-la-Chapelle, par le travail persévérant auquel il se livra pour discipliner les habitants et les enrichir. La Compagnie, qui avait interdit la plantation du café à l'Ile-de-France et voulait y limiter l'industrie du sucre, pour ne pas nuire à celui du Bengale, se proposait de propager dans les îles orientales d'Afrique l'indigo, le coton, la soie, le poivre, la cannelle, les autres épices, et toutes les autres productions qui pouvaient ajouter à son commerce. David concourut sur ce point avec le plus grand zèle aux désirs de la Compagnie, en portant les habitants à des cultures dont il faisait les essais à ses dépens et en envoyant rechercher au loin des plantes propres à lui donner de nouvelles richesses. En même temps qu'il demandait au cap de Bonne-Espérance du blé, des arbres fruitiers et des plantes potagères, il envoyait en Chine des bois d'ébène et des bois de sandal de Madagascar.

D'un autre côté, pendant qu'il exposait ses vues pour faire de l'Ile-de-France un lieu de construction et de radoub pour notre navigation dans ces mers, David y accroissait le domaine de la Compagnie par la prise de possession de Sainte-Marie de Madagascar. Il demandait à faire faire des découvertes à la côte de Sofala et vers les îles de Zanzibar; enfin il prenait part au projet d'établissement à Faifao en Cochinchine, projet qui malheureusement avorta, de même que l'occupation immédiate de Sainte-Marie de Madagascar rencontra elle-même des difficultés par les fautes du sieur Gosse, qui y avait été envoyé et qui y fut massacré.

C'est sous le gouvernement des îles de France et de Bourbon par David que, le 4 janvier 1752, fut posée dans cette dernière île, à l'instigation de M. Teste, préfet apostolique, et de Lozier-Bouvet, commandant, la première pierre du collège des garçons[1]; mais les directeurs de la Compagnie n'agréèrent pas

---

[1] Ce bâtiment ne fut logeable qu'en 1759. Les missionnaires, qui poussaient à l'instruction de la colonie, suivant les conventions faites avec l'ordre de Saint-Lazare, en 1736, n'encourageaient pas de même les habitants dans leurs plaisirs. — On lit dans les notes de M. Davelu sur Bourbon, à la date

l'établissement d'un couvent de filles : « Quelques femmes ou filles vertueuses, dirent-ils, pouvaient dans les différents quartiers enseigner, ainsi que la demoiselle Treudon, à lire, à écrire et les petits ouvrages convenables à leur sexe. Il faut s'en tenir là et aux instructions du catéchisme. » (*Lettre des directeurs de la Compagnie à Bouvet*, 5 août 1752.)

David, ayant obtenu en 1752 son congé pour repasser en France, quitta en décembre le commandement de ces îles, où l'on ne devait pas tarder à oublier ses services, que ses ennemis allaient contester.

Aussi, un document rappelant son existence si laborieuse et si bien remplie, soit au Sénégal, soit aux îles orientales d'Afrique, devient-il précieux, si l'on remarque dans les livres l'absence de renseignements sur son administration. Or, l'on chercherait inutilement dans les instructifs almanachs du Sénégal publiés dernièrement par le général Faidherbe les moindres détails sur la période de temps comprise entre 1724 et 1745. Ces renseignements, ainsi que quelques lignes dans l'histoire de l'île de France par le baron d'Unienville, et celle de Bourbon par M. Voiart, ne répondent en rien à ce que mérite la mémoire de Pierre David.

Cette considération nous a engagé à publier l'écrit, dans lequel ce gouverneur défend le souvenir de ses actes contre l'ingratitude des derniers directeurs de la Compagnie des Indes, qui, après avoir compromis eux-mêmes ses affaires, intentaient des procès à tous ceux dont elle avait reçu le plus vif éclat.

Attaqué dans un mémoire de telle sorte qu'à en croire l'auteur, l'administration la plus décriée était infiniment préférable à celle de David, ce dernier montra non-seulement les erreurs des comptes qu'on lui imposait, la pureté de sa conduite, le désintéressement de sa gestion, mais encore il exposa toute sa vie et l'importance de ses services. Il n'eut pas de peine à triompher de son accusateur, mais il n'en fut pas moins affligé. Il avait toujours regardé la Compagnie, à laquelle il devait tout, « des mêmes yeux

---

de 1748 : « Ce fut pendant cette année que les notables du chef-lieu donnèrent des spectacles et des comédies. — Ils se cotisèrent et firent construire un édifice en maçonnerie que l'on nomme encore la Comédie.—L'on porta des plaintes en France.—L'administration y eut égard, et les spectacles cessèrent jusqu'au commandement de M. Bertin, en 1764, qu'ils furent remis en vogue dans le même édifice qui avait servi d'hôpital depuis la mort de M. de Ballade, commandant de l'île et premier acteur. » Il avait remplacé M. de Saint-Martin, le 5 septembre 1749.

qu'un enfant regarde sa mère. » La facilité des nouveaux administrateurs à écouter les calomnies ne marquait que trop un système et des vues funestes à l'avenir de cet établissement. Il ne tarda pas, en effet, à tomber.

Lorsque la Compagnie eut été contrainte, par les fautes qu'elle commit de 1754 à 1763, de céder ses possessions au roi, Pierre David vécut libre, sans toutefois s'éloigner des affaires. En 1770, on le voit, en effet, s'intéresser à des armements pour le Sénégal. Malheureusement, la guerre de 1778 le ruina lui et sa femme. Il fut alors obligé de demander la pension qui s'accordait aux gouverneurs en retraite, et que, dans son désintéressement, il avait négligée. Devenu infirme et presque aveugle, il mourut en 1795, à l'âge de 84 ans. Il était né à Marseille, le 29 juin 1711, sur la paroisse de Saint-Martin.

PIERRE MARGRY.

Je suis entré au service de la Compagnie en l'année 1729, à *l'âge de* 19 *ans*; il y en avoit déjà plus de dix qu'elle souhaitoit de connoître l'état de son commerce du Sénégal, dont elle ne recevoit que des feuilles volantes pour toutes écritures, ce qui lui laissoit ignorer les trois quarts de ses affaires ; cette irrégularité abusive avoit pris racine de l'extrême difficulté de pouvoir mieux faire [1], peu de gens se déterminant d'aller dans un pays où l'on n'envoyoit que des malfaiteurs et des libertins outrés pour s'en défaire honnêtement : cette concession étoit regardée pour lors comme une autre Sibérie, dont le climat et le libertinage enlevoient au moins toutes les années un tiers des sujets que l'on y faisoit passer.

La Compagnie espéra de vaincre ces obstacles par le choix des employés qu'elle se proposa d'y envoyer ; elle fit des conditions si avantageuses au S^r Le Juge, teneur de livres général de sa ferme du tabac, qu'il consentit de s'y rendre avec ses au-

---

[1] David fixe ici comme terme de la bonne administration du Sénégal l'année 1720, époque à laquelle André Brüe, directeur de cette colonie, rentra en France à la suite de sa seconde gestion. La date de sa première commission est du 8 mai 1697. — André Brüe fut le plus remarquable des administrateurs du Sénégal après Thomas Lambert. C'était ce dernier qui avait formé le premier établissement des Français à l'île de Bocos ; celui de l'île Saint-Louis est dû à Louis Caulier, commis d'une nouvelle compagnie de marchands normands, deux faits que l'on ignore.

tres commis à l'effet d'y établir les écritures en parties doubles; la Compagnie me permit de l'accompagner en qualité de second et nous partîmes en 1732.

Arrivé sur les lieux, le S[r] Le Juge mourut six mois après [1], sans avoir commencé les premières dispositions de son ouvrage. Dans le courant de l'année les autres employés, à l'exception d'un seul qui était destiné pour Gorée, subirent le même sort.

Le désir de me distinguer me donna du courage, et le courage, des forces; j'entrepris tout seul le travail, j'en vins à bout, et la Compagnie reçut en 1733, pour la première fois, des livres complets de sa concession, dans la forme qu'elle le désiroit et qu'ils lui sont venus depuis ce temps, toutes les années.

La Compagnie, plus satisfaite de ma besogne qu'elle n'auroit osé l'espérer, me récompensa de ce service en m'accordant les deux cinquièmes de la gratification que ses directeurs généraux avoient auparavant.

Une affaire non moins importante, dont je ressens encore des incommodités, occupoit la Compagnie depuis plusieurs années, sans pouvoir, non plus que le conseil supérieur du Sénégal, y trouver du remède. Elle avoit un comptoir au Bisseau [2] qui, pour être enclavé dans les terres, se trouvoit depuis longtemps à la mercy des nègres; ils se faisoient donner les marchandises à volonté sans payer; ils battoient les employés, les mettoient tous en sang à coups de sabre, aucun n'osoit leur résister; on avoit inutilement tenté d'en enlever les effets, montant à plus de trois cent mille livres, compris les dettes; personne n'en trouvoit le moyen. Le Sr Payen, ancien directeur de ce poste, s'étoit

---

[1] Il mourut en mer en revenant du Bisseau, le 7 mars 1733. Le sieur Lejuge avait succédé au sieur Levens et il fut remplacé par le sieur Devaulx, ancien sous-directeur. David portait alors le titre de teneur de livres général du Sénégal. La Compagnie faisait de ce travail un objet si essentiel qu'elle ne voulut pas laisser David monter en Galam à son tour (Lettre des syndics et directeurs de la Compagnie des Indes, 7 septembre 1734). Par une autre lettre du 15 juin 1736, Pruneau de Pommegorge, auteur d'un livre fort intéressant sur la Nigritie, était désigné pour y monter.

Le premier établissement de commerce que nous connaissions en Galam est de 1689, par Louis Moreau de Chambonneau, dont nous donnons ici le vrai nom également ignoré.

[2] Aujourd'hui Bissao; en 1685, le sieur Delafond y traitait 1,800 nègres et près de 400 quintaux de cire. En 1697, le commerce de ce poste était entièrement abandonné; mais Bruë le rétablit en 1700, avec la permission du roi noir, malgré les oppositions des Portugais. Il y avait alors laissé le sieur Castaing pour commis principal.

assez offert de l'entreprendre pourvu qu'on lui donnât deux frégates de 40 canons, avec 300 hommes de débarquement; un présent de 15,000 livres, argent comptant, et une rente viagère de 5,000 livres, dans le cas qu'il réussît. La Compagnie rejeta cette proposition excessive, et donna de nouveaux ordres au Sénégal de tout tenter pour l'enlèvement de ces effets.

Les employés refusèrent tous unanimement de se charger de cette commission; mon zèle me la fit prendre sur mon compte[1]. Je partis seul en 1736, au mois d'avril, sur un brigantin monté de 10 canons, avec 39 hommes d'équipage, sous prétexte d'aller à la traite; comme je ne comptois pas de vaincre par la force les obstacles que je devois rencontrer, je me proposay, étant un peu instruit du local par des rapports généraux, de venir à bout de mes desseins par adresse.

Mon premier soin, en arrivant, fut de cacher mon dessein au commandant du comptoir. Je m'informay de sa situation, qui étoit devenue un peu plus mauvaise, pour s'être laissé trop longtems insulter. Les fréquentes disputes que les naturels du pays avoient avec les noirs, métis, Portugais, m'ouvrirent une porte pour le succès de mon entreprise. Je fomentay leur division; elle s'accrut au point que, pouvant faire pencher la balance du côté que j'aurais voulu, je me fis respecter des uns et des autres, et je me rendis, pour ainsy dire, leur maître par cette conduite[2]. Je suis fâché d'être forcé d'obmettre icy plusieurs faits intéressants qui me porteroient trop loin; je me contenteray de dire que j'enlevay, dans trente jours tous les effets de la Compagnie, à l'insçû des employés, des gens du pays, et des Portugais; j'en bonday mon petit navire, que je chargeay ensuite de noirs, et je me fis payer en effets comptants, par les débiteurs de la Compagnie, de la plus grande partie de ce qu'ils lui devoient depuis nombre d'années.

Épuisé de travail et de fatigue dans ce pays brûlant, j'arrivay à Gorée, où je tombay malade à toute extrémité; mon état justifia pour lors le refus qu'avoient fait les employés du Sénégal

---

[1] David partit le 4 mai avec le bateau l'*Aventurier*. La Compagnie substituait alors à ce comptoir l'établissement de la traite dans la rivière au moyen de bâtiments qui devaient y être envoyés chaque année.

[2] Pruneau de Pommegorge, membre du conseil du Sénégal à l'époque de David, fait de lui cet éloge, qu'il n'agissait que par voie d'insinuation: — « Il avait su si bien gagner l'amitié des nègres, dit-il, que pas un roy de ce pays ne lui refusait rien de ce qu'il demandait, même de former des établissements. »

de se charger de cette expédition dont la réussite les surprenoit encore.

Destiné à remplir d'autres carrières, la Providence, et quelques jours de repos, me donnèrent la force de m'embarquer pour faire mon retour en France, où il ne me fut pas possible de reprendre ma première santé.

Pénétré des bontés de la Compagnie [1], je partis une seconde fois sur le navire la *Victoire*, destiné à croiser contre les interlopes; nous eûmes le malheur de faire naufrage sur le banc de Tendel; la Compagnie a esté informée dans le tems que, par la connoissance que j'avois du pays, j'eus le bonheur de sauver son équipage, en me mettant cent fois dans le risque de périr moy-même. Instruit avant mon départ de France qu'il devoit y avoir à Portendick un autre vaisseau croiseur que nous avions ordre de relever en passant, je proposay de le faire avertir de venir à notre secours, mais personne ne voulut y entendre.

Je me jetay pour lors dans le canot avec quatre matelots, personne autre n'ayant voulu me suivre, pas même un domestique qui, jusque-là, m'avoit été très-attaché; nous voguâmes dans cet état pendant dix lieues; les lames nous couvroient de tems en tems à nous noyer, mais nous trouvâmes enfin le navire que nous cherchions, mouillé au large de Portendick. Je m'y rembarquay et nous appareillâmes dans le moment, pour revenir à Tendel : 26 hommes du vaisseau naufragé y étoient encore dans l'attente que la Providence leur envoyât quelques secours; le surplus de l'équipage avoit gagné la terre sur des radeaux qu'ils avoient faits avec des mâts de vaisseau; nous prîmes ces malheureux et nous les menâmes au Sénégal.

Pour répondre aux grâces que la Compagnie ne cessoit de me faire, je ne fus pas plustôt arrivé à la concession du Sénégal, que je formay le dessein de lui rendre un service des plus intéressants pour son commerce. Elle avoit dépensé plus de 1,500 mille livres pour chasser les Hollandais de l'isle d'Arguin, mais elle n'en pouvoit pas faire autant des interlopes anglais qui venoient tous les ans lui enlever la gomme; en vain elle envoyoit dans la saison des navires croiser, soutenus par des vaisseaux de guerre; les Anglais se présentoient avec des forces supérieures, et ils traitoient à notre vue, sans pouvoir les en empêcher. Il y avoit longtemps que nous faisions cette manœu-

---

[1] La Compagnie le nomma, en 1738, directeur général et chef des conseils de toute la concession du Sénégal.

vre, et il en coûtoit des millions tant au Roy qu'à la Compagnie, sans espérance de pouvoir mieux faire[1].

Je m'imaginay de faire combattre les Anglais d'intérêts contre les Anglais, et d'attirer par ce moyen toute la traite de la gomme à la Compagnie. Je communiquay mon dessein à un de ses membres qui en rendit compte à feu Monsieur Orry. Ce ministre voulut avoir l'avis des Srs Levens et Devaulx, qui m'avoient précédé dans l'administration du Sénégal, mais ils ne crurent pas que mon projet pût réussir; j'insistay au contraire, et comme s'il n'en résultait pas un bien, il ne pouvoit jamais en arriver de mal, la Compagnie eut ordre de me donner les siens pour l'exécution de mon plan.

Je me rendis pour cet effet, en 1739, dans la rivière de Gambie; je commençay d'y traiter 500 noirs pour le compte de la Compagnie, je m'abouchay ensuite avec les Anglais du fort Jacques, avec lesquels je fis le traité que je m'étois proposé, c'est à dire de leur livrer 360 milliers de gomme pour 300 noirs, pièce d'Inde, qu'ils s'obligeoient de me fournir toutes les années, pendant dix ans.

La compagnie anglaise, dont les affaires alloient pour lors en décadence, ratifia ces conditions avec plaisir, et on les trouva en France doublement avantageuses, tant pour la Compagnie que pour nos colonies de l'Amérique; nous ne donnions en

---

[1] Les Anglais nous poursuivaient aux côtes occidentales d'Afrique de la même jalousie qu'ils montraient aux Antilles, au Canada et dans l'Inde. — Un fait qu'on ignore généralement et que ne relatent pas les almanachs du Sénégal, c'est que le 1er janvier 1693, ils nous avaient pris cette colonie qui resta six mois en leur pouvoir. — Depuis, ils ne cessaient de nous tracasser dans notre commerce et surtout dans celui de la gomme. — La Compagnie des Indes, restreinte par eux dans ses opérations sur ce point, pressait, le 7 septembre 1731, le directeur Devaulx de la délivrer de cette concurrence qui l'obligeait à lui réitérer l'ordre de ne traiter que dix mille quintaux de gomme chaque année. « Cette quantité, disait la Compagnie, excède de beaucoup la consommation que nous en ferons, mais elle augmenterait considérablement si vous parveniez à interdire entièrement le commerce aux interlopes. Nous ne sçaurions rien ajouter aux instances que nous vous avons faites de vous y appliquer de tout votre pouvoir. Nous vous exhortons de nouveau d'y donner tous vos soins. » — Dès 1716 à 1718, la Compagnie du Sénégal avait traité dans ses concessions 2,300,000 livres de gomme, et les interlopes hollandais et anglais, en 1716 et 1717, au nombre de cinq à six navires chaque année, en rapportaient presque autant. La Hollande consommait alors à elle seule 800 à 900,000 livres de ce produit, qui était employé par les imprimeurs-blanchisseurs de toiles et autres manufacturiers. Les vaisseaux faisaient ce commerce de mars en août et en revenaient en septembre.

gomme que notre excédant, qui nous importoit peu, et nous tirions des Anglais un effet utile à nos Isles au détriment de leurs propres établissements. Dès que la compagnie anglaise eut fait passer ses premiers 360 milliers de gomme à Londres, celle des interlopes nationaux baissa de prix ; ils se découragèrent, et la compagnie anglaise, profitant de leur suspension, obtint du gouvernement qu'il ne leur seroit plus permis de reprendre ce commerce. Dès ce moment, il ne parut plus d'interlopes sur nos côtes, nous eûmes toute la gomme, et le traité fut exécuté de bonne foi de part et d'autre, jusqu'en 1746, que je quittay la concession.

Un chacun pensera sans peine que la Compagnie applaudit dans le tems à ma négociation ; M. Orry m'en loua beaucoup, en 1742, à mon retour en France, où je fus encore obligé de venir pour réparer ma santé. On voudra bien me permettre d'observer que ce traité est encore une de ces choses que j'ai faites tout seul. Je vais rapporter tout de suite un autre événement qui m'est également propre; on trouvera bon qu'après l'éloge que les ministres en ont fait, et les louanges que j'en ai reçues de leur part, je ne les soumette pas au jugement de tout le monde ; j'en parlerai donc ici en peu de mots, pour des raisons supérieures qui écloront quelque jour.

Le ministère désiroit, depuis plus de trente ans, de connoître la vérité des rapports obscurs qui lui avoient été faits des mines d'or de Bambouc ; M. de Moras [1], commissaire du Roi près de la Compagnie, engagea le Sr Pelays, par ordre de M. Orry, à faire ce voyage ; il monta jusqu'en Galam, où il fut massacré par les nègres, avec plusieurs personnes de sa suite : cette mort fit échouer sa mission, mais elle donna une plus grande connoissance de la quantité et de la richesse de ces mines. Assuré de ce point important, et me flattant de ne pas faire les fautes du Sr Pelays [2], dont la mauvaise conduite avoit fait prévoir la mort

---

[1] Père du personnage de ce nom, ministre de la marine.

[2] Pelays, envoyé premièrement par la Compagnie des Indes dans le pays de Bambouk, avait apporté de la terre de la mine de Natacon. Contente de l'épreuve qu'elle en avait fait faire, la Compagnie avait renvoyé Pelays pour exploiter ces mines. — Mais celui-ci ne sut pas ménager l'esprit des peuples parmi lesquels il allait s'établir, se faisant traiter en souverain par les rois nègres. Cette mauvaise conduite donna lieu non-seulement à la rupture de la paix, mais encore au massacre qu'ils firent de ce directeur et de plusieurs officiers attirés à Dramanet sous le prétexte de la paix. Dramanet était le village où se tenaient ordinairement les quatre grands du pays, et situé à trois quarts de lieue de Galam. Les grands de Dramanet voulaient, disaient-ils,

à l'avance, je formai secrètement le dessein de suivre ce même projet. Je commençai par employer deux années entières à effacer les mauvaises impressions que les écarts du Sr Pelays avoient laissées dans le pays ; j'y établis des correspondances et des relations particulières avec plusieurs princes Foules et Maures dont je pouvais avoir besoin. Le roi de Farbana avoit déjà envoyé son fils aîné au Sénégal, pour assurer les Français de sa bienveillance ; il y séjourna quelque tems pour se reposer de son voyage (il venoit de 350 lieues). Après quoi il fut renvoyé avec des présents d'une très-médiocre valeur pour nous, mais qui firent un grand bruit à la cour de son père et chez tous ses voisins

Mes arrangements politiques étant faits et mon plan dressé, je partis du Sénégal et j'arrivai en France en 1742 ; je communiquai le tout à M. Orry et à M. de Fulvy, son frère, commissaire du Roi à la Compagnie. Je ne dirois pas après leur mort à quel point ils en furent satisfaits et les louanges qu'ils y donnèrent, si le hasard ne m'avoit pas fait tomber sous la main une lettre de M. de Fulvy, que je ne croyois pas avoir, par laquelle on verra de quelle manière les supérieurs ont pensé sur mon compte.

L'approbation que M. Orry donna à l'exécution de mon projet fut suivie de celle de la Compagnie. En 1742, le roi, sur la présentation de la Compagnie, me nomma gouverneur général de sa concession de Sénégal ; aucun de mes prédécesseurs n'avoit eu encore cet honneur, et il n'a pas passé depuis à aucun autre [1].

---

cimenter la paix devant tout le peuple pour la rendre plus durable. — Flatté des promesses que lui faisaient les nègres de le laisser s'établir, autant qu'ébloui par les présents que lui apportèrent leurs ambassadeurs, Pelays accepta de se rendre à Dramanet, où sa mort était résolue ainsi que celle de ses compagnons, Pierre Luc et Pellegrin. « La bienséance, dit un de nos manuscrits, ne permet pas de décrire le genre de mort que ces grands firent souffrir au sieur Pelays et à ses officiers ; ils attachèrent sa tête au bout d'une perche qu'ils exposèrent sur le lieu le plus élevé, pour être un monument de leur victoire sur les Français. »

[1] Voici ses lettres patentes qui furent, en effet, exceptionnelles :

« La Compagnie des Indes, ayant lieu d'être satisfaite de la conduite que le sieur David a tenue dans les différents emplois qu'il a exercés tant en qualité de conseiller au conseil supérieur, établi au fort Saint-Louis, qu'en celle de directeur général et président du conseil supérieur du Sénégal, a, en exécution de l'article 12 des lettres patentes du mois de mars 1696, nommé et présenté à Sa Majesté le sieur David, de la religion catholique, apostolique romaine, pour remplir la place de gouverneur des forts, isles, comptoirs et habitations de la concession du Sénégal, comprises depuis le cap Blanc jusqu'à la rivière de Sierra Leone et celle de président au conseil

Je retournai à la concession en 1743, avec les approvisionnements et les gens que j'avois demandés pour jeter les premiers fondements de cette grande entreprise, dont la dépense modique surprit M. Orry lui-même et la Compagnie.

Je montai en Galam, au mois de juillet 1744. Dans le temps des plus fortes chaleurs et de la plus grande intempérie, je passai à Bambouc, où je fus reçu des rois du pays, au delà même de mes espérances ; j'en obtins tout ce que je voulus, je ne me trouvai en peine que de ne pouvoir pas me partager à leur gré, pour me prêter à ce que chacun d'eux désiroit, que je m'établisse chez lui ; ils s'engageaient de faire porter sur le dos de leurs esclaves tel nombre de canons (qu'ils ne connaissoient pas) que je voudrois avoir ; que je serois en tout et partout leur maître ; il n'est sorte de caresses, de prévenances, d'offres de services qu'ils ne me fissent. Je donnai ordre de faire bâtir un premier fort à Farbana pour nous conduire de cette mine à celles des montagnes, distantes de ce poste d'une journée de piéton ; je parcourus tout ce pays, dont je rendis compte à qui je devois.

Les eaux du Niger [1] venant à biasser, je reçus un courrier du fort Saint-Joseph de Galam, pour m'avertir de presser mon retour : cette nouvelle ne m'empêcha pas d'aller reconnaître la rivière de Falèmé, que je n'avais pas eu le temps de voir ; je fis encore cinquante lieues par terre, je m'assurai qu'elle étoit navigable. Enfin, j'arrivai très à propos sur les bords du grand fleuve pour pouvoir encore descendre au Sénégal.

L'histoire de ce pénible voyage est écrite dans un journal que j'ai envoyé dans le temps à la Compagnie ; ce que j'ai souffert pourra se comprendre en disant que, de quarante personnes que j'avois menées avec moi, dont une seule m'avoit accompagné à Bambouc, la moitié mourut de fatigue ; j'en ai moi-même été malade à la mort ; cependant je me serois disposé à retourner dans ce pays, si la Compagnie avoit pu pendant la guerre faire face à tout,

---

supérieur dans la même concession, pour, en ladite qualité, y commander tant aux habitans desd. lieux qu'aux commis de la Compagnie et autres employés qui y sont déjà établis ou qui s'y établiront en l'avenir de quelque qualité et condition qu'ils puissent estre, ensemble aux officiers, soldats et gens de guerre qui y sont ou pourront estre en garnison et rendre la justice tant civile que criminelle, conformément à l'édit d'établissement du conseil du mois de février 1726. Fait et arrêté à Paris en l'hôtel de la Compagnie des Indes. »

[1] C'est ainsi qu'on appelait encore le Sénégal.

et m'envoyer les secours nécessaires pour achever l'édifice que j'avois si heureusement commencé.

En attendant la paix, je ne m'occupai plus qu'à conserver à la Compagnie et à l'État le domaine de la concession qui m'avoit été confiée. J'en étois d'autant plus jaloux qu'elle avoit entièrement changé de face sous mon gouvernement : j'en avois chassé les libertins et le libertinage, ce qui avoit sauvé la vie à la plus grande partie des employés de mon temps et à ceux qui sont venus après ; on peut voir par les registres de la Compagnie qu'il n'en meurt pas le quart de ce qu'il en périssoit autrefois.

J'avais eu le bonheur de porter son commerce au double de ce que mes prédécesseurs avoient fait, et au-dessus du quadruple de ce qu'il est aujourd'hui.

Je n'avance rien ici au hasard, ni de mon chef ; toute personne en trouvera les preuves à toutes les pages des livres de la Compagnie ; elle y verra une approbation suivie d'année en année, de toute ma conduite depuis 1729, jusques et y compris 1746 ; nulle plainte, aucun reproche, pas le moindre soupçon de mécontentement, n'ont jamais affaibli la satisfaction de la Compagnie qui a toujours fait la mienne : voyons présentement comment il seroit possible que je fusse devenu tout à coup l'homme du monde le plus répréhensible dans tous les chefs de mon administration à l'Ile-de-France.

J'ignorois au mois de juin 1746 ce qui se passoit en Europe ; je n'avois aucune connoissance des changements que la Compagnie se proposoit de faire à l'Ile-de-France, lorsque je reçus de sa part une lettre qui m'apprenoit qu'elle m'avoit nommé à la place de M. de La Bourdonnais [1] ; cette nouvelle imprévue me surprit d'autant plus, que l'on me marquoit d'ailleurs que j'y avois été nommé par acclamation, sans qu'on eût pris les voix dans l'assemblée, malgré le nombre des postulants qui la sollicitoient ; cette circonstance me fait trop d'honneur pour n'en pas informer l'auteur du mémoire ; il pourra la tourner à mon désavantage, si j'ai manqué en quoi que ce puisse être à la bonne opinion que la Compagnie avoit de moi et à sa confiance.

Les ordres que je reçus de sa part me pressoient extrêmement de partir ; je n'avois rien de ce qui pouvoit m'être nécessaire ; je m'embarquai sur le vaisseau le *Penthièvre*, sans provisions, sans habits et sans linge suffisant pour un pareil voyage ; j'appareillai de Gorée le 28 juin 1746, sous l'escorte d'une escadre

---

[1] La date de sa commission est du 6 mars 1746.

du roi commandée par M. de La Galissonnière ; il nous quitta à la ligne pour se rendre à l'Amérique et nous à l'Ile-de-France, où j'arrivai après une navigation assez heureuse, le 8 octobre de la même année ; je trouvai cette île pour ainsi dire déserte, et dans un dépourvu absolu de tout ; M. de La Bourdonnais en étant parti pour son expédition de Madras, ayant emmené avec lui toute la garnison, les meilleurs habitants en état de porter les armes, les ouvriers noirs et les nègres au service de la Compagnie, la subsistance de tant de monde avoit tellement épuisé l'île de vivres qu'il avoit été obligé d'aller avec son escadre à Madagascar pour s'en procurer ; l'escadre de M. Dordelin, composée de cinq navires, dont un de 72 canons, étoit arrivée à l'Ile-de-France après le départ de M. de La Bourdonnais, ce qui l'avoit mise encore plus à l'étroit. On ne put lui fournir un équipage convenable et des vivres pour lui faire continuer son voyage pour les Indes, qu'en désarmant deux de ses vaisseaux. L'*Apollon* et l'*Anglesea*, de 50 et 46 canons, les mieux armés de tous les navires qui soient venus dans l'Inde pendant la guerre, étoient aussi dans le port, sans en pouvoir sortir faute de vivres ; je leur fis donner le peu de farine que le conseil supérieur avoit rassemblé avant mon arrivée comme une provision précieuse pour la subsistance de l'île; au moyen de ce secours, ils remirent à la mer; je me servis ensuite des équipages des vaisseaux qui étoient venus avec moi à l'Ile-de-France, pour armer quelques bâtiments que j'envoyai en traite à Madagascar.

Je me trouvai en état, par ces arrangements pris, au quart d'heure de recevoir et de ravitailler les débris de l'escadre de M. de La Bourdonnais de retour de Madras.

Un travail n'étoit pas fini qu'il s'en présentoit quatre autres et toujours dans la pénurie de ce qui nous était nécessaire. Il fallut penser tout de suite à faire partir M. de La Bourdonnais, avec une escadre de quatre gros vaisseaux et une frégate dont j'avois ordre de lui laisser le commandement : ces navires arrivèrent en Europe avec leurs cargaisons, et j'expédiai encore un sixième vaisseau en droiture pour Lorient. Ce qui est dit ici en quatre lignes me coûta un travail énorme ; on ne s'imagine pas aisément tout ce qu'il y a à faire pour radouber, gréer, mâter, armer et charger six vaisseaux à la fois, dans un pays court, isolé, et presque sans ressource.

Le départ de cette escadre diminua la consommation de nos vivres, mais elle nous priva d'un secours bien utile : l'île se trouva alors si dégarnie de monde, que si deux vaisseaux ennemis se fussent présentés pour l'attaquer, peut-être qu'ils s'en seroient rendus les maîtres. Cette situation me fit penser à chercher les moyens de suppléer par des retranchements, des coupures et des batteries au peu de secours que nous avions pour nous défendre. Je m'en ouvris à quelques-uns de nos meilleurs militaires et aux principaux habitants sur lesquels la charge de ces travaux devoit tomber le plus à cause des noirs qu'il falloit qu'ils fournissent à la Compagnie, n'en ayant pas assez pour y suffire. Les uns et les autres reçurent ma proposition avec toute l'ardeur et la bonne volonté possibles; les habitants me promirent de s'y prêter, mais ils m'observèrent en même temps que ce n'étoit pas assez de défendre la côte, qu'il falloit encore considérer que dans le cas d'une affaire, étant tous obligés de se présenter à l'ennemi, et conséquemment forcés d'abandonner leurs habitations, il étoit nécessaire de chercher dans l'île quelque endroit sûr, où leurs femmes, leurs enfants et leurs meilleurs effets pussent être à couvert de tout risque : ils me firent là dessus de si vives instances, et il étoit si essentiel de ne pas laisser ralentir leur zèle, que je consentis à leur demande ; je m'en applaudis bientôt, par le bon effet qu'elle produisit lorsque les Anglais parurent. Plus pratiques que je n'étois alors de l'intérieur de l'île, les habitants me servirent de guides dans ses bois; notre route nous mena à un poste presque inaccessible, sur le haut duquel il se trouva une superficie assez plate, d'environ mille pas géométriques, entourée presque de tous côtés par des fossés naturels ou des précipices de 80, 100, et jusqu'à 150 pieds de profondeur à pic comme une muraille : on ne peut entrer dans cette péninsule que par une langue de terre d'un tiers de lieue de large qu'une simple redoute peut fermer et rendre ce poste inattaquable, n'étant pas possible d'y conduire de l'artillerie.

Les habitants furent si satisfaits de leur découverte, qu'ils commencèrent de se cotiser tous pour me fournir partie de leurs noirs ; j'en distribuai quelques-uns sur cet endroit qu'ils nommèrent le *Réduit*, et j'employai le plus grand nombre à la construction de plusieurs batteries tant au vent que sous le vent de l'île, auxquelles la colonie a dû son salut. Mais les ennemis du bien et de la réforme que j'avais commencée dans l'île, en conséquence des ordres de la Compagnie, jaloux de l'ardeur avec laquelle on se portoit à suivre ces travaux, qui ne pouvoient que me faire un honneur infini auprès de la Compagnie et augmenter sa confiance, firent tous leurs efforts pour détourner les habitants de continuer à fournir leurs nègres, sur le prétexte que la

Compagnie ne leur sauroit pas plus de gré de laisser dépérir leurs habitations et de se ruiner pour elle ; leur bonne volonté commença de s'affaiblir, on en vint ensuite aux murmures, et peu de temps après, à dire ouvertement qu'ils n'étoient pas obligés de se ruiner pour la Compagnie, que c'étoit elle et non les habitants que l'on chasseroit de l'île. Ces discours séditieux, qui ont rarement des suites lorsqu'on sait y remédier à propos, m'obligèrent de les forcer tous d'autorité à fournir leurs nègres : les malintentionnés, surpris de ma fermeté, n'eurent plus de ressources que dans les différents prétextes qu'ils ne cessaient d'imaginer pour traîner le travail en longueur, ce qui n'empêcha pas qu'il ne fût achevé à temps.

Le soin de mettre l'île en état de défense et de la munir pour recevoir les escadres que la Compagnie m'annonçoit, n'était pas le seul dont j'étois occupé ; M. Dupleix me mandoit par plusieurs de ses lettres qu'il manquoit généralement de tout, qu'il étoit sans vivres, sans argent et avec très-peu de troupes, qu'il ne pouvoit désormais recevoir de secours que de moi, pour empêcher que les ennemis se rendissent les maîtres de Pondichéry. De la manière dont il me dépeignit son état, je craignis qu'il ne succombât à leurs premiers efforts ; cependant, j'avois des ordres exprès de la Compagnie de ne faire sortir aucun vaisseau des îles, que les différentes escadres qu'elle me promettoit d'Europe ne me fussent arrivées : je sçavois que celle du vice-amiral Boscawen étoit partie d'Angleterre, le 28 du mois de novembre 1747. Ces forces avoient jeté l'alarme dans tous nos établissements, ce qui m'engageoit d'autant plus à ne pas me dégarnir de celles que j'avois pour la défense des îles. Ces réflexions me travailloient beaucoup ; mais toujours occupé des moyens de secourir Pondichéry comme l'objet le plus important, je combinai la route que l'amiral Boscawen devoit faire, je comptai tout le temps qu'il pouvoit employer dans sa navigation, et je trouvai par mes calculs qu'en faisant partir diligemment une escadre pour porter à M. Dupleix tout ce qui lui était nécessaire, elle pouvoit encore prévenir l'arrivée des Anglais à Pondichéry.

Après m'être assuré de ma supputation, autant qu'il est possible de prévenir l'avenir, j'écrivis à la Compagnie ce que j'avois pensé et ce que j'allois faire contre ses ordres, ne doutant pas qu'à ma place elle n'agît de même ; je l'informai de l'armement que je préparois, d'une escadre de six grands vaisseaux armés en guerre, et de deux frégates, sur lesquels je fis charger trois millions d'espèces, des vivres, des munitions de guerre pour avitailler Pondichéry et quatre cent cinquante hommes de troupes: la justesse du projet, la combinaison de la marche du vice-amiral Boscawen, que la Providence m'avoit fait suivre pas à pas, et de la même manière que l'on sçavoit alors en Europe qu'il l'avoit faite, surprirent les ministres encore vivants aujourd'hui, Dieu merci, et toute la Compagnie : ma conduite fut aussi applaudie qu'elle consterna les ennemis ; on n'attendit pas d'apprendre l'arrivée de ce secours à Pondichéry pour dire qu'on ne craignoit plus rien pour cette place ; la Compagnie, les actionnaires et le public s'en félicitoient réciproquement.

L'escadre ainsi annoncée partit le 24 avril sous le commandement de M. Bouvet [1]. Elle se rendit à la côte de Coromandel heureusement, où elle trouva l'escadre de l'amiral Griffin, plus nombreuse que la sienne ; mais M. Bouvet lui donna le change par une manœuvre admirable, qui ne permit pas à cet amiral de le joindre, il mit à terre tout ce qu'il avoit chargé pour Pondichéry, dont la situation changea entièrement de face : ce que j'en pourrois dire n'égaleroit pas ce que M. Dupleix en écrivit au ministre et à la Compagnie ; j'y renvoie l'auteur du mémoire. M. Bouvet ayant rempli sa mission à la côte, mit à la voile pour son retour, et il arriva heureusement à l'Ile-de-France.

Le Compagnie ne fut pas plus tôt tranquille sur le sort de cette place, qu'elle entra dans la plus grande inquiétude pour ses îles ; elle apprit, à n'en pas douter, que l'amiral Boscawen, au contraire de ce qu'elle m'avoit expressément écrit, mais je n'avois pas encore reçu sa lettre, devoit nous attaquer avant de se présenter à la côte de Coromandel : on peut voir dans les registres de la Compagnie quelles furent alors ses alarmes et la crainte qu'elle eut de perdre ses îles.

Dans l'intervalle du départ de M. Bouvet à celui de son retour à l'Ile-de-France, je redoublai mes soins et mes attentions pour les travaux des batteries ; je fis toutes mes dispositions, pour nous trouver prêts en cas d'attaque ; un chacun apprit à se trouver à son poste, à tenir ses armes en état, et à répondre aux alarmes. Le vaisseau l'*Alcide* nous étant arrivé le premier juillet, donna encore du courage à notre monde ; enfin, le 4 juillet 1748, l'amiral Boscawen parut avec une escadre de trente-quatre vais-

---

[1] Jean-Baptiste-Charles Bouvet de Lozier, anobli en 1774, avait commencé à naviguer en 1722 sur les vaisseaux de Saint-Malo, et il était entré neuf ans après dans la marine de la Compagnie des Indes,— où il fut jugé plus tard comme le plus grand homme de mer et son meilleur manœuvrier. — Il s'illustra en 1739 par sa découverte des mers australes.

seaux dont six restèrent au vent de l'île et les vingt-huit autres vinrent mouiller devant la baie des Tortues, en aussi bon ordre que s'ils avoient eu de nos pilotes dans leurs bords pour les manœuvres. Je ne crois pas que l'auteur du mémoire veuille m'obliger de l'informer de quelle manière je me suis comporté devant les ennemis; tant de gens y étaient présents qu'il peut s'adresser à eux pour s'en instruire ; je ne récuse là-dessus le témoignage de personne : quant à ce qui regarde les habitants, je dois dire qu'ils se portèrent tous à leurs postes, avec toute la bonne volonté et le courage possibles; je dois la même justice à tous ceux qui étoient chargés de la défense des batteries et des endroits de descente : Je ne parlerai pas des officiers, dont le partage est de se distinguer partout où ils sont placés. L'ennemi fit inutilement des feintes et des tentatives pour mettre à terre ; la côte étoit si bien préparée à le recevoir, qu'il n'osa rien entreprendre de sérieux ; il nous tira seulement quelques coups de canon de temps à autre, mais, avant son départ, il honora la colonie pendant deux heures d'une salve générale du canon de tous ses vaisseaux, dont nous ne reçûmes pas le moindre mal : il avait paru le 4 du mois de juillet, il en partit le 9 pour aller à Pondichéry.

Débarrassé de ce voisinage, et ne doutant pas que l'escadre de l'amiral Boscawen ne se joignit à celle de l'amiral Griffin, que je sçavois être à la côte de Coromandel, pour attaquer ensemble Pondichéry, je travaillai à faire un second armement pour le secourir; j'avais six gros navires dans le port qui dévoroient l'île par la consommation de ses vivres sans lui être d'aucune utilité; j'y réussis et ils partirent, non sans peine; ils arrivèrent à Pondichéry, où ils apprirent la levée du siége de cette place, et que la paix avait été faite en l'Europe, ce qui les obligea, après bien des escales, à faire leur retour en France.

Cette paix conclue en Europe me faisoit espérer de pouvoir enfin me livrer tout entier à la réforme des îles et aux opérations nécessaires pour établir solidement et utilement ces deux colonies; la tranquillité de la paix et l'aisance des habitants qui en est ordinairement la suite, sont des circonstances presque nécessaires pour l'exécution de pareils projets : malheureusement les troubles de l'Inde ont succédé immédiatement à la guerre d'Europe, et je me suis vu obligé de fournir aux Indes encore de nouveaux secours d'autant plus difficiles, que les îles, mal pourvues dans tous les temps, avaient été épuisées par les opérations forcées de la guerre : j'ai pourtant fourni ces secours, les circonstances dans lesquelles ils sont arrivés les ont rendus encore plus importants, et, si on veut juger de leur utilité, il n'y a qu'à consulter les lettres que la Compagnie et M. Dupleix m'ont écrites, chacun de leur côté, pour approuver ma conduite ; je me flatte qu'on pourra par là connaître en même temps l'importance de ces colonies, et les services que j'ai eu le bonheur d'y rendre à la Compagnie dans le cours de mon administration.

Je craindrois de manquer à la satisfaction que je me suis proposé de donner à l'auteur du mémoire qui a demandé d'être instruit de ce que j'ai fait pour le bien intérieur de la colonie, si, après avoir mis sous ses yeux mes attentions, mes veilles et le salut des deux îles, je ne lui faisois pas une courte description de l'état où je les ai trouvées et de celui où elles sont actuellement.

Je fus extrèmement surpris, en arrivant à l'Ile-de-France, d'y voir beaucoup moins de colons que des gens de tout état, occupés entre eux d'un brocantage sordide, d'un trafic illicite, tant intérieur qu'au dehors, de diverses marchandises sauvées par la fraude ; on n'y avoit point d'autre industrie ; je n'ose presque dire, par respect pour la Compagnie, que son nom y étoit à peine connu ; ceux qui croyoient avoir des idées plus justes de sa constitution, ne la regardoient que comme un établissement politique pour donner lieu aux plus habiles de s'enrichir ; de là, l'oubli des vrais intérêts, l'indifférence pour l'agriculture, l'éloignement du travail, à la place des soins, des attentions, qui sont le partage du citoyen, et qui forment les bonnes colonies. Tel étoit l'esprit qui régnoit dans les îles, lorsque j'y suis arrivé. La fermeté, l'encouragement, l'exemple que je leur ai donné ont insensiblement banni ce désordre et fait place à des sentiments qui ont changé les premiers préjugés de leurs anciens habitants; mais qui peut se représenter les difficultés que j'y ai rencontrées, les contradictions, les murmures, l'animadversion générale de presque tous les particuliers, accoutumés à ne rien faire, ou à vivre aux dépens de la Compagnie [1] ? Après leur avoir ôté tous les

---

[1] Lozier-Bouvet, qui remplaça David, tenait à peu près le même *langage dans une lettre du* 31 *août* 1753, *adressée à la Compagnie* : « Quand on considère de près la constitution de cette colonie, les moyens qui ont concouru à la former dans ses commencemens, dans ses progrès, ceux à employer dans la suite ; quand on considère ensuite cette isle par rapport au commerce de la Compagnie comme port, comme relâche, et qu'on joint à ces deux points de vue les événemens de paix et de guerre, les mutations des chefs et autres incidens, il semble que les abus sont ici comme naturels aux affaires et doivent naître sous les pas, et il n'est pas difficile de conclure que, sans une vigilance continuelle et une autorité invincible, ils se renouvelleront aussitôt qu'ils seront détruits. »

moyens de continuer leurs commerces illicites, je me donnai tous les soins possibles pour les amener à leurs véritables intérêts, et les porter au travail; le temps, l'exemple et la persuasion en sont venus à bout; ils ont embrassé les cultures pour lesquelles ils ont plus de facilité ou d'inclination; ce changement compte plus pour son bien-être que par le revenu qu'un chacun retire de son terrain; il ne s'en fait plus de trafic comme ci-devant, on les cultive, on s'y attache; aussi voit-on les récoltes en tout genre devenir abondantes; celle du blé, que les ouragans rendent la moins certaine, m'a permis cependant, dans la dernière guerre, d'en faire passer deux cargaisons à Pondichéry et de demander à la Compagnie la moitié moins de farine qu'elle n'avoit coutume de nous en envoyer.

La Compagnie a reçu les échantillons de soie que deux ou trois habitants [1] ont commencé de cultiver; cette épreuve a disposé d'autres colons à les imiter; ainsi l'on peut espérer qu'à mesure que les îles se peupleront, cet objet deviendra très-intéressant: la soie de ces échantillons qui pesaient dix livres, a été trouvée très-belle. Il y a actuellement, tant à l'Ile-de-France qu'à Bourbon, plus de deux cent mille pieds de mûriers nouvellement plantés.

Les plants de cannelliers se multiplient de jour en jour; le coton promet tout ce qu'on en peut espérer; je continue à m'attacher à cette culture, que la colonie doit particulièrement à mes soins; plusieurs habitants en cultivent aussi de leur côté. J'en regarde le succès comme certain.

La Compagnie a reçu par les vaisseaux de cette année une montre de 400 livres d'indigo [2] provenant d'un de mes pre-

---

[1] Le sieur de Lanux s'occupa le premier avec succès de l'éducation des vers à soie, et les échantillons de ce produit qu'il envoya ainsi que le sieur des Blottières furent trouvés beaux (1750). -- La Compagnie fit alors passer, tant pour la culture des mûriers que pour le tirage de la soie, plusieurs hommes sous la conduite d'un sieur Germain, qui devait avoir l'inspection de ces travaux sous les ordres de David.

[2] Le sieur Calvair paraît avoir été celui qui avait commencé une indigoterie à l'île Bourbon (1749). Ceux qui à l'Ile-de-France eurent alors les plus importantes étaient les sieurs comte de Rostaing, capitaine d'artillerie, et Gilles Hermans, les mêmes qui exploitèrent les mines de forges. Il est à remarquer que David ne parle pas de sucreries dans son mémoire; cependant il y en avait une à l'Ile-de-France, dirigée par le sieur Vigoureux, qui l'avait acquise de La Bourdonnais. -- Quant à Bourbon, M. de Beaulieu, habitant du quartier Saint-Benoît, était, au dire de M. Bellier, ancien commandant de l'île, le seul qui se fût encore appliqué à cet objet. « J'ai ouï dire, écrivait ce dernier, qu'il y a lieu de croire que cette entreprise aura du succès. Ce que je sçais c'est qu'il vend du sucre 16 s. qui est beau. »

miers essais, qui a été trouvé de toute beauté : lorsque les îles auront acquis plus de force, cet effet formera un de leurs meilleurs produits.

Les mines de fer découvertes pendant ma gestion donnent encore de très-grandes espérances ; cet objet est extrêmement important. Il n'y a pas, après le coton, une meilleure marchandise pour le commerce de la Compagnie dans l'Inde.

Le nombre des bestiaux s'est accru, mais il augmentera infiniment plus, ainsi que les pâturages, pourvu que la Compagnie fasse passer des noirs dans les îles : sans ce secours, on pourra dire ou penser tout ce qu'on voudra, mais on n'avancera sur rien ; il en faudroit actuellement, pour le service particulier de la Compagnie, le double de ce qu'elle en a, et il en manque trois ou quatre fois autant aux colons.

Je ne compte pas depuis quel temps la Compagnie possède l'Ile-de-France ; je prouverai seulement à qui voudra me faire l'honneur de m'entendre qu'on ne doit la regarder comme une colonie que depuis 1750. Elle ne le seroit pas encore, si je n'avois pas eu le bonheur de porter ses habitants à changer leur façon de penser ; je n'aurois fait que cela pour la Compagnie que je croirois l'avoir infiniment bien servie. Je finis en observant qu'il est plus temps que jamais de favoriser ses produits et de se les assurer par des encouragements convenables, surtout en y faisant passer des noirs, ainsi que je viens de le dire. Toutes ses productions, tous ses travaux, tout ce qu'on peut attendre de cette colonie en dépendent uniquement.

Sa sûreté et son agrandissement exigent encore qu'on y envoie des soldats, dont la dépense n'est point telle qu'elle se présente d'abord en ne l'approfondissant pas ; on la trouvera d'une très-médiocre considération, pour peu qu'on la compare à son utilité. L'île de Bourbon, susceptible des mêmes cultures que l'Ile-de-France, a aussi les mêmes besoins ; son fonds est meilleur à quelques égards ; les commodités de la vie y sont plus abondantes et moins chères ; mais l'indolence et la paresse de ses habitants, en général, rendront ses progrès plus lents. Comme elle n'a point de ports, elle est nécessairement moins fréquentée : ce désavantage la tient dans une sorte de solitude, qui semble avoir émoussé l'activité de ses colons pour le travail.

Cette île étant établie depuis longtemps est considérablement plus peuplée [1] que l'Ile-de-France ; elle a fourni beaucoup de

---

[1] Cette île qui, en 1784, comptait 7,295 blancs, 777 noirs libres et 34,575 esclaves, n'avait alors, d'après un mémoire de Lozier-Bouvet, daté du 9 mars

secours pendant la dernière guerre, tant en hommes qu'en vivres ; la Compagnie pourra en tirer avec le temps des gens de mer qui lui seront très-précieux. Le produit du café de cette île lui fait un fonds capable de couvrir ses dépenses ; pour peu qu'elle ajoute à ce revenu quelques nouvelles cultures, surtout celle du coton, elle se rendra créditrice dans son compte courant avec la Compagnie. »

Pierre DAVID.

1751, que 3,000 blancs et 1,200 nègres. — La population de Bourbon avait souffert beaucoup de la petite vérole, qui, introduite en 1729 par une traite d'Indiens, sur le vaisseau que commandait M. de La Garde, sévissait encore en 1743. — La partie de l'Est avait été peu affligée, mais le fléau avait éteint des familles entières, surtout au quartier Saint-Paul. — Suivant le curé Davelu, elle enleva, dans cette période de temps, plus de 1,500 hommes tant libres qu'esclaves, et un ancien commandant de l'île, M. Bellier, rappelant ces jours de malheur, faisait remarquer qu'il y avait alors peu d'hommes au-dessous de 5 pieds 6 pouces, et que beaucoup avaient jusqu'à 6 pieds. Tous étaient robustes et parfaitement bien faits, écrivait-il en 1750. Les femmes étaient également très-grandes et très-bien faites.

www.ingramcontent.com/pod-product-compliance
Lightning Source LLC
Chambersburg PA
CBHW052046230426
43671CB00011B/1809